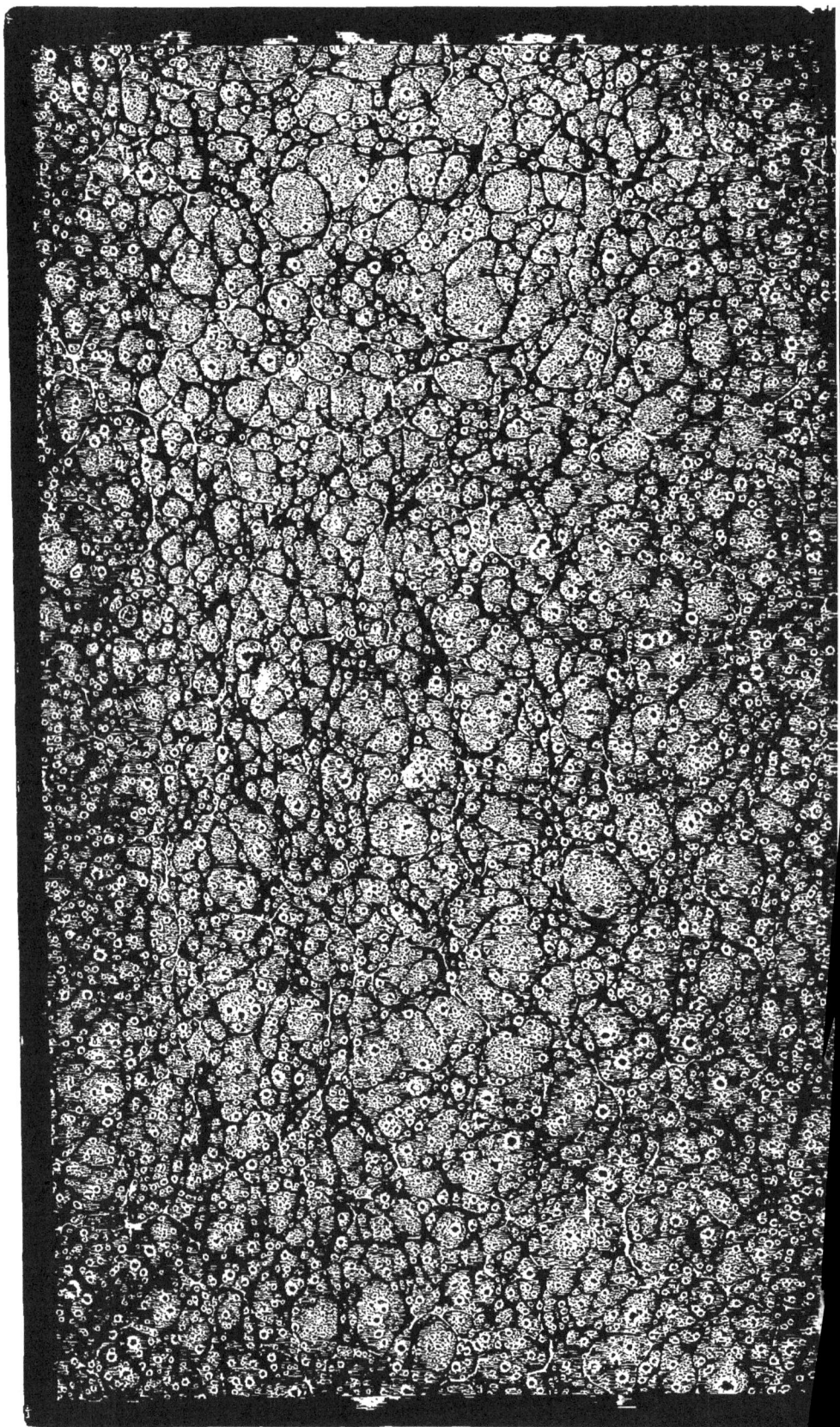

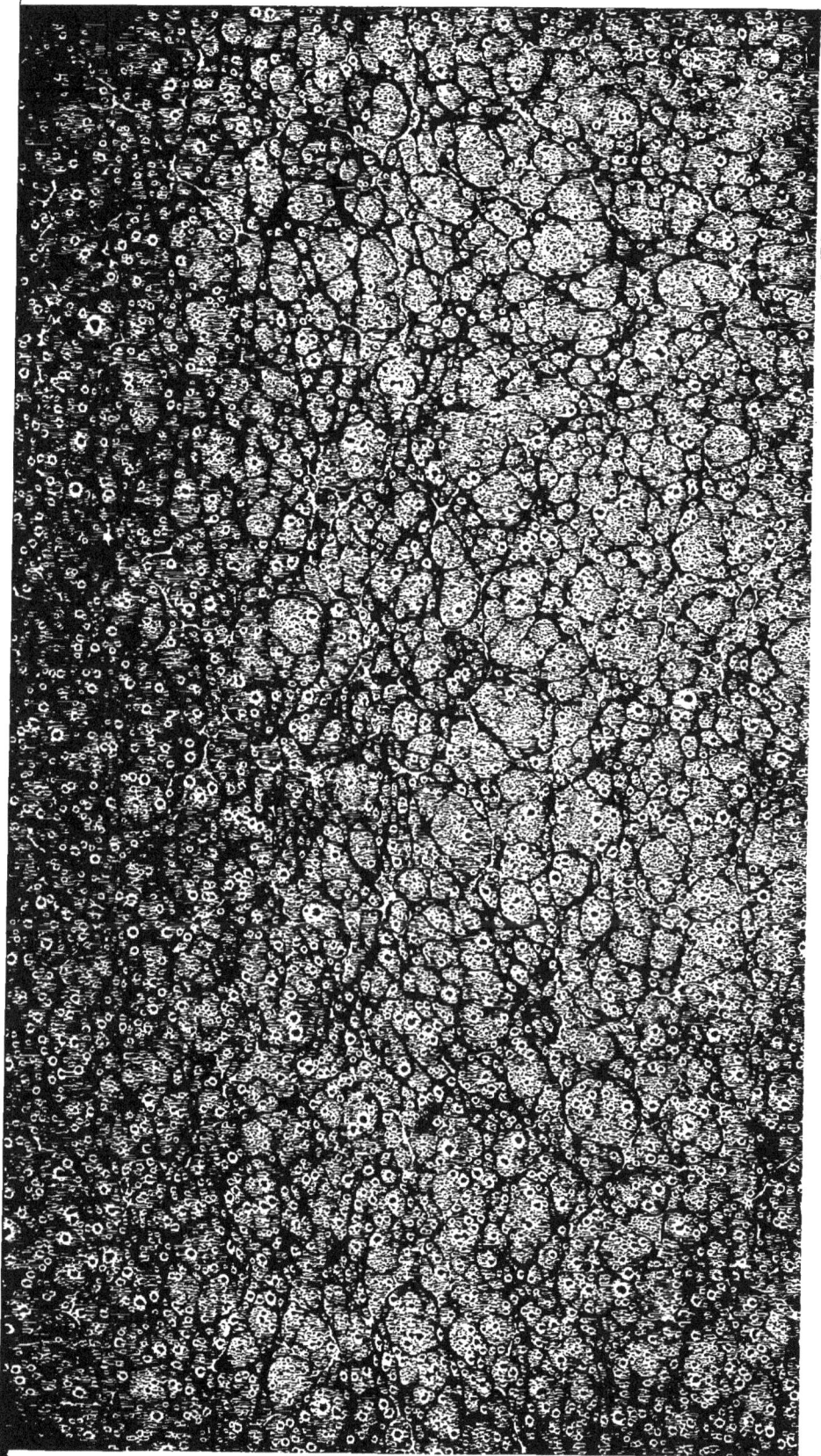

36119

TRAITÉ

DES DONATIONS ENTRE-VIFS.

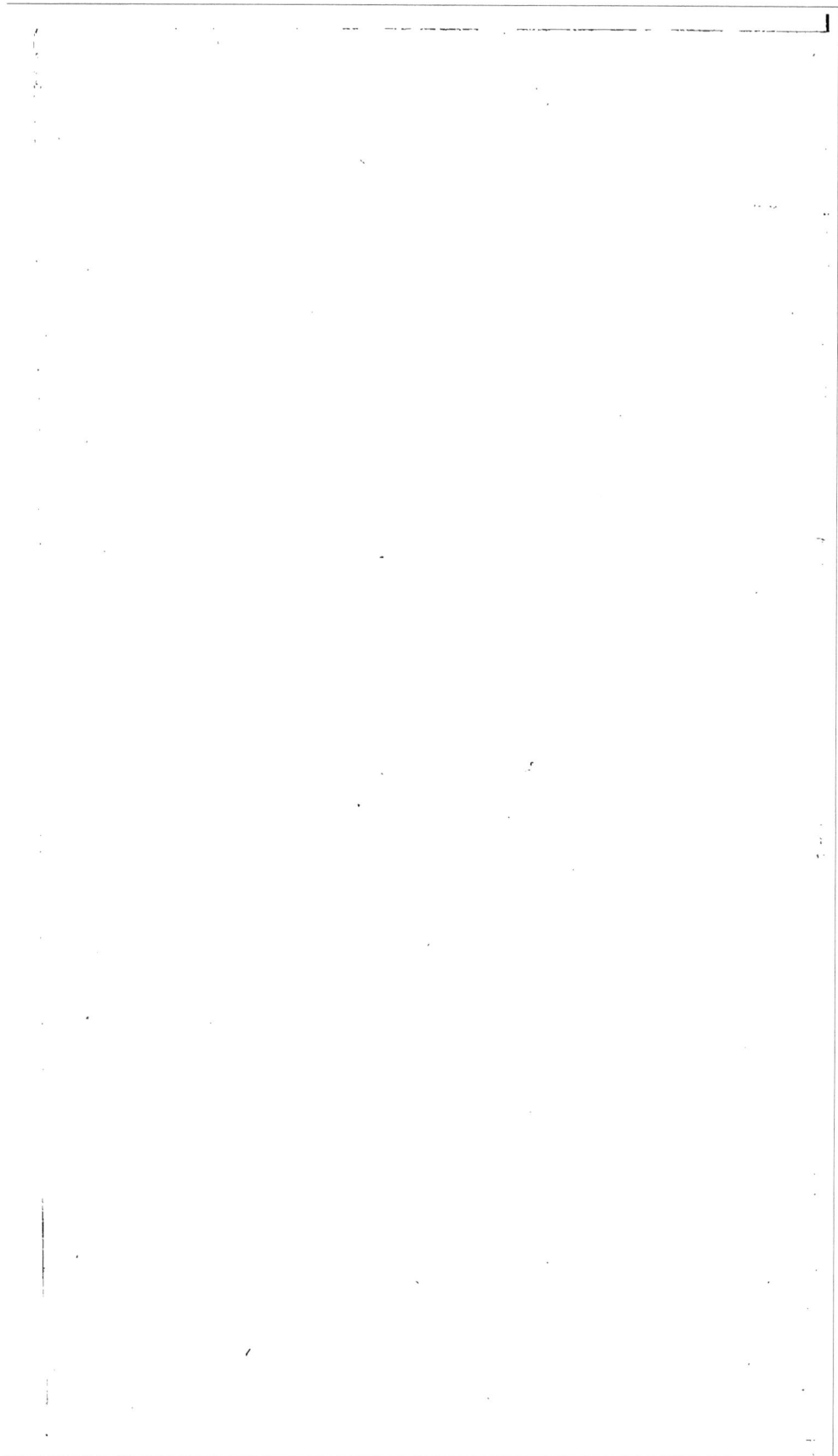

TRAITÉ
DES DONATIONS ENTRE-VIFS.

LIVRE II.

TITRE II.
DES DONATIONS PROPREMENT DITES.

CHAPITRE V.
De la transcription.

537. — Nous venons de voir que les donations de biens meubles sont soumises à une formalité particulière, celle de l'état estimatif ;

Nous allons voir à présent que les donations de biens susceptibles d'hypothèques sont également soumises à une formalité particulière, celle de la transcription.

L'art. 939 est ainsi conçu : « lorsqu'il y aura do-
» nation de biens susceptibles d'hypothèques, la trans-
» cription des actes contenant la donation et l'accepta-
» tion, ainsi que la notification de l'acceptation qui
» aura eu lieu par acte séparé, devra être faite aux
» bureaux des hypothèques dans l'arrondissement des-
» quels les biens sont situés ».

538. — Nous n'examinerons pas ici si la transcription remplace l'insinuation dans tous ses résultats ; nous ne chercherons pas à approfondir les différences qui peuvent résulter de ces deux formalités importantes :

Il nous suffit de remarquer que l'insinuation était ordonnée expressément, à peine de nullité, par l'ordonnance de 1731, et que cette peine de nullité ne se retrouve pas dans les dispositions du code relatives à la transcription.

Dans un premier paragraphe nous traiterons des donations qui sont sujettes à la transcription ; dans un second paragraphe, des formes de la transcription et des lieux où elle doit être faite ;

Nous verrons dans un troisième paragraphe quelles sont les personnes qui peuvent opposer le défaut de transcription.

§ I.er — *Des donations qui doivent être transcrites.*

539. — La loi le dit : *toute donation de biens susceptibles d'hypothèques doit être transcrite.*

Telle est la règle générale, et la loi n'y a mis aucune exception.

Or, quels sont les biens *susceptibles d'hypothèques ?* La réponse se trouve dans l'art. 2118 du code, ainsi conçu : « sont seuls susceptibles d'hypothèques,

» 1.º Les biens immobiliers et leurs accessoires réputés immeubles » ;

» 2.º L'usufruit des mêmes biens et accessoires pendant le temps de sa durée ».

Ainsi, il résulte des termes précis de la loi, que toute donation,

Soit de l'absolue propriété d'un immeuble,

Soit de la nue propriété de cet immeuble,

Soit de l'usufruit de cet immeuble pendant un temps quelconque,

Doit être transcrite ;

En d'autres termes, l'on peut dire qu'il n'y a que les donations d'immeubles qui doivent être transcrites ; mais comme, par rapport à un immeuble, l'on peut disposer, ou de l'absolue propriété, ou de la nue propriété, ou simplement de l'usufruit, la transcription est nécessaire dans tous ces cas.

Que Pierre, propriétaire absolu d'un immeuble, en donne l'usufruit de tout ou de partie à Jean, il faut que Jean fasse transcrire : de même si Pierre, simple usufruitier d'un immeuble, donne cet usufruit à Jean, il faut également transcription.

540. — De ce que les seules donations d'immeubles doivent être transcrites, il résulte que les donations de rentes perpétuelles ou autres, soit sur l'état, soit sur des particuliers, n'ont pas besoin d'être transcrites ; car ces rentes ne sont que des meubles.

Les meubles qui ne sont immeubles que par destination, tels que les bestiaux destinés à la culture, les cuves, tonnes, pailles, etc., cessent d'être immeubles du moment que le propriétaire les détache du fonds; ainsi, la donation que Pierre ferait des bestiaux attachés à la culture de tel domaine, des cuves, tonnes, etc., qui s'y trouvent, et dont il serait fait un état estimatif, n'aurait pas besoin de transcription, si la livraison de ces objets était réellement faite au donataire dans le moment de la donation, parce qu'alors ces objets ne feraient plus partie de l'immeuble ; mais si la livraison n'en était pas faite, soit par l'effet de la réserve d'usufruit, soit autrement, la transcription serait nécessaire ; en effet, ceux qui pourraient traiter dans la suite avec Pierre auraient juste raison de croire qu'il est propriétaire de ces objets, et les considérer en conséquence comme leur gage.

541. — La donation d'un droit de servitude a-t-elle besoin d'être transcrite?

Nous avons déjà vu qu'une servitude ne pouvait être établie en faveur d'une personne, mais seulement en faveur d'un héritage ; ainsi, supposons qu'une servitude foncière soit donnée au propriétaire d'un héritage pour l'avantage de cet héritage, la transcription de cette donation est-elle nécessaire ?

Le code dit que la donation de tout bien susceptible d'hypothèques doit être transcrite.

Il semble résulter de cette proposition, qu'il ne suffit pas que la donation porte sur un immeuble ; mais qu'il faut, de plus, que l'immeuble soit susceptible d'hypothèques.

La servitude foncière est sans doute un immeuble (art. 526);

Mais cet immeuble est-il susceptible d'hypothèques ? Oui, en ce sens que le droit de servitude fait partie intégrante du fonds dominant ; et, sous ce rapport, il peut être hypothéqué comme lui.

Ainsi, le donataire qui hypothéquerait le fonds dominant hypothéquerait, par voie de suite, le droit de servitude, comme partie inhérente au fonds ; et l'hypothèque sur le fonds dominant une fois consentie, le donataire ne pourrait point renoncer à la servitude sans le consentement du créancier hypothéqué.

Par la même raison, s'il ne constait pas de l'existence légale et publique de la servitude, le propriétaire du fonds servant qui hypothéquerait ou vendrait transmettrait le fonds libre et exempt de toute servitude.

L'établissement d'une servitude étant, pour ainsi dire, une augmentation intégrale du fonds dominant et une diminution du fonds servant, il est nécessaire de les rendre publiques par la transcription.

Cependant, de la combinaison des art. 939 et 2118 du code, il semble résulter que la transcription n'est pas nécessaire, puisque les servitudes ne sont pas expressément mises au nombre des biens susceptibles d'hypothèques.

Sans doute le droit de servitude, pris seul et isolément, n'est pas, et ne peut être susceptible d'hypothèques ; comment le serait-il, puisque ce droit ne peut être vendu, ni séparé du fonds dominant sans s'évanouir ! Mais il ne faut pas l'envisager de cette manière abstractive, mais comme partie intégrante et similaire

dufonds dominänt ; et , sous ce rapport , le droit de servitude est susceptible d'hypothèques , comme l'immeuble lui-même dont il fait partie.

Ainsi , la donation d'un droit de servitude doit être
transcrite.

En est-il de même d'une donation qui a pour objet ,
soit une faculté de rachat , soit une action en lésion ?
Je le crois.

Sans doute la faculté de rachat et l'action en lésion
ne sont pas par elles-mêmes susceptibles d'hypothèques.

Mais il faut observer que le vendeur sous faculté
de rachat ou à vil prix conserve sur l'immeuble vendu
un droit conditionnel , mais réel et incontestable.

D'où il résulte que le vendeur peut encore hypothéquer le bien vendu , pour l'hypothèque avoir son
effet lors du rachat ou de la rescision ; par la même
raison il peut vendre ou donner conditionnellement
le même bien.

Or , la donation de la faculté de rachat ou de l'action
en rescision que présente-t-elle , et dans sa nature , et
dans ses effets ? Elle ne présente qu'une donation conditionnelle de l'immeuble vendu à faculté de rachat
ou à vil prix ; elle doit donc être transcrite , parce
qu'elle porte réellement sur l'immeuble lui-même.

Il ne faut pas le perdre de vue , la donation de la
faculté de rachat renferme, 1.º une donation conditionnelle de l'immeuble vendu ; 2.º le droit de faire accomplir la condition. Ce dernier droit , pris isolément ,
n'est pas susceptible d'hypothèques ; mais il est insépara-
ble de la donation conditionnelle , et cette dernière donation doit être incontestablement transcrite : telle est
aussi l'opinion de M. *Grenier*, qu'il fonde sur d'autres
considérations. M. *Grenier*, n.º 164 , répond aux inductions qu'on pourrait tirer de deux arrêts de la cour
de cassation , des 23 prairial an 12 et 14 mai 1806.

542. — On sent que toute donation d'un immeuble
doit être transcrite , soit qu'elle soit pure et simple ,

soit qu'elle soit faite sous une condition suspensive ou résolutoire.

Les donations par contrat de mariage, même en ligne directe, ne sont pas exemptes de la transcription ; cela résulte clairement des dispositions de l'art. 947, qui dit que les art. 946, 945, 944 et 943, ne s'appliquent pas aux donations par contrat de mariage ; donc tous les autres articles s'y appliquent : vid., d'ailleurs, l'art. 1081, qui veut que les donations entre-vifs par contrat de mariage soient assujetties à toutes les formalités des donations faites à ce titre.

543. — Un immeuble étant donné et constitué en dot, le défaut de la transcription de la donation pourrait être opposé, tant au mari, qu'à la femme. *Furgole* avait cru le contraire, par rapport à l'insinuation ; mais son opinion n'a pas été suivie, et elle ne devait pas l'être.

544. — Pierre, riche en immeubles, marie un de ses enfans, et lui donne le tiers ou le quart de tous ses biens meubles et immeubles présens et à venir ; cette donation a-t-elle besoin d'être transcrite ?

Il faut distinguer : ou il a été fait lors de la donation un état des dettes du donateur, ou cet état n'existe pas ;

S'il n'a pas été fait d'état, je crois que la transcription n'est pas nécessaire ; car, d'après l'art. 1085, le donataire est obligé dans ce cas d'accepter ou de répudier cette donation pour le tout ; et s'il accepte, il ne peut réclamer que les biens qui se trouvent existans au décès du donateur, et demeure soumis au payement de toutes les dettes et charges de la succession.

Je dis que dans cette hypothèse, et vu ce résultat, la transcription n'est pas nécessaire, puisqu'étant faite elle n'opérerait aucun effet.

Si, au contraire, il a été fait un état des dettes et charges existantes lors de la donation, alors la transcription devient nécessaire, parce que le donataire ayant l'option de s'en tenir aux biens présens, il est de son intérêt d'avertir les tiers que ces biens n'appartiennent plus au donateur.

545. — Un fiancé donne à sa fiancée, dans leur contrat de mariage, un immeuble entre-vifs ; cette donation a-t-elle besoin d'être transcrite ?

En considérant cette donation du futur époux à la future épouse comme une convention matrimoniale, l'on peut dire qu'aux termes de l'art. 2135 les biens du mari seraient et demeureraient affectés et hypothéqués légalement pour la sureté de cette convention ; d'où il semble résulter que la transcription n'est pas nécessaire.

M. *de Catellan* traite cette question par rapport à l'insinuation, et décide, d'après la jurisprudence du ci-devant parlement de Toulouse, que la donation faite par le futur époux à la future épouse, à titre d'augment, n'a pas besoin d'être insinuée ; mais qu'il en est autrement de la donation faite dans un contrat de mariage par le futur à la future en cas de prédécès de celui-ci. Vid. *Catellan*, liv. 5, chap. 9.

L'art. 21 de l'ordonnance de 1731 dispense de la nécessité de l'insinuation les augments, contr'augments, et tous les autres gains de survie, en ce sens, que le défaut d'insinuation n'entraîne pas peine de nullité ; d'où il semble résulter que toute donation faite purement entre futurs époux dans leur contrat de mariage a besoin d'insinuation. Vid. *Boutaric*, sur le susdit art. 21.

Les règles et les principes de l'insinuation et de la transcription n'étant pas les mêmes, il faut examiner la question proposée d'après les principes du code civil.

L'art. 1092 porte, « que toute donation entre-vifs » de biens présens faite entre époux, par contrat de » mariage, est soumise à *toutes les règles et formes* » *ci-dessus prescrites pour ces sortes de donations* ».

Or, par cet article il est clairement décidé que la transcription doit être faite.

Cependant je reviens à l'art. 2135 du code, et je dis : une donation entre-vifs qu'un futur époux fait à la future épouse, dans leur contrat de mariage, est-elle une convention matrimoniale ? nul doute ; car le mariage n'a sans doute lieu que sous cette condition : pourquoi une donation à titre de gain de survie serait-elle plutôt une convention matrimoniale qu'une donation *actu* pure et simple !

Mais si la donation entre-vifs est, de même que la donation à titre de gain de survie, *une convention matrimoniale*, tous les biens de l'époux sont affectés pour la sureté de cette convention (susdit art. 2135) : cela posé, la femme donataire dira aux tiers-acquéreurs et aux créanciers de son mari :

Mon époux n'a pu sans dol vous vendre ou vous hypothéquer ce qu'il m'avait donné à titre de convention matrimoniale, par un acte solennel, en présence de deux familles. Si par son fait j'étais privée de l'objet donné, il me resterait une action en garantie que je pourrais exercer sur tous ses biens ; et comme mon hypothèque légale est antérieure à vos droits, puisqu'elle date de la célébration de notre mariage, ce serait en vain que je serais dépouillée de l'immeuble donné, puisque je conserverais sur cet immeuble une hypothèque légale, et s'élevant à une somme précisément égale à la valeur de cet immeuble.

En traitant avec mon époux, vous avez connu, ou vous êtes censés avoir connu son contrat de mariage ; car il ne dépendait que de vous d'en demander l'exhibition : donc vous, tiers-acquéreurs ou créanciers, vous n'avez pu sans mauvaise foi ou sans imprudence considérer comme votre gage les biens qui m'étaient donnés.... Quoi ! si mon mari m'avait donné 100,000 fr., vous seriez censés connaître légalement cette donation, et vous pourriez dire que vous ignoriez la donation qu'il m'a faite, par cela seul qu'elle porte sur un immeuble ! Les mêmes raisons de croyance se trouvent dans les deux cas, et la conséquence doit en être la même.

Direz-vous qu'aux termes de l'art. 2136 le mari est tenu de faire inscrire les hypothèques de son épouse, sans quoi il s'expose aux peines dues au crime de stellionat? Mais le mari qui hypothéquerait ce qu'il aurait déjà donné serait également stellionataire : d'ailleurs, d'après l'art. 942 mon mari était obligé de faire transcrire la donation qu'il m'avait faite; ainsi, et sous un double rapport, vous qui ne représentez que mon mari, vous ne pouvez m'opposer le défaut de transcription.

Ces raisons de la femme, jointes à la faveur du contrat de mariage, à la confiance qui est presque toujours accordée par le sexe faible et inexpérimenté au sexe essentiellement protecteur, et toujours plus instruit, m'engagent à décider que la donation faite par un futur époux à la future dans le contrat de mariage n'a pas besoin de transcription.

Par la même raison, si dans un contrat de mariage le futur époux donne à la future épouse un immeuble à titre de gain de survie, la transcription de cette donation n'est pas nécessaire.

On peut voir la novelle 127, cap. 2, qui dispense de l'insinuation les conventions matrimoniales qui sont en faveur de la femme, parce que c'est au mari à les faire insinuer : *viris enim habentibus potestatem insinuare donationes, pro non insinuatis periculum mulieribus imminere ineptum nobis esse videtur.*

Voici comment s'exprime *Pothier*, introduction à la coutume d'Orléans, n.° 61 : « l'ordonnance, art. » 30, décide que le défaut d'insinuation des dona- » tions faites à une femme par son mari ne peut » être opposé à la femme par les héritiers du mari ».

Il ajoute : « celui qui aurait acquis à titre singu- » lier du mari ne pourrait opposer le défaut d'insi- » nuation, parce que les choses par lui acquises se

» trouvent hypothéquées à l'obligation en laquelle était
» l emari de faire insinuer la donation ».

546. — Les donations que les mariés se font entre
eux postérieurement au mariage ont-elles besoin d'être
transcrites?

D'après la loi 25, au cod. *de donat. inter vir. et
uxor.*, ces donations, quoique révocables de leur
nature, avaient besoin d'être insinuées. Vid. également
Ricard, tom. 1.er, pag. 7 et 8.

Sans doute les donations entre mariés sont essentiellement révocables; la révocation peut même avoir
lieu d'une manière expresse ou tacite, comme par
la vente ou l'hypothèque des biens donnés; mais pour
que la révocation ait lieu par voie d'hypothèque, il
faut une hypothèque spéciale, aux termes de la loi
12, cod. *de donat. inter vir. et uxor.* Je pense qu'il
faut également une hypothèque spéciale pour révoquer la donation d'après nos nouvelles lois.

Or, la transcription ne pouvant empêcher, ni la
révocation expresse, ni la révocation tacite, il paraît,
sous ce rapport, qu'il est absolument inutile de la
faire faire.

Cependant il nous reste à examiner si, en cas de
non révocation d'une pareille donation, la propriété
est transmise à compter de sa date, ou seulement à
compter du décès du donateur?

La loi *donationes* 25, cod. *de donat. inter vir.
et uxor.*, décide d'une manière expresse que la non
révocation a un effet rétroactif : *tunc et silentium
donatoris ad illud tempus referatur quo donatio
conscripta sit; sicut et alias ratihabitiones negociorum
gestorum ad illa reduci tempora oportet in quibus
contracta sunt.*

Il est vrai que la Glose observe sur cette loi, que la
rétroaction n'a lieu que par rapport aux intérêts et aux
fruits qui pourraient avoir été perçus par l'époux dona-

taire; mais qu'elle n'a pas lieu par rapport à la propriété. *Ricard* approuve cette restriction de la Glose.

On pourrait opposer contre cette opinion non-seulement le texte précis de la dernière loi ci-dessus citée, mais encore les dispositions de la loi 26, ff. *de donat. inter vir. et uxor.*, qui porte que si le mari donne à sa femme une chose appartenant à autrui, celui-ci peut prescrire du moment même de la donation, *confestim ad usucapionem ejus uxorem admitti ;* d'où il semble résulter que la donation opère son effet du moment même de l'acte.

Il serait facile, s'il était besoin, de répondre aux inductions de cette dernière loi par la loi elle-même et par l'analise de ses dispositions; ainsi, je pense, d'après la Glose et *Ricard*, que par la donation entre mariés la propriété n'est transmise qu'au moment du décès de l'époux donateur, et que ces principes sont adoptés par le code civil; sans cela il y aurait une contradiction évidente à dire, d'un côté, que le donataire est propriétaire, et à soutenir, de l'autre, que le donateur l'est également, puisqu'il peut disposer des biens donnés *ad libitum*.

D'après ces considérations il faut décider que les donations faites entre mariés n'ont pas besoin d'être transcrites; elles ne produisent d'autre effet qu'un testament.

547. — Les donations qualifiées de rémunératoires doivent être transcrites. Vid. l'art. 20 de l'ordonnance de 1731.

Ricard faisait une distinction : selon cet auteur, si la donation est faite pour payer des services appréciables à prix d'argent, et à raison desquels le donataire eût eu une action en justice, l'insinuation n'est pas nécessaire;

Si, au contraire, les services sont de nature à ne pas produire une action, il faut faire insinuer. *Ricard*, part. 1.re, n.° 1097.

Cette distinction ne doit pas être admise : la dona-tion, quoique qualifiée de rémunératoire, étant faite dans les formes des donations, doit être revêtue de toutes les formalités nécessaires à la validité de ces actes.

Que les parties aient voulu cacher un payement sous la forme d'une donation, cela est possible ; mais ayant choisi la forme du contrat de bienfaisance, il faut que tout s'ensuive.

D'ailleurs, la distinction de *Ricard* présenterait dans l'application des difficultés sans nombre : comment prouver les prétendus services ? comment les classer, et distinguer ceux qui donnent action en justice de ceux qui n'obligent qu'à la reconnaissance dans le for interne ?

Enfin, c'est dans l'intérêt des tiers que la trans-cription est ordonnée ; or, par rapport aux tiers, il n'existe de donation que lorsqu'elle est transcrite ; d'ailleurs, la loi ne distingue pas, et nous ne devons pas distinguer.

548. — Si une donation est déguisée sous la forme d'un contrat onéreux, la transcription n'est pas né-cessaire ; il suffit que le contrat choisi par les parties soit valable dans sa forme : nous disons que la trans-cription n'est pas nécessaire, en ce sens seulement que l'acte onéreux n'est pas assujetti aux formalités des donations.

§ II. *Des formes de la transcription, des personnes qui doivent la faire faire, et des lieux où elle doit être faite.*

549. — La forme de la transcription est bien sim-ple ; il suffit de porter l'acte de donation au conserva-teur du bureau des hypothèques dans l'arrondissement duquel se trouvent les biens donnés : le conservateur transcrit le même jour l'acte sur un registre à ce destiné, et met au bas de l'expédition de la donation

qui

qui lui a été présentée le certificat de la transcription.

Quand la donation et l'acceptation sont dans le même acte, il suffit de transcrire cet acte.

Si l'acceptation est par acte séparé il faut faire transcrire trois actes : 1.º la donation ; 2.º l'acceptation ; 3.º la notification de l'acceptation.

550. — Supposons qu'au lieu de faire notifier l'acceptation, le donataire ait fait déclarer par le donateur qu'il tient ladite acceptation pour signifiée ; cette déclaration du donateur, signée de lui, remplacerait-elle la notification, et suffirait-il de faire transcrire cette déclaration à la place de la notification ? Au premier coup d'œil l'affirmative paraît sans difficulté ; cependant il faut décider que cette déclaration ne peut remplacer la notification, parce que se trouvant entre les mains du donataire, celui-ci resterait le maître de la montrer ou de la faire disparaître à son gré ; ce qui blesse les principes en matière de donation.

551. — L'acceptation étant faite par acte séparé, si le donateur figure dans cet acte, la notification de cette acceptation n'est pas nécessaire, puisqu'elle serait sans utilité, le donateur étant instruit de l'acceptation ; ainsi, dans ce cas, la transcription de la donation et de l'acceptation suffirait.

Supposons que le donateur ne figure dans l'acte d'acceptation que comme témoin, dans ce cas la notification n'est-elle plus nécessaire ? A ne considérer que l'intérêt des tiers, et l'efficacité de l'acte par rapport à eux, je pense que la transcription de la notification est nécessaire ; la circonstance que le donateur a signé comme témoin l'acte d'acceptation séparée peut bien le lier ; mais elle est à peu près indifférente pour les tiers, parce que cette circonstance doit d'autant plus leur échapper, que rien ne les avertit que celui qui a signé comme témoin est précisément le donateur.

Tom. II.   2

552. — Supposons que Pierre ait consenti une procuration pour donner un immeuble à Jean ; que la donation ait été faite en vertu de cette procuration, et que Jean l'ait acceptée au moyen d'un procureur-fondé ; dans ce cas là est-il nécessaire de faire transcrire les procurations pour donner et pour recevoir ?

Sans doute, ces procurations doivent être respectivement annexées à la minute de la donation et de l'acceptation (art. 933); mais la loi ne dit pas qu'il faille les faire transcrire : la loi parle *des actes constatant la donation et l'acceptation ;* elle ne dit pas, les actes *constituant* la donation et l'acceptation, mais *constatant ;* ce qui se rapporte à l'acte matériel lui-même de la donation, abstraction faite de la procuration antérieure ; d'ailleurs, la procuration étant mentionnée dans la donation transcrite, le but de la loi se trouve rempli ; les tiers sont également avertis du dépouillement du donateur et de son étendue ; de plus, les nullités ne peuvent être supléées, ni établies par induction.

553. — Si la donation comprend des biens qui soient situés dans différens arrondissemens des bureaux des hypothèques, il faut faire transcrire dans tous ces bureaux, lors même que les biens donnés feraient partie du même corps de domaine et de la même exploitation ; les droits seront payés alors dans chaque bureau respectivement aux biens qui se trouvent dans son arrondissement.

Il est inutile d'observer que les biens donnés se trouvant, par exemple, dans l'arrondissement de trois bureaux, si l'on fait transcrire dans deux, et qu'on néglige de faire transcrire dans le troisième, la donation sera toujours valable par rapport aux biens qui se trouvent dans l'arrondissement des bureaux où la transcription aura été faite.

554. — La transcription peut être valablement faite un jour de fête légale : arrêt de la cour de cassation,

du 18 février 1808. Vid. le recueil de M. *Sirey*, an
1808, pag. 255. Ainsi, si le conservateur transcrit
un jour férié, la transcription sera valable ; mais si
on lui présente une donation un jour férié, je pense
qu'il est autorisé à renvoyer le porteur jusqu'au
lendemain, sans être obligé de recevoir la donation
le jour férié pour donner à la transcription date de ce
jour.

555. — Par qui la transcription peut-elle être requise ? L'art. 940 est ainsi conçu :

« Cette transcription sera faite à la diligence du
» mari, lorsque les biens auront été donnés à sa
» femme ; et si le mari ne remplit pas cette formalité,
» la femme pourra y faire procéder sans autorisation.

» Lorsque la donation sera faite à des mineurs, à
» des interdits ou à des établissemens publics, la
» transcription sera faite à la diligence des tuteurs,
» curateurs ou administrateurs ».

Faisons-nous des idées justes : il importe très-peu
de savoir si la transcription a été faite à la requête de
Pierre, de Jean ou de Jacques : le point essentiel
est que la transcription soit faite ; mais une fois faite
il ne reste plus aucune trace de la réquisition de
transcrire : il est impossible et indifférent de découvrir la personne qui a fait faire cette transcription ;
la loi n'exige pas la mention de cette personne.

De là nous tirons cette conséquence, que tout porteur d'une donation a le droit de la faire transcrire,
et que le conservateur des hypothèques ne peut
exiger aucune espèce de preuve de l'intérêt qu'a le
porteur à ce que la transcription soit faite : le nantis-
sement de la donation est pour le porteur un mandat
suffisant et efficace ; ainsi, quel que soit l'âge, le sexe
ou la condition du porteur de la donation, du moment
qu'il la remet, il faut la transcrire, ou lui donner date
de ce jour.

Il ne faut donc pas être surpris de voir que la femme

peut seule, sans l'autorisation de son mari, requérir la transcription ; comment ne le pourrait-elle pas, quand il lui suffirait de remettre la donation à un voisin, pour que celui-ci pût utilement faire transcrire!

556. — Cependant le susdit art. 940 présente des dispositions importantes.

Il est dit que la transcription de la donation faite à la femme sera faite à la diligence du mari ; ainsi, voilà le mari spécialement chargé de faire faire la transcription des donations faites à son épouse.

Observons que la loi ne distingue pas, ni si les biens donnés entrent dans la communauté, ni s'ils sont dotaux ou paraphernaux ; le mari doit dans tous les cas faire transcrire.

L'ordonnance de 1731 rendait également le mari responsable du défaut d'insinuation de la donation faite à son épouse ; mais elle apportait une modification à cette règle générale par rapport aux biens paraphernaux ; encore même, par rapport aux biens paraphernaux, le mari était-il responsable, quand il avait joui de ces biens par le consentement exprès ou tacite de sa femme (art. 29 de la dernière ordonnance); ce qui est conforme à la loi 11, cod. *de pact. convent.*, qui veut que le mari soit responsable de son dol ou de sa négligence dans l'administration des biens paraphernaux de son épouse, et qu'il répare le dommage qu'il peut lui avoir causé, pour n'avoir pas eu du bien de sa femme le même soin que du sien propre : *dolum et diligentiam maritus circa eas præstare debet, qualem et circa res suas habere invenitur.*

Le moderne législateur, instruit de cette restriction de l'ordonnance par rapport aux biens donnés en paraphernal non jouis par le mari, ne l'a pas rappelée ; et par là il est censé avoir rejeté ladite restriction.

Ainsi, quelle que soit la nature des biens immeubles donnés à la femme mariée, le mari est obligé de faire faire la transcription. Vid. l'art. 1428 du code, qui porte que le mari est responsable de tout dépérissement des biens personnels de sa femme, causé par défaut d'actes conservatoires.

Si le mari ne fait pas transcrire, il demeure responsable du dommage résultant pour son épouse du défaut de cette formalité (art. 942).

557. — Une donation étant faite à une femme séparée de biens, le mari serait-il responsable du défaut de transcription ?.

Observons, d'abord, que la femme même séparée n'a pu accepter la donation sans l'autorisation de son mari ou de la justice.

Ainsi, distinguons ces deux cas : celui de l'autorisation du mari, et celui de l'autorisation de la justice.

Le mari ayant autorisé son épouse, il en résulte deux choses à l'égard du mari : 1.º connaissance de la donation ; 2.º obligation de faire faire tous les actes nécessaires pour que cette donation sorte à effet.

Inutile d'observer que par l'effet de la séparation de biens le mari devient en quelque sorte étranger à leur administration, et que, sous ce rapport, il paraît bien dur de le rendre responsable du défaut de transcription.

Je réponds que, quoique le mari n'ait pas l'administration des biens, il est néanmoins intéressé non-seulement à leur conservation, mais encore à leur augmentation, parce que, nonobstant la séparation, les biens de la femme doivent supporter les frais du ménage dans une proportion déterminée, et y subvenir même en entier, ainsi qu'aux besoins du mari, s'il se trouve dans la détresse ; ainsi, sous ce rapport, le mari doit demeurer responsable.

558. — Mais supposons que sur le refus du mari, ou sur son silence, la femme ait été autorisée par justice à accepter la donation ;...... dans cette hypo-

thèse le mari sera-t-il responsable du défaut de transcription?

Je ne le crois pas : la femme, en poursuivant l'autorisation de la justice, soit sur le refus, soit sur le silence du mari, se trouve par là instruite et avertie qu'elle ne doit plus compter, ni sur ses soins, ni sur son zèle par rapport à la donation dont s'agit : elle doit donc faire tous les actes nécessaires pour la validité de la donation ; et par la même raison qu'elle est obligée de demander et de poursuivre l'autorisation de la justice, elle se trouve également obligée à faire faire la transcription. Comment cette femme pourrait-elle conclure contre son mari à la garantie résultant du défaut de cette formalité!

Le mari attaqué dirait à son épouse : mon silence, mon refus vous ont prouvé que cette donation ne me convenait pas, je ne l'ai pas approuvée ; par là je vous ai annoncé que je ne ferais rien pour sa validité : si donc vous avez compté sur moi, c'est votre faute ; je ne pouvais point, sans contradiction et sans inconséquence, aller faire transcrire une donation que je désapprouve : la loi qui me forcerait à colporter et à consolider moi-même un acte que je puis avoir de justes motifs pour détester, serait une loi tyrannique et barbare.

Ricard pensait également que le mari n'était pas responsable du défaut d'insinuation d'une donation faite à sa femme, quand celle-ci n'avait accepté que sous l'autorisation de la justice : telle est aussi la doctrine de *Furgole*, sur l'art. 28 de l'ordonnance de 1731.

Boutaric, sur le même article, pensait que, d'après l'ordonnance, le mari était toujours responsable du défaut d'insinuation; mais il a été sur ce point repris par *Damours*, qui professe la même doctrine que *Ricard* et que *Furgole* : tel est aussi le sentiment de *Roussille*.

Je crois que la doctrine de ces auteurs doit être

encore suivie ; elle me paraît, d'ailleurs, simple dans l'application ; je m'explique : ceux qui veulent que le mari soit responsable du défaut d'insinuation d'une donation faite à sa femme, et acceptée par elle sous l'autorisation de la justice, conviendront, du moins, que pour que le mari soit responsable il faut qu'il ait eu connaissance de la donation.

Mais, je le demande, quand le mari, assigné pour autoriser son épouse aux fins de l'acceptation, ne comparaît pas, qui pourra nous dire que ce mari a eu connaissance de la donation postérieurement faite ? qui pourra nous dire qu'il a été instruit du projet de donation ? En le supposant instruit de ce projet, faut-il que le mari, qui n'approuve pas cette donation, veille et épie tous les momens où la donation peut être faite ? faut-il qu'il soit dans une éternelle surveillance ? ou bien serait-il forcé, pour se tirer de cet état pénible, de dire à son épouse : allons, acceptez aujourd'hui cette donation d'après le pouvoir que vous en avez de la justice ; acceptez aujourd'hui, pour que je puisse faire transcrire demain !

Ces considérations me fortifient toujours dans l'opinion où je suis, que le mari n'est pas responsable du défaut de transcription d'une donation acceptée sous l'autorisation du juge.

559. — Une femme étant séparée de corps et de biens, le mari se trouve-t-il responsable du défaut de transcription d'une donation faite à son épouse ?

Il est responsable, s'il a autorisé son épouse à accepter;

Il ne l'est pas, si l'autorisation a été donnée par le juge.

La première proposition ne doit pas étonner : il semble résulter, il est vrai, de l'art. 217 que la femme séparée de corps et de biens n'est pas assujettie à l'autorisation de son mari ; mais l'art. 1449 nous dit, que la femme même séparée de corps et de biens ne peut aliéner ses immeubles sans l'autorisation de son mari ou de la justice.

Ainsi, dans le cas même de séparation de corps et de biens, tous les liens d'administration et de surveillance ne sont pas rompus ; les époux, en un mot, ne sont pas devenus étrangers l'un à l'autre par rapport à leurs intérêts.

D'ailleurs le mari, en autorisant son épouse, n'a-t-il pas pris lui-même la qualité de son surveillant et de son tuteur ? ne s'est-il pas obligé par là à ne pas démentir sa surveillance, à la pousser jusqu'à la fin ? n'a-t-il pas averti sa femme qu'elle pouvait se reposer sur lui par rapport à la donation par lui approuvée ?

Ainsi, le mari doit, dans ce cas, être responsable du défaut de transcription, avec d'autant plus de raison, qu'il est toujours plus instruit que sa femme des formalités judiciaires.

5°. — Par la même raison, les tuteurs des mineurs et des interdits sont responsables du défaut de transcription des donations faites à ceux dont ils gèrent la tutelle (art. 942). La loi est claire et expresse sur ce point : ainsi, quand l'acceptation de la donation a été faite par le tuteur lui-même, il est sans difficulté pleinement responsable du défaut de transcription.

Mais supposons que l'acceptation ait été faite par un ascendant du mineur, qui sera alors responsable du défaut de transcription ? sera-ce le tuteur ou l'ascendant qui a accepté ?

Si le tuteur a eu connaissance de la donation, je le crois responsable du défaut de transcription.

Mais comment prouver qu'il a eu connaissance de la donation ? des présomptions, des témoins suffiront-ils ? Je ne le pense pas ; je crois qu'il faut une preuve écrite, ou du moins une mise en possession de la part du tuteur de l'ojet donné ; car par cette possession il est rigoureusement établi que le tuteur a connu ou dû connaître cette augmentation des biens du mineur.

Mais si le tuteur n'a pas eu connaissance de la donation, l'ascendant sera responsable du défaut de transcription : cela paraît rude ; mais, enfin, il faut considérer qu'en acceptant il a quasi contracté avec le mineur : en prenant la place de son tuteur, l'ascendant est censé en avoir pris toutes les obligations ; du moins l'ascendant a-t-il pris celle de donner connaissance légale au tuteur de la donation faite. Il ne faut pas de son pur mouvement commencer une chose dans l'intérêt d'un mineur sans le mener à sa fin : ce qui était dans le principe un acte de pure bienfaisance devient obligatoire dans les suites ; l'inaction dégénère en négligence coupable, qui ressemble au dol.

561. — Nous disons que les tuteurs et les maris sont responsables du défaut de transcription ; mais pour qu'il y ait lieu à cette responsabilité, il faut non-seulement qu'ils aient eu connaissance de la donation, mais encore qu'on puisse leur reprocher quelque négligence ; car si ce reproche ne peut leur être fait, il ne peut être question de garantie.

Or, quand y a-t-il négligence ? Sur cela il faut nécessairement s'en rapporter à la conscience du juge, qui doit décider s'il y a négligence d'après les circonstances de la cause ; circonstances qui varient à l'infini, et sur lesquelles il est impossible de présenter des règles précises : aussi l'art. 942, en parlant du recours contre les maris et les tuteurs, ajoute-t-il ces mots : *s'il y échet* ; expression qui se trouve également dans l'ordonnance de 1731. Ces mots, *s'il y échet,* veulent dire s'il y a négligence de la part du tuteur ou du mari.

Dans plusieurs circonstances, par le défaut de transcription, les mineurs se trouveront en perte ; mais l'existence de cette perte ne suffira pas pour rendre les tuteurs responsables : il faudra préalablement examiner s'ils ont pu faire transcrire plutôt qu'ils ne l'ont fait ; voir, en un mot, s'il y a eu réellement négligence de leur part à faire transcrire.

562. — Ni les mineurs, ni les interdits, ni les femmes mariées ne peuvent être restituées contre le défaut de transcription, lors même que les tuteurs ou maris seraient insolvables.

La formalité de la transcription est une mesure d'intérêt public, et devant cet intérêt toutes les autres considérations doivent se taire et disparaître : en rendant les maris et les tuteurs responsables, la loi a pourvu, autant qu'il a été en son pouvoir, à l'intérêt des mineurs et des femmes ; mais elle n'a pas dû porter plus loin ses faveurs à leur égard, elle aurait compromis le crédit public et la sûreté des transactions sociales.

§ III. *Des personnes qui peuvent opposer le défaut de transcription.*

563. — L'art. 941 porte : « le défaut de transcrip- » tion pourra être opposé par toutes personnes ayant » intérêt, excepté toutefois celles qui sont chargées » de faire faire la transcription, ou leurs ayans-cause, » et le donateur ».

Pour l'intelligence de cet article, il faut rappeler, 1.º que, d'après l'ordonnance de 1731, art. 20 et 23, l'insinuation était ordonnée *à peine de nullité* ;

2.º Que l'insinuation pouvait être faite dans les quatre mois de sa date, *nonobstant la mort du dona- teur survenue dans cet intervalle* : l'insinuation faite dans ce délai avait un effet rétroactif ;

3.º Que le défaut d'insinuation pouvait être opposé, « tant par les tiers-acquéreurs et créanciers du dona- » teur, que par ses héritiers, donataires postérieurs et » légataires, et généralement par tous ceux qui y

» auront intérêt, autres néanmoins que le donateur ».
Ce sont les termes de l'art. 27 de l'ordonnance.

Il est essentiel de comparer la rédaction de cet art.
27 avec l'art. 941 du code, et d'observer la différence
qui en résulte.

Il est sur-tout essentiel de remarquer, comme nous
l'avons déjà fait, que la transcription n'est pas ordonnée à peine de *nullité*.

Le code civil donne action *à toutes personnes ayant
intérêt;* mais cette expression générale a besoin d'explication.

Sans doute les créanciers, les tiers-acquéreurs du
donateur, et toutes autres personnes qui ont traité
avec lui à titre onéreux, peuvent opposer le défaut
de transcription; nul doute à cet égard. Vid. l'arrêt
de la cour de cassation dans le recueil de M. *Sirey*,
an 1815, pag. 161.

Ainsi, il faut tenir pour certain, que tous ceux qui
ont traité avec le donateur à titre onéreux, soit avant,
soit postérieurement à la donation, soit par acte public, soit sous seing-privé, peuvent opposer le défaut
de transcription, pourvu, s'il s'agit d'un écrit privé,
qu'*il ait une date certaine avant la transcription*,
ou qu'il soit opposé avant que le donateur ait fait
transcrire.

Inutile d'objecter que l'écrit privé ne confère pas
d'hypothèque; cette circonstance n'est rien : l'inscription ne fait que déterminer la préférence entre les
créanciers; au lieu qu'il s'agit ici de savoir seulement
si les biens donnés sont ou ne sont pas le gage commun de tous les créanciers du donateur, abstraction
faite de toute préférence ; or, l'écrit privé existant
avant la transcription, il en résulte que le créancier
chirographaire a considéré et dû considérer les biens
donnés comme son gage ; donc il a le droit de défendre ce gage, et d'opposer le défaut de transcription.

564. — Le créancier ou tiers-acquéreur qui aurait

eu connaissance de la donation antérieure non transcrite pourrait-il opposer le défaut de transcription ?

Le but de la transcription étant d'avertir les tiers que le donateur s'est dépouillé de tel bien, il en résulte que si les tiers peuvent opposer le défaut de transcription, c'est parce qu'ils sont censés être dans l'ignorance de la donation faite : donc, quand ils connaissent cette donation par toute autre voie, il est inutile de faire transcrire.

Il faut en convenir, il paraît contraire à toutes les règles de la justice et de l'équité, qu'un homme qui a, par exemple, signé la donation non transcrite, et prêté ensuite de l'argent au donateur, vienne exciper du défaut de non transcription ; ne serait-il pas ridicule de l'entendre dire : *si j'avais connu la donation, je n'aurais pas prêté!!*

Coquille, sur la coutume du Nivernais, tit. des donations, art. 8, et dans sa quest. 165 ; *Boniface*, tom. 1.er, liv. 7, tit. 2, chap. 14 ; *Theveneau*, sur les ordonnances, liv. 2, tit. 6, art. 3, disent que celui qui a traité avec le donateur ayant une connaissance personnelle de la donation, ne peut pas opposer le défaut d'insinuation.

Ricard professe une autre doctrine : les raisons qu'il en donne, part. 1.re, n.º 1252, ne me paraissent pas décisives ; mais il cite à l'appui de son opinion un arrêt du parlement de Paris, sous la date du 21 mars 1595.

Par cet arrêt, « sans avoir égard à une donation » non valablement insinuée, faite par contrat de ma- » riage au profit d'une mineure, il a été jugé qu'un » créancier qui avait contracté avec le donateur depuis » la donation, à laquelle il avait été présent, *et avait* » *signé*, ne laissait pas d'avoir son hypothèque sur » les héritages donnés ». Ce sont les termes de *Ricard*.

Arrêt semblable du ci-devant parlement de Toulouse, du 24 mai 1728.

La demoiselle Dauront se maria en 1716 : par son contrat de mariage le chevalier de Tournon, son oncle, lui donna la moitié de la terre de Tournon.

Cette donation contractuelle fut insinuée ; mais elle ne la fut pas aux lieux voulus par la loi.

En 1724 le sieur Castelbajac, autre neveu du chevalier de Tournon, et qui avait signé le contrat de mariage de ladite demoiselle Dauront, acquiert toute la terre de Tournon, dont déjà la moitié avait été donnée.

Question de savoir si la donation peut être opposée au sieur Castelbajac ?

Sentence du sénéchal d'Auch, qui décide l'affirmative, attendu la connaissance qu'avait le sieur Castelbajac de la donation.

Sur l'appel, arrêt qui déclare la donation nulle, et maintient le sieur Castelbajac dans la propriété des biens acquis.

Cet arrêt est rapporté par *Furgole*, sur l'art. 23 de l'ordonnance ; il est également rapporté par *Boutaric*, sur l'art. 27 : cet auteur nous dit, « qu'il n'y a que » la *connaissance légale*, telle que la donne l'insinua- » tion, qui puisse faire déclarer irrecevable un créan- » cier ou autre partie intéressée à opposer le défaut.... » Si le créancier a connu la donation avant de con- » tracter, il a connu en même temps qu'elle ne pou- » vait lui être opposée par un défaut qui, par les » ordonnances, la rend nulle à son égard ».

Dans cette dernière proposition il me semble que *Boutaric* donne la thèse pour raison ; il me semble également que l'arrêt du parlement de Toulouse est principalement fondé sur ce qu'à défaut d'insinuation, la donation est indistinctement nulle à l'égard de tous, sauf et excepté le donateur ; proposition qui me paraît contraire à la jurisprudence dudit parlement, car selon cette jurisprudence l'insinuation n'était nécessaire qu'à l'égard des tiers-acquéreurs et créanciers.

Furgole observe, sur le susdit arrêt, que si la demoiselle Dauront, donataire, avait opposé l'exception de dol et de fraude, et si elle s'était pourvue en cassation de la vente, comme faite en fraude de la donation, il aurait fallu, en cassant la vente, laisser subsister la donation;..... car, ajoute *Furgole*, on ne peut acheter valablement une chose qu'on sait ne pas appartenir au vendeur : dans l'espèce l'acquéreur était en fraude.

La transcription trouvant son fondement dans la loi du 11 brumaire, voyons si, d'après les principes de cette loi, le défaut de transcription d'une vente peut être opposé par un second acquéreur qui aurait eu connaissance de la première vente.

Sans doute celui qui acquiert de Jean un immeuble qu'il sait être vendu à Pierre se rend coupable de dol; mais cette fraude vicie-t-elle son acte d'achat? Telle est la véritable question, et elle a été décidée pour la négative par la cour de cassation le 3 thermidor an 13.

Le 8 floréal an 9 Pierre Girard vend par acte public à Michel, son frère, un immeuble pour la somme de 4000 fr.

Cette vente n'est pas transcrite.

Le lendemain Pierre vend le même immeuble à François Girard et à Pierre Mounier pour une somme de 4800 fr.

Cette vente est transcrite le même jour.

Il est constant que lors de la seconde vente les acquéreurs connaissaient la première.

Sur le fondement de cette connaissance le premier acquéreur a prétendu que la seconde vente étant faite en fraude ne pouvait lui être opposée.

11 thermidor an 10, jugement du tribunal civil d'Issoire, qui annulle la deuxième vente, attendu qu'il est constant que le second acquéreur avait eu connaissance de la première vente; qu'il avait donc acquis en fraude des droits du premier acquéreur.

Sur l'appel, arrêt de la cour d'appel de Riom, qui

dit mal jugé, et donne à la seconde vente la préférence sur la première.

Le premier acquéreur se pourvoit en cassation : il invoque la loi 9, ff *de publicis in rem act.*, et la loi 31, § 2, ff *de act. empt. et vend.*, qui ne donnent la préférence au second acquéreur qui s'est mis le premier en possession, que lorsqu'il a acquis de bonne foi.

Le pourvoi est rejeté sur les conclusions conformes de M. *Merlin*; voici les considérans de l'arrêt : « attendu » qu'on ne *peut accuser de fraude* celui qui achète » un immeuble qu'il *avait pu savoir déjà vendu à* » *un autre*, tant que cette première vente n'est pas » transcrite, et conséquemment qu'il n'y a pas eu » translation de propriété, car il n'y a pas fraude à » *profiter d'un avantage offert* par la loi ; et que » c'est au premier acquéreur à s'imputer à lui-même » s'il n'a pas usé d'une égale diligence pour faire trans- » crire son acte ».

Ces considérans me paraissent blesser les règles de l'éternelle justice. Certainement il y a fraude à acheter de Pierre ce que l'on sait qu'il a déjà vendu. En revendant Pierre est stellionataire ; mais celui qui l'engage à la seconde vente, qui accepte cette seconde vente, sachant la première, n'est-il pas le solliciteur et le complice du stellionat? ne sait-il pas que Pierre fait ce qu'il ne peut faire, qu'il s'expose à la contrainte par corps? Or, concourir à cet acte illégal et criminel aux yeux de la loi, n'est-ce pas se rendre coupable de dol ! Si le stellionat est un mal, celui qui y contribue, le sachant, ne peut être exempt de reproche.

Mais, dit la cour de cassation, il n'y a pas de fraude à profiter d'un avantage offert par la loi...... Il faut s'entendre : la loi, en ordonnant la nécessité de la transcription, n'a pas entendu procurer quelque avantage aux hommes astucieux et adroits; elle a voulu, au contraire, offrir une grande sureté à tous les citoyens ; mais prétendre qu'elle ait permis à celui qui est instruit d'une première vente d'aller solliciter le vendeur par toute sorte de moyens d'en consentir une seconde, c'est ce qui est difficile à croire : la loi ne peut inviter au mal ; et ne serait-il pas ridicule de voir condamner comme stellionataire le vendeur, tandis que le second acquéreur profiterait de ce stellionat, qu'il aurait sollicité, demandé, poursuivi ; de ce stellionat, enfin, qui serait son ouvrage !

Dira-t-on : c'est aller trop loin; il est possible que ce soit le vendeur qui ait, au contraire, sollicité le second acquéreur d'accepter la vente..... Je réponds que cette supposition ne peut guère être admise ; et, en l'admettant même, le second acquéreur ne devrait-il pas dire au vendeur : « malheureux ! que voulez-vous faire ? vous ne pouvez effacer la première vente, quelque préjudice qu'elle puisse vous causer ? vous allez être condamné par corps non-seulement jusques et à concurrence du prix, mais pour les entiers dommages-intérêts résultant du stellionat. Or, de deux choses l'une : ou vous avez du bien pour payer ces dommages, ou vous n'en avez pas ; si vous en avez, que pouvez-vous gagner à la revente ! si vous n'en avez point, je me rendrais, en achetant, le complice de la fraude que vous voulez pratiquer » !

Tel serait certainement le langage de la charité, de la délicatesse, de l'honneur ; or, la loi, toujours sage, qui doit toujours éloigner toutes les occasions de faillir, ne devrait-elle pas placer ce langage de la probité dans la bouche de tous les hommes ? ne devrait-elle pas, en conséquence, punir les spéculations frauduleuses, et ne leur donner aucun effet !!

D'après ces considérations, il me semble que les motifs du susdit arrêt de la cour de cassation sont en opposition avec le véritable esprit des lois.

Examinons la question d'après les dispositions du code ; et, nous devons l'avouer, l'art. 1071 paraît
l'avoir

l'avoir résolue dans le sens de l'arrêt de la cour de cassation, et conformément à l'opinion de *Ricard* et de *Boutaric*. Cet article est ainsi conçu : « le » défaut de transcription ne pourra être suppléé, » ni regardé comme couvert par la connaissance que » les créanciers ou tiers-acquéreurs pourraient avoir » eu de la disposition *par d'autres voies que celles* » *de la transcription* ». Cet article est copié littéralement de l'art. 33, tit. 2 de l'ordonnance de 1747, sur les substitutions.

Il est inutile d'objecter que cet art. 1071 est particulièrement relatif à la transcription des donations avec charge de rendre aux enfans ou aux neveux du donateur, car il s'agit toujours de la même difficulté, celle de savoir si la connaissance personnelle de la donation rend le créancier irrecevable à se plaindre du défaut de transcription.

Respectivement au créancier, que la donation soit chargée de substitution, ou qu'elle soit pure et simple, elle doit être également transcrite; or, puisque la connaissance qui résulte de la publicité de la transcription ne peut être suppléée par la connaissance personnelle du créancier, quand il s'agit d'une donation avec charge de rendre, il doit en être de même dans le cas d'une donation simple; car, il ne faut pas le perdre de vue, à l'égard du créancier ou tiers-acquéreur, ce n'est pas à cause de la substitution que la transcription doit être faite, mais à cause de la donation elle-même, comme acte qui dépouille le donateur.

Dira-t-on que la transcription est plus rigoureusement requise dans les donations avec charge que dans les autres? Mais l'obligation de transcrire est la même, sur-tout par rapport aux tiers.

Dira-t-on, enfin, que les donations avec charge sont moins favorables, et que, sous ce rapport, tout

Tom. II. 3

est de rigueur pour leur validité? Mais cette défaveur n'existe pas : l'art. 1072 le prouve.

La loi nous force donc à décider que la connaissance de la première donation n'empêche pas d'opposer le défaut de transcription.

565. — Les héritiers du donateur peuvent-ils opposer le défaut de transcription ?

Pour résoudre cette question importante, il faut rappeler,

1.° Que l'insinuation était ordonnée à peine de nullité par l'ordonnance de 1731;

2.° Que l'insinuation pouvait être faite dans les quatre ou six mois de la date, même après le décès du donateur et du donataire, et que, faite dans ce délai, l'insinuation avait un effet rétroactif;

3.° Que la transcription n'est pas ordonnée à peine de nullité par le code, et qu'aucun délai n'est fixé pour faire transcrire;

4.° Qu'une donation entre-vifs faite par un agonisant vaut comme telle, en sorte que, pour la validité d'une donation aucun délai de survie n'est exigé par rapport au donateur;

5.° Que la donation est parfaite par le seul consentement des parties, et la propriété des objets donnés transférée au donataire, sans qu'il soit besoin d'autre tradition.

De ces observations résulte la preuve rigoureuse que les héritiers ne peuvent pas opposer le défaut de transcription.

S'ils pouvaient autrefois opposer le défaut d'insinuation, c'est par une juste conséquence de la nullité qui résultait de ce défaut.

L'ordonnance fixait un délai pour l'insinuation, avec effet rétroactif; mais aucun délai n'étant fixé par le code, nous serions conduits à cette absurde conséquence, qu'une donation serait nulle, si le donateur mourait avant le temps physiquement nécessaire pour faire transcrire; or, la loi ne saurait être, ni capricieuse, ni injuste.

L'héritier du donateur est tenu de ses faits : or, si le donateur, après avoir fait une donation non transcrite, vendait à un autre, il serait tenu des dommages-intérêts envers le donataire; ses héritiers le seraient également : comment donc ces derniers pourraient-ils opposer le défaut de transcription, quand, malgré ce défaut, ils succèdent à l'obligation de garantie !

La loi parle des *personnes ayant intérêt*; mais par là elle ne désigne que celles qui ont traité avec le donateur à titre onéreux, les héritiers ne sont pas de ce nombre : si la loi avait entendu leur donner action, elle s'en serait expliquée d'une manière expresse, ainsi que l'ordonnance de 1731.

La transcription trouve son fondement et sa naissance dans la loi du 11 brumaire an 7, sur le régime hypothécaire; or, d'après cette loi, le défaut de transcription ne pouvait point être opposé par les héritiers du donateur : c'est par la loi du 11 brumaire, constitutive de la transcription, qu'il faut interpréter l'art. 941 du code.

L'art. 1072 nous dit, d'ailleurs, de la manière la plus expresse, que le défaut de transcription d'une donation avec charge de rendre ne peut être opposé aux appelés par les héritiers du donateur.

D'où il résulte deux choses :

1.º Que puisque les héritiers ne peuvent pas opposer aux appelés le défaut de transcription, ils ne le peuvent pas non plus à l'égard du grevé : s'il en était autrement, l'effet de la donation serait scindé; la donation serait nulle à l'égard du grevé, et elle serait valable en faveur des appelés, ce qui ne peut être : sur quoi, en effet, serait basé ce privilége en faveur des appelés? comment les appelés seraient-ils plus favorables que les femmes et les mineurs qui se trouveraient chargés de rendre?

2.º Que puisque les héritiers ne peuvent pas opposer le défaut de transcription d'une donation avec charge, il ne le peuvent pas non plus quand il s'agit d'une donation pure et simple.

Ce que dit *Ricard*, des substitutions, chap. 13, sect. 2, n.º 121 et suivans, n'est relatif qu'aux héritiers du grevé, et non aux héritiers du donateur lui-même; et l'on sent qu'il n'y a aucune parité entr'eux, parce que le grevé est chargé de faire transcrire, tandis que le donateur ne l'est pas.

M. le tribun *Jaubert*, dans son rapport sur les donations, nous dit textuellement, que les héritiers du donateur ne peuvent pas opposer le défaut de transcription; l'on trouve, par induction, la même interprétation dans le discours de M. *Favart*, pag. 18.

La question s'est présentée devant les cours royales de Toulouse, de Colmar et d'Angers, et il a été décidé par ces trois cours, que les héritiers ne pouvaient pas opposer le défaut de transcription.

Enfin, la cour de cassation, sur les conclusions conformes de M. *Merlin*, a consacré cette doctrine par son arrêt du 12 décembre 1810. Vid. le recueil de M. *Sirey*, an 1811, f.º 33; vid. encore l'arrêt de la cour de cassation rapporté par M. *Sirey*, an 1815, pag. 23.

566. — Par les mêmes raisons, ni les seconds donataires, ni les légataires, à quelque titre que ce soit, ne peuvent pas opposer le défaut de transcription : de même que les héritiers légitimes, ils n'ont pas cet intérêt qu'on appelle *de damno vitando*, et sont également irrecevables à opposer le défaut de cette formalité. Vid. le susdit rapport de M. *Jaubert*, pag. 318.

567. — Les tiers-acquéreurs, disons-nous, les

créanciers et tous autres qui ont traité avec le donateur à titre onéreux, peuvent seuls opposer le défaut
de transcription ; les héritiers du donateur ne le peuvent pas. Il résulte de ces principes, qu'une donation
non transcrite est valable par rapport au donateur
et à ses héritiers, et qu'elle est nulle par rapport à
ses créanciers ou acquéreurs.

Cette proposition vraie peut présenter des difficultés dans son application.

Pierre, par exemple, donne un immeuble à Jean :

La donation n'est pas transcrite ;

Un créancier chirographaire de Pierre le fait condamner postérieurement à la donation ;

Le créancier fait inscrire en vertu de son jugement :
l'inscription porte sur les biens donnés ;

Il fait saisir ces derniers biens.

Jean, donataire, voyant ses biens saisis, ne pourrait-
il pas dire au créancier : vous avez d'autres biens
entre les mains de Pierre, votre débiteur ; discutez
ces biens, et si le résultat de la discussion ne vous
remplit pas vous reviendrez contre moi ?

Je pense que Jean peut tenir ce langage ; il est
tiers-détenteur légitime des biens donnés, le créancier ne peut contester cette qualité ; il ne peut invoquer contre lui que son droit d'hypothèque : or,
sous ce rapport, Jean peut requérir la discussion,
aux termes de l'art. 2170 ; mais, d'après cet article,
et d'après l'art. 2023, il est tenu d'avancer les frais
de la discussion. Vid. l'instruction facile sur les
conventions, pag. 242.

Si le donataire ne requiert pas la discussion, ou
si la discussion a été insuffisante, et qu'il se trouve
dépouillé des biens donnés, il aura son recours contre
le donateur ; car l'éviction procédant du fait de ce
dernier, et pour une cause postérieure à la donation,
il est tenu à la garantie.

Si le donataire ne pouvait agir en garantie, le sort

de la donation dépendrait du pur caprice du créancier; ce qui serait absurde : en effet, si le créancier faisait saisir les biens non donnés, en supposant ces biens suffisans, la donation produirait tout son effet; si, au contraire, il saisissait les biens donnés, voilà la donation évacuée, malgré la suffisance du restant des biens! Système improposable, contraire à tous les principes, et qui ouvrirait la porte à toutes les spéculations frauduleuses.

568. — Faisons-nous des idées justes : du moment de la donation faite et acceptée, la propriété est transmise de droit au donataire, sans qu'il soit besoin d'autre formalité;

Du moment de la donation acceptée, le donataire universel se trouve tenu au payement de toutes les dettes existantes :

Le donataire à titre universel en est tenu proportionnellement à sa quote;

Le donataire à titre particulier n'est tenu d'aucune dette, sauf l'action hypothécaire.

Postérieurement à la donation, le donateur ne peut plus porter atteinte à la donation, directement, ni indirectement; il ne peut plus grossir la masse de ses dettes, et s'il le fait, et qu'il en résulte quelque préjudice pour le donataire, il doit indemniser celui-ci.

Tels sont les effets de la donation entre le donataire et le donateur.

La donation considérée par rapport aux tiers ne produit son effet que lorsqu'elle a été transcrite; ainsi, jusqu'à la transcription le donataire est tenu, d'après les règles ci-dessus, de toutes les dettes existantes; en un mot, par rapport à ces tiers, il faut raisonner comme si la donation n'avait été réellement faite que le jour même de la transcription; mais c'est seulement par rapport aux tiers qu'il faut raisonner ainsi, car par rapport au donateur la donation existe à compter de l'acceptation; et si, par les actes postérieurs du donateur, le donataire se trouve obligé de payer au delà de ce dont il était tenu lors et au moment de l'acceptation, il doit être indemnisé jusques et à concurrence de cet excédant.

569. — De ce que, ni les héritiers, ni les légataires, ni les seconds donataires ne peuvent pas opposer le défaut de transcription, il résulte trois maximes évidentes, et dont l'application sera fréquente.

1.° La transcription peut être faite dans tous les temps, même après le décès du donateur et du donataire : elle n'a pas d'effet rétroactif.

2.° Le défaut de transcription peut être opposé par tous ceux qui ont traité à titre onéreux, par acte public ou privé, soit avec le donateur, soit avec ses héritiers; il suffit que le traité ait une date certaine avant la transcription.

3.° Le donataire ou ses héritiers évincés par le défaut seul de transcription, peuvent agir en garantie contre le donateur ou contre ses héritiers.

Je dis par le défaut seul de transcription, car si l'éviction provient d'une cause qui aurait également produit le dépouillement du donataire dans le cas où la transcription aurait été faite le jour même de l'acceptation, il n'y a pas lieu à la garantie, sauf l'application des règles générales sur la garantie de la part des donateurs.

CHAPITRE VI.

Des donations conditionnelles, modales, onéreuses et démonstratives.

570. — Nous avons déjà parlé des conditions : nous avons dit qu'une donation peut être faite sous une condition suspensive ou résolutoire; mais qu'une donation serait nulle si elle était faite sous une condition potestative de la part du donateur : nous avons

observé que cette condition potestative ne vicierait pas une donation faite par contrat de mariage ; nous allons nous occuper à présent des conditions apposées aux donations et de leurs effets.

Cette matière est aussi importante que difficile ; le point essentiel est d'être clair, et de se faire des idées justes.

571. — Le mot *condition* est un de ces termes vagues dont le législateur et les jurisconsultes se servent dans une acception trop générale et peu précise.

Par le mot *condition* l'on désigne, soit une condition suspensive, soit une condition résolutoire, soit une charge quelconque apposée à une donation. Cette manière de parler trop indéterminée jette une grande confusion dans les idées ; pour éviter cet inconvénient, quand nous parlerons d'une condition, nous y ajouterons la qualité de suspensive ou de résolutoire.

Nous ne considérerons ici les conditions et leurs effets que par rapport aux donations : l'on sait qu'il existe une grande différence entre la nature et les effets d'une condition apposée à une donation, et ceux d'une condition apposée aux dispositions testamentaires. Nous avions d'abord résolu de noter ces différences ; mais nous avons abandonné ce projet, parce qu'il nous a paru que son exécution aurait nui à la clarté : ainsi, tout ce que nous dirons ne s'applique rigoureusement qu'aux conditions apposées aux dispositions entre-vifs.

572. — Par argument de l'art. 1168 du code nous pouvons dire qu'une donation est conditionnelle, lorsqu'on la fait dépendre d'un événement futur et incertain, soit en la suspendant jusqu'à ce que l'événement arrive, soit en la résiliant, selon que l'événement arrivera ou n'arrivera pas.

Dans le premier cas, nous disons que la donation est faite sous une condition suspensive, et que dans

le second cas elle est faite sous une condition résolutoire.

573. — Il n'est pas toujours aisé de distinguer la condition suspensive de la condition résolutoire; il faut
sur cette matière considérer particulièrement la volonté du donateur, et rechercher plutôt cette volonté
qui s'attache scrupuleusement aux termes dont il s'est
servi : *voluntas defuncti conditiones regit, leg.* 19,
ff *de cond. et demonst. ; eamque potiùs quàm verba
considerari oportet, leg.* 101, ff *eodem.*

Plusieurs auteurs ont fait de grands efforts pour
présenter une théorie sur la nature des conditions,
sur la manière de les distinguer, sur les termes qui
les caractérisent. Nous devons convenir que leurs
efforts, extrêmement utiles d'ailleurs, ont cependant
été vains : il est impossible de soumettre à des règles
précises, et qui ne varient plus depuis leur énoncia-
tion, toutes les propositions qui peuvent être exprimées
dans une langue; il est impossible de prévoir toutes
les combinaisons des termes qui la composent. Cette
combinaison est infinie, et, par conséquent, ne peut
être, ni calculée, ni prévue : les difficultés sur cette
matière augmentent encore, quand le donateur s'est
expliqué dans une langue mal faite, c'est-à-dire, dans
une langue dont les mots qui la composent n'ont
pas une acception précise et rigoureuse.

Toute la théorie sur cette matière se réduit à cette
maxime, qu'il faut particulièrement considérer la
volonté du donateur, et voir s'il a voulu apposer
à son bienfait une condition résolutoire ou une condition suspensive.

Mais comme les exemples servent beaucoup à la
fixation de nos idées, et peuvent nous aider dans la
juste interprétation de cette volonté, nous en présente-
rons plusieurs, soit de la condition suspensive, soit
de la condition résolutoire.

SECTION I.er

Des donations sous condition.

§ I.er *De la donation sous condition suspensive.*

574. — La donation est faite sous une condition suspensive, quand elle dépend d'un événement futur et incertain, ou d'un événement actuellement arrivé, mais inconnu des parties.

Par exemple : « je donne à Pierre, si tel vaisseau » arrive à bon port ».

Dans cette espèce l'on voit que je n'ai l'intention de donner que dans le cas de l'arrivée du vaisseau : si le vaisseau n'arrive pas à bon port, ma donation s'évanouit; ou, pour mieux dire, elle n'aura jamais existé.

575. — « Je donne à Jean, s'il a été ou s'il est » conseiller d'état ».

. Dans cette espèce les anciens ne voyaient pas une véritable condition ; ils y voyaient une disposition certaine dès son principe, et simplement soumise à la vérification d'un fait existant. *Leg.* 100 *, ff de verb. oblig.*

Mais, d'après l'art. 1181 du code, la disposition ci-dessus est conditionnelle, et néanmoins la donation produit son effet du jour du contrat, en ce sens que le sort de cette donation est fixé dès ce jour même.

576. — Quand l'événement prévu est futur, il doit être *incertain* (art. 1181); car si l'événement prévu doit nécessairement arriver, la donation est pure et simple.

Par exemple : « je donne à Pierre, si le soleil se » lève demain, si Jean meurt, si Pierre ne boit pas » toute l'eau d'un fleuve dans trois mois ».

Ici il est certain que le soleil se levera, que Pierre ne boira pas l'eau du fleuve, que Jean payera un jour son tribut à la nature ; aussi faut-il dire que la donation ci-dessus est pure et simple : vid. *Pothier*, obligations, n.° 203. Ce savant auteur nous dit, « que » la condition d'une chose qui arrivera certainement » n'est pas proprement une condition, et ne suspend » pas l'obligation ; mais elle *en diffère* seulement l'exi- » gibilité, et n'équipolle qu'*à un terme de payement* ».

De ces principes de *Pothier*, il résulterait que la donation ci-dessus serait pure et simple ; mais que l'effet de la donation ne pourrait être réclamé, dans le premier cas, que le lendemain de la donation ; dans le second, que lors de la mort de Pierre, et dans le troisième, qu'après l'expiration des trois mois.

Je pense, au contraire, que dans le premier et le troisième cas le donataire peut réclamer de suite la chose donnée. Pourquoi attendre, en effet, le jour du lever du soleil et l'expiration de trois mois ? ne savons-nous pas d'avance que le soleil se levera, que Pierre n'aura pas fait tarir l'eau du fleuve ? Or, si l'évé- nement prévu est rigoureusement certain, la donation est pure et simple, et doit être envisagée et exécutée comme telle. La loi 8, ff *de verb. oblig.*, le décide d'une manière textuelle. Le jurisconsulte Paul s'occupe d'une stipulation conçue en ces termes : « si avant la fin » des calendes je ne touche pas le ciel avec le doigt, je » vous donnerai dix » ; et il se demande si le créan- cier peut agir avant les calendes. Le jurisconsulte répond qu'il peut agir dans l'instant même, et que tel est l'avis de *Marcellus : sed cum eo qui ita pro- misit, si intra calendas digito cœlum non tetigerit, agi protinùs potest ; hæc et Marcellus probat.*

On ne peut opposer aux dispositions de cette loi celle de la loi 4, ff *de cond. et demonst.*, § 1.er Il y a une grande différence dans les deux espèces de ces lois, et le jurisconsulte *Pomponius* fonde prin- cipalement sa décision sur l'article *tum*, qu'on trouve dans l'espèce de cette dernière loi, ainsi conçu : *si ita scriptum sit : si in quinquennio proximo Titio filius natus non erit, tum decem Sejæ hæres dato ; si Titius antè mortuus sit, non statìm Sejæ decem debere, quia hic articulus tum extremi quinquennii tempus significat.*

Il y a plus de difficulté par rapport au deuxième cas, c'est-à-dire, par rapport à la donation conçue en ces termes : « je donne à Pierre, si Jean meurt ». Faudra-t-il attendre la mort de Jean, ou bien Pierre pourra-t-il agir de suite ? Que faut-il également décider dans cette espèce : « je donne à Pierre, » si Jean ne meurt point » ? Je crois que dans cette dernière espèce Pierre peut réclamer de suite l'émolument de la donation ; mais que, dans la première hypothèse, il doit attendre, pour pouvoir réclamer, que Jean ne soit plus : il me semble que cela résulte de la volonté présumée du donateur.

577. — Voici plusieurs exemples de la condition suspensive.

« Je donne à Pierre, si Jean se marie ».

La donation, comme on le voit, n'aura d'effet que lors du mariage de Jean.

« Je donne à Jacques, s'il ne monte pas au Capi- » tole, s'il ne va pas à Paris ».

Dans ces deux cas il y a condition suspensive, et la donation n'aura d'effet que lorsqu'il sera définitivement prouvé que l'événement n'arrivera pas : en d'autres termes, la donation n'aura d'effet qu'à la mort de Jacques ; car ce n'est qu'à cette époque qu'il sera rigoureusement prouvé que ledit événement n'arrivera point. Vid. l'art. 1177 du code. C'est encore ce qui résulte de la loi 99, § 11, ff *de verb. obligat.*, et du § 4, au tit. *verb. oblig.*, aux institutes : *si quis,* dit ce paragraphe, *ita stipuletur : si in Capitolium non ascendero, dare spondes ? perindè est, ac si stipulatum esset cùm moreretur sibi dari.* Vid. *Furgole, des testamens,* chap. 7, sect. 4, n.º 3.

578. — Il y a également condition suspensive dans les dispositions suivantes :

« Je donne à Pierre, s'il n'épouse pas Titia ».

La donation n'aura son effet, n'existera que quand il sera prouvé que le mariage avec Titia ne peut avoir lieu ; ce qui se vérifie par la mort de Pierre ou de Titia, ou par le mariage de l'un d'eux avec un tiers. *Leg.* 106, ff *de cond. et demonst.*

Sans doute, par l'effet du mariage de Pierre avec Sophie, ou du mariage de Titia avec Joseph, il n'est pas rigoureusement prouvé que Pierre n'épousera pas Titia, car le premier mariage fait peut se dissoudre, et alors plus d'empêchement à l'accomplissement du mariage de Pierre avec Titia.

Cela est vrai ; mais le premier mariage fait ne peut se dissoudre que par la mort naturelle ou civile, ou par le divorce ; et l'on sent qu'il y aurait une certaine immoralité à prévoir ces événemens malheureux : ce qui fait que la supposition de ces événemens ne saurait empêcher le donataire de pouvoir réclamer l'effet de la donation.

D'ailleurs, la loi qui règle les effets de cette donation ne peut et ne doit voir dans le mariage de Pierre avec Sophie qu'un obstacle absolu à son mariage avec Titia ; elle doit voir dans la première union et dans la foi promise à la première épouse une renonciation absolue, réelle et définitive à tout autre mariage : la loi ne peut adopter d'autre supposition ; elle doit écarter toute arrière-pensée, toute espérance criminelle ; elle doit, enfin, investir un donataire qui a donné la plus grande preuve morale qui fût en son pouvoir de sa renonciation au mariage défendu. L'intérêt de la population, la charité, la justice, réclament d'une manière également impérieuse que le sort de ladite donation soit fixé par l'accomplissement du mariage du donataire avec toute autre que Titia.

Néanmoins si , après la dissolution de ce premier mariage , Pierre épousait Titia , il faudrait décider que ladite donation serait révoquée : la fiction devant le céder à la vérité , la donation s'évanouirait, tout comme si le mariage avec Titia n'eût été précédé d'aucun autre ; le donataire devrait même rendre les fruits par lui perçus.

579. — « Je donne à Mœvius , si Titius monte au » Capitole ».

Dans cette espèce il y a donation sous condition suspensive, et cette donation est valable; mais si je disais : « je donne à Mœvius , si Titius le veut », la donation serait radicalement nulle , parce qu'elle dépendrait de la pure volonté de Titius. Vid. la loi 52 , ff *de condit. et demonst. inst.*; vid. *Duperier*, tom. 1.er , pag. 561 de la 3.e édition.

Nous pouvons remarquer , d'après les exemples ci-dessus, que la particule *si* désigne et caractérise essentiellement la condition suspensive.

580. — « Je donne à Titius lorsque Mœvius » mourra ».

Sans doute il est certain que Mœvius mourra ; mais le jour de sa mort est incertain : il est également incertain si Titius survivra à Mœvius ; néanmoins, attendu que le jour incertain , qui doit nécessairement arriver , ne forme pas condition dans les contrats , il faut décider qu'il n'y a pas de condition suspensive dans l'espèce ci-dessus : la donation est pure , le payement en est seulement différé jusqu'à la mort de Mœvius; et si Titius meurt avant Mœvius, son droit passe à ses héritiers. *Furgole*, des testamens, chap. 7, sect. 3 , n.º 32.

581. — « Je donne à Jacques , pourvu qu'il aille » à Paris , pourvu ou en cas que le vaisseau la » Sirène arrive ».

Dans ces espèces il y a condition suspensive. Vid. *Ricard*, dispositions conditionnelles , traité 2 , chap.

1.ᵉʳ, n.º 18; mais vid. *Furgole*, chap. 7, sect. 3,
n.º 41.

582. — « Je donne à Jacques après qu'il aura
» épousé ma nièce, ou après que Jean aura été nommé
» juge ».

Ces donations sont également faites sous une condition suspensive. Vid. *Furgole, loco citato.*

583. — « Je donne à Jacques, ses comptes étant
» rendus, son mariage avec Titia étant célébré ».

Dans ce cas il y a également condition suspensive.
Furgole, testamens, chap. 7, sect. 3, n.º 44.

584. — « Je donne à Jacques, par lui payant ou
» faisant telle chose ».

Il y a également condition suspensive dans cette
disposition; c'est tout comme si j'avais dit : je donne
à Jacques, s'il paye, s'il fait telle chose. *Ricard*,
dispositions conditionnelles, traité 2, chap. 1.ᵉʳ, n.º
68.

585. — « Je donne à Jacques, moyennant qu'il
» monte au Capitole, moyennant que tel vaisseau
» arrive ».

Cette espèce présente également une condition suspensive. *Furgole, eodem*, n.º 47.

§ II. *De l'accomplissement des conditions.*

586. — Toute condition doit être accomplie de la
manière que les parties ont vraisemblablement voulu
et entendu qu'elle le fût (art. 1175 du code).

Cette règle est générale; elle s'applique à toutes
les conditions casuelles, potestatives ou mixtes, et
particulièrement à ces deux dernières conditions.

La loi 68, au digeste *de solutionibus*, présente un
exemple de l'application de cette règle. Un don m'est
fait sous cette condition : si je donne telle chose à
Pierre; Pierre est mineur, et la question est de savoir
si j'accomplirais la condition en payant à Pierre.
Le jurisconsulte répond qu'en payant au mineur lui-

même, la condition ne se trouvera accomplie que dans le cas où il n'aura pas dissipé les deniers payés, et qu'ainsi, pour satisfaire à l'esprit de la condition, il faut payer au tuteur. Vid. *Pothier*, obligations, n.° 206; vid. la loi 13, ff *de cond. et demonst.*: *si fundus alicui legatus fuerit, si pupillo vel furioso pecuniam dedisset, videtur explesse conditionem curatori vel tutori dando.*

Cette décision doit être d'autant plus suivie, qu'aux termes de l'art. 450 du code le tuteur représente le mineur dans tous les actes civils; d'où il résulte qu'en payant au tuteur on satisfait réellement, et à la lettre, et à l'esprit de la condition.

Pothier, susdit nombre 206, s'exprime en ces termes:

« Notre principe, que les conditions doivent s'ac-
» complir de la manière dont les parties ont vrai-
» semblablement voulu et entendu qu'elles fussent,
» sert à décider la question que font les docteurs, si
» les conditions doivent s'accomplir littéralement *in*
» *formâ specificâ?* Il faut dire qu'ordinairement elles
» doivent s'accomplir *in formâ specificâ;* qu'elles peu-
» vent néanmoins s'accomplir par *equipollens,* lorsque,
» *pro subjectâ materiâ,* il paraît que telle a été vrai-
» semblablement l'intention des parties; et cette in-
» tention se présume lorsque celui en faveur de qui
» est la condition n'a pas d'intérêt qu'elle soit ac-
» complie d'une manière plutôt que d'une autre ».

« Par exemple, ajoute *Pothier*, si j'ai contracté
» quelque obligation envers vous sous cette condi-
» tion, si dans un tel temps vous me donnez cent
» louis d'or, vous êtes censé accomplir cette con-
» dition, en m'offrant en argent blanc la somme de
» deux mille quatre cents livres, m'étant indifférent
» de recevoir cette somme en argent ou en or ».

M. *Bigot*, dans son discours sur les contrats et obligations, s'exprime en ces termes : « on a écarté
» les

» les subtilités de l'école sur la manière dont les con-
» ditions doivent être accomplies : doivent-elles l'être
» suivant la lettre de l'obligation *in formâ specificâ ?*
» peuvent-elles l'être par *equipollens, et pro subjectâ*
» *materiâ ?* Il ne peut y avoir, à cet égard, d'autre
» règle générale que la recherche de l'intention des
» parties ».

587. — Nous ne pouvons mieux faire que de copier
encore *Pothier*, n.° 207. « Les conditions devant
» s'accomplir de la manière dont les parties contrac-
» tantes l'ont entendu, on demande si, lorsque la
» condition consiste dans quelque fait, soit du créan-
» cier, soit du débiteur, soit d'une personne tierce,
» la condition ne peut être accomplie que par la per-
» sonne elle-même, ou si elle peut l'être par les héri-
» tiers de la personne et par quelqu'autre que ce soit,
» qui fasse pour elle, et en son nom, ce qui est porté
» par la condition. La décision de la question dé-
» pend de la nature du fait et de l'examen de l'inten-
» tion qu'ont eu les parties contractantes. Si le fait
» mis en condition est un fait personnel ; si c'est le
» fait d'une *telle personne*, plutôt *que le fait seul en*
» *lui-même*, que les parties ont eu en vue ; en ce
» cas la condition ne peut être accomplie que par la
» personne elle-même. Par exemple : je me suis
» engagé envers mon domestique de lui donner une
» certaine récompense, s'il restait dix ans à mon
» service ; il est évident que le service de ce domes-
» tique, qui fait l'objet de la condition, est un fait
» personnel, et qu'une telle condition ne peut être
» accomplie que par lui-même. Il en est de même
» de l'obligation que j'ai contractée envers l'élève d'un
» célèbre peintre, de lui donner une certaine somme
» si son maître me faisait un certain tableau : c'est
» encore un fait personnel qui fait l'objet de cette
» condition, et elle ne peut être accomplie que par
» le peintre lui-même.

Tom. II. 4

» Mais si le fait, soit du créancier, soit du débi-
» teur, soit d'un tiers, qui a été mis pour condition,
» n'est pas un fait personnel ; si c'est un fait que les
» parties contractantes ont considéré seul et en lui-
» même, et non comme le fait d'une telle personne ;
» en ce cas la condition peut s'accomplir, non-seule-
» ment par la personne elle-même, mais encore
» par les héritiers ou autres successeurs. Par exem-
» ple, si je me suis obligé à vous payer une cer-
» taine somme, *si dans l'année vous faisiez abattre*
» *sur votre héritage un bois qui faisait geler mes*
» *vignes*, cette condition peut s'accomplir par vos
» héritiers, car ce fait n'est pas un fait qui vous
» soit personnel. Il est évident qu'en apposant cette
» condition à mon obligation, j'ai considéré *le fait*
» *seul et en lui-même*, n'ayant eu d'autre intention
» sinon que le bois fût abattu, m'étant indifférent
» par qui. Pareillement, si je vous ai acheté un hé-
» ritage sous la condition qu'un tel se désisterait d'un
» droit de servitude qu'il prétendrait, la condition
» s'accomplira si le successeur de ce voisin donne ce
» désistement ».

Cette doctrine simple, lumineuse, basée sur la
simple raison, présente le commentaire exact et fidèle
du susdit art. 1175 du code. Cette doctrine s'applique
d'une manière rigoureuse aux conditions apposées aux
donations entre-vifs ; elle est basée sur cette recherche
de l'intention, que M. *Bigot* présente comme la seule
règle générale.

587. — Voici d'autres exemples de l'application de
cette règle, que toute condition doit être accomplie
d'après l'intention présumée des parties.

Dans son contrat de mariage avec Sophie, Pierre
donne à la future épouse un domaine *si elle a des*
enfans. Le mariage est dissous, ou par la mort de
Pierre, ou par le divorce : aucun enfant n'est provenu du mariage dissous ; mais Sophie se remarie,

et elle a des enfans : question de savoir si , par la naissance de ces enfans, la condition se trouve accomplie.

Il faut décider qu'il n'existe pas ici d'accomplissement , parce qu'en parlant des enfans à naître , les parties n'ont songé qu'aux enfans du mariage commun ; et comme il n'en est pas provenu , la condition a défailli. Vid. la loi 25 , ff *de cond. et demonst.*

588. — Une donation a été faite en ces termes : « je donne à Pierre le fonds Cornelien , s'il paye à Jacques le montant des dépenses que j'ai faites sur ce fonds ».

Pour que la condition soit accomplie, Pierre devra-t-il payer, non-seulement les dépenses que j'ai faites sur le fonds Cornelien depuis mon acquisition, mais encore le prix de cette acquisition même ? Il suffit de payer le montant des dépenses depuis l'achat. *Leg.* 40 , § 1.er , ff *eodem.*

589. — « Je donne à Pierre tel fonds, s'il paye dix à Joseph ».

Pierre ne paye pas dix à Joseph ; mais comme Joseph se trouve lui devoir une pareille somme , Pierre lui en donne quittance : la condition est-elle remplie ? Nul doute. Vid. la loi 45 , ff *dicto titulo.* En lisant cette loi, on s'apercevra néanmoins que le jurisconsulte Paul ne fonde cette solution , d'ailleurs évidente , que sur une pure subtilité.

La loi 5, cod. *de donat. quæ sub modo ,* nous offre un autre exemple de l'accomplissement par équipollence : « une mère donne quelque chose à sa fille , sous la condition qu'elle serait émancipée par son père dans deux ans ». La condition sera censée accomplie par l'émancipation résultant de la mort du père avant l'expiration des deux années.

590. — Dans les actes entre-vifs on est censé stipuler, tant pour soi, que pour ses héritiers (art. 1122); d'où il résulte que les conditions imposées

dans une donation peuvent en général s'accomplir ,
même après la mort, soit du donateur, soit du donataire, soit du tiers qui est l'objet de la condition ,
à moins que le contraire ne résulte de l'acte lui-même.
Vid. *Pothier*, oblig., n.º 208, et l'art. 1179 du code,
qui nous dit expressément, que si le créancier meurt
avant l'accomplissement de la condition, son droit
passe à son héritier.

591. — Les art. 1176 et 1177 du code présentent
des dispositions très-importantes ; ces articles sont ainsi
conçus :

« Art. 1176 : lorsqu'une obligation est contractée
» sous la condition qu'un événement arrivera dans un
» *temps fixe*, cette condition est censée défaillie lors-
» que le temps est expiré sans que l'événement soit
» arrivé ;

» S'il n'y a pas de temps fixe, la condition peut
» toujours être accomplie, et elle n'est censée défaillie
» que lorsqu'il est devenu certain que l'événement
» n'arrivera pas ».

Ainsi, si je fais donation à Pierre, si tel vaisseau
arrive dans un an, s'il fait telle chose dans un an,
et que l'année soit expirée sans que le vaisseau soit
arrivé, et sans que le fait prévu ait lieu, la donation
s'évanouit : l'arrivée du vaisseau le lendemain de l'expiration de l'année n'opérerait aucun effet.

Mais s'il n'y avait pas de temps fixé dans la donation pour l'accomplissement de la condition, alors la
condition peut toujours être accomplie.

Par exemple : je donne à Pierre, si Jean est nommé
professeur de mathématiques. La condition pouvant
s'accomplir pendant toute la vie de Jean, je ne puis
révoquer ma donation *pendente conditione* ; la condition ne peut défaillir qu'à la mort de Jean : jusque
là le droit de Pierre est en suspens ; mais je ne puis
y porter aucune atteinte.

Nous disons que lorsqu'il n'y a pas de délai fixé la

condition peut toujours être accomplie. Ainsi, si je donne à Pierre, si telle chose arrive, cette condition prévue pourra s'accomplir utilement, même trente ans après la date de la donation, car la prescription ne court point *pendente conditione* (art. 2257 du code).

Néanmoins, si la condition prévue était purement potestative à l'égard du donataire ; si celui-ci laissait passer trente ans sans accomplir cette condition, qui ne dépend que de lui, la donation serait sans effet: la maxime, que la prescription ne court point *pendente conditione*, ne s'applique pas aux conditions de cette espèce. Vid. *Dumoulin*, cons. 6, n.º 18 ; d'ailleurs, celui qui laisse écouler trente ans sans exécuter une condition qui ne dépend que de lui ne doit-il pas être considéré comme ayant renoncé à la donation de la manière la plus expresse ?

592. — L'article 1177 du code est ainsi conçu : « lorsqu'une obligation est contractée sous la condi- » tion qu'un événement n'arrivera pas dans un *temps* » *fixe*, cette condition est accomplie lorsque ce temps » est expiré sans que l'événement soit arrivé : elle » l'est également si, avant le terme, il est certain que » l'événement n'arrivera pas ; et s'il n'y a pas de temps » déterminé, elle n'est accomplie que lorsqu'il est cer- » tain que l'événement n'arrivera pas ».

Il s'agit dans cet article des conditions négatives ; or, ces conditions ont un temps préfix, ou elles n'en ont pas : si le temps fixé expire sans que l'événement prévu soit arrivé, la condition se trouve accomplie ; par exemple, je donne à Pierre, s'il ne monte pas au Capitole dans le courant de l'année, si Jean ne se marie pas de trois ans.

Dans le premier cas, si l'année expire sans que Pierre soit monté au Capitole, la condition se trou- vera accomplie, et la donation sortira à effet ; il en est de même dans le second cas, si les trois ans expirent sans que Jean se soit marié.

Mais si Pierre meurt avant l'expiration de l'année la condition se trouvera accomplie; car, par le décès, il est devenu certain que Pierre ne montera pas au Capitole.

Il en est de même dans le second cas, si Jean meurt avant l'expiration des trois années.

Mais si la condition négative n'a pas de temps préfix, elle n'est accomplie que lorsqu'il est devenu certain que l'événement n'arrivera pas. Par exemple, *je donne à Pierre, si tel vaisseau n'arrive pas des Indes à bon port :* la donation sera en suspens jusqu'à l'arrivée du navire, et le sort de la donation ne sera déterminée que par l'arrivée dudit navire, ou par la nouvelle certaine de son naufrage. Si le vaisseau arrive, la donation s'évanouit ; si, au contraire, il est prouvé qu'il ne peut arriver à bon port, la donation sortira à effet du moment de l'exhibition de cette preuve. Vid. *Pothier*, oblig., n.° 210.

593. — La condition apposée à une donation est réputée accomplie quand le donateur en a empêché l'accomplissement : argument tiré de l'art. 1178 du code.

Ainsi, si je fais une donation à Pierre sous une condition prévue, et que la condition ne s'accomplisse pas par mon fait et par le résultat de mes manœuvres pour en empêcher l'accomplissement, ma donation n'en sortira pas moins à effet ; car, selon les expressions de M. *Bigot*, je me trouve alors devoir à Pierre une indemnité, dont l'effet est le même que si la condition avait été accomplie.

Faisons-nous des idées justes : je donne telle chose à mon domestique, s'il reste dix ans avec moi ; je chasse ce domestique avant les dix ans : pourra-t-il dire que j'ai mis obstacle à l'accomplissement de la condition, et que, sous ce rapport, la donation est valable ?

Le domestique ne peut tenir ce langage : le dol ne se présume pas de ma part ; en chassant le domestique, je suis censé avoir eu des justes motifs pour le chasser ; or, quitter son maître par caprice, ou mériter le congé par son inconduite, sont la même chose : d'ailleurs, la condition ci-dessus ne lie dans le for externe que le domestique, et nullement son maître.

Quand nous disons que la condition est réputée accomplie quand le donateur en a empêché l'accomplissement, nous n'entendons pas parler des conditions potestatives à l'égard du donateur : ces conditions ne peuvent être apposées que dans les donations faites par contrat de mariage ; mais l'on sent, et cela résulte même de la nature des choses, que le donateur peut empêcher l'accomplissement de ces conditions sans être tenu à aucune garantie.

Par exemple : Pierre se marie ; « je lui donne par contrat de mariage la somme de dix, *si je fais une telle chose qui ne dépend que de moi ; si je laisse cette somme de dix dans ma succession* ». Dans cette espèce l'on voit que je reste le maître d'accomplir ou de ne pas accomplir la condition, et Pierre ne peut jamais se plaindre de ma conduite ; parce qu'en n'accomplissant pas la condition, en en empêchant même l'accomplissement, je ne fais qu'user du droit que je me suis réservé.

Ainsi, toutes les fois que le donateur a donné et retenu, il peut empêcher l'accomplissement de sa donation sans être assujetti à aucune indemnité.

594. — L'accomplissement des conditions est toujours de rigueur, et la condition défaillit lors même qu'il n'aurait pas dépendu du donataire de remplir la condition, et lors même qu'il aurait tout fait pour

y parvenir, et qu'il en aurait été empêché par cas fortuit.

« Lorsque, par un acte entre-vifs, dit *Pothier*,
» quelqu'un s'est obligé envers moi sous cette condi-
» tion, que j'affranchirais mon nègre; dans le doute
» si l'obligation a été contractée même pour le cas
» auquel il ne tiendrait pas à moi de l'affranchir,
» l'interprétation doit se faire contre moi, et je ne
» pourrais exiger ce qui m'a été promis sous cette
» condition, quoique la mort du nègre, arrivée avant
» que j'aie pu l'accomplir, m'ait empêché de l'ac-
» complir. Cette décision aurait lieu quand même
» j'aurais déjà fait quelque préparatif : comme si j'avais
» rappelé le nègre d'une campagne éloignée, où il était,
» pour l'affranchir devant le juge de mon domicile,
» et qu'il fût mort en chemin, je ne pourrais pas
» exiger ce qui m'a été promis sous la condition de
» son affranchissement ; je pourrais seulement deman-
» der à être indemnisé de la dépense que j'aurais
» faite pour le faire venir.

» Il en est de même, ajoute *Pothier*, pour ce qui
» concerne les conditions mixtes. Si quelqu'un m'a
» promis une certaine somme, si j'épousais une telle,
» sa cousine, je ne pense pas que la somme me fût
» due si j'étais prêt à l'épouser, et qu'elle le refusât,
» quoique si l'on m'eût fait un legs sous cette condi-
» tion la condition passât pour accomplie ». *Leg.*
31, ff *de cond. et demonst.*

Mais si la condition était simplement de donner à Pierre une certaine somme, et que Pierre refusât, il me semble que son refus équivaudrait à la quittance, et qu'ainsi la condition serait censée accomplie du moment du refus constaté par l'acte d'offre. Vid. *Furgole*, des testamens, chap. 7, sect. 5, n.° 139.

595. — La condition étant de donner à un inca-pable de recevoir, faut-il remplir la condition ? On

parle ici d'une personne incapable de recevoir par
rapport au donateur. La loi 55, ff *de cond. et demonst.*,
décide textuellement que la condition doit être remplie. « Qu'importe, en effet, dit le jurisconsulte
» *Javolenus*, que le testateur ait chargé son légataire
» de donner cette somme à une personne incapable
» de recevoir par testament, ou qu'il l'ait chargé de
» mettre cet argent dans un certain endroit, ou de
» le jeter dans la mer? *Quid enim interest utrùm*
» *tali personæ dare jubeatur, an aliquo loco ponere,*
» *vel in mare dejicere* »?

Je pense néanmoins que la condition de donner
à un incapable doit être considérée comme impossible, et, par voie de suite, comme non écrite. Les
motifs invoqués par le jurisconsulte *Javolenus* ne
sauraient me satisfaire, et la fin de la susdite loi 55
prouve que ce jurisconsulte n'en était pas satisfait lui-
même, puisqu'il observe que la personne incapable
de recevoir par testament ne reçoit pas la somme en
vertu du testament, mais seulement par une disposition à cause de mort : *neque enim illud quod ad talem
personam perventurum est testamenti nomine, sed
mortis causâ capitur.*

En lisant avec attention la susdite loi 55, ff *de
cond. et demonst.*, l'on s'assurera que cette loi ne
décide pas la question générale, de savoir si la condition de donner à une personne incapable de recevoir doit être accomplie : cette loi parle seulement de
la condition de donner à une personne incapable de
recevoir *par testament;* ainsi, dans l'espèce de cette
loi il ne s'agit pas d'une incapacité absolue, mais relative ; et voilà pourquoi le jurisconsulte *Javolenus*
observe que, dans l'espèce, la personne incapable ne
reçoit pas en vertu du testament, mais par une disposition à cause de mort.

Ce qui est contraire à la loi, ce qui est défendu
par elle, doit être, aux yeux des magistrats, réputé

comme impossible ; donc la condition de donner à celui que la loi défend d'avantager doit être considérée comme impossible ; elle est, au moins, contraire à la loi ; et, sous ces deux rapports, elle doit être réputée comme non écrite.

596. — La condition étant de donner à Pierre, cette condition serait-elle valablement accomplie en donnant aux héritiers de Pierre ?

D'après les lois 51, § 1.er, et la loi 94, § 1.er, ff *de cond. et demonst.*, il faut décider que la condition serait accomplie en payant aux héritiers de Pierre ; mais *Furgole*, dans son traité des testamens, chap. 7, sect. 5, n.º 36 et suivans, observe avec raison que le contraire est décidé par ladite loi 94 *in principio*.

En rapprochant le texte de ces lois, *Furgole* en conclut, en distinguant deux cas : « la faculté d'accom- » plir la condition, dit-il, ne passe pas à la personne » de l'héritier de celui qui est désigné *conditionis* » *implendæ causá*, quand il est désigné par son pro- » pre nom, comme dans l'espèce de la loi 94, *in prin-* » *cipio*, ff *de cond. et demonst;* mais la condition peut » être accomplie en la personne de l'héritier de celui » qui est désigné, lorsque la désignation est faite sur » la qualité de l'héritier, parce que, dans ce cas, c'est » la qualité, et non la personne désignée, qui est » l'objet de la condition ; et c'est le cas de la loi 51, » § 1.er, et de la loi 94, § 1.er, ff *de cond. et* » *demonst.* » : *Furgole* veut même que cette distinction s'applique aux conditions imposées dans les contrats.

Mornac, sur la loi 23, ff *de pactis dotalibus,* décide, au contraire, que la condition de donner peut toujours être remplie, en donnant à l'héritier de la personne désignée dans la condition : *etsi dictum non fueret facultatem implendi conditionem transire ad hæredem, tacitè tamen id semper intelligi.*

Je pense que la question ci-dessus doit être résolue

d'après l'intention des parties : cette volonté régit seule les conditions et leurs effets ; mais, dans le doute sur cette intention, je pense que la condition de donner peut s'accomplir, en donnant à l'héritier ou ayant-cause de la personne désignée. En effet, la condition de donner à Pierre est un bienfait envers lui ; or, il est difficile de croire que le donateur n'ait pas songé aux héritiers de Pierre, et qu'il ait voulu limiter le bienfait à la personne de ce dernier : cette limitation ne peut être dans sa pensée ; et, pour y croire, il faut que nous trouvions dans la donation des expressions qui nous découvrent sur ce point l'intention du donateur.

§ III.   *De l'indivisibilité de l'accomplissement des conditions.*

597. — L'accomplissement des conditions est indivisible ; même quand ce qui fait l'objet de la condition est quelque chose de divisible.

Par exemple : je donne à Pierre tel fonds, s'il donne dix à Joseph ; la donation ne produira son effet que lorsque Joseph aura reçu l'entière somme de dix : Joseph n'ayant reçu que cinq, la donation ne vaudra pas pour la moitié ; ne satisfaire qu'en partie à la condition, c'est ne pas y satisfaire du tout ; car l'accomplissement de la condition est indivisible : l'accomplissement partiel n'est rien, et n'opère rien.

Ainsi, dans l'exemple ci-dessus, si Pierre donne seulement cinq à Joseph, c'est tout comme s'il n'avait rien donné ; la donation demeurera de nul effet : Pierre pourra seulement réclamer les cinq, parce qu'il se trouvera les avoir donnés sans cause ; en un mot, l'accomplissement partiel de la condition ne valide pas la donation d'une manière partielle et proportionnelle.

Telles sont les dispositions de la loi 56, ff *de cond. et demonst. : cui fundus legatus est, si decem dederit, partem fundi consequi non potest, nisi totam pecu-niam numerasset.* Vid. *Pothier*, oblig., n.° 215.

Supposons que dans l'exemple ci-dessus Pierre meure sans avoir payé dix à Joseph ; qu'il laisse quatre héritiers, et que l'un d'eux ait payé le quart de dix, celui qui aura fait ce payement pourra-t-il réclamer le quart de la donation ?

Non ; il ne pourra rien réclamer jusqu'au payement intégral de ladite somme de dix, car telle est la conséquence de l'indivisibilité de l'accomplissement de la condition : les héritiers de Pierre le représentant, ils ne peuvent pas avoir plus de droit que lui ; et comme, par rapport à Pierre, la donation n'est valable que par le payement effectif de la somme de dix, il en est de même par rapport à ses héritiers ; la condition ne doit pas souffrir de division par une raison accidentelle : *in eo vero quod uni sub conditione legatum est, scindi ex accidente conditio non debet, et omnis numerus eorum qui in locum ejus substituuntur pro singulari personâ est habendus : dictâ lege 56.*

Mais si je donne un fonds à Pierre et à Paul, sous la condition de payer dix à Joseph, l'accomplissement de la condition pourra se diviser, ainsi et de même que la donation se trouve divisée entre les deux donataires; ainsi, en payant cinq, Pierre pourra réclamer la moitié du fonds donné, lors même que Paul n'aurait rien payé sur les cinq qui sont à sa charge : *dissimilis est causâ cùm duobus eadem res sub conditione legata est; in hâc enim quœstione statìm à testamento quo pluribus conditio apposita est, divisa quoque in singulas personas videri potest ; et ideò singuli pro suâ parte et conditione parere et legatum capere possunt : dictâ lege 56.*

Je donne un fonds à Pierre, s'il donne dix à Joseph.

Avant l'accomplissement de la condition, je me trouve évincé de la moitié du fonds donné ; Pierre, pour avoir la moitié restante, sera-t-il obligé de satisfaire en entier à la condition? ou bien lui suffira-t-il d'y satisfaire pour la moitié? La loi 44, § 9, ff *de cond. et demonst.*, décide que le donataire doit seulement satisfaire à la condition à proportion de ce qui reste de la chose donnée.

Supposons que l'éviction partielle de la chose donnée n'ait lieu qu'après l'accomplissement intégral de la condition, le donataire évincé pourra-t-il réclamer de Joseph une restitution proportionnelle? Je le pense ainsi; la cessation partielle de la cause doit partiellement faire cesser l'effet.

§ IV. *De l'effet de la condition suspensive.*

598. — L'effet de la condition suspensive est de suspendre la donation jusqu'à ce que la condition soit accomplie ou réputée pour accomplie; jusques-là le donataire ne peut rien réclamer, il a seulement l'espérance de pouvoir réclamer un jour : d'où il résulte que si avant l'accomplissement de la condition le donateur livre par erreur la chose donnée, il pourra la répéter, comme la livraison ayant été faite sans cause.

L'art. 1182 du code civil est ainsi conçu : « lors-» que l'obligation a été contractée sous une condition » suspensive, la chose qui fait la matière de la con-» vention demeure aux risques du débiteur, qui ne » s'est obligé de la livrer que dans le cas de l'événe-» ment de la condition.

» Si la chose est entièrement périe sans la faute » du débiteur, l'obligation est éteinte;.

» Si la chose s'est détériorée sans la faute du débi-» teur, le créancier a le choix, ou de résoudre l'obli-» gation, ou d'exiger la chose dans l'état où elle se » trouve, sans diminution du prix;

» Si la chose s'est détériorée par la faute du débi-» teur, le créancier a le droit, ou de résoudre l'obli-

» gation, ou d'exiger la chose dans l'état où elle se
» trouve, avec dommages et intérêts ».

Ainsi, si la chose donnée périt entièrement avant
l'accomplissement de la condition, et sans la faute du
donateur, celui-ci est déchargé de toute obligation;
car il ne peut exister d'obligation, ni de donation
sans une chose qui en soit l'objet :

Si la chose a péri par la faute du donateur, et
si la condition s'accomplit, il sera tenu des dommages
et intérêts :

Si la chose donnée se trouve détériorée sans la faute
du donateur, le donataire doit la prendre dans l'état
où elle se trouvera;

Mais si la détérioration provient du fait du donateur, ce dernier doit une indemnité au donataire.

599. — La condition accomplie a un effet rétroactif
au jour auquel l'engagement a été contracté : si le
créancier est mort avant l'accomplissement de la condition, son droit passe à ses héritiers (texte de l'art.
1179 du code).

Ainsi, une donation étant faite sous une condition
suspensive, si la condition vient à s'accomplir, il faut
raisonner tout comme si la donation avait été pure
et simple dans son principe.

Par suite du même principe, si le donataire est décédé avant l'accomplissement de la condition, il aura
transmis son droit à ses héritiers, parce qu'au moyen
de l'effet rétroactif de la condition il sera censé
mort investi de ce droit. *Pothier*, oblig., n.° 220.
Dolive, liv. 4, chap. 8, rapporte un exemple sensible de l'application de ce principe.

Un homme se marie; il stipule, à titre de gain
de survie, la propriété de tel fonds : durant le mariage
il fait donation de ses biens présens; il survit à son
épouse : question de savoir si le fonds stipulé à titre
de gain de survie se trouve appartenir au donataire,
comme compris dans la donation des biens présens?

Il fut décidé en faveur de ce dernier : d'après la fiction de la loi, l'on raisonna tout comme si le donateur avait eu lors de la donation la propriété du gain de survie. Vid. *Serres*, pag. 464.

Second exemple : une femme se marie, et donne à son mari une somme de 10,000 fr. à titre de gain de survie : durant le mariage la femme donne à Jean le tiers de ses biens ; elle meurt ensuite avant son mari.

Question de savoir si Jean, donateur du tiers, doit payer le tiers des 10,000 fr. gagnés par le mari ? Il faut décider qu'il doit les payer, parce qu'attendu l'effet rétroactif, il faut considérer le gain de survie comme une dette de la donatrice, existante au moment de sa donation. Vid. *Catellan*, liv. 5, chap. 37.

Pour troisième exemple nous pouvons donner un cas qui se présente très-souvent.

Je donne aujourd'hui 10,000 fr. à Pierre, s'il épouse Titia.

J'hypothèque, pour la sureté de la donation, un domaine déterminé ; nul doute que le donataire ne puisse utilement faire son inscription avant l'accomplissement de la condition, car il peut faire tous les actes conservatoires de son droit (art. 1180 et 2132 du code) :

Postérieurement j'emprunte une somme, et j'hypothèque le même domaine en faveur de Jacques, prêteur ;

Le payement n'ayant pas lieu à l'échéance, Jacques fait saisir le domaine, et procéder à l'ordre ;

La condition du mariage n'est pas accomplie :

Question de savoir si, attendu cette dernière circonstance, Jacques ne doit pas être colloqué le premier purement et simplement.

Il faut décider que Pierre, donataire, doit être colloqué avant Jacques ; mais, attendu l'incertitude de l'événement de la condition, Jacques, colloqué en

second ordre, doit recevoir le prix du domaine saisi ;
à la charge par lui de donner caution de rembourser
ledit prix à Pierre dans le cas où la condition se trouvera accomplie. Vid. *Pothier*, oblig., n.° 221. C'est
ce que nous trouvons littéralement écrit dans la loi
11, ff *qui potior. in pignor. hab. : si sub conditione,
stipulatione factá, hypotheca data sit, quâ pendente,
aliis credidit penè, et accepit eandem hypothecam;
tunc deindè prioris obligationis conditio existat,
potior est qui stipulatus est sub conditione, quia cùm
semel conditio extitit, perindè habetur ac si, illo
tempore quo stipulatio interposita fuit, sine conditione facta esset.*

Voici un autre exemple de cet effet rétroactif.

Je donne un domaine à Pierre, s'il est nommé
conseiller d'état.

Avant l'accomplissement de la condition Pierre
peut-il hypothéquer le domaine ?

Le doute sur cette question vient de ce qu'avant
l'événement de la condition la propriété du domaine
n'est pas transférée sur la tête de Pierre..... Il est
difficile de comprendre comment il pourrait hypothéquer ce qui n'est pas encore à lui !

Cependant il faut décider qu'il peut hypothéquer le
domaine : il y a un droit, ce droit est, à la vérité,
suspendu ; mais il existe, il lui est acquis; et en usant
de ce droit conditionnel, Pierre peut consentir une
hypothèque qui sera soumise aux mêmes conditions
(art. 2125 du code); d'ailleurs, l'inscription de l'hypothèque est un acte conservatoire, que le donataire
peut faire avant l'accomplissement de la condition
(art. 1180 du code).

Cela posé, si la condition vient à s'accomplir par
l'effet de la rétroaction, l'hypothèque par lui consentie
produira son effet du moment de l'inscription.

600. — Faisons-nous des idées justes sur cet effet
rétroactif des conditions suspensives.

Je

Je donne à Jacques un tel bien , si tel vaisseau
arrive à bon port : le vaisseau arrive un ou deux ans
après la donation.

Jacques pourra sans difficulté demander le délaissement du bien donné ; mais pourra-t-il réclamer
les fruits perçus depuis la donation ? pourra-t-il dire
que , par l'effet rétroactif de la condition , il est censé
être propriétaire depuis cette époque ?

Les fruits ne lui sont pas dus ; car , 1.º je n'ai voulu
et entendu me dépouiller que lors de l'événement de la
condition ; 2.º jusqu'à cet événement , et nonobstant
l'accomplissement de la condition , je demeure si fort
propriétaire du domaine , que s'il vient à périr , il
périt pour moi (art. 1182); ce qui ne serait pas si
l'effet rétroactif était plein et absolu ; 3 º enfin , le
donateur ne peut être tenu des fruits qu'à compter de
la demande : vid. , d'ailleurs , la loi 8 , ff *de periculo et
commodo rei venditæ : fructus medii temporis vendi-
toris sunt,* dit cette loi : vid. *Domat,* tom. 1 , pag. 22 ,
art. 6.

§ . V. *Quand une donation a été contractée sous
plusieurs conditions suspensives est-il nécessaire
que toutes s'accomplissent ?*

601. — Cette question , dit *Pothier ,* n.º 223 , se
décide par une distinction : « lorsque plusieurs con-
» ditions ont été apposées par une particule disjonctive,
» comme lorsque je me suis engagé à quelque chose
» envers vous , *si un tel vaisseau arrive à bon port,
» ou si je suis nommé à tel emploi,* il suffit que l'une
» des conditions soit accomplie , pour que l obligation
» soit parfaite ; mais lorsque les conditions ont été
» apposées avec une particule conjonctive , comme
» lorsqu'il est dit : *si un tel vaisseau arrive, et si je
» suis nommé à un tel emploi,* il faut que toutes les
» conditions s'accomplissent , et si une seule manque

» d'être accomplie, l'obligation s'évanouit. *Leg.* 129,
» ff *de verb. oblig.* ».

Cette doctrine s'applique parfaitement aux donations ; elle n'est autre chose que la traduction de ce
texte des institutes : *si plures conditiones adscriptæ
sunt, si quidem conjunctìm, ut putà si illud et illud
factum fuerit, omnibus parendum est ; si separatìm,
veluti si illud aut illud factum erit, cuilibet obtempe-
rare satis est.*

Pothier ajoute : « observons néanmoins que dans
» les testamens, et même dans les actes entre-vifs, les
» particules disjonctives se prennent dans un sens co-
» pulatif, lorsqu'il est évident qu'elles ont été prises
» en ce sens par le testateur ou par les contractans ;
» comme lorsqu'un père ou autre parent grève de
» substitution son fils ou autre parent en ces termes :
» *s'il meurt sans enfans, ou sans avoir disposé, etc.* ;
» il est évident que dans cette substitution, soit
» qu'elle soit portée par un testament, ou par une do-
» nation entre-vifs, la particule disjonctive *ou* a été
» entendue par le testateur ou donateur dans un sens
» copulatif, et que la susbtitution ne doit être ouverte
» que par l'accomplissement des deux conditions. *Leg.*
» 6, cod. *de inst. et substit.* ».

Vid., sur l'interprétation de la même loi, *Serres,*
pag. 265, et *Furgole,* des testamens, tom. 2, chap. 7,
sect. 5, n.° 113 et suivans.

Sans approfondir ici les difficultés que cette loi a
fait naître, nous devons observer non-seulement que
les substitutions sont prohibées dans notre nouvelle
législation, mais encore que la particule *ou* est
essentiellement disjonctive, et que lorsqu'il se trouve
plusieurs conditions séparées par cette particule, il
suffit, pour la validité de la donation, que l'une de ces
conditions s'accomplisse.

Les dispositions importantes de la loi *cùm quidem*
4, cod. *de verb. et rer. signif.*, ne trouvent pas ici

leur application ; ainsi, par exemple, si je donne
à Pierre *ou* à Paul, c'est tout comme si je donnais
à Pierre *et* à Paul; ils partageront le don par moitié :
la particule disjonctive *ou* a ici la force et l'effet de
la copulative *et*. Susdite loi *cùm quide* ».

Mais si je donne à Jean tel domaine, s'il donne dix
à Pierre *ou* à Paul, la condition sera accomplie, si
Jean donne dix, soit à Pierre, soit à Paul.

On pourrait demander, si, dans cette espèce, la condition se trouverait accomplie, en donnant cinq à
Pierre, et cinq à Paul ? Je la croirais accomplie,
d'après l'esprit de la disposition.

Enfin, sur cette matière, comme sur tout ce qui a
du rapport à l'interprétation et à l'effet des conditions, il faut principalement rechercher quelle a été
l'intention du donateur.

SECTION II.

De la condition résolutoire.

602. — Une donation est faite sous une condition
résolutoire, quand le donateur prévoit un événement
futur et incertain, et déclare que la donation sera
résolue, selon que cet événement arrivera ou n'arrivera pas.

La condition est résolutoire dans les exemples
suivans.

Je donne à Pierre, et s'il épouse Marie la donation
sera résolue.

Je donne à Pierre, et si tel vaisseau arrive ou n'arrive pas la donation demeurera de nul effet.

Je donne à Jacques les œuvres de M. Euler; mais,
si je suis nommé inspecteur de la marine, il sera obligé
de me rendre cet ouvrage.

Dans tous ces cas il y a condition résolutoire, que
j'appelle expresse.

Nous disons que l'événement prévu doit être incer-

tain ; car si l'événement devait nécessairement arriver, il n'y aurait pas de donation : par exemple, je
donne à Pierre, et si le soleil se lève demain la donation sera résolue ; dans ce cas il n'y aurait pas de
donation proprement dite.

603. — La condition résolutoire étant sous-entendue dans tous les contrats synallagmatiques (art. 1184
du code), il faut dire que toute donation avec charge
se trouve faite sous une condition résolutoire.

Exemples.

Je donne à Pierre, à la charge par lui de donner
ou de faire telle chose ; à la charge par lui d'épouser
Titia.

Dans tous ces cas il y a condition résolutoire, si
Pierre ne remplit pas la charge qui lui est imposée.

604. — Il y a également condition résolutoire
quand la donation est faite avec expression d'une
cause finale ; par exemple, quand je donne à Jacques
pour qu'il épouse Marie dans un an , le mariage de
Marie est ici la cause finale de la donation ; et cette
cause finale a le même effet qu'une charge expresse du
mariage. Vid. le titre du code *de cond. ob caus. dat.*

La cause est réputée finale, quand il est évident
que sans elle le donateur n'aurait pas donné, *aliter
non donaturus.*

Mais la cause simplement impulsive n'a pas l'effet
d'une véritable charge, comme quand je donne à
Jean pour qu'il ait de quoi prendre un métier, pour
qu'il se marie : ici la cause est simplement impulsive.
Vid. *Catellan*, liv. 5, chap. 64.

Sur ce qui distingue les causes impulsives des causes
finales vid. *Menochius*, lib. 4, *præsompt.* 24 ; mais
la règle générale et la plus sûre sur cette matière est
de considérer la volonté du donateur ; c'est d'après
cette volonté qu'on décidera si la cause est impulsive
ou finale.

Il ne faut pas le perdre de vue : quand une donation est faite avec une charge quelconque, ou présente une cause finale, il y a condition résolutoire.

J'appelle cette condition résolutoire condition résolutoire tacite.

§ I.er *De l'accomplissement de la condition résolutoire expresse.*

605. — La condition résolutoire, de même que la condition suspensive, doit être accomplie dans le sens que les parties l'ont naturellement voulu et entendu.

Ce que nous avons dit aux n.os 586, 587, 589, 590 et 596, s'applique à la condition résolutoire expresse.

606. — Il n'est pas nécessaire que la condition résolutoire s'accomplisse à la rigueur; il suffit que le donataire n'ait pas refusé de satisfaire à la condition: ainsi, si l'accomplissement n'a pas lieu, soit par cas fortuit, soit par le refus de la personne en faveur de laquelle la charge avait été imposée, la donation est valable. Vid. la loi 10, cod. *de cond. ob caus. dat.; Furgole*, des testamens, chap. 11, sect. 1.re, n.o 30; *Ricard*, des dispositions conditionnelles, traité 2, chap. 4, n.os 88 et 89; il s'explique en ces termes:

« Nous trouvons dans cette distinction une diffé-
» rence entre la *charge* et la *condition* pour la
» matière que nous traitons; car il n'importe pas, à
» l'égard de la charge, que l'impossibilité qui se ren-
» contre dans son exécution soit de droit, ou qu'elle
» soit arrivée par cas fortuit; en l'un et l'autre cas
» elle dispense le légataire de l'accomplissement de la
» charge, et rend la disposition pure et simple.

» La raison de cette diversité est fondée sur ce que
» la *condition* affecte tellement la substance du legs,
» qu'il ne peut avoir son effet qu'avec elle; au
» lieu que la *charge* n'empêche pas que la disposition
» ne subsiste d'elle-même, et que le donataire n'entre

» en possession de la chose donnée auparavant qu'il
» ait satisfait à la charge; de sorte que, comme le
» droit de celui qui possède est toujours le plus favo-
» rable, si, lorsqu'il s'agit d'exécuter la charge, le
» donataire ne peut pas l'accomplir par quelque ac-
» cident qui *ne procède, d'ailleurs, que de sa négli-*
» *gence et de son fait,* les choses doivent demeurer
» dans l'état où elles se trouvent, et le donataire doit
» conserver la possession qu'il a une fois acquise en
» vertu d'un titre légitime ».

Ainsi, par exemple, je fais une donation à Pierre,
à la charge par lui d'épouser Sophie : si Sophie meurt
avant l'âge nubile, ou si, étant nubile, elle refuse
d'épouser Pierre, du moment du refus constaté, Pierre
est censé avoir rempli la charge; la condition résolutoire s'évanouit, et la donation demeure pure et
simple.

607. — Second exemple : je donne à Pierre, à la
charge par lui d'épouser Sophie dans un an; je stipule
que s'il ne le fait pas dans ce délai la donation sera
résolue.

L'année expire sans que le mariage ait eu lieu,
Pierre pourra-t-il satisfaire à la condition après l'expiration de l'année?

L'art. 1656 du code est ainsi conçu : « s'il a été
» stipulé, lors de la vente d'immeubles, que, faute de
» payement du prix dans le terme convenu, la vente
» serait résolue de plein droit, l'acquéreur peut néan-
» moins payer après l'expiration du délai, tant qu'il
» n'a pas été mis en demeure par une sommation;
» mais après cette sommation le juge ne peut lui ac-
» corder aucun délai ».

De cet article il semble résulter que la condition
résolutoire peut être accomplie, même après le délai
fixé, et jusqu'à la sommation faite.

Mais cet article peut-il s'appliquer à notre espèce?
ne faut-il pas plutôt y appliquer les dispositions de

l'art. 1176? enfin, cet art. 1176 n'est-il pas modifié par l'art. 1184?

Ces questions présentent une très-grande difficulté.

L'art. 1176 nous dit, que lorsqu'une obligation est contractée sous la condition qu'un *événement* arrivera dans un temps fixe, cette condition est censée défaillie lorsque le temps est expiré sans que l'événement soit arrivé.

Cet article s'applique-t-il à la condition résolutoire? Il faut se décider pour l'affirmative, d'après le titre du paragraphe où cet article se trouve ; ce paragraphe est intitulé : *de la condition en général, et de ses diverses espèces.*

Que ce même article s'applique à la condition casuelle résolutoire, nul doute ; il est, d'ailleurs, reconnu en principe général, que la résolution a lieu de plein droit quand il s'agit d'une condition résolutoire casuelle.

Mais s'applique-t-il à une condition mixte, comme celle dont il s'agit? Voilà la première difficulté. La seconde difficulté consiste dans la conciliation de l'art. 1176 avec les art. 1184 et 1656.

Je pense que l'art. 1176 s'applique à toutes les conditions résolutoires, potestatives, casuelles ou mixtes : la classification de cet article le prouve. Le législateur vient de s'occuper des différentes espèces de conditions, et, de suite, dans le même paragraphe, il trace une règle générale sans aucune exception : donc l'art. 1176 s'applique à la condition dont il s'agit ; ainsi, la première difficulté nous paraît résolue.

L'art. 1176 est-il modifié par l'art. 1184? Je ne le pense pas. Dans ce dernier article il n'est question que d'une condition résolutoire tacite et sous-entendue, au lieu qu'il s'agit ici d'une condition résolutoire expresse. Ces deux conditions sont bien différentes dans la pensée de celui qui les stipule ; et, sous ce rapport, leurs effets ne doivent pas être les mêmes.

Dans la condition résolutoire tacite ou sous-entendue, et dont il est parlé en l'art. 1184, on n'aperçoit point dans l'origine de la stipulation une intention précise et formelle que la condition sera résolue faute d'accomplissement de la charge ; on y voit une faculté naturelle accordée au contractant qui a rempli son obligation de demander la résolution de l'acte contre celui qui n'a pas rempli la sienne; et voilà pourquoi cette résolution n'a jamais lieu de plein droit, et doit être demandée en justice.

Ainsi, l'art. 1184 est particulier à son espèce, et l'on ne peut en étendre les dispositions à la condition résolutoire expresse.

Cette vérité serait encore prouvée par le susdit art. 1656, dont nous avons rapporté le texte ci-dessus : d'après l'art. 1184, le juge reste le maître d'accorder un délai au défendeur, d'après les circonstances ; mais cette faculté le juge ne l'a point d'après l'art. 1656, car, selon les dispositions de cet article, la sommation une fois faite le juge ne peut accorder aucun délai ; et il ne faut pas perdre de vue que l'art. 1656 parle d'une condition résolutoire expresse.

Mais reste une grande difficulté. D'après l'art. 1656, nonobstant la condition résolutoire expresse, nonobstant l'expiration du délai, la condition peut toujours être remplie jusqu'à la sommation *ad hoc* ; en un mot, jusqu'à la mise en demeure de celui qui doit remplir la charge : or, cette disposition, cette faculté de remplir la charge, même après le terme expiré, s'applique-t-elle à toutes les conditions résolutoires expresses, ou bien n'existe-t-elle que pour le cas prévu par l'art. 1656 ? en d'autres termes, ce dernier article doit-il être limité et restreint aux conditions résolutoires insérées dans les contrats de vente, et relatives au payement du prix dans un délai fixé ?

Je pense que les dispositions de l'art. 1656 ne sau-

raient s'appliquer à notre espèce. Dans le contrat
de vente, le vendeur qui stipule, qu'à défaut du payement du prix dans un délai déterminé la vente sera
résolue, n'a pas tant en vue la résolution de la vente,
que la sureté du payement dans le temps convenu :
c'est pour s'assurer ce payement à jour fixe, c'est
pour éviter les délais, qu'il stipule la condition résolutoire ; c'est une menace contre l'acquéreur, c'est
un moyen coercitif qu'il emploie. Le but de la condition est le payement ; or, tant que le vendeur n'a
pas annoncé qu'il est en souffrance, tant qu'il n'a pas
fait de sommation, il est juste que l'acquéreur puisse
payer le prix : le vendeur qui le refuserait, pour
demander la résolution de l'acte, irait évidemment
contre son intention primitive ; on lui dirait : vous
n'avez voulu que vous assurer le payement ; tel était
votre but essentiel : ce payement je vous l'offre, il
est vrai, après le terme convenu ; mais une preuve
que vous n'avez pas souffert de ce retard résulte du
défaut de sommation ; votre silence est une espèce de
prorogation de délai, il ne saurait être pour moi un
piége funeste.

Ce langage, ces principes ne peuvent s'appliquer
à notre espèce, dans laquelle je donne à Pierre, à la
charge par lui d'épouser Sophie dans un an, avec
stipulation que si le mariage n'a pas lieu dans ce délai
la donation sera résolue.

Ici, après ma donation faite, je ne dois qu'attendre
les événemens et l'accomplissement de la condition
imposée. Si le terme expire sans que le mariage soit
accompli, ma donation se trouve résolue ; le donataire ne peut pas me dire, comme au vendeur : pourquoi ne m'avez-vous pas sommé ? On en sent la
raison, et l'on voit la différence qui se trouve entre
le vendeur et le donateur : le vendeur a, sous tous
les rapports, droit et intérêt à sommer l'acquéreur
aux fins du payement : mais en est-il de même du

donateur? doit-il, même après le terme expiré, sommer le donataire d'avoir à satisfaire tel jour à la condition imposée, et protester de la résolution faute de ce faire. On sent le ridicule d'une pareille démarche, quand le donateur n'a précisément aucun intérêt à la faire, et que la condition prévue ne le regarde pas. Vid. *Furgole*, des testamens, chap. 9, sect. 1.re, n.º 33.

Mais la question que nous traitons n'est-elle pas littéralement résolue par les dispositions de l'art. 956 du code, qui porte, « que la révocation pour cause » d'inexécution des conditions n'aura jamais lieu de » plein droit » ? Car si l'intervention du juge est nécessaire, il en résulte, ou qu'il peut accorder un délai pour remplir la condition : *Roussille*, donations, n.º 595 ; ou que, du moins, le donataire peut la remplir jusqu'au jugement.

Que l'art. 956 s'applique au cas où le donateur a stipulé pour lui la condition de donner ou de faire quelque chose, nul doute ; mais cet article s'applique-t-il à notre espèce ? J'ai de la peine à l'accorder. Cependant, forcé par la généralité de l'expression de cet article, je décide, en dernière analise, que, dans notre espèce, la résolution n'a pas lieu de plein droit, et que, par une conséquence rigoureuse, le juge peut accorder un délai pour remplir la condition, et qu'à plus forte raison elle peut être remplie jusqu'au jugement ; mais passé le délai fixé par le juge, il ne peut en être accordé un second, et la résolution doit être prononcée.

608. — Supposons qu'après l'année expirée Sophie meure sans que Pierre ait fait aucune démarche pour l'épouser, dans cette hypothèse la donation sera-t-résolue ? Sans doute, car Pierre est ici coupable d'une très-grande négligence.

Par la même raison, si, après l'année expirée, Pierre meurt sans avoir fait aucune démarche, la résolution de la donation aura lieu au préjudice de ses héritiers.

609. — Supposons que Sophie meure pendant le délai accordé par le juge pour accomplir le mariage ; la donation dans ce cas sera-t-elle résolue ? Non ; à l'impossible nul n'est tenu, et ici le défaut d'accomplir la charge ne peut être imputé au donataire : sans doute il a à se reprocher de n'avoir pas satisfait à la charge dans le terme fixé par la donation ; mais comme cette négligence n'a pas opéré de droit la résolution de la donation, et qu'un nouveau délai a été donné pour y satisfaire, il faut raisonner par rapport à ce nouveau délai comme par rapport au premier ; et de même que le décès de Sophie, arrivé dans le premier délai, n'aurait pas opéré la résolution de la donation, il faut également décider que le décès survenu dans le nouveau délai ne saurait opérer cet effet : en un mot, le jugement qui fixe un nouveau délai prononce la résolution, si dans ce délai le mariage ne s'accomplit pas ; or, comme le défaut d'accomplissement de la charge sans la faute du donataire n'opère pas la résolution de la donation, il faut dire que la donation n'est pas résolue par le décès de Sophie arrivé dans ce nouveau délai.

610. — La condition ou charge de donner à un incapable doit-elle être exécutée ? Par exemple : je donne à Pierre, à la charge par lui de donner dix à Jean, qui ne peut rien recevoir de moi ;...... que devient cette charge imposée à Pierre ?

Je pense que Jean ne pouvant rien recevoir, Pierre ne saurait satisfaire à la charge sans violer les dispositions des lois. Cette charge doit donc être réputée comme impossible, et, par conséquent, comme non écrite. Vid. l'annotateur de *Ricard, disposit. condit.*, traité 2, chap. 4, n.° 95.

§ II. *De l'indivisibilité de l'accomplissement de la condition résolutoire expresse.*

611. — Je donne à Pierre, à la charge par lui de donner dix, et avec stipulation que la condition sera résolue faute par lui de satisfaire à la charge.

Si Pierre ne satisfait à la charge qu'en partie, la donation sera résolue pour le tout : l'accomplissement partiel ne valide pas partiellement la donation ; le donataire peut seulement réclamer ce qu'il aura donné à compte de la charge imposée.

612. — Si une donation a été faite à trois, avec charge de donner telle chose à un tiers, cette charge se divise naturellement entre les donataires ; et si l'un d'eux satisfait à sa portion dans la charge, en en payant le tiers, la donation ne pourra point être résolue à son égard, lors même que les deux autres donataires ne satisferaient pas à leur portion dans ladite charge.

La charge étant de donner une somme, et cette charge pouvant être remplie par les héritiers, l'un des héritiers pourra-t-il satisfaire utilement à la portion de la charge ? non : cette charge est indivisible, et lors même qu'un des cohéritiers aurait payé la portion virile de la charge, la donation sera résolue pour le tout, si les autres cohéritiers ne payent pas leur portion : le cohéritier pourra seulement réclamer ce qu'il aura payé. Leg. 5, ff *de cond. et demonst.*

§ III. *Quand il existe plusieurs conditions résolutoires est-il nécessaire que toutes s'accomplissent ?*

613. — Ce que nous avons dit là-dessus par rapport aux conditions suspensives s'applique aux conditions résolutoires, soit expresses, soit tacites.

§ IV. *De l'effet de la condition résolutoire tacite.*

614. — Toute donation, avons-nous dit, qui est faite avec une charge quelconque, ou qui présente une cause finale, renferme tacitement une condition résolutoire. Vid. l'art. 1184 et l'art. 953 du code.

Si le donataire ne satisfait pas à la charge, le donateur a le choix, ou de le forcer à remplir cette charge, ou de demander la résolution de la donation.

S'il n'a pas été fixé de délai durant lequel la charge devra être remplie, le donataire pourra toujours y satisfaire.

Néanmoins le donateur ou ses héritiers pourront assigner le donataire devant le juge, pour voir ordonner qu'il sera tenu de satisfaire à la charge dans un tel délai, et qu'à défaut la donation sera résolue.

Je crois que ce délai fixé par le juge est péremptoire; ainsi, si dans ce délai la charge n'est pas exécutée par la faute ou la négligence du donataire, il interviendra un second jugement qui prononcera la résolution : ce second jugement me paraît nécessaire.

Mais pendant l'instance pour parvenir à ce second jugement le donataire pourra-t-il purger la demeure, en exécutant la charge? Je pense qu'il peut purger la demeure, s'il a commencé d'exécuter la charge dans le délai fixé ; dans le cas contraire je ne le crois point.

615. — S'il a été fixé un délai pour l'accomplissement de la charge, alors, soit que le donataire ait commencé ou non d'exécuter la charge, la résolution n'ayant pas lieu de plein droit, le donataire devra être assigné pour voir prononcer la résolution ; sur l'assignation, le juge lui accordera un délai pour satisfaire à la charge : d'où il résulte que le donataire pourra remplir la charge non-seulement après le délai fixé dans la donation, mais encore pendant le nouveau délai fixé par le juge; et, à plus forte

raison, pendant l'intervalle écoulé depuis l'expiration du délai fixé dans la donation jusqu'à l'assignation devant le juge.

616. — Une charge étant de nature à ne pouvoir être remplie que par le donataire, supposons qu'il meure avant d'y avoir satisfait ;.......... la donation sera-t-elle résolue ?

Distinguons le cas où un délai pour remplir la charge a été fixé de celui où il n'existe aucune fixation.

S'il n'existe pas de fixation de délai, et que le donataire meure sans avoir satisfait à la charge, pouvant d'ailleurs le faire, la résolution de la donation sera prononcée, pourvu qu'il se soit écoulé un certain temps pendant lequel le donataire ait pu satisfaire à la charge. Par exemple : je donne à Pierre, à la charge par lui d'épouser Marie, qui n'a pas l'âge nubile. Supposons que Pierre meure ; alors il faudra examiner s'il s'est écoulé un certain temps entre l'époque où Marie a eu l'âge nubile et le décès de Pierre : si ce temps est assez considérable, la résolution sera prononcée.

Mais quel temps doit-il s'écouler, pour qu'il soit regardé comme considérable ? faut-il embrasser un arbitraire absolu ? Je crois qu'il faut embrasser cet arbitraire, parce que la nécessité et l'équité l'exigent. Pierre peut, en effet, décéder deux ou trois jours après l'âge nubile de Marie ; il peut être malade lors de cette époque, il peut être absent par nécessité : dans tous ces cas, l'équité résiste à ce qu'il soit puni de n'avoir pas rempli une charge ; ce qui, par rapport à lui, était une chose jusqu'à un certain point impossible.

Si, après l'âge nubile de Marie Pierre a été mis en demeure par une sommation, alors, s'il meurt avant d'avoir rempli la charge, ou de s'être mis en mesure de le faire, la donation sera résolue, sans qu'il soit nécessaire de considérer le temps qui s'est écoulé entre l'âge nubile de Marie et le décès de Pierre.

Si, au contraire, il a été fixé un délai, et que la chose ait été possible dans ce délai, alors si le donataire vient à mourir après l'expiration de ce délai, et sans avoir satisfait à la charge, ou s'être mis à même de le faire, la résolution sera prononcée : je dis, *ou s'être mis à même de le faire*, car l'on sent que l'expiration du délai fixé ne doit pas entraîner seule la résolution de la donation, sur-tout quand, avant son expiration, il y avait déjà un commencement d'exécution de la charge. Il peut, en effet, arriver que le donataire ait été empêché par plusieurs circonstances de remplir en entier la condition ; et il serait trop dur de le punir d'une inexécution plutôt due aux circonstances, qu'à sa négligence ou à sa faute. La question de savoir si, en cas de commencement d'exécution de la charge, il y a ou non faute de la part du donataire qui ne l'a pas remplie en entier dans le délai fixé, est nécessairement laissée à la conscience des juges, qui doivent se déterminer d'après les circonstances : s'il y a faute, la résolution doit être prononcée ; s'il n'y en a pas, la donation conservera son effet.

Les principes ci-dessus s'appliquent également au cas du décès de la personne en faveur ou à raison de laquelle la charge avait été imposée, comme du décès de Marie dans l'exemple ci-dessus.

617. Lorsque la résolution est prononcée par défaut d'accomplissement de la charge, les biens donnés rentrent, il est vrai, dans les mains du donateur libres et exempts de toutes dettes creées par le donataire (art. 954 du code).

Néanmoins l'on ne peut pas dire que la condition résolutoire tacite ait un véritable effet rétroactif. Par exemple : je donne à Pierre un domaine, à la charge par lui de faire telle chose ; postérieurement, je donne

tous mes biens à Jacques, si dans la suite la donation
faite à Pierre est résolue, faute de remplir la charge :
le domaine à lui donné n'appartiendra pas à Jacques,
comme compris dans sa donation, mais à moi.

CHAPITRE VII.

Des conditions impossibles, de celles qui sont contraires aux lois ou aux mœurs.

618. — L'art. 900 est ainsi conçu : « dans toutes
» les dispositions entre-vifs ou testamentaires, les
» conditions impossibles, celles qui seront contrai-
» res aux lois ou aux bonnes mœurs sont réputées
» non écrites ».

Cet article est clair; il déclare sans ambiguité que
si dans une donation l'on insère une condition impossible, ou contraire aux lois ou aux mœurs, cette condition sera réputée non écrite, et la donation vaudra
comme si elle était pure et simple.

En un mot, dans les donations, comme dans les
testamens, la condition impossible ou contraire aux
lois ou aux mœurs *vitiatur, et non vitiat*.

On sait que ces principes n'avaient lieu que par
rapport aux testamens; mais la nouvelle législation
les a étendus aux donations entre-vifs : la loi le veut,
elle le déclare ainsi; il faut se soumettre.

Ecoutons M. *Jaubert* dans son rapport sur les donations, pag. 296 : « s'il se trouve dans l'acte des condi-
» tions impossibles par la nature des choses, ou s'il
» y a des conditions contraires aux lois ou aux mœurs,
» les conditions de cette espèce seront réputées non
» écrites, et l'acte *sera maintenu, de quelque nature*
» *qu'il soit, ou donation, ou testament* ».

L'art. 1172 semble être en opposition avec l'art.
900; il porte que « toute condition d'une chose impos-
» sible, ou contraire aux bonnes mœurs, ou prohi-
» bée

» bée par la loi est nulle, *et rend nulle la conven-* » *tion qui en dépend* ». Mais il faut appliquer ici cette règle essentielle : *in toto jure generi per speciem dero-gatur, et illud potissimum quod ad speciem directum est;* et dire que l'art. 900 présente, par rapport aux donations, 1.º une exception aux dispositions de l'art 1172; 2.º une innovation aux anciens principes. Vid. les lois 55, ff *de oblig.*, et § 11 des instilutes, *de inutilibus stipulationibus;* vid. également l'art. 1387 du code, qu'il faut concilier avec le susdit art. 900.

619. — Il résulte de ce que nous venons de dire, que les donations suivantes seraient valables, et con-sidérées comme pures et simples. Exemples.

Je donne à Pierre, s'il arrête le cours du soleil ;

S'il fait divorce avec son épouse ;

S'il refuse de nourrir son père.

Je donne à Pierre, à la charge par lui de courir nu dans les rues, d'attenter à la vie d'un tiers, de n'accepter aucune place du gouvernement.

La première condition est impossible ; les autres sont contraires aux lois ou aux bonnes mœurs, et toutes sont réputées non écrites : *vitiantur, et non vitiant.*

Ces principes s'appliquent à toute espèce de con-ditions, soit suspensives, soit résolutoires.

620. — Les conditions contraires aux lois ou aux bonnes mœurs étant réputées non écrites, et le do-nataire étant dispensé de les accomplir, il est néces-saire de bien se fixer sur ce qu'on entend par con-dition contraire aux lois ou aux mœurs.

La condition est contraire à la loi, quand le dona-teur ordonne ou prévoit un fait que la loi défend : ce qui blesse essentiellement la liberté est contraire à la première de toutes les lois.

La condition est contraire aux bonnes mœurs, quand elle porte sur un fait non-seulement que la loi regarde comme un crime, mais encore qu'on ne

peut faire sans honte : une pareille condition n'oblige
pas; elle est regardée comme impossible : *quæ facta
lædunt pietatem, æstimationem, verecundiam nos-
tram, et, ut generaliter dixerim, quæ contrà bonas
mores fiunt, nec facere nos posse credendum est.*
Leg. 20 , ff *de cond. et demonst.*

621. — La condition de demeurer toujours dans le
même lieu n'est pas obligatoire : *Titio centum relicta
sunt, ita ut à monumento uno non recedat, velut
illá civitate domicilium habeat, potest dici non esse
locum cautioni per quam jus libertatis impingatur.*
Leg. 71 , § *Titio centum,* ff *de cond. et demonst.*

Une telle clause gêne essentiellement la liberté,
puisque l'univers entier est interdit au donataire,
sauf le lieu désigné.

Mais la condition de ne pas demeurer dans un tel
endroit serait obligatoire, car, dans cette espèce, le
donataire aurait la liberté de parcourir tout le reste
de l'univers ; ce qui est bien différent du premier
cas. Leg. 73 , ff *eodem.*

622. — La condition de faire divorce n'est pas obligatoire, comme contraire aux bonnes mœurs. Leg. 5,
cod. *de instit. et substit. sub condit. fact.*

623. — La condition de quitter sa religion pour
en prendre une autre n'est pas obligatoire ; d'ailleurs,
il est défendu par la loi de demander à un citoyen
compte de ses opinions religieuses.

624. — La condition de prendre un métier désigné
est obligatoire, si ce métier n'est pas déshonorant.
Furgole, des testamens, chap. 7, sect. 12, n.º 102.
Je pense néanmoins qu'on pourrait dans ce cas admettre des équipollens d'après la volonté présumée du
donateur, sur-tout si le métier désigné nuisait à la
santé du donataire.

625. — La condition de se faire prêtre me paraît
obligatoire. Vid. *Ricard,* des dispositions condition-

nelles, n.° 264, et *Furgole, eodem*, n.°s 88 et suivans.

626. — La condition de jurer était réputée non
écrite dans les testamens ; plusieurs lois romaines le
décident : il suffit de citer la loi 8, § *ultimo*, ff *de
cond. instit.* ; mais cette doctrine est abrogée par
le code, qui permet de déférer le serment décisoire
sur toute espèce de contestations : d'ailleurs, la condition de jurer, stipulée dans un contrat, était valable et obligatoire, même d'après la législation romaine. Vid. la loi 39, ff *de jure jurando.*

627. — La condition imposée au donataire de renoncer à la succession de son père encore vivant
est obligatoire, car par là le donataire n'est tenu
que de renoncer lors de l'ouverture de la succession ;
ce qui ne présente rien de contraire, ni aux lois, ni
aux mœurs ; et lors de cette ouverture le donataire
doit choisir entre l'émolument de la donation et la
valeur de ses droits successifs.

De même, l'obligation de renoncer à une action en
reddition d'un compte même tutélaire serait obligatoire, cette condition ne présentant rien de contraire,
ni aux lois, ni aux mœurs.

§ I.er *Des conditions relatives au mariage.*

628. — Les conditions relatives au mariage sont, et
les plus ordinaires, et les plus importantes.

En rappelant que les conditions contraires aux
lois ou aux bonnes mœurs sont réputées non écrites
dans les donations, l'on demandera souvent si les
conditions, 1.° de garder un célibat éternel ; 2.° de se
marier, ou de ne pas se marier avec une personne désignée ; 3.° de vivre viduellement, sont ou ne sont pas
contraires aux lois ou aux bonnes mœurs.

Il eût été à désirer, sans doute, que le moderne
législateur se fût expliqué sur les conditions de cette
espèce ; mais il ne l'a pas fait, quoiqu'il eût sous les

yeux les lois de septembre 1791, 5 brumaire et 17 nivôse en 2.

Il faut donc suppléer au texte de la loi par son esprit ; et nous connaîtrons cet esprit, en comparant la nouvelle législation avec l'ancienne.

On sait que d'après les lois romaines la condition de ne pas se marier imposée à celui qui ne l'avait pas été, c'est-à-dire, la condition d'un célibat absolu, était réputée non écrite, quand elle se trouvait dans un testament ou autre disposition à cause de mort. Leg. 22 et 72, § 4 et 5 ; leg. 79, § *ultimo*, et leg. 100, ff *de cond. et demonst.* Le patron ne pouvait pas même imposer à son affranchi l'obligation de jurer qu'il ne se marierait pas : leg. 6, § 2, ff *de jure patronatûs ;* à moins que l'affranchi ne fût dans l'impuissance d'avoir des enfans, *si castratus : dictâ lege.*

Mais la condition d'un célibat absolu était valable et obligatoire quand elle était stipulée dans un contrat. *Furgole,* des testamens, chap. 7, sect. 2, n.º 56 ; *Duval, de rebus dubiis,* trait. 13, n.º 7.

La condition d'épouser ou de ne pas épouser, soit une personne désignée, soit une personne d'un certain lieu, était obligatoire, et dans les contrats, et dans les testamens. Leg. 63 et 64, ff *de cond. et demonst.*

La condition de viduité était considérée comme non écrite dans le premier état de la législation romaine : leg. *sed si hoc,* § *ultimo,* ff *de cond. et demonst. ;* et leg. 2, cod. *de indict. viduitate ;* mais l'empereur Justinien, dans sa novelle 22, chap. 43 et 44, a abrogé les lois antérieures, et déclaré que la condition de viduité imposée dans les testamens était licite et obligatoire.

Cette novelle formait la jurisprudence des pays de droit écrit. *Furgole,* des testamens, chap. 7, sect. 2, n.º 65.

Sont survenues les lois de septembre 1791 et du 17 nivôse an 2. On connaît les dispositions de l'art. 12

de cette dernière loi ; cet article est ainsi conçu : « est réputée non écrite toute clause impérative et prohibitive insérée dans les actes passés même avant le décret du 5 septembre 1791, lorsqu'elle est contraire aux lois ou aux bonnes mœurs ; lorsqu'elle porte atteinte à la liberté religieuse du donataire, héritier ou légataire ; lorsqu'elle *gêne* la liberté qu'il a de *se marier*, ou de *se remarier, même avec des personnes désignées* ».

Cet article présente, comme l'on voit, deux dispositions :

Par la première, il annulle toutes les conditions contraires aux lois ou aux mœurs ;

Par la seconde, il annulle toutes les conditions qui gênent la liberté, soit de se marier, soit de se remarier.

On peut demander si la seconde disposition est la conséquence de la première ; si, en d'autres termes, la condition qui gêne la liberté de se marier ou de se remarier était aux yeux du législateur contraire aux bonnes mœurs, et s'il l'a annullée par ce motif, ou par un motif politique, puisé dans l'intérêt de la population : les mêmes doutes s'élèvent par rapport à la législation romaine.

Le texte de l'art. 12 de ladite loi de nivôse, et plusieurs autres considérations, dont le détail est inutile, me font croire que la deuxième disposition est simplement due à un motif politique : qui peut dire, en effet, que la condition de viduité présente quelque chose de contraire aux mœurs ! L'intérêt est trop souvent le mobile de nos actions ; un second mariage est presque toujours un mal, un grand préjudice pour les enfans du premier lit ; pourquoi donc rejeter les vœux d'une mère qui attache à son bienfait envers l'époux qu'elle quitte la condition de ne pas abandonner les enfans qu'elle lui laisse, et de ne pas partager la tendresse qu'il leur doit avec une étrangère et les enfans d'une étrangère ! Je ne pense pas que le législateur de l'an 2 ait rien vu de contraire aux mœurs dans une pareille disposition ; il l'a donc annullée par un autre motif.

Par l'effet de la promulgation du code les lois romaines, les lois de septembre 1791 et les lois de l'an 2 ont perdu leur autorité législative ; mais, il faut le répéter, le code est absolument muet sur les conditions relatives au mariage ; il se contente de réputer comme non écrite toute condition contraire aux lois ou aux mœurs.

Or, les conditions relatives au mariage ne peuvent être contraires à aucune loi existante.

Sont-elles contraires aux mœurs ? voilà la seule difficulté : distinguerons-nous les conditions absolues du célibat des simples conditions de viduité ? la condition d'épouser ou de ne pas épouser une personne désignée sera-t-elle obligatoire ? se décidera-t-on d'après chaque espèce particulière ? On sent que sur toutes ces questions on pourrait écrire de longs volumes, et présenter pour et contre des raisonnemens plus ou moins spécieux ; mais l'observation suivante nous dispense d'entrer dans ce détail : c'est que personne ne peut prendre la place du législateur ; ainsi, le silence de la nouvelle législation ne peut être suppléé que par les dispositions de l'ancienne : en agir autrement, vouloir classer les conditions, et les distinguer, c'est tomber dans un arbitraire toujours funeste.

Ainsi, pour former ce complément du code civil, qui nous manque sur la nature des conditions ; pour suppléer, en un mot, à son silence, nous devons choisir nécessairement entre la législation de l'an 2 et les lois romaines.

Je me décide sans difficulté en faveur des lois romaines : ouvrage de l'antique sagesse, elles survivent, pour ainsi dire, à leur abrogation ; le législateur qui les a abrogées ne l'a fait qu'avec respect, en en recommandant la méditation et l'étude.

La loi romaine doit donc régler la nature et l'effet des conditions relatives au mariage; cela posé, fixons nos idées par plusieurs exemples.

Je fais donation à Pierre, s'il reste toujours dans le célibat, ou à la charge par lui de rester toujours dans le célibat : cette condition d'un célibat absolu est-elle contraire aux bonnes mœurs ?

Sans doute cette condition est rejetée par la loi romaine, quand elle se trouve dans un testament : plusieurs lois le décident ; mais aucune de ces lois ne dit qu'une pareille condition soit contraire aux mœurs : ces lois semblent toutes fondées sur ce motif, qu'il faut rejeter les conditions qui peuvent apporter le moindre obstacle aux mariages : *eamque legis sententiam videri, ne quod omninò nuptiis impedimentum inferatur :* leg. 72, § 4, ff *de cond. et demonst. ;* ce qui induit à croire que l'intérêt de la population est le principal motif de ces lois, comme le fait entendre la loi 64, § 1.er, ff *dicto titulo.*

Je pense néanmoins que la condition absolue de ne pas se marier est particulièrement rejetée comme contraire aux bonnes mœurs.

1.º Le mariage est un état naturel, souvent nécessaire, et qui sauve quelquefois l'homme de grands écarts ;

2.º La société est intéressée à l'accomplissement des mariages ;

3.º Le bonheur des mariages existans exige qu'il y ait le moins possible de célibataires ;

4.º La défense absolue de se marier n'a aucun but utile ; celui qui fait cette défense n'a aucun intérêt réel à son accomplissement : or, défendre une chose bonne en soi, et utile à la société, c'est imposer une condition contraire aux mœurs.

Ainsi, la donation ci-dessus sortira à effet, comme pure et simple, et comme si aucune condition n'y avait été apposée.

629. — Mais si la condition ne tend qu'à empêcher le mariage pendant un certain temps, et si ce temps n'excède pas probablement la vie du donataire, cette condition sera obligatoire : par exemple, je donne à Pierre, à la charge par lui de ne pas se marier de dix ans : cette condition n'est pas contraire aux mœurs ; elle se réduit en résultat à celle-ci : je donne à Pierre, à la charge par lui d'épouser une telle personne, qui est en bas âge.

630. — Je donne à Pierre telle chose, ou telle pension jusqu'à ce qu'il se marie, ou pendant la durée de son célibat.

Cette disposition sera valable, et le don cessera avec le célibat de Pierre : ici je n'ai pas eu en vue de défendre à Pierre de se marier ; j'ai seulement voulu lui accorder un secours temporaire pendant le temps de non mariage.

Les dispositions de ce genre sont très-communes : très-souvent les pères donnent à quelqu'un de leurs enfans un droit d'usufruit, de logement ou d'habitation dans une maison désignée jusqu'à ce que cet enfant se marie : une pareille disposition doit sortir à effet ; mais le droit du donataire cessera au jour de son mariage.

631. — Je donne à Pierre, à la charge par lui de ne pas consentir à ce que sa fille se marie.

Il y a dans cette espèce une condition contraire aux mœurs, et qui doit être réputée non écrite. Vid. la loi 79, § 4, ff *de cond. et demonst.*

Il en serait autrement si j'avais dit, à la charge par lui de ne pas consentir au mariage de sa fille avec un tel : une pareille condition serait obligatoire.

632. — Je donne à Pierre, à la charge par lui de ne se marier qu'avec le consentement de Joseph.

Cette condition est contraire aux mœurs ; car il est contre l'ordre naturel des choses qu'un acte aussi important que le mariage dépende du caprice d'un tiers :

leg. 72, § 4, ff *eodem ;* ainsi, Pierre pourra se marier sans le consentement de Joseph, et malgré son opposition, sans perdre l'émolument de la donation.

633. — Je donne à Pierre, s'il épouse Marie, ou à la charge d'épouser Marie.

Dans cette espèce la condition est obligatoire, et n'est pas contraire aux mœurs. Leg. 63, § 1.er ; leg. 71, § 1.er ; leg. 101, ff *de cond. et demonst.*, et leg. 1, cod. *de instit. et substit. sub condit. factis : aliud est enim eligendi matrimonii pœnæ metu libertatem aufferri, aliud ad matrimonium certâ lege invitari.*

Quid, si Pierre est chargé d'épouser une personne dont le mariage serait déshonorant ? Dans ce cas la condition n'est pas obligatoire. Leg. 63, § 1.er, ff *de cond. et demonst.*

Je pense qu'il faut faire une distinction : ou la cause du déshonneur est antérieure à la donation, et connue du donataire ; ou elle est postérieure, ou inconnue au donataire lors de son acceptation :

Si elle est antérieure et connue, alors Pierre, en acceptant le bienfait sous une condition déshonorante, s'est jusqu'à un certain point déshonoré, et doit remplir la condition ;

Si, au contraire, la cause du déshonneur est postérieure à la donation, ou inconnue à cette époque, la condition ne sera pas obligatoire.

634. — Je donne à Pierre, s'il n'épouse pas Marie, ou à condition de ne pas épouser Marie.

Cette condition est obligatoire. Leg. 63 et 64, ff *de cond. et demonst.*

Mais si Pierre avait reconnu un enfant naturel, et déclaré qu'il était son fils et celui de Marie, dans cette espèce la condition de ne pas épouser Marie serait contraire aux mœurs, et, par conséquent, non obligatoire : leg. 64, § 1.er, ff *dicto titulo ;* car cette condition mettrait obstacle à la légitimation de l'enfant, elle pourrait empêcher Pierre de réparer sa faute ou sa faiblesse, et les malheurs qu'il peut avoir causés.

Si la réparation de ses fautes est un devoir, la condition qui y mettrait obstacle est nécessairement contre les mœurs.

635. — Mais si la condition de se marier ou de ne pas se marier ne se rapporte qu'à une tierce personne, et n'intéresse pas directement le donataire ; alors, pour que la donation vaille, il faut que cette condition s'accomplisse comme toute autre.

Par exemple : je donne à Pierre, si Jean se marie ou ne se marie pas ; dans ce cas le sort de la donation dépendra de l'accomplissement de la condition prévue. Vid. *Furgole*, des testamens, chap. 7, sect. 2, n.º 55. Ici il n'y a rien de contraire aux mœurs ; le donataire n'est nullement gêné par rapport à l'acte le plus important de la vie ; la loi 74, ff *de cond. et demonst. et caus.*, rapporte cette espèce : un testateur dit : si Mœvia ne se marie pas, je lui donne, ainsi qu'à Titius, l'usufruit de mes biens : si Mœvia se marie, elle aura la moitié de l'usufruit ; mais Titius n'aura rien, parce que la condition par rapport à lui aura manqué ; mais la loi ajoute que le droit d'accroissement n'aura pas lieu en faveur de Mœvia.

§ II. *De la condition de viduité.*

636. — D'après la loi *Julia miscella*, et la loi 2, cod. *de indictâ viduitate*, la condition de viduité était réputée non écrite. Ainsi, la femme à qui il avait été fait un legs sous la condition de viduité pouvait, soit qu'elle eût des enfans, ou non, profiter de ce legs, et passer à de secondes noces.

Mais par la novelle 22, chap. 43 et 44, cette jurisprudence fut abrogée : la condition de viduité fut déclarée obligatoire, tant à l'égard de l'homme, que de la femme ; et cette condition de viduité était obligatoire, soit qu'elle fût imposée par un des conjoints à l'autre, soit qu'elle le fût par un étranger.

La condition de viduité était-elle obligatoire même pour le conjoint qui n'avait pas d'enfans? C'est ce que la susdite novelle ne décide pas d'une manière expresse.

Mais, d'après la jurisprudence des anciens parlemens, et notamment en pays de droit écrit, la condition de viduité était obligatoire pour le conjoint qui n'avait pas d'enfans. *Ricard*, des dispositions conditionnelles, traité 2, chap. 5, sect. 2, n.º 252, rapporte un arrêt du 24 mars 1592, qui l'a jugé ainsi. Telle est aussi l'espèce d'un arrêt du ci-devant parlement de Toulouse, rapporté par *Maynard*, liv. 8, chap. 93. Vid. *Despeysses*, des contrats, part. 1.ʳᵉ, tit. 13, sect. 6, n.º 18; *Dolive*, liv. 3, chap. 17: il fut même décidé par l'arrêt rapporté par ce dernier auteur, que la condition de viduité ne pouvait être remise par le fidéicommissaire qui était appelé au legs en cas de convol.

637. — Il résulte de ces principes, qu'encore aujourd'hui la condition de viduité imposée à la femme ou au mari, soit par un des conjoints à l'autre, soit par un parent ou étranger, est obligatoire même pour l'époux avantagé qui n'a pas d'enfans.

Ainsi, si je fais donation à mon épouse ou à une veuve, à la charge par la donataire de vivre viduellement, ou avec cette condition, si elle vit viduellement, la condition de viduité sera obligatoire.

638. — Supposons qu'une donation soit faite en ces termes : « je donne à Titia dix, si elle vit viduellement » ; faudra-t-il attendre le décès de Titia pour que la donation produise son effet? en d'autres termes, cette donation ne doit-elle profiter qu'aux héritiers de Titia, si la condition de viduité se trouve accomplie ?

Je pense que dans la pensée du donateur la condition ci-dessus, quoique précédée de la particule *si*, n'est pas suspensive, mais purement résolutoire ; et qu'ainsi Titia profitera du don, sauf la résolution de la donation en cas de second mariage : en effet, on ne peut guère supposer qu'un donateur ait voulu imposer à une veuve une condition dont l'accomplissement ne doit profiter qu'à ses héritiers.

La législation romaine venait au secours de la veuve, au moyen de la caution mucienne ; mais le code n'admet pas cette caution, et, d'ailleurs, elle n'avait lieu que dans les legs conditionnels.

639. — Le veuf qui se marie malgré la charge ou condition de viduité doit-il rendre les fruits perçus *medio tempore*, c'est-à-dire, les fruits perçus jusqu'au moment du convol ?

La novelle 22, chap. 44, décide textuellement que les fruits doivent être rendus.

Le code nous dit que la condition qui s'accomplit a un effet rétroactif ; d'où il résulte que, par l'effet du convol, le veuf se trouve avoir joui sans titre. Vid. *Montvallon*, dans son traité des successions, chap. 6, art. 6, n.º 34.

Cependant il faut bien examiner les termes dont le donateur s'est servi ; et s'il en résulte qu'il a voulu donner annuellement, et pendant tout le temps de la viduité, alors la restitution des fruits ne sera pas due ; et, dans le doute, il faudra pencher pour cette interprétation.

640. — Nul doute que la condition ou charge de viduité ne puisse être remise par le donateur lui-même ou par ses héritiers, car l'accomplissement de cette charge ne tient pas à l'intérêt public ; les bonnes mœurs ne sont pas intéressées à son accomplissement : ainsi, si les héritiers du donateur transigent avec le donataire, et renoncent au droit de se prévaloir contre lui de la condition de viduité, cette transaction sera valable, nonobstant l'arrêt rapporté par Dolive : en vain observerait-on, avec cet auteur, qu'il y a une espèce d'impiété à mépriser les dernières volontés des

mourans : *novissimi sceleris est despicere voluntatem defuncti*, novelle 22, chap. 43 *in fine ;* car par le fait du convol on ne méprise pas la volonté du donateur, on renonce simplement à la libéralité qui avait été faite sous la condition de viduité ; or, les héritiers du donateur peuvent s'arranger sur les effets de cette renonciation comme ils le jugent à propos : d'ailleurs, s'il était contre les bonnes mœurs de passer à de secondes noces, malgré la condition de viduité imposée par le donateur, les héritiers de ce dernier qui permettraient à la femme de convoler à un second mariage feraient également une chose réprouvée par les bonnes mœurs ; et l'on pourrait dans cette supposition leur opposer cette maxime : *ubi turpitudo utriusque versatur, melior est causa possidentis.*

641. — La condition de viduité étant obligatoire, et la veuve qui se remarie perdant l'émolument de sa donation, l'on peut demander si la malversation de la femme après la mort du mari produit le même effet qu'un second mariage.

Sans doute la condition de viduité emporte avec elle l'injonction de continence ;

Sans doute la malversation est un mal et une injure plus grave à la mémoire du donateur qu'une conjonction licite.

Et cependant, sans prononcer sur les effets de malversation, et jetant un voile sur ces écarts de la faiblesse, nous devons dire que la preuve n'en peut être admise : s'il en était autrement, que de discussions scandaleuses ! Aux yeux de l'intérêt, toujours en éveil, les liaisons les plus innocentes seraient bientôt criminelles ; d'ailleurs, qu'entendrait-on par malversation ? La vie impudique suffirait-elle ? faudrait-il que la naissance de quelque enfant vînt prouver d'une manière incontestable le déréglement de la mère ? Comment prouver la malversation contre le veuf, quand la recherche de la paternité est interdite ! Faudra-t-il distinguer le mari de la femme ? faudra-t-il, quand le mari peut impunément se livrer à tous les excès, soumettre la conduite privée de la femme à la plus terrible, à la plus outrageante des inquisitions ; exposer sa réputation et ses biens à la foi suspecte des témoins et aux présomptions, si trompeuses sur-tout en cette matière ! L'intérêt privé doit donc le céder ici à des considérations publiques et d'une toute autre importance ; et il faut dire que la malversation ne peut pas être prouvée : peut-être même, quoique la malversation soit un plus grand outrage à la mémoire du défunt, est-elle une moindre violation de la volonté que le convol ? La malversation peut être l'erreur d'un instant, et n'avoir aucune suite ; au lieu que le convol suppose une intention prononcée de violer la volonté du défunt, et de persévérer dans cette violation.

Cependant si le conjoint avantagé sous la condition de viduité reconnaît authentiquement comme sien un enfant né postérieurement à la dissolution du mariage, dans ce cas la malversation sera prouvée, et le don sera révoqué, tout comme il l'aurait été par le convol. Ne serait-il pas, en effet, contraire à la volonté du donateur de voir cet enfant né d'une union illégitime profiter d'une partie des biens donnés ? comment cet enfant naturel reconnu aurait-il plus d'avantage que l'enfant légitime d'un second mariage ? La révocation sera donc ici prononcée sans aucun scandale, vu que la cause de cette révocation est légalement prouvée.

CHAPITRE VIII.

Des donations rémunératoires.

642. — On entend par donation rémunératoire celle qui est faite en considération des services rendus par le donataire au donateur.

Ainsi, la donation rémunératoire n'est pas une véritable donation : dans la donation pure et simple le donateur n'est déterminé que par un seul motif, celui d'exercer un acte de bienfaisance, *et propter nullam aliam causam quam ut liberalitatem et munificentiam exerceat :* leg. 1, ff *de donat.*; dans la donation rémunératoire, au contraire, le donateur n'exerce pas un pur acte de libéralité; il n'est pas, à proprement parler, bienfaiteur; mais il reconnaît un bienfait reçu; il satisfait à une dette qu'il croit obligatoire; il ne donne pas, il se libère avec plus ou moins de générosité.

643. — Les services qui ont déterminé la donation rémunératoire sont et peuvent être de différente nature.

Ils peuvent être appréciables à prix d'argent, et de nature à produire une action pour en obtenir le payement en justice; ou bien ils ne sont pas appréciables à prix d'argent, et peuvent seulement imposer dans le for interne l'obligation d'une reconnaissance plus ou moins grande.

Les services appréciables à prix d'argent, et produisant une action utile sont, par exemple, l'administration des biens et affaires du donateur, les alimens à lui fournis, les soins et secours prodigués pendant une maladie et dans les infirmités de la vieillesse.

Les services non appréciables à prix d'argent, et ne produisant pas d'action utile sont, par exemple, d'avoir sauvé la vie au donateur, de l'avoir aidé de son crédit, soit pour lui procurer un établissement, soit pour le sauver, lui ou sa fortune, de quelque grand péril.

Quand les services qui ont déterminé la donation sont appréciables à prix d'argent, et produisent une action utile, l'on sent que par la donation le donateur ne fait que se libérer de sa dette.

Si la valeur de la chose donnée égale le prix des services, alors la donation rémunératoire n'est qu'une véritable dation en payement, que la libération ou acquit d'une dette existante : une pareille donation n'a de la donation que le nom, car le donataire n'est qu'un créancier qui reçoit ce qui lui est dû, et ce qu'il avait le droit d'exiger.

Si la chose donnée n'égale pas le prix des services, la donation rémunératoire n'est qu'un simple à-compte donné au créancier ;

Si la valeur de la chose donnée excède le prix des services, alors remarquons, avec *Pothier*, que la donation rémunératoire est un acte d'une nature mixte, et qui en renferme deux ; savoir : un payement jusques et à concurrence du prix des services, et une vraie donation par rapport à l'excédant. Vid. *Pothier*, contrat de vente, n.ºs 607 et 608.

644. — La donation rémunératoire est-elle assujettie à toutes les formalités de la donation pure et simple, telles que la rédaction en acte public, l'acceptation expresse, l'état des meubles, la transcription, etc. ? est-elle révocable pour cause d'ingratitude et pour survenance d'enfans ?

Cette question est aussi importante que difficile à résoudre.

Rappelons que l'ordonnance de 1731 assujettit les donations rémunératoires à la formalité de l'insinuation ;

Que cette même ordonnance déclare que les donations rémunératoires sont révocables pour cause de survenance d'enfans ;

Que l'art. 960 du code civil prononce également la révocation, *ipso jure*, des donations rémunératoires pour la même cause de survenance d'enfans, et que cet article ne fait aucune distinction.

Or, si la donation rémunératoire est révoquée par la survenance d'un enfant, c'est parce qu'aux yeux du

du législateur la donation rémunératoire conserve le
caractère et la nature d'une véritable donation ; et
de là la conséquence rigoureuse qu'une pareille donation est assujettie aux formalités des donations pures
et simples, et qu'elle est révocable pour cause d'ingratitude ; en effet, le code ne dispense de cette révocation que les donations faites en faveur de mariage.

Ainsi, et en règle générale, et d'après la volonté de
la loi, il faut décider que la donation rémunératoire
est assujettie aux formalités des autres donations.

645. — Supposons qu'il s'agisse d'une donation rémunératoire causée pour des services constans et
reconnus, appréciables à prix d'argent, et de nature
à produire une action pour en obtenir le payement ;
supposons encore que le prix des services excède ou
égale la valeur des biens donnés, faudra-t-il décider,
dans ce cas, qu'une pareille donation serait révocable
pour cause d'ingratitude ou pour survenance d'enfans?

Je pense qu'une pareille donation ne serait pas révocable, car il faut plutôt s'arrêter à la substance des
actes qu'à leur qualification : or, cette donation n'en
est pas une; elle est une véritable dation en payement, elle n'est que la libération d'une dette exigible.
Eh! pourquoi annuller cette donation? pourquoi réintégrer le donateur de ce qu'il a donné, quand il
faut qu'il en rende de suite la valeur en payement
des services reçus? La loi ne saurait permettre ce cir-
cuit inutile d'actions et de procédures; et cette dation
en payement serait irrévocable.

De là nous tirerons encore cette conséquence, c'est
qu'une pareille dation en payement ne serait pas assujettie aux formalités des donations pures et simples,
et qu'elle serait valable, étant faite dans la forme
d'un simple contrat onéreux.

646. — Supposons que les services soient constans,
appréciables à prix d'argent, et produisant une action

Tom. II.

7

utile; mais que la valeur des biens donnés excède le prix des services : dans ce cas que faut-il décider?

Je pense que, par rapport à la valeur excédant le prix des services, la donation rémunératoire est révocable, soit pour cause d'ingratitude, soit pour survenance d'enfant ; et que si cette donation n'est pas revêtue des formalités des donations pures et simples, elle ne peut sortir à effet que jusques et à concurrence du prix des services. Cette solution est basée sur ce que la donation ci-dessus présente réellement deux actes différens; savoir : une donation, et un payement; et la validité de ces deux actes doit être jugée d'après les règles qui leur sont particulières.

Ainsi, la règle générale est que toute donation rémunératoire est assujettie aux formalités des donations pures et simples ; mais qu'il y a exception à cette règle par rapport aux donations causées pour des services constans, appréciables à prix d'argent, et produisant une action utile; mais seulement jusques et à concurrence des services reçus : disons mieux ; ce n'est pas là à proprement parler une exception, car en considérant plutôt la substance des actes que leur qualification, cette donation n'est pas une donation rémunératoire, mais un véritable payement d'une dette existante.

647. — Toute *donation rémunératoire* est donc soumise aux formalités et règles des donations pures et simples : tel est le principe ; mais nous croyons qu'aux yeux du législateur une donation faite en récompense de services appréciables à prix d'argent, et de nature à produire une action, n'est pas une véritable donation rémunératoire.

Faut-il en conclure que la donation est toujours *rémunératoire*, quand les services, quelle que soit d'ailleurs leur importance, n'ont pas la double qualité d'être appréciables à prix d'argent, et de donner une action.

Cette question présente de grandes difficultés : la loi 34, § 1.er, ff *de donat.*, déclare irrévocable la donation faite à celui qui a arraché le donateur des mains des voleurs ou des ennemis : la glose observe, sur cette loi, qu'une pareille donation n'est pas révocable pour cause d'ingratitude, ni soumise aux autres formalités des donations. *Maynard*, liv. 9, chap. 8, rapporte un arrêt qui, sur le fondement de cette loi, a décidé qu'une donation faite à celui qui avait sauvé la vie au donateur un jour de bataille n'était pas révocable pour cause de survenance d'enfans.

Dolive, liv. 4, chap. 7, décide également qu'une donation rémunératoire faite en considération d'un service important n'était pas révocable, ni pour cause d'ingratitude, ni pour survenance d'enfant, et qu'elle n'était pas soumise au droit de retour : telle est également l'opinion d'*Albert*, verb. *donation*, n.º 27.

Ricard pense qu'il suffit que le service soit de nature à produire une obligation civile ou naturelle, pour que la donation faite en considération de ce service soit dispensée des formalités des donations pures et simples. Vid. *Ricard*, des dispositions conditionnelles, chap. 3, n.ºs 60 et 61.

La fameuse loi 27, au digeste *de donationibus*, que nous avons également rapportée n.º 467, est ainsi conçue: *Acquilius Regulus juvenis ad Nicostratum rethorem ita scripsit : quoniam, et cum patre meo semper fuisti, et me eloquentiâ et diligentiâ tuâ meliorem reddidisti, dono et promitto tibi habitare in illo cœnaculo, eoque uti,* etc. Les héritiers de Regulus contestèrent à Nicostrate le droit d'habitation, se fondant sur ce que la donation qui lui en avait été faite était nulle dans la forme, et révocable ; celui-ci ayant consulté Papinien, ce jurisconsulte lui répondit, qu'il pouvait être tranquille ;

que ce n'était pas là une véritable donation ; mais la récompense des services qu'il avait rendus à son disciple.

Cujas observe, sur cette loi, qu'une pareille donation n'était pas soumise à la formalité de l'insinuation ; qu'elle n'était pas une véritable donation, mais une espèce d'échange.

Ainsi, d'après la loi romaine, quand le donataire avait sauvé la vie au donateur, ou l'avait élevé dans sa jeunesse, la donation n'était pas soumise aux formalités des donations pures et simples.

Or, sauver la vie à quelqu'un, le tirer d'un grand péril, est un grand et essentiel service ; mais ce service n'est pas appréciable à prix d'argent, il n'en résulte aucune action pour en obtenir la récompense ; et cependant la loi romaine ne place pas au nombre des donations proprement dites celle qui est faite en considération de ce service : donc, d'après la loi romaine, et pour dispenser la donation rémunératoire des formalités des donations pures et simples, il ne faut pas le concours de ces deux circonstances, services appréciables à prix d'argent, et donnant une action.

Mais que faut-il décider d'après le code civil ? Faut-il le concours des deux circonstances ci-dessus pour dispenser la donation rémunératoire des formalités des autres donations ? suffit-il que le service soit important ? le juge reste-t-il le maître d'arbitrer cette importance d'après les circonstances particulières et l'affection du donateur ?

Je crains de me décider sur cette question : la loi ne distingue pas ; en distinguant, en ajoutant à ses dispositions, l'on doit craindre de s'égarer ; et, d'ailleurs, il y a toujours de la témérité à se croire plus sage que la loi elle-même.

Cependant faut-il dire que la donation faite à celui qui m'a sauvé la vie, et en récompense de ce service, est révocable pour cause de survenance d'enfant ? On peut observer : la donation faite à celui qui m'a sauvé la vie est une vraie donation , puisque, en vertu du service rendu , le donataire n'avait aucun droit sur mes biens; il était bienfaiteur , mais il n'était pas créancier : dans le for externe il ne pouvait rien exiger de moi , et dans le for interne il ne pouvait exiger que des alimens : donc, ayant reçu ce qu'il ne pouvait exiger, ni naturellement, ni civilement, il l'a reçu à titre de donation ; donc cette donation est révocable comme toute autre , et elle est nulle , si elle n'est pas revêtue des formalités voulues par la loi.

Je pense que la donation faite à celui qui m'a sauvé la vie est une espèce rare et extraordinaire, qui ne peut être soumise aux règles communes: ici l'équité doit être le complément de la loi; ici la loi civile, qui ordonne l'accomplissement de telle ou telle formalité , doit le céder à cette loi éternelle , qui veut que l'homme reconnaisse le bienfait reçu , et que l'expression de sa reconnaissance soit valide quand il l'a manifestée : ainsi , une telle donation doit être jugée valable , lors même qu'elle serait faite sous signature privée. Vid. *Furgole*, quest. 15, et sur les art. 20 et 39 de l'ordonnance de 1731.

Quant aux donations causées pour autres services, plus ou moins importans, mais non appréciables à prix d'argent, et ne produisant pas d'action, le juge peut, selon les circonstances, valider ces donations, quoique sous signature privée; mais il faut que les services soient importans, et que la valeur des biens donnés soit proportionnée à la grandeur des services et aux facultés du donateur; il faut sur-tout que l'existence des services soit constante et reconnue : leur détail ne suffirait pas.

Je pense également, que si c'est le donateur qui querelle la validité de la donation rémunératoire, sous prétexte qu'elle n'est pas revêtue des formalités des donations, le juge doit, dans le doute, interpréter l'acte contre lui, ou contre ses héritiers.

Je pense, enfin, que toute donation rémunératoire, quelle que soit sa forme, est réductible à la quotité disponible, à moins que les services ne soient appréciables à prix d'argent, et ne soient de nature à produire une action utile.

648. — Il existe relativement aux donations rémunératoires deux arrêts de la cour d'appel de Colmar dans les espèces suivantes.

Arbogast, fameux professeur de mathématiques, meurt à Strasbourg : Ursule Smith, sa cuisinière, lui avait prodigué ses soins jusqu'à la fin de ses jours.

Les héritiers Arbogast, voulant reconnaître les services d'Ursule Smith, souscrivent, le 27 germinal an 11, une donation conçue en ces termes : « considérant qu'Anne-Ursule Smith a fidèlement » servi le défunt, ils lui abandonnent et délaissent, » icelle présente et acceptante, les quatre réseaux de » froment que le sieur Kranth est tenu de livrer de » l'emphytéose appartenant à la succession, pour ladite » Smith percevoir ces quatre réseaux sa vie du- » rant ».

Cet écrit est sous seing-privé.

Ursule Smith jouit pendant deux ans de ladite rente, sans opposition de la part des héritiers : puis ceux-ci ont querellé la validité de ladite cession ; ils ont prétendu que cette cession était une vraie donation : *donari videtur quod nullo jure cogente conceditur*, leg. 83, ff *de regulis juris;* que ladite Smith n'ayant pas d'action pour exiger la rente, cette rente lui a été accordée par libéralité, et que la donation est nulle, n'étant pas revêtue des formalités nécessaires.

Nonobstant ces raisons la cour d'appel de Colmar a validé ladite cession, sur le motif suivant : qu'on ne voit pas dans l'acte dont s'agit l'intention de donner ; qu'on n'y trouve pas les caractères d'une donation dans sa substance ; que c'est une dette morale, que les contractans ont regardée comme sacrée, et qu'ils ont voulu acquitter comme héritiers de feu Arbogast envers Ursule Smith, pour la récompenser des services qu'elle avait rendus au défunt ; que c'est une sorte de dation en payement. Vid. le recueil de M. *Sirey*, an 1809, 2.ᵉ part., pag. 161.

Deuxième espèce : le 30 août 1807, dans un écrit sous signature privée, Vienot déclare que tels objets qu'il désigne appartiendront aux mariés Gaguel, en récompense des services qu'il en a reçus.

Il était reconnu que l'épouse Gaguel et son mari avaient prodigué leurs soins à Vienot pendant sa maladie et celle de son épouse.

Par le même acte sous signature privée Vienot avait donné 100 fr. à une servante.

Après la mort de Vienot ses héritiers ont payé les 100 fr. à la servante ; mais quand les mariés Gaguel ont demandé le délaissement des objets à eux donnés, lesdits héritiers s'y sont refusés, et ont opposé la nullité de la donation ; mais la cour d'appel de Colmar a proscrit leurs prétentions, non-seulement à cause de l'exécution par eux donnée à l'acte, exécution qui les rendait irrecevables à le quereller (art. 1340 du code); mais encore parce que cet acte n'avait pas le caractère d'une donation ; qu'il présentait une espèce de dation en payement, ou, pour mieux dire, une pure et simple convention par laquelle Gaguel a été rémunéré de ses services. Vid. le recueil de M. *Sirey*, an 1811, 2.ᵉ part., pag. 478.

Ainsi, voilà deux arrêts qui ont validé une dona tion rémunératoire faite sous signature privée, et causée pour des services non détaillés dans l'acte : remarquons que ces services étaient constans et reconnus ; qu'ils étaient appréciables à prix d'argent, mais qu'ils ne pouvaient produire une action pour en obtenir la récompense. En effet, la cuisinière d'Arbogast ne pouvait rigoureusement demander que ses gages, et les mariés Gaguel étaient sans action pour obtenir le payement de leurs services.

Albert, verb. *donation*, chap. 27, rapporte un arrêt du 12 février 1616, qui déclare nul et de nul effet un billet signé par le sieur Garric, musicien, par lequel il déclarait qu'il voulait que tels et tels de ses meubles appartinssent à un prébendier nommé Brudeau, les lui donnant de bon cœur. Il fut décidé que ce billet ne pouvait valoir, ni comme donation, ni comme testament, ni comme codicille; « mais, » dit *Albert*, il en serait autrement si le billet expri-» mait des grands services dont le donataire pour-» rait justifier; alors le billet serait rémunératoire, » et, par conséquent, valable, comme il fut jugé par » un arrêt rapporté par *Dufrène*, liv. 1.er, chap. 99 ».

Ces autorités peuvent diriger la jurisprudence sur une matière que le silence du législateur rend épineuse et difficile.

649. — Quand la donation qualifiée rémunératoire est revêtue des formalités des donations pures et simples, le détail des services n'est pas nécessaire; leur supposition même ne vicierait pas la donation : elle serait également valable, lors même que le donataire n'aurait rendu aucun service au donateur, et que les services mentionnés n'auraient jamais existés; car, il ne faut pas le perdre de vue, ces services ne sont pas la cause finale de la donation; ils en sont au plus la cause impulsive : donc leur supposition, soit vague, soit détaillée, ne saurait nuire à la validité de la donation; en un mot, une donation rémunératoire causée vaguement pour services, ou spécialement pour tels et tels services, est valable, indépendamment de la non existence desdits services.

650. — Si le donataire était incapable de recevoir du donateur, il faudrait alors que les services fussent constans et reconnus; qu'ils fussent appréciables

à prix d'argent, et de nature à produire une action ;
il faudrait qu'il y eût véritable dation en payement,
et même cette dation en payement ne serait valable
que jusques et à concurrence du prix des services.

651. — Quand la donation rémunératoire est une
véritable dation en payement, le donataire étant un
créancier qui reçoit ce qui lui est dû, s'il se trouve
évincé de la chose donnée, il a son recours en garantie
contre le donateur. Vid. *Pothier*, contrat de vente,
n.° 609. Je pense que si la portion non évincée est
de valeur égale au prix des services, le donataire
n'a aucune action à raison de l'éviction partielle par
lui éprouvée. Vid. *Pothier*, n.° 610.

652. — Ce que nous avons dit sur cette matière
peut se réduire aux propositions suivantes :

1.° Toute donation rémunératoire est assujettie aux
formalités et aux règles des donations pures et simples;

2.° La dation en payement n'est pas, et ne peut
être considérée comme donation rémunératoire, et
n'est pas assujettie à la formalité des donations;

3.° Il y a incontestablement dation en payement,
quand il y a concours de ces trois circonstances : 1.°
services appréciables à prix d'argent ; 2.° produisant
une action pour en obtenir la récompense ; 3.° existence reconnue de ces services : leur détail n'est pas
nécessaire ; mais il faut qu'ils existent réellement, et,
en cas de déni, le donataire doit en faire la preuve :
le détail de la part du donateur ne serait pas suffisant.

4.° La dation en payement peut être reconnue par
le juge d'après l'importance des services, quoiqu'ils
ne soient pas appréciables à prix d'argent, et quoiqu'ils ne produisent pas une action ; mais il faut toujours que l'existence des services soit constante : cette
dation en payement *est seulement dispensée de la
formalité des donations ;* elle n'est pas révocable pour
cause de survenance d'enfans, mais elle est réductible
si elle porte préjudice à la réserve.

Nous disons au n.º 3 que le détail des services fait par le donateur ne serait pas suffisant, qu'il faudrait toujours en faire la preuve; cela est vrai, s'il s'agit de la révocation pour cause d'ingratitude ou de sur-venance d'enfans, ou s'il s'agit de réduction de la dona-tion à la quotité disponible : dans ce cas le détail ne peut suppléer à l'existence prouvée des services; mais si le donateur ou ses héritiers attaquent la donation seulement comme nulle dans la forme, alors je les crois liés par le détail fait par le donateur lui-même; il serait contraire à toute pudeur de venir l'entendre dire : j'ai menti dans tel acte, j'ai supposé vrai ce qui ne l'était pas.

Il serait sans doute plus simple de décider d'une manière générale, et sans exception, que toute dona-tion rémunératoire, et que même toute dation en payement sont soumises aux formalités et règles des donations entre-vifs, sauf au donataire dépouillé de la chose donnée à agir en payement de ses services produisant une action ; mais comme il est des services très-importans qui ne donnent aucune action utile à celui qui les a rendus, cette simplicité dans la loi blesserait essentiellement sa justice : les lois doivent favoriser les expressions de la reconnaissance ; elles sont ennemies de la sécheresse et de la dureté.

CHAPITRE IX.

Des donations mutuelles.

653. — La donation mutuelle est celle par laquelle deux ou plusieurs personnes se donnent réciproque-ment, et au profit du survivant, tous leurs biens ou une certaine partie de leurs biens. Vid. *Furgole*, sur l'art. 20 de l'ordonnance de 1731.

Cette manière de disposer est expressément consa-crée par les art. 960 et 1097 du code civil. Le premier de ces articles déclare que les donations *mutuelles* sont révoquées par la survenance d'un enfant ; ce qui suppose nécessairement l'existence légale des donations mutuelles : on ne révoque pas ce qui est nul. Le second article prohibe expressément aux époux la faculté de s'avantager pendant le mariage au moyen d'une donation mutuelle ; or, il serait inutile, et même ridicule, de défendre aux époux de se faire des donations mutuelles, si cette manière de disposer n'était généralement permise : ici l'exception prouve et confirme la règle.

654. — Dans la donation mutuelle il y a deux personnes qui sont en même temps, et respectivement l'une à l'autre, donateurs et donataires ; il y a également deux choses qui sont l'objet de cette disposition.

En effet, Pierre et Jean se donnent réciproquement leurs biens ; Pierre est à la fois donateur et donataire : Jean a également cette double qualité. Les biens de Jean et de Pierre sont les deux objets de la donation.

655. — La donation mutuelle devant profiter au survivant des donataires, et la chance de survie étant casuelle pour chacun d'eux, il semble en résulter que la donation mutuelle n'est pas un contrat de bienfaisance, mais un simple contrat intéressé et aléatoire, d'après lequel chacune des parties perd ou gagne selon l'événement prévu.

Sans doute la donation mutuelle n'est pas une pure libéralité déterminée par la seule bienfaisance, et dégagée de tout intérêt personnel ; mais cependant la bienfaisance en est la base et la cause principale : on ne peut comparer cette donation à un véritable contrat aléatoire, à un jeu, à un pari ; la distance entre ces actes est bien grande : le but de deux joueurs est de se dépouiller ; l'intérêt, l'appas du gain seul les détermine : dans la donation mutuelle, au contraire, les deux parties sont animées par une bienfaisance réciproque ; ce sont deux amis qui sont à la fois bienfaiteurs et reconnaissans : ils veulent se laisser l'un à l'autre une marque de leur amitié; et c'est parce que l'un ne veut pas faire moins que l'autre, qu'ils se donnent sous une même chance, également casuelle et imprévue. Il est impossible de ne pas reconnaître dans une donation mutuelle l'expression de la bienfaisance. Vid. *Pothier*, donations entre époux, n.º 129.

D'ailleurs, la difficulté est littéralement résolue par le législateur ; il regarde tellement la donation mutuelle comme un contrat de bienfaisance, et comme une vraie donation, qu'il l'assujettit à la formalité de l'insinuation (art. 20 de l'ordonnance de 1731), et à la révocation pour cause de survenance d'enfans (art. 39 de la même ordonnance et 960 du code).

656. — La donation mutuelle étant faite au profit du survivant, l'on peut demander si cette donation ne doit pas être considérée comme une donation à cause de mort, et non comme une donation entre-vifs.

Pour soutenir que la donation mutuelle doit être classée au nombre des donations à cause de mort, l'on peut observer que chacun des donateurs se préfère à l'autre, et préfère l'autre donataire à ses héritiers ; ce qui est le caractère essentiel de la donation à cause de mort. *Laurière*, qui soutient cette opinion, ajoute dans ses institutions contractuelles, tom. 1.er, pag. 206, que dans la donation mutuelle il ne peut y avoir de tradition, et qu'il faut, comme d'un legs, en demander la délivrance.

Dumoulin, *Chopin* et *Ricard* soutiennent, au contraire, que les donations mutuelles sont de véritables donations entre-vifs. *Duplessis*, dans sa 47.e consultation, s'exprime en ces termes : «la donation mu- » tuelle est une véritable donation entre-vifs qui lie

» les parties au moment où elle est faite ; elle en a
» le principal caractère, qui est l'irrévocabilité :.....
» son exécution, à la vérité, est remise au temps de
» la mort ; elle ne doit avoir d'effet que par le décès
» de l'un des conjoints, et par rapport à chacun d'eux
» elle est suspendue par l'incertitude de l'événement ;
» mais dans la donation il y a deux choses à con-
» sidérer, la disposition et l'exécution de l'acte : lors-
» que la disposition lie sur le champ la liberté des
» parties contractantes, c'est une véritable donation
» entre-vifs, quoique son exécution ait trait à la mort :
» *in donatione*, dit Dumoulin, *sunt duo, dispositio et*
» *executio; dispositio statìm ligat, et ab eo fit denomi-*
» *natio, licèt executio habeat tractum ad mortem* ».

Cette opinion de *Duplessis* et de *Dumoulin* est littéralement consacrée par le législateur, car non-seulement le susdit art. 960 déclare les donations mutuelles
révocables pour cause de survenance d'enfans ; mais
il s'explique encore en ces termes : *toutes donations*
entre-vifs,..... encore qu'elles soient mutuelles......,
etc. : donc les donations mutuelles sont des donations
entre-vifs.

Inutile d'objecter que la tradition n'a pas lieu au
moment même de l'acte, car la tradition n'est plus
nécessaire pour la validité d'une donation ; il suffit
que le donateur se soit dépouillé d'un droit quelconque, soit purement, soit sous une condition suspensive ou résolutoire. Vid. *Ricard*, n.° 39.

657. — Dans la donation mutuelle, le droit de
chaque donataire existe-t-il sous une condition suspensive, ou sous une condition résolutoire ? Il faut dire
que la condition est suspensive ; qu'au décès du premier
mourant la condition de la donation s'accomplit, et
le survivant non dépouillé de la chose profite de celle
qui lui est laissée sous la condition de survie : pour
dire que la condition est résolutoire, il faudrait soutenir que les deux donataires sont à la fois propriétaires

des biens respectivement donnés, et que le survivant reprend la nue propriété de sa chose par l'effet de la condition résolutoire ; il est plus naturel, et plus conforme aux principes, de décider que chacun des donataires n'a qu'un droit suspensif ; qu'ils conservent chacun la propriété de la chose donnée jusqu'à l'accomplissement de la condition ; et lorsque la condition s'accomplit le survivant conserve son don, parce que la condition qui doit le dépouiller ne s'est pas vérifiée ; et il profite de la chose à lui donnée, parce que la condition qui doit l'en rendre propriétaire s'est accomplie.

658. — De ce que la donation mutuelle est une véritable donation entre-vifs, il résulte qu'elle est assujettie à toutes les formalités et règles des donations pures et simples ; ainsi, il faut la rédaction en acte public, la double acceptation expresse, l'état estimatif des meubles, la transcription, etc.

Il en résulte également, que les deux parties doivent être capables de se donner réciproquement entre-vifs. *Ricard*, don mutuel, n.° 26.

Il en résulte, enfin, que si la donation mutuelle n'est pas faite entre époux, et dans leur contrat de mariage, elle ne peut porter que sur les biens présens, et qu'elle ne peut être faite, ni sous aucune condition potestative, ni sous aucune charge indéfinie, et qu'un des donateurs pourrait grossir à sa volonté.

659. — De ce que la donation mutuelle est un contrat de bienfaisance, il résulte que l'égalité dans la valeur des choses réciproquement données n'est pas nécessaire : les coutumes, qui ne voyaient dans une donation mutuelle qu'un contrat intéressé de part et d'autre, y exigeaient une égalité parfaite ; mais les principes ont changé, et les conséquences doivent changer avec les principes.

Nous disons que dans la donation mutuelle les parties peuvent se donner réciproquement tous leurs biens, ou tous leurs meubles, ou tous leurs immeubles, ou une quote de leurs meubles ou de leurs immeubles, n'importe, d'ailleurs, l'inégalité dans la valeur des biens réciproquement donnés ; mais Pierre et Jean peuvent-ils réciproquement se donner, savoir, le premier, la moitié de ses biens, tandis que Pierre n'en donne que le tiers ou une plus petite portion ? Je le crois : cela me paraît résulter du principe d'après lequel l'égalité n'est plus nécessaire dans les donations réciproques et mutuelles ; en un mot, l'inégalité, soit dans la valeur, soit dans la quotité des biens donnés, ne vicie pas la donation mutuelle ; et elle vaut pour le tout, lors même que les biens donnés par le survivant vaudraient beaucoup moins que ceux qui lui ont été donnés, et qu'il recueille.

660. — Dans une donation mutuelle les deux parties peuvent-elles se donner réciproquement deux objets fixes et certains ? par exemple, Pierre peut-il donner le champ A, et Jean donner le champ B ? Cette donation mutuelle est valable, et je ne vois pas dans la loi de motif qui en prononce la nullité. Vid. *Ricard*, don mutuel, n.° 39.

661. — Pierre et Jacques s'étant fait une donation mutuelle, supposons qu'il survienne un enfant à Pierre, qui n'avait pas d'enfant lors du don : sans doute la donation de Pierre sera révoquée (art. 960 du code civil); mais la donation de Jacques subsistera-t-elle malgré cette révocation ? Je le crois : cela me paraît résulter de ce qu'aux yeux du législateur la donation mutuelle n'est pas un contrat intéressé de part et d'autre, mais l'effet d'une bienfaisance réciproque.

Du moment qu'il survient un enfant à Pierre, la révocation de la donation faite par ce dernier est commandée par le plus grand de tous les intérêts ; mais rien ne prescrit la révocation de la donation faite par Jacques : l'esprit de bienfaisance qui l'a déterminée, loin de s'affaiblir, devrait, au contraire, augmenter par la naissance de l'enfant. Vid. *Auzanet*, sur l'art. 280 de la coutume de Paris.

Ricard, du don mutuel, n.° 222, s'explique en ces termes : « pareillement, si la donation est entre trois, » et qu'il y en ait un à l'égard duquel elle ne puisse » plus subsister, rien n'empêche qu'elle n'ait son » effet entre les deux autres, parce que la même dispo- » sition que les parties y ont désirée s'y rencontre tou- » jours : nous avons à ce sujet un arrêt donné à l'au- » dience de la grand'chambre, le mardi 13 décembre » 1583, par lequel il a été jugé que trois sœurs à » marier, ayant fait entr'elles une donation mutuelle » de tous leurs biens, en cas de décès sans enfans, au » profit des survivantes; que l'une d'entr'elles s'étant » mariée, et mis un fils au monde, la donation avait » subsisté entre les deux autres ».

662. — Il résulte du même principe, que si l'un des donateurs est capable, et que l'autre ne le soit point, soit pour cause de minorité, soit autrement, la donation faite par le capable de donner est vala- ble, pourvu que l'autre donateur incapable de donner soit, d'ailleurs, capable de recevoir : il ne faut pas le perdre de vue, la donation mutuelle présente deux bienfaits, indépendans l'un de l'autre, non synallag- matiques, et subsistant par la seule bienfaisance qui les a fait naître ; en un mot, l'un des donateurs peut être irrévocablement lié, tandis que l'autre ne l'est point, ou ne l'est que d'une manière imparfaite ; de même, l'un des donateurs peut avoir tout disponible, tandis que l'autre a des descendans ou des ascendans. Vid. le répertoire de jurisprudence, *verb.* don mu- tuel, § 4, n.° 7.

663. — La donation mutuelle est-elle révocable pour cause d'ingratitude ? Nul doute qu'elle ne soit révocable, puisque la donation est un véritable contrat de bienfaisance, et que tout bienfait est révoqué par l'ingratitude ; d'ailleurs, la loi ne dispense de la
révocation

révocation, que les donations par contrat de mariage.

Remarquons que la donation faite en faveur de l'ingrat est seule révoquée ; mais que celle faite par lui subsiste au profit de celui qui a fait prononcer la révocation de son don : s'il en était autrement, il faudrait dire, ou que le donateur qui se repentirait de la donation trouverait dans son crime et dans son inconduite un moyen sûr de se délier de ses obligations, ou que le donateur offensé devrait souffrir sans se plaindre les outrages les plus sanglans ; mais l'on sent que de pareilles conséquences sont évidemment contraires à tous les principes de morale et de législation : ainsi, quoique le donataire ingrat soit dépouillé, la donation par lui faite subsiste : l'on peut voir à l'appui de cette proposition les art. 300 et 1518 du code civil.

664. — De ce que dans la donation mutuelle chacun des donateurs ne se trouve dépouillé que sous une condition suspensive, il résulte que jusqu'à l'accomplissement de la condition ils peuvent disposer des biens donnés, bien entendu cependant qu'ils ne peuvent transmettre aux autres qu'un droit purement résolutoire ; car toute condition qui s'accomplit a un effet rétroactif au jour de la stipulation ; ainsi, si le donateur qui a disposé de la chose donnée prédécède, l'aliénation par lui faite est révoquee, et de nul effet, pourvu que la donation ait été transcrite avant l'aliénation, s'il s'agit d'un immeuble.

665. — Si les deux donateurs mutuels périssent dans quelque naufrage, ou par quelque accident, sans qu'on puisse justifier lequel des deux a survécu à l'autre, la donation mutuelle ne produit aucun effet, parce qu'il est impossible de prouver l'existence de la condition de survie en faveur de l'un ou de l'autre des donataires.

Ne pourrait-on pas invoquer envers l'un ou l'autre

Tom. II.   8

des donataires les présomptions de survie établies par les art. 721 et 722 du code, et par les lois romaines, notamment par les lois 16, ff *de pactis dotalibus;* 9, § 1, 2 et 4, ff *de rebus dubiis,* et 17, § 7, ff *ad senat. trebellianum?* Non : quand il s'agit du décès de deux personnes respectivement appelées à la succession l'une de l'autre, il faut de toute nécessité prendre un parti, et, à défaut de preuves de la survie, se déterminer d'après les présomptions résultant de l'âge et du sexe; mais il n'en est pas de même quand il s'agit de savoir si la condition de survie s'est ou ne s'est pas virifiée en faveur de telle ou telle personne : ici il n'y a pas d'inconvénient à laisser les choses *in statu quo,* et l'on pourra toujours dire à celui qui prétendra que la condition de survie s'est accomplie : prouvez la survie dont vous excipez, et qui est le fondement de votre demande. Je sais bien que les lois 32, § 14, ff *de donat. inter vir. et uxor.,* et 26, ff *de mortis causá donat.,* décident, au contraire, que la donation réciproque est valable dans ce cas, les héritiers de chacun des donataires profitant de la chose réciproquement donnée, comme par l'effet d'un échange consommé dans le moment de la donation; mais la décision de ces lois me paraît plus subtile que solide, et il faut la rejeter : ces lois se fondent sur ce que la donation réciproque ne devient nulle que par la survie du donateur, survie qu'il faut prouver; je dis, au contraire, que la susdite donation ne sort à effet que par la survie du donataire; ce qui me paraît plus exact.

CHAPITRE X.

De la révocation des donations.

666. D'après sa nature, et comme il résulte de sa définition, la donation est irrévocable.

Ainsi, une donation parfaite ne peut se révoquer,

ni par le repentir, ni par le caprice du donateur : leg. 1 et 3, cod. *de revocandis donat.* ; ni pour cause de lésion, ni par rescrit du prince, ni par l'allégation honteusement faite par le donateur, que la donation a été faite en fraude d'un tiers. Leg. *velles*, et leg. *si don.*, cod. *de revocandis donat.*

Mais il existe des moyens de révocation naturels et écrits dans la loi.

Ces moyens de révocation sont,

1.º L'inexécution des conditions sous lesquelles la donation a été faite ;

2.º L'ingratitude du donataire ;

3.º La survenance d'enfans au donateur ;

4.º La fraude pratiquée envers les créanciers.

§ I.ᵉʳ *De l'inexécution des conditions.*

667. — On sent qu'il serait contre la nature même des choses, et contre la volonté des parties, que le donataire pût, d'un côté, conserver l'émolument de sa donation, et se refuser, de l'autre, à l'accomplissement des conditions ou charges à lui imposées : ainsi, si le donataire se refuse à l'accomplissement des charges, le donateur pourra demander la résolution de la donation. L'art. 953 du code nous dit que la donation pourra être révoquée pour cause d'inexécution des conditions sous lesquelles elle aura été faite.

667. — Par le mot *conditions* la loi entend particulièrement ici les obligations de donner, de faire ou de ne pas faire quelque chose imposée au donataire par le donateur.

Toutes ces charges de donner, de faire ou de ne pas faire, doivent être remplies, à moins qu'elles ne soient impossibles, ou contraires à la loi ou aux bonnes mœurs.

668. — La révocation peut être demandée par le donateur, lors même que la clause résolutoire ne se

trouverait pas expressément insérée dans la donation : cette clause résolutoire est toujours sous-entendue dans les contrats synallagmatiques, et la donation avec charge se trouve au nombre de ces contrats. Vid. la loi 8, cod. *de cond. ob caus. dat.; Faber,* cod., lib. 8, tit. 38, def. 12.

Albert, verb. *donation,* chap. 30, rapporte un arrêt dans l'espèce suivante :

« Gabriel Goussi fit donation d'une partie de ses » biens à Antoine Roudier, à la charge de payer 100 » fr. que le donateur devait à un de ses créanciers.

« Faute par le donataire d'avoir payé cette somme, » le créancier fit faire commandement à Goussi, do- » nateur : Goussi dénonce le commandement à Rou- » dier, mais en vain ; Roudier ne paye pas : le créan- » cier fait saisir les biens de Goussi ; et celui-ci, pour » éviter le décret, paye les 100 fr.

« Ce payement fait, Goussi attaque Roudier, et » demande la révocation de la donation, faute d'exé- » cution de la condition imposée : par jugement du » sénéchal de Carcassonne la donation est révoquée.

« Roudier interjette appel au parlement de Tou- » louse ; il oppose que la condition imposée n'est pas » la cause finale de la donation, et que la donation » ne contenait point la clause résolutoire.

» Goussi répond que la donation était nulle, faute » par le donataire d'avoir payé le créancier, bien » que la donation ne contînt pas par exprès la clause » irritante, parce qu'elle est toujours sous-entendue, » suivant les arrêts rapportés par *Mornac,* sur la » loi *si ut proponis,* cod. *de cond. ob caus. dat.*

« Cette défense de Goussi fut adoptée par le par- » lement, et la sentence du sénéchal fut confirmée » par arrêt du 11 septembre 1660 ».

669. — Quand la loi dit que le donateur peut de- mander la résolution de la donation, il faut entendre que c'est là une faculté compétant au donateur ; mais

dont il reste le maître d'user ou de ne pas user ; ainsi, en cas d'inexécution des charges, deux voies sont ouvertes au donateur : il peut, ou demander l'accomplissement des charges, ou la résolution de la donation, et la rentrée dans ses biens : *conditione causâ datâ, causâ non secutâ.* Si cette double faculté n'existait pas pour le donateur, il en résulterait que le donataire serait le maître d'accomplir ou de ne pas accomplir la charge, en renonçant à la donation. Vid. la loi 22, cod. *de donat.;* et *Furgole,* question 8, n.ᵒˢ 28 et suivans ; vid. également ce que nous disons au chap. des *répudiations.*

670. — La révocation de la donation, faute d'accomplir les charges, a-t-elle lieu de plein droit ? On distinguait autrefois le cas où un délai avait été fixé pour l'accomplissement, et le cas où il n'existait pas de fixation de délai.

Dans le premier cas, la résolution avait lieu de plein droit ; dans le deuxième, il fallait la demander. Vid. *Furgole,* des testamens, chap. 11, sect. 1.ʳᵉ, n.ᵒ 33.

Cette distinction ne peut être admise : l'art. 956 du code civil porte textuellement que la révocation pour cause d'inexécution des conditions n'a pas lieu de plein droit. Vid. M. *de Malleville* sur cet article.

Les dispositions de l'art. 956 s'appliquent sans difficulté aux charges ou conditions de donner ou de faire quelque chose : dans ce cas, et lors même que le donataire aurait été chargé de satisfaire à la condition dans un délai déterminé, et que ce délai serait passé, le donateur doit agir en révocation, et le juge reste le maître d'accorder un nouveau délai, selon les circonstances. Vid. *Ricard,* part. 3, n.ᵒ 699, et notamment la loi dernière, cod. *de revocandis donationibus,* où nous trouvons ces expressions remarquables, et qui prouvent qu'il faut un refus bien prononcé de la part du donataire de remplir la charge.

vel quasdam conventiones , sive in scriptis donatione impositas , sive sine scripto habitas ; quas donationis acceptor spopondit , minimè impleri voluerit.

Si la charge est de ne pas faire , il faut faire une distinction : ou le fait défendu est réparable , ou il ne l'est pas; s'il est réparable , si la contravention à la défense faite par le donateur est effaçable dans sa pensée ; alors, en détruisant la chose faite, la révocation n'a pas lieu : le juge peut même accorder un délai au donataire pour détruire cette chose ; mais si la chose faite n'est pas réparable, alors le donateur peut demander la résolution, et elle sera prononcée sans délai.

L'élévation d'un bâtiment est un fait réparable ; mais un mariage contracté contre la défense expresse du donateur est essentiellement irréparable.

671. — L'action en résolution , faute de remplir la charge, peut être exercée tant contre le donataire, que contre ses héritiers. Leg. 8 , cod. *de cond. ob caus. dat.*

672. — Faisons-nous des idées justes : la révocation de la donation peut être demandée non-seulement faute d'accomplir la charge imposée , mais encore faute d'accomplir la *cause finale* de la donation : nous disons la *cause finale*, et par *cause finale* nous entendons celle qui est la véritable cause de la donation , qui l'a essentiellement déterminée , et sans laquelle le donateur n'aurait pas disposé : *non aliter daturus.*

La cause simplement impulsive insérée dans une donation ne peut, faute d'accomplissement, donner lieu à la révocation, parce que le donateur est supposé avoir eu l'intention de donner par d'autres motifs, la cause impulsive ayant plutôt déterminé l'époque de la donation que le bienfait lui-même, ou n'étant souvent qu'un simple conseil.

La cause est purement impulsive dans les exemples

suivans : « je donne dix à Pierre, pour qu'il achète tel bien, pour qu'il prenne tel métier ». Dans ce cas il n'y aurait pas lieu à la révocation, lors même que le donataire acquerrait un autre bien, ou prendrait un autre métier.

Elle est finale, « quand je donne à Pierre, pour qu'il épouse ma nièce, pour qu'il me serve sur mes vieux jours ». Dans ce cas le défaut d'accomplissement donnerait lieu à la révocation.

Cette distinction entre la cause impulsive et la cause finale se trouve établie dans la loi 2, § 7, ff *de donationibus ;* cette loi est ainsi conçue : *Titio decem donavi, eâ conditione, ut Stichum sibi emeret ; quæro, cùm homo, antequàm emeretur, mortuus sit, an aliquâ actione decem recipiam ? Respondit : facti magis quàm juris quæstio est ; nam si decem Titio in hoc dedi, ut Stichum emeret, aliter non daturus, mortuo Sticho, conditione repetam ; si vero aliàs quoque donaturus Titio decem, quia interìm Stichum emere proposuerat, dixerim, in hoc me dare ut Sthicum emeret, causa magis donationis quàm conditio dandæ pecuniæ œexistimari debebit, et, mortuo Sticho, pecunia apud Titium remanebit.*

673. — Mais comment distinguer la cause impulsive de la cause finale ? Il faut répondre, avec la susdite loi 2, que c'est là plutôt une question de fait que de droit ; que cette distinction est nécessairement laissée à la conscience du juge, qui doit se déterminer d'après les circonstances, les présomptions et les expressions dont le donateur s'est servi. On peut voir dans *Menochius,* lib. 4, *præsump.* 24, les cas où la cause est réputée finale ou purement impulsive ; vid. également *Catellan* et *Vedel,* liv. 5, chap. 64.

674. — Le plus souvent la charge est expressément mentionnée dans la donation ; mais il peut se trouver un cas dans lequel le donateur, comptant sur la

bonne foi du donataire, n aura pas fait insérer dans
l'acte la charge verbalement imposée : dans cette hypothèse quelle ressource aura le donateur pour prouver,
en cas de déni, l'existence de la charge, et pour en
demander l'accomplissement ? Il n'aura que la ressource
de l'interrogatoire sur faits et articles, ou du serment
décisoire : voilà tout.

Ne pourrait-il pas prouver par témoins l'existence
d'une charge de valeur de moins de 150 fr. ? non,
parce qu'aucune preuve ne peut être admise contre
et outre le contenu aux actes, ni sur ce qui serait
allégué avoir été dit avant, lors, ou depuis (art. 1341
du code civil). Vid. le répertoire de jurisprudence,
verb. *preuve*, pag. 646.

675. — La charge imposée n'étant pas remplie,
la révocation a-t-elle indistinctement lieu ?

Non : le défaut d'accomplissement peut provenir,
ou d'un cas fortuit, ou d'un empêchement légal, ou
de la négligence du donataire.

Dans le premier cas la révocation ne peut avoir
lieu ; le donataire conservera l'émolument de la donation nonobstant le défaut d'accomplissement : telle
est la disposition textuelle de la loi 10, cod. *de cond.
ob caus. dat. : pecuniam à te datam, si hæc causa
pro quâ data est, non culpâ accipientis, sed for-
tuito casu non est secuta, minimè repeti posse cer-
tum est.*

676. — Dans le second cas, c'est-à-dire, lorsque
l'accomplissement de la charge ne peut avoir lieu,
parce que la loi s'y oppose, la révocation peut-elle être
demandée? D'après la loi romaine la révocation avait
lieu ; la loi 5, cod. *de cond. ob caus. dat.* nous en
fournit un exemple.

Les empereurs *Dioclétien* et *Maximien* répondent
à *Martial :* « si vous avez donné à un soldat votre
» procuration, à l'effet de faire vos affaires, et compté
» de l'argent à raison de ce mandat ; comme de telles

» fonctions sont interdites aux soldats, le juge com-
» pétant pourvoira à ce que tout ce que vous avez
» donné à cette occasion vous soit rendu, la cause
» pour laquelle vous l'aviez donné ne s'étant pas en-
» suivie ». Vid. encore la loi 1.re, *cod. eodem ;*
Furgole, des testamens, chap. 11, sect. 1.re, n.° 31,
où il décide qu'il faut qu'il y ait de la faute de la part
du donataire pour que la résolution ait lieu, et que
celui-ci est en fraude d'avoir accepté une charge qu'il
ne pouvait remplir.

Cette doctrine doit-elle être suivie depuis le code
civil? ne peut-on pas dire : la condition dont la loi
défend l'accomplissement est une condition impossible ;
or, les conditions impossibles sont réputées non écrites
(art. 900 du code civil). Ce langage est dans les vrais
principes, car personne n'étant censé ignorer la loi,
ni ce qu'elle défend, il en résulte que le donateur
qui impose une condition légalement impossible ne
diffère en rien de celui qui en impose une impossible physiquement, et d'après la nature même des
choses : donc, sans distinguer entre la charge *physiquement* impossible et la charge *légalement* impossible,
il faut dire que toute charge impossible est réputée non
écrite dans les donations, et que les donations valent
nonobstant le défaut d'accomplissement des charges.

677. — Passons au troisième cas, celui où le donataire a négligé de remplir la charge imposée.

S'il est encore à temps de la remplir, la révocation n'ayant pas lieu de plein droit, et le juge pouvant accorder un délai pour satisfaire à la charge,
il n'y a pas de difficulté : l'exécution de la charge
pourra toujours avoir lieu jusqu'au jugement, n'importe
la négligence du donataire et l'expiration du délai fixé
dans la donation pour l'accomplissement de la charge.

Mais si la charge était de nature à ne pouvoir être
remplie que dans un certain temps, que le donataire
a laissé passer sans se mettre à même d'y satisfaire,

dans ce cas la résolution pourra être demandée, du moment qu'il sera prouvé que l'exécution de la charge ne peut voir lieu de manière au moins à satisfaire l'intention présumée du donateur.

678. — Que faut-il décider si le donataire a laissé passer un certain temps sans remplir la charge, et qu'ensuite il survienne un cas fortuit qui rende l'accomplissement de la charge impossible ?

Il faut distinguer : ou il existe une sommation de remplir la charge avant le cas fortuit, ou il n'en existe pas ;

S'il n'existe pas de sommation, si le donataire n'a pas été mis en demeure, la résolution ne pourra pas être demandée : la loi dernière, cod. *de revocandis donationibus*, exige pour la révocation un refus absolu de remplir les charges : *vel quasdam conventiones donationi impositas, quas donationis acceptor spopondit, minimè impleri voluerit.*

Mais s'il existe une mise en demeure, alors la résolution aura lieu, n'importe le cas fortuit survenu depuis.

679. — Une donation étant faite sous une charge, celui qui traite avec le donataire doit s'assurer si la charge a été remplie, sans quoi il s'expose à voir prononcer, même à son préjudice, la révocation de la donation. L'art. 954 du code civil porte, en effet : « dans le cas de la révocation pour cause d'inexécu- » tion des conditions, les biens rentreront dans les » mains du donateur libres de toutes charges et hypo- » thèques du chef du donataire, et le donateur aura » contre les tiers-détenteurs *des immeubles* donnés » tous les droits qu'il aurait contre le donataire lui- » même ».

Si, en cas de révocation, les charges et les hypo- thèques imposées par le donataire sur les biens donnés sont anéanties, le tiers-détenteur de l'immeuble est obligé de délaisser comme le donataire lui-même : la raison en est que toute condition qui s'accomplit a un effet rétroactif au moment de l'acte, et que le donataire, investi simplement d'un droit résolutoire, n'a pu transmettre plus de droits ou un droit irrévocable à son acquéreur. Vid. *Ricard*, pag. 3, n.os 724 et 725; vid. l'art. 2125 du code civil.

Mais le tiers-acquéreur, investi de tous les droits du donataire, peut, en cas de refus de ce dernier, satisfaire lui-même à la charge, si, d'ailleurs, la chose est possible d'après l'intention du donateur. Vid. *Roussille*, traité des donations, n.° 613.

680. — La donation étant révoquée faute d'accomplissement de la condition, le donataire doit-il rendre les fruits depuis sa mise en possession, ou seulement depuis la demande?

Furgole, dans son traité des testamens, chap. 11, sect. 1.re, n.° 48, rapporte un arrêt du parlement de Toulouse, du 6 septembre 1724, qui a décidé que les fruits n'étaient dus que depuis la demande; *Furgole* approuve la doctrine consacrée par cet arrêt, se fondant sur ce que le donataire a un titre légitime qui suffit pour lui faire gagner les fruits.

Je ne puis approuver l'opinion de *Furgole* : sans doute le donataire a un titre, ce titre est même essentiellement translatif de propriété; mais dans ce titre se trouve une condition résolutoire qui, venant à s'accomplir, a un effet rétroactif; d'ailleurs, comment serait-il possible que le donataire profitât d'une donation dont il n'aurait pas voulu remplir les charges? ne serais-ce pas engager le donataire à retarder toujours l'accomplissement de la condition, par l'espérance de gagner au moins les fruits? Le possesseur de bonne foi seul fait les fruits siens; mais ici la bonne foi ne se trouve pas. Vid. *Ricard*, part. 3, chap. 7, sect. 1.re; *Roussille*, donations, n.° 615; la loi 76, § 7, ff *de legat.* 2; la loi 79, § 2, ff *de cond. et demonst.*, et la novelle 22, chap. 44, § 2. En lisant *Ricard*, il faut remarquer que les lois par lui citées du titre du digeste *de donat. inter vir. et uxor.* ne peuvent servir à la solution rigoureuse de notre question ; car autre chose est une donation entre époux, essentiellement révocable, et une donation qui n'est révocable que faute d'accomplissement de la condition imposée.

On peut observer que dans le cas de la révocation pour survenance d'enfans, le donataire n'est tenu de rendre les fruits que du jour où la naissance de l'enfant lui a été notifiée ; mais il est aisé de sentir la différence qu'il y a entre ce cas et celui de la révocation faute de remplir les charges : dans le cas de la survenance d'un enfant, jusqu'à la notification de cette naissance, le donataire l'ignore, il jouit de bonne foi, et en vertu d'un titre ; mais dans l'autre cas le donataire peut-il invoquer la bonne foi, quand il sait que les charges par lui acceptées, et qui ne dépendent que de lui, ne sont pas remplies ! est-on de bonne foi, quand on sait que l'on manque à ses engagemens !!

681. — Dans le même cas de révocation faute d'accomplir la charge ou condition, le donataire doit rendre compte des dégradations provenant de son fait, faute ou négligence, et en indemniser le donateur ; il ne peut pas dire, comme dans le cas d'une éviction : j'ai pu négliger ma propre chose, car son droit de propriété étant essentiellement résoluble, les effets de ce droit doivent disparaître avec lui : s'il en était autrement, le donataire de mauvaise foi, et qui ne voudrait pas remplir la charge, pourrait rendre vaine (en grande partie) la révocation de la donation, et se jouer ainsi, et de la loi, et de ses engagemens.

682. — Ce que nous disons relativement à la restitution des fruits, et au payement des dégradations, s'applique également aux tiers-détenteurs : « le dona-» teur, dit l'art. 954 du code, aura contre les tiers

» détenteurs des *immeubles* donnés *tous les droits* qu'il
» aurait *contre le donataire lui-même* ».

683. — Sans doute, par rapport au donataire qui
n'a pas rempli la charge, il y aurait lieu à révocation
de toute donation, soit d'un effet mobilier, soit d'un
immeuble ; mais par rapport aux tiers-acquéreurs
il faut distinguer les meubles des immeubles : si un
tiers a acquis du donataire un meuble donné, il
peut être tranquille, n'importe la révocation postérieure de la donation ; cette action en révocation ne
saurait l'atteindre, ni préjudicier à son acquisition,
parce qu'en fait de meubles la possession vaut titre ;
qu'en achetant on ne considère et l on ne doit considérer que cette possession, et parce que l'art.
954 ne s'applique nommément qu'aux tiers-détenteurs d'immeubles.

684. — L'action en révocation pour cause d'inexécution dure trente ans, comme toutes les actions
personnelles, et ces trente ans commencent à courir
du jour où le donataire devait remplir la charge,
ou du jour de la donation, s'il n'y a pas de terme
fixé pour l'accomplissement de la condition ; du jour,
en un mot, que le donateur a pu forcer le donataire
à satisfaire à ses obligations. Vid. *Serres*, pag. 181 et
182 ; *Furgole*, traité des testamens, chap. 11, sect.
1.er, et les autorités par lui citées.

685. — Mais cette action dure-t-elle trente ans contre le tiers-détenteur d'un immeuble ?

On peut dire que celui qui acquiert de bonne foi
et par juste titre un immeuble en prescrit la propriété par dix ou vingt ans (art. 2265 du code civil) ; cette prescription a lieu précisément dans
l'hypothèse où le tiers-détenteur a acquis l'immeuble
d'une personne qui n'y avait aucun droit : on peut
ajouter qu'il serait ridicule de décider que celui
qui acquiert d'un propriétaire sous condition résolutoire est moins favorable que celui qui acquiert d'un

vendeur qui n'a aucun droit de propriété sur la chose vendue ; que la prescription de dix et vingt ans vient précisément au secours de ceux qui ont acquis trop légèrement, et sans examiner les droits de leurs vendeurs : d'où il résulte qu'on ne peut pas même reprocher au tiers-détenteur la connaissance du droit résolutoire de celui qui lui a vendu.

On peut répondre que l'art. 954 donne au donateur contre les tiers-détenteurs tous les droits qu'il aurait contre le donataire lui-même : *tous les droits* ;.... cette expression ne comporte, ni limitation, ni réserve ; et puisque les droits contre le donataire durent trente années, il doit en être de même des droits contre les tiers ; s'il en était autrement, il y aurait de la différence dans ces droits, et la loi n'y en met point.

De plus, le créancier hypothécaire peut, après vingt-neuf ans de son hypothèque, voir renverser tous ses droits par la demande en résolution, qui fait rentrer les biens donnés francs et libres entre les mains du donateur : or, pourquoi le tiers-détenteur serait-il plus favorable que le créancier ? si l'un est soumis à une action trentenaire, pourquoi l'autre en serait-il affranchi ? enfin, la condition de l'acquéreur ne doit pas être meilleure que celle du donataire, son vendeur : *non debet melioris conditionis esse quam actor à quo jus in me transit,* leg. 175, ff *de reg. jur.* : lorsqu'une chose est aliénée, elle passe sur la tête de l'acquéreur *cum suâ causâ,* et de la même manière que si elle restait sur la tête du vendeur, leg. 67, ff *de contrahendâ emptione;* ainsi, la résolution de la donation doit (par l'effet de la condition inhérente) résoudre l'acte, et, par voie de suite, tout ce qui a été fait par le donataire : d'où il résulte que les tiers-acquéreurs ne peuvent, comme le donataire, opposer que la prescription trentenaire.

Quoique ces dernières raisons soient spécieuses, je pense néanmoins que le tiers-détenteur peut opposer la prescription de dix ou vingt ans : je me fonde, 1.º sur la généralité de l'art. 2277; 2.º sur ce que cet article ne comporte aucune exception, et qu'une seule se trouve écrite dans l'art 966, où il est décidé, qu'en cas de révocation pour cause de survenance d'enfans, le tiers-détenteur ne peut opposer que la prescription trentenaire ; ce qui donne lieu à l'application de la maxime *qui de uno dicit, de altero negat :* en effet, si la résolution fondée sur le non-accomplissement d'une condition inhérente donnait naturellement ouverture à des droits non prescriptibles par dix et vingt ans, pourquoi cette disposition particulière dans le cas de la survenance d'enfans ? Je me fonde, enfin, sur ce qu'avant l'ordonnance de 1731, quoique l'action en révocation durât trente années, elle se prescrivait néanmoins par dix et vingt ans contre les tiers-acquéreurs, même dans le cas de la révocation pour survenance d'enfans. Vid. *Chopin*, sur la coutume de Paris, liv. 2, tit. 3, n.º 24 ; *Ferrière* sur la même coutume, tit. 13, des donations, § 5 ; *Ricard*, part. 3, n.º 659, et *Furgole*, sur l'art. 45 de l'ordonnance de 1731.

686. — La prescription en faveur du tiers-détenteur court-elle du moment de son acquisition, ou seulement du moment où le donateur a pu agir en révocation? Par exemple, je donne à Pierre, à la charge par lui de faire telle chose dans quinze ou vingt ans ; Pierre, de suite après la donation, vend les biens donnés à Jacques ; la prescription en faveur de celui-ci courra-t-elle à compter de son acte, ou seulement à compter de l'expiration des quinze ou vingt années ?

Pour la solution de cette question se présente d'abord ce grand principe, que la prescription ne court point contre celui qui ne peut agir : *contra non valentem agere non currit præscriptio.* Ce principe est fondé sur la fameuse loi, *cùm notissimi, § illud,* cod. *de præscrip. trigint. vel quadrag. ann.* « Il est plus que

» manifeste, dit cette loi, que dans tous les contrats
» où il se trouve des stipulations conditionnelles, ce
» n'est qu'après l'événement de la condition que la
» prescription commence son cours ». *Illud autem
plus quàm manifestum est.... sub aliquâ conditione...
stipulationes... ponuntur ; post conditionis eventum...
præscriptiones* 30 *vel* 40 *annorum..... initium acci-
piunt.* Ce principe est encore consacré par plusieurs
autres lois : *appentissimâ definitione sancimus......
nullam temporalem exceptionem opponi , nisi ex quo
actionem movere potuerunt.* En effet, qui peut accuser
de négligence celui qui ne peut agir ! *quis enim incu-
sare eos poterit, si hoc non fecerint quod minimè
adimplere volebant.* Leg. 1.re , § 2 , cod. *de annali
exceptione : ex quo ab initio competit, et semel nata
est*, dit la même loi ; vid. encore la loi 8 , cod.
de præscript. 30 *vel* 40 *annorum.*

L'art. 2257 du code civil porte également, que «la
» prescription ne court pas, à l'égard d'une créance
» qui dépend d'une *condition*, jusqu'à ce que la con-
» dition soit arrivée ».

D'après les dispositions de cet art. 2257 , conformes
aux principes de la loi romaine, je pense que le tiers-
détenteur ne peut prescrire que du moment où le
donateur a pu agir en révocation.

Sans doute cette proposition nous conduit à cette
conséquence, qu'il vaut mieux (par rapport à la prescription) acquérir de celui qui n'a aucun droit de
propriété, que de celui qui en a un réel, mais résoluble.

On peut encore observer que le donateur, quoiqu'il ne puisse pas encore agir directement avant
l'échéance de la condition , peut toujours dans les dix
ans dénoncer son droit au tiers-détenteur.

On peut, enfin, dire que quoique le fermier ou
colon ne puisse pas prescrire, il peut néanmoins,
en vendant la chose confiée à ses soins, donner à
l'acquéreur

l'acquéreur un droit de prescrire qu'il n'avait pas lui-même.

Je réponds, 1.º que l'art. 2257 ne comporte aucune exception : que le mot *créance*, employé dans cet article, comprend toute espèce d'actions; que le mot *condition*, qu'on y trouve, signifie toute espèce de conditions et de charges, suspensives, résolutoires, expresses ou tacites ; que de la classification de cet article il résulte nécessairement qu'il s'applique à toutes les prescriptions établies par la loi ;

2.º Que le propriétaire qui ne s'est dépouillé par aucun acte, et qui voit néanmoins un tiers jouir de son bien, doit nécessairement agir contre ce dernier, et lui demander compte de sa jouissance ; mais qu'il en est autrement de celui qui s'est dépouillé sous une charge ou une condition : l'acte passé, et jusqu'à l'événement de la condition, il n'a pas de motif pour suivre son bien : le voit-il entre les mains d'un tiers, il doit supposer que ce tiers le tient de son donataire à titre de ferme ou de précaire ; ou que s'il l'a acquis, ce n'est que sous la condition résolutoire prévue, la fraude ne se présumant pas.

3.º La dénonciation contre le tiers-détenteur peut être une précaution dictée par la prudence ; mais elle n'est commandée par aucune loi.

4.º Dans le cas de la vente faite par le fermier ou colon, le propriétaire peut toujours agir ; rien n'arrête, ni ne suspend son action : circonstance qui ne se rencontre pas dans notre espèce.

En un mot, que le tiers-détenteur puisse prescrire pour dix ou vingt ans,... on en convient : telle est la règle ; elle n'est, ni contestée, ni méconnue.

Mais la prescription peut-elle courir contre celui qui ne peut agir? non ;

Celui-là qui n'a qu'un droit conditionnel peut-il agir avant la condition? non, sans doute.

Donc, quand il s'agit d'un droit conditionnel, la

Tom. II.   9

prescription ne peut courir avant l'accomplissement de la condition. La loi serait absurde, si elle disait au donateur : je vous punis de votre inaction, quoique je sache que vous n'avez pu agir !!

687. — L'action en révocation pour cause d'inexécution peut être intentée par le donateur, tant contre le donataire, que contre ses héritiers : tels étaient les anciens principes. Et, d'ailleurs, comment les héritiers, qui ne sont que l'image du donataire, pourraient-ils être à l'abri de cette action, quand les tiers-détenteurs y sont soumis !!

688. — Le donateur ne s'étant pas plaint, ses héritiers peuvent-ils agir en révocation ? *Papon* et *Furgole* distinguaient entre la charge qui regarde personnellement le donateur, comme de lui fournir des alimens, et celle qui lui est en quelque sorte étrangère; ils voulaient, dans le premier cas, que l'action fût éteinte par le décès du donateur, décédé sans se plaindre; dans le second, ils pensaient que l'action passait aux héritiers. Vid. *Furgole*, des testamens, chap. 11, sect. 1.re, n.º 149.

Je ne crois pas que cette distinction doive être suivie : il faut décider, dans tous les cas, que l'action, même non intentée, passe aux héritiers. En règle générale, les héritiers sont saisis de tous les droits et actions du défunt; ils peuvent les exercer comme lui : les droits purement personnels sont les seuls qui s'éteignent avec la personne; mais l'action en révocation n'est pas un droit personnel, il est transmissible; d'ailleurs, le code disposant que l'action pour cause d'ingratitude passe aux héritiers, il faut en conclure, *à fortiori*, que l'action pour cause d'inexécution des conditions peut être exercée par ces derniers. Vid. *Faber*, cod., lib. 8, tit. 38, def. 14, et *Ferrière*, sur la question 214 de *Guipape*.

689. — Le tiers en faveur de qui le donateur a imposé une charge peut-il, en cas d'inexécution, agir

en révocation? Par exemple, je donne à Pierre tel
domaine, à la charge par lui de donner ou de faire
telle chose en faveur de Jacques... Jacques pourra-t-il,
en cas de refus de la part de Pierre de remplir la
charge, demander la révocation de la donation? non,
sans doute. Et comment le pourrait-il? comment pourrait-il conclure au délaissement des choses données qui
ne lui ont jamais appartenu? Jacques aura seulement
son action contre Pierre, pour le faire condamner
à satisfaire à la charge. Vid. *Furgole*, des testamens,
chap. 11, sect. 1.re, n.º 151. Mais le donateur pourrait demander la révocation, faute par le donataire
de satisfaire à la charge en faveur de Jacques.

690. — Examinons à présent quelles sont les donations sujettes à révocation pour cause d'inexécution
des charges.

Les donations par contrat de mariage sont-elles révocables? nul doute? Comment la circonstance d'un acte
solennel pourrait-elle dispenser le donataire de satisfaire à ses obligations, ou du moins le mettre à l'abri
de la résolution en cas de refus? Ayant promis de
satisfaire à la charge, et pouvant le faire souvent
jusqu'au jugement sur l'action en révocation, comment
le donataire pourrait-il se plaindre d'une révocation
qui serait son ouvrage!!

Mais, dira-t-on, deux familles se sont réunies d'après
la considération des biens donnés : dans la pensée du
donateur les enfans du donataire n'étaient pas étrangers à la donation; comment donc les punir, en quelque sorte, d'une inexécution qui leur est étrangère?

Il n'y a pas ici de punition, il n'y a pas même d'espérance trompée : la condition étant écrite dans la donation, les deux familles ont prévu ou dû prévoir
l'inexécution de la condition, et ses résultats. Quant
aux enfans, comment leur intérêt pourrait-il dispenser
de satisfaire à la condition stipulée? d'ailleurs, tant
que leur père, donataire, vit, ils n'ont absolument

*

aucun droit aux biens donnés ; quand il n'est plus, ils le représentent ; ils ne peuvent avoir plus de droits que lui, et sont soumis aux mêmes engagemens.

D'ailleurs, l'art. 953 dispose, d'une manière générale, que l'inexécution des conditions révoque les donations ; l'art. 1081 assujettit les donations par contrat de mariage *aux règles générales des donations entre-vifs :* donc les donations par contrat de mariage peuvent, comme les autres donations, être révoquées pour cause d'inexécution des conditions stipulées.

Cette vérité résulte encore de l'art. 959, ainsi conçu : « les donations en faveur de mariage ne seront pas *ré-* » *vocables pour cause d'ingratitude* ». Or, puisque les donations par contrat de mariage ne sont pas révocables dans le cas d'ingratitude, elles le sont dans tous les autres cas : ici l'exception écrite confirme la règle ; tels étaient, d'ailleurs, les anciens principes. Vid. *Furgole,* des testamens, chap. 11, sect. 1.re, n.° 106, et les autorités par lui citées.

Si, d'après les principes du code civil, les donations par contrat de mariage ne sont pas révocables pour cause d'ingratitude, la raison en est qu'aux yeux du législateur les enfans à naître sont aussi l'objet de la donation, et qu'ils ne doivent pas souffrir de la mauvaise conduite de leurs pères. Vid. le discours de M. *Bigot,* sur les donations, pag. 220.

Sans doute la donation sous une condition insérée dans un contrat de mariage est de même censée faite au profit des enfans à naître ; et de là il semblerait qu'il faut conclure que la révocation ne peut avoir lieu, les enfans ne devant pas souffrir du refus ou de la négligence de leurs pères............ La parité n'est pas exacte : 1.° la révocation pour cause d'inexécution a lieu *ex causâ antiquâ,* pour une cause inhérente à la donation, et expressément stipulée ; la révocation pour cause d'ingratitude a lieu, au contraire, pour un motif postérieur, et non prévu dans la donation ;

2.º la résolution pour cause d'inexécution des charges est dans la nature même des choses ; elle est basée sur l'essence des contrats synallagmatiques , où la condition résolutoire est toujours sous-entendue , pour le cas où l'une des parties ne remplit pas son engagement : la révocation pour cause d'ingratitude , au contraire , ne trouve rigoureusement son fondement que dans la loi civile, qui en fixe les règles, les conditions et les effes.

691. — Une donation faite par contrat de mariage ; et à titre de dot , est-elle révocable pour cause d'inexécution des conditions , en sorte que par l'effet de la révocation le mari soit même privé, *constante matrimonio* , de l'usufruit des biens dotaux ?

Sans doute elle est révocable, et le mari privé de tous ses droits ; car il s'agit ici de la résolution absolue d'un acte et de l'inexécution d'une condition qui a nécessairement un effet rétroactif.

En effet , par rapport à la femme , la constitution de dot est une pure libéralité , une véritable donation entre-vifs, qui doit être soumise à toutes les règles des donations pures et simples. Leg. 25 , § 1 , ff *quæ in fraud. credit.* , et la loi dernière , cod. *de donat. antè nuptias.*

Par rapport au mari, la constitution de dot est plutôt une stipulation particulière entre lui et son épouse, qu'une convention entre lui et le donateur ; celui-ci est, en quelque sorte , étranger à la stipulation de dot ; elle n'est qu'une convention matrimoniale qui ne le regarde point : cette constitution de dot ne saurait donc lui préjudicier ; n'importe la constitution de dot , le donateur conserve essentiellement la qualité de bienfaiteur, et doit jouir de tous les droits attachés à ce titre.

Ces principes sont encore plus sensibles , ou acquièrent un plus grand degré d'évidence d'après la jurisprudence du code civil ; car, d'après le code , dès qu'il y a soumission au régime dotal, tout ce qui est donné à la femme est censé constitué en dot ; ce qui prouve évidemment que la constitution de dot est purement l'ouvrage des époux, le résultat de leurs stipulations, et que le donateur est en quelque sorte étranger à cette qualité par eux donnée aux biens qu'ils ont reçus : donc cette qualité, étrangère, pour ainsi dire, au donateur, ne peut rien changer à ses droits.

D'ailleurs, la résolution fondée sur l'inexécution des conditions ayant lieu dans tous les contrats, soit à titre gratuit, soit à titre onéreux, il ne servirait de rien de remarquer que la constitution de dot n'est pas, par rapport au mari, une pure libéralité. Dira-t-on qu'il ne doit pas souffrir de la négligence de son épouse? D'abord, cette négligence sera le plus souvent l'ouvrage du mari ; de plus, la femme n'ayant reçu qu'un droit résoluble dans la donation, n'a pu rendre ce droit irrévocable par la stipulation de dot.

Il est vrai qu'il semble résulter des lois romaines que la donation pour cause de dot ne pouvait être révoquée par l'ingratitude de la femme donataire : leg. 69, § 6, ff *de jure dotium*, et leg. 24, cod. *eodem ;* vid. *Dolive,* liv. 4, chap. 5 ; et cela, à cause du droit du mari sur les biens dotaux : il est vrai encore que l'inexécution des conditions était considérée comme une simple ingratitude, leg. *ultima*, cod. *de revocandis donationibus ;* mais, il faut le dire, nos principes sur la révocation des donations sont différens de ceux de la loi romaine : nous distinguons sur-tout l'inexécution des conditions de la simple ingratitude : les Romains fondaient la révocation de la donation pour cause d'ingratitude sur un motif de vengeance ; nous voyons, au contraire, dans l'inexécution des conditions un événement prévu qui doit résoudre le contrat : aussi *Furgole* décide-t-il, nonobstant les susdites lois 69 et 24, que la révocation a lieu pour cause d'ingratitude dans une donation contenant constitution de dot. Il est vrai que *Furgole* réserve au mari tous les droits par lui acquis sur les biens dotaux aux termes du contrat de mariage, par cette raison que le mari détient ces biens à titre onéreux, et que les contrats à titre onéreux ne sont pas révocables pour cause d'ingratitude ; mais comme les contrats à titre onéreux sont résolubles faute de remplir les charges, il résulte de l'opinion même de *Furgole*, que les constitutions de dot sont révoquées, même à l'égard du mari, à défaut de remplir les charges. Vid. *Furgole*, traité des testamens, chap. 11., sect. 1.re, n.os 108 et suivans.

692. — Les donations entre époux sont-elles révocables faute d'accomplir les charges? Oui, la révocation a lieu.

Observons que ces donations ne sont valables entrevifs que dans le contrat de mariage même, et que, stipulées dans ce contrat, elles ne sont pas censées faites sous la condition de survie de l'époux donataire (art. 1092 du code) : or, cet article déclare expressément que ces donations sont *soumises à toutes les règles et formes prescrites pour les donations entre-vifs*.

Mais l'époux donateur peut-il *actu* agir en révocation, ou doit-il attendre la dissolution du mariage, ou du moins la séparation de biens? On peut dire que la prescription étant suspendue entre époux pendant le mariage (art. 2256 du code civil), il n'y a pas d'inconvénient à éloigner l'exercice d'une action qui pourrait troubler l'union des époux : je réponds que la suspension de la prescription est un avantage pour les époux, et qu'il n'en peut résulter aucune obligation contr'eux : que l'époux qui manque, ou qui refuse de remplir la condition stipulée, doit y être forcé avec d'autant plus de rigueur, qu'il se joue de sa promesse envers un conjoint auquel il doit donner l'exemple de la bonne foi ; que la simple action pour le forcer à remplir la condition compromettrait tout aussi bien l'union conjugale, en supposant qu'il puisse exister un véritable accord entre deux époux dont l'un refuse à l'autre l'exécution de ses promesses : ainsi, l'époux donateur peut, *constante matrimonio*, et même avant la séparation de biens, agir en révocation.

693. — Les donations rémunératoires sont-elles révocables pour cause d'inexécution des conditions imposées ? Nul doute : la révocation doit avoir lieu, soit qu'on les considère comme des véritables donations, soit qu'on les envisage comme des véritables contrats onéreux, des dations en payement, des échanges :

Si on les envisage comme des véritables donations, il faut y appliquer toutes les règles qui régissent ce contrat, et, par conséquent, celles relatives à la révocabilité ;

Si on ne les considère que comme des contrats onéreux, il faut alors leur appliquer les règles des contrats synallagmatiques, dans lesquels la clause résolutoire est même sous-entendue, pour le cas où l'une des parties ne remplirait pas son engagement ;

Si on considère, enfin, la donation rémunératoire comme un acte mixte, participant, et de la donation, et du contrat onéreux, il faut également y appliquer les principes de la révocation, parce qu'ils sont communs à l'un et à l'autre des contrats constituant la nature de la donation rémunératoire.

694. — Les donations mutuelles sont-elles révocables, à défaut de remplir les conditions imposées ? La révocation a lieu, soit qu'on les considère comme des véritables donations déterminées par une affection réciproque, soit qu'on ne les envisage que comme des contrats intéressés et aléatoires, *do ut des*, fondés sur l'espérance réciproque d'un gain éventuel. Vid. *Ricard*, n.º 631, et *Ferriere*, sur la coutume de Paris, tit. 13, des donations, § 4, n.º 17.

Mais le donataire qui agit en révocation peut-il profiter de la donation qui lui a été faite ? Non, dit

Furgole, traité des testamens, chap. 11, sect. 1.ere, n.º 105, à cause de la réciprocité ; je pense, au contraire, que le donateur qui révoque doit profiter de la donation à lui faite : en effet, on ne peut lui faire aucun reproche ; il n'est pas la cause de la révocation : le donataire, au contraire, est sans excuse de n'avoir pas rempli la charge : ainsi, la révocation est principalement son ouvrage ; et l'on sent qu'il ne peut tirer aucun profit de sa négligence ou de son obstination : d'ailleurs, il est dans la nature des choses que le donateur mutuel qui a stipulé une charge puisse en demander l'accomplissement sans se nuire ; sans quoi, le donataire resterait le maître d'annuller à son gré la donation réciproque, en refusant de remplir la charge : or, puisque le donateur peut agir pour le forcer à l'accomplissement de la charge, il peut, par la même raison, et en cas de refus, demander la révocation, sans, dans aucun cas, nuire à ses intérêts : qui peut demander l'exécution d'un acte, peut conclure à la peine stipulée ou sous-entendue en cas d'inexécution.

695. — La donation avec charge de rendre aux petits-enfans ou neveux du donateur, enfans du donataire, est-elle révocable pour cause d'inexécution des conditions stipulées ? la révocation peut-elle nuire aux appelés ?

Ricard, part. 3, chap. 6, sect. 1.re, n.º 685, décide, en général, que dans le cas d'ingratitude le père chargé de rendre à ses enfans ne peut donner lieu à la révocation, « que de ce qui lui appartient » *dans la donation, savoir, la jouissance des choses* » *données sa vie durant* ».

Sans doute il est naturel et juste que la négligence ou le refus du donataire grevé ne nuise pas aux appelés qui n'ont pas de reproches à se faire, et qui peut-être n'existent pas encore ; mais il est juste aussi que la condition stipulée soit accomplie : le donateur est toujours favorable, ses droits ne sont pas changés par l'effet de la substitution.

Ainsi, je pense que faute d'accomplissement de la charge de la part du donataire, la révocation peut avoir lieu, et que le donataire grevé doit être privé de tous ses droits, soit d'usufruit, soit de propriété éventuelle, dans le cas où il survivrait aux appelés : par là le donateur se trouve ressaisi de l'usufruit jusqu'à l'ouverture de la substitution, et les droits des appelés demeurent dans leur entier.

Mais il est possible que la révocation étant prononcée au préjudice du donataire, le donateur ne trouve pas dans le droit de jouissance et de propriété éventuelle qu'il acquiert un juste dédommagement du non-accomplissement de la charge; alors il lui reste la faculté d'agir contre les appelés, pour les forcer à l'accomplissement de la condition, ou pour faire prononcer la révocation ; car le donateur doit avoir contre les appelés le même droit que contre le grevé lui-même.

Si les appelés satisfont à la charge, ils profitent en propriété et en usufruit de l'émolument de la donation, tout comme si la substitution s'était ouverte ; s'il n'y satisfont pas, la révocation a lieu par rapport à eux, tout comme elle a lieu à l'égard du grevé.

Nous disons que le donateur peut agir contre les appelés ; mais il est possible que tous les appelés n'existent pas encore : comment faire dans ce cas ? Alors le donateur doit agir, tant contre les appelés existans, que contre le tuteur à la substitution, qui représente les appelés qui ne sont pas encore.

§ II. *De la révocation pour cause d'ingratitude.*

696. — La donation est un bienfait.

Ce bienfait est déterminé par l'amitié du donateur, ou par l'estime qu'il a pour le donataire : le plus souvent il l'est par l'une et par l'autre ; mais, sous tous les rapports, l'ingratitude est également horrible : outrager l'amitié, et l'amitié généreuse, c'est se rendre indigne du bienfait que l'on a reçu ; c'est détruire la donation dans sa base, c'est prouver qu'elle était l'ouvrage d'une funeste erreur.

Sans doute le donateur n'a pas le droit d'exiger un juste retour, car alors la donation serait un échange, et non un bienfait ; mais il a droit de trouver dans le donataire protection, attachement, amitié, et cette reconnaissance du cœur qui ne manque jamais dans les circonstances, et qui dicte toujours ce qui doit être dit, et commande ce qui doit être fait ; enfin, le donateur a droit à ce respect qui rend aveugle sur les faiblesses, et les fait pardonner.

Le moyen de révocation fondé sur l'ingratitude est donc le plus naturel, le plus puissant et le plus juste de tous les moyens : la loi doit punir l'ingrat ; elle doit le dépouiller du bienfait méconnu, et tourné peut-être contre le bienfaiteur.

697. — Les lois étant les filles de nos besoins, je le voudrais, pour l'honneur de l'humanité, que la première loi contre l'ingratitude fût de l'empereur Commode, comme certains auteurs l'ont prétendu ; mais je n'ose le croire : l'ingratitude, née de la bienfaisance, est aussi ancienne qu'elle ; elle prend sa source dans les faiblesses et dans les égaremens de l'homme, toujours le même, et que les siècles écoulés n'ont, ni perfectionné, ni perverti. Vid. *Furgole*, des testamens, chap. 11, sect. 1.re, n.º 50, où il s'occupe des différentes lois successivement portées contre l'ingratitude ; vid. également *Ricard*, des donations, part. 3, chap. 6 : je pense, avec ce dernier auteur, que la révocation pour cause d'ingratitude trouve son fondement dans la loi des douze tables.

698. — La loi romaine la plus importante à connaître sur cette matière est la loi dernière, au code *de revocandis donationibus*.

Cette loi fixe au nombre de cinq les causes d'ingratitude :

La première, si le donataire a proféré des injures
atroces contre le donateur, *ita ut injurias atroces in
eum effundat ;*

La deuxième, s'il a eu l'impiété de battre son bienfaiteur, *vel manus impias inferat ;*

La troisième, si, par ses manœuvres, il a causé la
ruine de sa fortune, en tout, ou pour la plus grande
partie, *vel jacturæ molem ex insidiis suis ingerat ;*

La quatrième, s'il l'a exposé dans quelque danger
de perdre la vie, *vel vitæ periculum aliquid ei intulerit ;*

La cinquième, s'il se refuse d'accomplir les conditions stipulées, *vel conditiones minimè impleri voluerit.*

699. — Voici ce que le code civil dispose sur les
causes d'ingratitude ; l'art. 955 est ainsi conçu :

« La donation entre-vifs ne pourra être révoquée
» pour cause d'ingratitude que dans les cas suivans :

« 1.º Si le donataire a attenté à la vie du donateur;

» 2.º S'il s'est rendu coupable envers lui de sé-
» vices, délits ou injures graves ;

« 3.º S'il lui refuse des alimens ».

Donnons quelques développemens à ces différens
moyens de révocation ; et il me semble que, pour plus
de clarté, nous devons les examiner dans un sens
inverse.

SECTION I.re

De la révocation pour refus d'alimens.

700. — Le donateur, nous dit la loi, peut agir en
révocation si le donataire lui refuse des alimens : cela
est fondé sur cette maxime, *necare videtur qui
alimenta denegat.* Leg. 4, ff *de agnoscend. et alend.
liber.*

Il est étonnant que les jurisconsultes ne fussent pas

d'accord sur l'existence et la légitimité de ce moyen de révocation : la glose sur ladite loi dernière, cod. *de revocandis donationibus*, *Ricard* et *Dumoulin* l'admettaient ; mais *Furgole* était d'une opinion différente.

Le code a consacré l'opinion de la glose : comment, en effet, refuser une action à celui qui périt de misère, pour s'être souvent dépouillé par une aveugle bienfaisance ! Vid. *Pothier*, donations, sect. 3, art. 3, § 1.

701. — Quelle que soit la cause de la misère du donateur ; que cette cause soit antérieure ou postérieure à la donation ; que la misère soit l'effet du malheur ou de l'inconduite : dans tous ces cas, si le donateur manque d'alimens, il peut en demander au donataire ; et, si celui-ci refuse, agir en révocation :

En un mot, le manque actuel d'alimens donne, sans autre examen, le droit d'en réclamer : *sed quid si donator inops non aleatur ? potest*, répond la glose, *eum ad hoc cogi, vel donationem revocari*.

Nous devons observer avec M. *Portalis*, dans son discours sur le mariage, pag. 337, que par le mot *alimens* la loi entend tout ce qui est nécessaire à la vie, la nouriture, l'habitation, les vêtemens. Vid. le répertoire de jurisprudence, *verb*. alimens.

Nous disons que les alimens sont dus au donateur, lors même que sa misère serait l'effet de son inconduite et de sa débauche, vid. *Voet*, sur le digeste, liv. 25, tit. 3, n.º 5 : aux yeux du donataire le donateur est seulement malheureux ; et comment, pour se soustraire à l'obligation de le nourrir, le donataire pourrait-il être admis à prouver les débauches du donateur, à dérouler le tableau de sa vie, à dévoiler ses fautes et ses faiblesses ! Cette offre de preuve ne serait-elle pas une nouvelle injure faite au bienfaiteur !

Dans la fixation des alimens il faut faire attention aux besoins de celui qui les réclame, à son état, à ses habitudes, à la valeur des biens donnés et à la fortune du donataire. Vid. , par argument, l'art. 208 du code civil, et *Despeysses*, des donations, sect. 4 , n.º 9.

702. — Le donataire satisfait-il à son obligation de fournir des alimens , en offrant de recevoir chez lui le donateur , de le nourrir et entretenir? peut-il même , par cette offre, se faire décharger d'une pension déjà fixée, en prouvant que depuis sa fixation sa fortune a diminué ?

Cela dépend des circonstances et de la qualité des parties ; mais le juge ne doit accorder cette faculté au donataire, que lorsqu'il est dans l'impossibilité de payer une pension alimentaire ; et même, dans ce dernier cas, le juge reste toujours le maître d'ordonner le payement de la pension , ou de prononcer la révocation de la donation. Vid. l'art. 210 du code.

703. — On sent que si le donateur se trouve par quelque événement replacé dans un tel état, qu'il n'ait plus besoin d'alimens , en tout , ou en partie , la décharge ou la réduction de la pension pourront être demandées par le donataire (argument de l'art. 209 du code civil) : ces principes sont basés sur la justice et la raison.

704. — Le donateur qui n'a pas du pain , mais qui pourrait s'en procurer par son travail, peut-il demander des alimens ? Il faut distinguer : si lors de la donation le donateur exerçait un état ou un métier , en un mot, s'il travaillait , les alimens ne lui sont pas dus s'il peut encore travailler et pourvoir à ses besoins ; mais si le donateur ne travaillait pas lors du don , il est impossible de le condamner à un travail qu'il n'était pas accoutumé de faire. Vid. la loi 5 , § 7 , ff *de agnos. et alend. lib.*

Nous disons que le donateur n'a pas droit aux alimens quand il peut s'en procurer par son travail accoutumé : cette maxime est vraie ; mais dans le doute, et lorsque le donateur prétend que son travail ne lui suffit pas , il faut se décider en faveur de celui

qui s'est dépouillé par bienfaisance ; il faut sur-tout
venir au secours de l'infirmité et de la vieillesse.

SECTION II.

*De la révocation pour cause de sévices, délits
ou injures graves.*

705. — La révocation, dit l'art. 686, peut avoir
lieu, si le donataire s'est rendu coupable envers le
donateur de *sévices*, *délits* ou *injures* graves.

Sévices... délits... injures,... tels sont les moyens
de révocation ; et l'on sent combien il est important
de se faire là-dessus des idées justes.

Par le mot *sévices* certaines personnes entendent
un traitement rude qui va jusqu'aux coups ; mais
cette dernière circonstance ne me paraît pas nécessaire
pour caractériser les sévices.

Ferriere, dans son dictionnaire, dit que le terme
sévices « signifie outrages et mauvais traitemens envers
» une personne sur laquelle on a quelque puissance
» ou autorité, et que l'on traite avec trop de rigueur ».

Le mot *sévices* vient du mot latin *sevire*, qui veut
dire traiter d'une manière cruelle, *crudeliter in ali-
quem agere.* Vid. le § 2, aux instit. *de his qui sui
vel alieni juris sunt.*

Le mot *sevitiæ* veut dire inhumanité, cruauté,
rigueur. Vid. le lexicon *juris Calvini.*

Je pense que par le mot *sévices* l'on doit entendre
toute action d'inhumanité, de cruauté ou de rigueur
exercée par le donataire envers le donateur : tout
traitement dur et cruel constitue les sévices.

706. — Le mot *délit* signifie, dans son acception
rigoureuse et la plus étendue, toute action que la
loi défend et punit ; ainsi, il y a des délits forestiers,
ruraux ; des délits de simple police, de police cor-

rectionnelle, et des délits de grand criminel. **Vid. la loi du 3 brumaire an 4.**

Il est vrai que le nouveau code criminel a distingué les *contraventions*, les *délits* et les *crimes*.

L'infraction punie des peines de police est une *contravention;*

L'infraction punie des peines correctionnelles est un *délit;*

L'infraction que les lois punisssent d'une peine afflictive ou infamante est un *crime.*

Mais cette précision, par rapport à la classification des infractions, n'existait pas lors de la promulgation du code civil : ainsi, par le mot *délits* employé dans l'art. 955 du code civil nous devons entendre toute action répréhensible aux yeux de la loi, et punie par elle.

707. — Le mot *injure* a une signification extrêmement étendue.

Chez les Romains le mot *injure* signifiait en général tout ce qui était fait sans droit : *omne quod non jure fit, injuriâ fieri dicitur.* Leg. 1.re, ff *de injuriis.*

L'injure, dit *Lebrun*, se fait par la chose ou par les paroles, *re aut verbis :* par la chose,.... quand on lève les mains, et qu'on frappe : *quæties manus inferuntur;* par les paroles,... quand on outrage par des discours : ainsi, ajoute-t-il, l'injure attaque le corps ou l'honneur; le corps,.... lorsque l'on frappe; l'honneur,... lorsque l'on attaque la réputation : *in corpus fit, cùm quis pulsatur; ad infamiam, cùm pudicitia attentatur,* dictâ leg. primâ, § 1 et 2, ff *de injuriis.*

Dans notre langue le terme *injure* signifie également un outrage fait ou par paroles, ou par écrit, ou par actions : *aut verbis, aut scriptis, aut re;* et c'est sous cette acception que le mot *injures* a été employé dans le susdit art. 955 du code.

706. — Ce que nous venons de dire servira à
éclaircir

éclaircir la question de savoir si l'adjectif *graves*, qu'on trouve au n.º 2 du susdit art. 955, s'applique tant aux sévices qu'aux délits, ou s'il ne se rattache qu'aux simples injures?

D'après les définitions données, nous devons conclure que le mot *graves* est l'adjectif commun qui se rapporte non-seulement aux injures, mais encore aux délits et sévices.

Ainsi, pour donner lieu à la révocation, il faut des sévices graves, des délits graves et des injures graves.

Substituant à ces termes leurs définitions, nous dirons qu'il y a lieu à révocation, 1.º quand le donataire a exercé envers le donateur un traitement dur et cruel; 2.º quand il s'est permis à son égard un acte, une voie de fait que la loi punit; 3.º quand il l'a outragé par ses discours, par ses écrits ou par ses actions.

Mais il faut, dans ces trois cas, que l'outrage ou fait du donataire présente un caractère de gravité répréhensible.

709. — En suivant ces définitions, nous trouverons que les motifs de révocation écrits dans la loi romaine sont encore conservés :

1.º Le vomissement des injures, *si injurias atroces in eum effundat*, est littéralement écrit dans le code ;

2.º Les coups reçus, *si manus inferat*, se trouvent compris non-seulement sous le mot *sévices*, mais encore sous celui de *délit* et d'*injure* ;

3.º Le préjudice causé à ses biens, *si jacturæ molem ingerat*, se trouve également compris sous le mot *délit* et *injure* ; il en est de même des piéges tendus à sa vie, *si vitæ periculum intulerit*.

710. — Les injures atroces vomies contre le donateur sont un motif de révocation ; en est-il de même des injures verbales ou écrites proférées contre sa femme, ascendans ou descendans ? Ces dernières in-

jures ne sont pas un motif de révocation ; il faut que les discours injurieux et outrageans ayent pour objet la personne même du donateur, *in eum effundat* : telle est l'opinion de *Furgole*, traité des testamens, chap. 11, sect. 1.re, n.° 70.

On peut cependant observer que l'injure faite à ma femme et à mes enfans rejaillit nécessairement sur moi, et est censée faite à moi-même ; car, comme le dit *Justinien*, aux instit., tit. *de injuriis*, § 2, *patitur quis injurias non solùm per semetipum, sed etiam per liberos suos, item per uxorem suam* : aussi *Pothier* décide-t-il que l'injure faite aux enfans ou à l'épouse du donateur peut opérer la révocation, si elle est grave.

Je pense que la décision de cette question est abandonnée à la conscience des juges, qui doivent se déterminer d'après les circonstances particulières de l'injure, et voir si elle rejaillit nécessairement sur le donateur : je pense, avec *Pothier*, que lorsque l'injure n'est pas directement faite au donateur, il faut un degré de plus de gravité dans l'injure pour que la révocation ait lieu : ainsi, telle injure directe révoquerait, tandis que la même injure indirecte ne révoquerait pas. Vid. l'art. 1113 du code civil.

711. — Les injures doivent être graves, *injurias atroces*, pour qu'en général il y ait lieu à révocation.

Or, la gravité de l'injure se détermine d'après les qualités de l'offenseur et de l'offensé, d'après le temps, le lieu et les circonstances. Leg. 7, § 8, ff *de injuriis*: *atrocem injuriam aut personâ, aut tempore, aut re ipsâ.*

L'injure est plus atroce, *personâ*, quand elle s'adresse à un magistrat, à un patron ;

Tempore, quand elle est faite dans les jeux publics, au théâtre, en présence du préteur ;

Re, quand on a frappé quelqu'un au visage.

Mais le juge doit décider dans sa conscience, et d'après les faits, si l'injure dont se plaint le donateur a ce caractère de gravité que la loi requiert pour opérer la révocation.

La continuité ou répétition de l'injure peut ajouter beaucoup à sa gravité.

Charondas, liv. 5, rep. 27, rapporte un arrêt qui revoqua une donation, parce que le donataire avait dit que le donateur avait fait des actions dignes de la corde, qu'il était un méchant homme, qu'il n'avait jamais rien valu.

Bouvat, tom. 2, *verb.* donat., quest. 30, rapporte un autre arrêt qui a décidé que les injures de folle, d'ivrognesse, proférées par le donataire contre la donatrice, avaient un caractère suffisant de gravité. Il me semble que pour juger comme ce dernier arrêt, il faudrait que la donatrice fût une personne d'un certain rang, et que l'injure fût proférée en public, ou dans un cercle nombreux.

712. — Observons que les injures atroces proférées en l'absence du donateur ne donnent pas moins lieu à la révocation, que si elles avaient été dites en sa présence, parce que *convicium non solùm præsenti, verùm absenti quoque fieri potest.* Leg. 15, § 7, ff *de injuriis. Furgole* remarque que l'arrêt rapporté par *Charondas*, et rappelé ci-dessus, fut rendu dans une espèce où les injures avaient été dites en l'absence du donateur.

Je pense cependant que la présence du donateur à l'injure ajoute beaucoup à sa gravité.

713. — La vérité de l'injure, si elle est atroce, ne saurait mettre obstacle à la révocation : l'ingratitude est un vice du cœur que l'on doit punir ; le donataire ne doit rappeler du bienfaiteur que ses bienfaits, et jamais ses faiblesses : comment donc pourrait-il lui reprocher impunément ses fautes, ou en rappeler le souvenir ! La loi 18, au digeste *de inju-*

riis, ne saurait être invoquée en faveur du donataire ; il ne doit pas être le dénonciateur de celui qui l'a gratifié.

D'ailleurs, comme l'observe *Pothier*, le donataire ne serait jamais reçu à faire la preuve des faits par lui répandus contre la réputation du donateur.

Enfin, la cour de cassation a constamment décidé que la vérité de l'injure n'excuse pas celui qui l'a proférée; vid. le répertoire de jurisprudence, verb. *injure*, § 3, n.º 3 : or, si le médisant est coupable aux yeux de la loi, quelle que soit d'ailleurs la personne outragée, comment excuser le donataire qui insulte au donateur !

714. — Non-seulement l'injure verbale, mais encore l'injure consignée dans des écrits peut donner lieu à la révocation.

Par écrit, on entend tout écrit quelconque en vers ou en prose, libelle, mémoire, poème, chanson, etc.

Le donataire qui aurait imprimé, colporté, distribué l'écrit injurieux, serait-il soumis à l'action en révocation, tout comme s'il en était l'auteur ?

Voici comment s'explique *Ulpien*, leg. 5, § 9 et 10, ff *de injuriis* : « celui qui a composé ou répandu » un libelle pour diffamer quelqu'un, ou qui, par » dol, a donné ses soins pour que quelque chose de » cela fût fait, quoiqu'il l'ait rendu public sous le » nom d'un autre, ou sans nom, peut être poursuivi » par l'action d'injures.

» Il faut en dire de même de celui qui a mis des » affiches, ou fait quelqu'autre chose, même non écrit, » pour diffamer un autre, ainsi que de celui qui a » procuré la vente de ces choses ».

Si quis librum ad infamiam alicujus pertinentem scripserit, composuerit, ediderit, dolove malo fecerit, quo quid eorum fieret ; etiam si alterius nomine ediderit, vel sine nomine, uti de eâ re agere liceret.

Eadem pœna ex senatûs-consulto tenetur etiam is

qui inscriptiones aliudve quod sine scripturâ in notam aliquorum produxerit, item qui emendu n vendendumve curaverit.

Ainsi, d'après la loi romaine, le copiste, le distributeur, le colporteur du libelle diffamatoire, étaient aussi coupables que son auteur, et soumis à la même peine.

Les mêmes principes doivent s'appliquer au cas de révocation des donations; mais cependant avec la restriction suivante : il faut une plus grande gravité dans l'injure écrite, pour que la révocation soit prononcée contre l'imprimeur ou distributeur, que contre l'auteur du libelle : telle injure qui serait suffisante contre l'auteur ne le sera pas contre l'imprimeur ou vendeur ; la composition présente une ingratitude plus réfléchie et plus criminelle.

715. — Une caricature outrageante qu'un peintre pourrait faire contre son bienfaiteur donnerait lieu à la révocation; la susdite loi 5, § 10, remarque que l'on peut diffamer quelqu'un sans le secours de la parole ou des écrits : *aliudve quid sine scripturâ in notam aliquorum produxerit.*

716. — Le donataire qui aurait eu un commerce criminel avec la femme ou la fille du donateur doit être privé de l'émolument de la donation : il y a, dans cette supposition, envers le donateur outrage sanglant et sensible; il y a injure atroce, grave et déchirante. Vid. *Dumoulin*, sur la coutume de Pàris, § 43, n.º 140 ; vid., par rapport à la preuve du mauvais commerce, l'art. 338 du code pénal.

717. — D'après la loi 15, ff *de injuriis*, il y a injure, quand on menace quelqu'un de le battre, lors même que le fait ne s'en serait pas ensuivi ; mais cette injure suffira-t-elle pour opérer la révocation de la donation ? Cela dépend du lieu, des circonstances et de la qualité des personnes. Vid. *Furgole*, des testamens, chap. 11, sect. 1.re, n.º 76.

718. — Celui qui frappe l'épouse, les enfans ou ascendans du donateur, commet-il une injure capable d'opérer la révocation de la donation?

Si les coups ont été donnés en l'absence du donateur, il faut dire, d'après le texte de l'art. 955, que la révocation n'a pas lieu; mais si le donateur était présent à ce funeste spectacle, il y a à son égard injure réelle, et dont la gravité dépendra des circonstances. Vid. la loi 1.re, ff *de injuriis*, et la loi 5, *eodem*. Ces deux lois distinguent les coups douloureux de ceux qui ne le sont pas : *verberare* est *cum dolore cædere; pulsare*, c'est frapper sans douleur.

Je pense cependant que, d'après les circonstances et la gravité des coups, le juge peut prononcer la révocation de la donation, lors même que les coups auraient été donnés en l'absence du donateur.

Mais quelle que soit l'injure faite par le donataire à l'épouse, enfans ou ascendans du donateur après la mort de ce dernier, l'action en révocation ne peut avoir lieu : en effet, on ne peut faire aucune injure sensible à celui qui est dans le tombeau ; on ne peut avoir l'intention d'outrager celui qui n'est plus : telle est, d'ailleurs, la disposition de la loi 1.re, cod. *de revocandis donationibus*. Vid. *Pothier*, traité des donations, sect. 3, § 2.

Remarquons cependant, avec cet auteur, que, même après la mort du donateur, il y aurait injure envers lui, si le donataire l'accusait calomnieusement d'un crime pour lequel on fît le procès à sa mémoire, ou si, par fanatisme, il le privait de la sépulture : dans ce cas le donataire ne peut avoir que l'intention d'outrager son bienfaiteur ; ainsi, la révocation pourrait être prononcée selon la gravité des circonstances, et quoique le texte de l'art. 955 semble y résister; car il faut toujours que l'ingratitude soit punie, et, dans cette espèce, il y a ingratitude horrible et pleine de lâcheté.

719. — Nous avons observé que l'injure peut provenir d'un fait, et que la gravité de cette injure dépend de la nature de ce fait et des qualités des parties : par exemple, l'incendie ou destruction d'une bibliothèque, d'instrumens de physique, d'une collection précieuse de tableaux ou d'histoire naturelle, peut présenter une injure grave envers l'homme de lettres, le physicien, le peintre, le naturaliste, l'ami des arts ; et si cette destruction n'a eu lieu que dans l'intention de faire injure au donateur, la révocation devra être prononcée.

Il en serait de même si le donataire, dans la vue d'outrager le donateur, dévastait un jardin, un verger auquel celui-ci tiendrait beaucoup ; s'il en abattait les arbres, les statues et autres ornemens ; car dans les cas ci-dessus il y a non-seulement injure, mais encore délit ; et, sous ce double rapport, il y a lieu à la révocation selon la gravité des faits, l'esprit qui leur a donné naissance, et l'affection du donateur.

720. — Supposons que le donateur vive avec le donataire, et que celui-ci traite son bienfaiteur avec dureté, inhumanité, rigueur, l'abreuvant d'humiliation et de mépris ; dans ce cas, quoiqu'il n'y ait, ni coups, ni injures verbales proférées, y a-t-il lieu à révocation de la donation ? Je le crois, car il y a lieu à révocation quand on rend au donateur la vie extrêmement pénible et malheureuse : l'ingratitude est un vice de l'ame qui se manifeste souvent par une série d'actions de dureté, d'indifférence et de mépris, et leur réunion peut présenter une injure grave et atroce : ces principes s'appliquent particulièrement aux habitans de la campagne et aux donateurs accablés d'infirmités et d'années, sur-tout quand, par leur position, ou d'après les clauses de la donation, ils se trouvent en quelque sorte obligés à vivre avec le donataire : cette dernière circonstance, prise de la cohabitation, me paraît absolument nécessaire pour opérer la révo-

cation de la donation ; car l'on pourrait dire au donateur qui viendrait se plaindre : pourquoi restiez-
vous auprès de l'indifférence et de la dureté!

721. — Le donataire qui a engagé un tiers à frapper le donateur est-il coupable d'ingratitude? nul
doute ; et si le donateur a été battu, il pourra y avoir
lieu à révocation de la donation. Vid. la loi 11, et la
loi 15, § 10, ff *de injuriis.*

722. — Le donataire qui dénonce le donateur pour
un crime capital se rend-il coupable d'ingratitude?
Oui : sans distinguer, comme faisaient certains auteurs,
entre la vérité ou la fausseté de l'accusation, il suffit
que le donataire ait exposé le donateur à une condamnation grave et aux poursuites criminelles, pour
être indigne de conserver le don. Vid. *Furgole*, des
testamens, chap. 11, sect. 1.re, n.o 86.

D'ailleurs, nous avons déjà décidé que la vérité de
l'injure n'excusait pas celui qui l'avait proférée : or,
la dénonciation à raison d'un crime est un acte plus
répréhensible que le reproche du crime même ; car
la dénonciation est non-seulement un attentat à la
réputation du donateur, mais encore une provocation
de la vengeance de la loi.

Ce n'est pas tout : l'art. 727 du code civil déclare
indigne de succéder celui qui a porté contre le défunt
une accusation *capitale*, jugée *calomnieuse;* or, l'on
sait que les causes d'indignité doivent être plus graves
que celles de révocation : donc, par rapport à la révocation, il suffit que l'accusation soit *capitale*, sans
qu'elle soit *calomnieuse;* s'il en était autrement, relativement à l'accusation, le donataire et le successible
seraient sur la même ligne, ce qui n'est pas : le donataire, qui doit tout au choix libre, à l'amitié spontanée
du donateur, se trouve soumis à une plus grande
réconnaissance que le successible, qui est souvent
inconnu au défunt, et qui ordinairement ne se trouve
investi que par l'indifférence de ce dernier.

723. — Supposons que le donateur ait attenté à la vie et tué un individu dont le donataire se trouve successible ; dans ce cas celui-ci compromettra-t-il les effets de sa donation s'il dénonce le donateur à la justice ? Il faut décider que non, parce que le donataire se trouve dans la dure nécessité de faire cette dénonciation, sous peine d'être déclaré indigne de la succession du défunt (art. 727 du code) : or, il est impossible que la loi le mette dans cette alternative, ou de perdre la succession, ou de voir révoquer la donation à lui faite ; une position pareille, et avec de tels résultats, accuserait l'imprévoyance du législateur : ainsi, dans une telle hypothèse, je pense que la dénonciation ne nuirait pas au donataire ; je pense même que le défaut de dénonciation ne le rendrait pas indigne : c'est l'esprit des lois qu'il faut consulter, et cet esprit nous dicte que nous devons autant de respect à un bienfaiteur qu'à un parent. Vid. l'art. 728 du code ; vid. encore la loi 14, § 7, ff *de bonis libertorum.*

724. — Le donateur s'étant rendu coupable envers le donataire de quelque voie de fait répréhensible, celui-ci pourra sans difficulté agir par action civile en réparation du tort ou dommage ; mais pourra-t-il poursuivre criminellement le donateur sans s'exposer à la révocation de la donation ?

Je pense que le donataire offensé peut agir, ou par l'action civile, ou par l'action criminelle ; mais néanmoins avec cette différence dans les résultats, c'est que, si le donataire succombe dans l'action civile, il n'y aura pas lieu à révocation de la donation, tandis que la révocation pourrait être prononcée si les poursuites criminelles étaient jugées mal fondées, et que l'accusation portât sur un fait grave.

Catellan, liv. 5, chap. 54, rapporte un arrêt dans une espèce qui a du rapport à la question proposée.

Le sieur de Roquefeuil-Latour donne au sieur de Roquefeuil, conseiller, son frère, tous ses biens présens et à venir.

Neuf ans après le donateur se pourvoit en cassation de la donation pour cause de minorité : il demande d'être reçu à prouver sa minorité par témoins, attendu que dans le livre des baptêmes de la paroisse de Lourde, où il était né, son extrait baptistère ne se trouve pas.

Le donataire s'oppose à cette demande ; il fait rapporter les livres de baptême de ladite paroisse de Lourde.

Ces livres réunis, il se trouve qu'on en avait arraché un feuillet, et mis à la place un autre feuillet refait ; il y a une relation d'experts qui déclare que le feuillet a été arraché et refait depuis peu.

Le donataire soutient que dans le feuillet arraché était le baptistère du donateur, et qu'on a fait cet enlèvement pour dérober la preuve de la majorité ; en conséquence, il demande le décret, tant contre le donateur, que contre l'ancien et le nouveau curé de Lourde, comme auteurs ou complices de la falsification.

Le décret obtenu, le donataire fait emprisonner le donateur, s'oppose à son élargissement, et conclut aux peines de droit, tant contre lui, que contre les deux curés.

Mêmes conclusions de la part du donataire devant le parlement de Toulouse ; cependant les conclusions contre le donateur sont retranchées du procès.

Dans cet état de choses, le donateur demande la révocation de la donation pour cause d'ingratitude.

Le donataire désavoue ses avocats et procureurs à raison des conclusions qu'ils avaient prises contre le donateur.

Sur l'instance en altération du registre, le donateur et les deux curés sont relaxés, avec dépens ; mais à l'égard de la révocation de la donation, il intervient partage : l'un des avis était de déclarer la donation révoquée, et l'autre de maintenir la donation.

Pour le premier avis, il était dit que les causes d'ingratitude se rencontraient toutes dans cette affaire ; que le donataire avait fait une injure atroce au donateur, l'accusant de la falsification d'un registre, l'ayant poursuivi criminellement, constitué prisonnier, et requis contre lui les peines de droit, qui pouvaient être capitales ; ayant attaqué sa vie et son honneur, enfin, lui ayant causé de très-grands frais par ce procès criminel injuste et calomnieux ; qu'il est dit, à la vérité, dans la loi *si tamen*, § *liberi*, ff *de accusat.*, que le fils peut se plaindre de son père, et l'affranchi du patron, quand ils ont été chassés violemment de leurs biens ; mais que le jurisconsulte ajoute : *scilicet non ut crimen eis intendant, sed ut possessionem recipiant ;* ce qui marque qu'il n'est jamais permis au fils, ni à l'affranchi, de prendre la voie criminelle contre le père ou contre le patron : vérité qui est confirmée par ce qui suit dans la même loi, où il est encore dit, que le fils peut se plaindre contre sa mère de lui avoir supposé un frère : *quo magis cohæredem haberet ;* mais qu'il ne lui est pas permis *eam ream facere*, leg. *Cornelia :* qu'on peut inférer de ces lois que le donataire peut tout au plus agir par action civile ; mais qu'il ne lui est pas permis d'agir criminellement sans tomber dans l'ingratitude.

Le donataire opposait, que le donateur ayant attaqué la donation, le donataire avait pu ne plus regarder comme donateur celui qui ne voulait pas l'être ; que la première démarche du donateur l'avait mis absolument hors des cas des lois invoquées ; que ce mauvais dessein avait dégagé le donataire de toute sorte de ménagemens, et que, pour sa défense, il pouvait prendre toutes sortes de voies par exception ; qu'il n'avait jamais eu l'intention de demander les pei-

nes de droit que contre les curés, et non contre le donateur; que si les procureurs avaient conclu contre lui
. aux peines de droit, il avait corrigé ses conclusions,
en les retranchant de la clausion ; qu'il y avait
désaveu contre les procureurs, et qu'il est décidé dans
nos lois qu'on n'est pas présumé avoir accusé, quand
on se départ de l'accusation avant les sentence et arrêt.
Leg. *qui cum major.*, § 8, ff *de bon. liber.*

Sur ces raisons respectives le partage fut vidé en
faveur du donataire, et le donateur débouté de sa
demande en révocation.

Cet arrêt fut sans doute principalement fondé sur
le désistement des poursuites criminelles, et sur le
désaveu du donataire : il en résulte toujours que le
donataire doit agir avec beaucoup de réserve et de
prudence, quand il s'agit d'attaquer le donateur, et
qu'il doit, dans tous les cas, préférer l'action civile.

SECTION III.

De la révocation pour attentat à la vie du donateur.

725. — Le donataire qui attente à la vie de son
bienfaiteur ne saurait être trop puni.

On n'envisage pas ici les suites ou le résultat de
l'attentat, mais l'attentat lui-même.

On attente à la vie de quelqu'un, quand on lui
porte un coup capable de lui donner la mort ;

Quand on tire sur lui avec une arme à feu ou à
vent ;

Quand on le précipite, ou qu'on veut le précipiter
dans un abyme ou dans les flots ;

Quand on empoisonne les boissons et alimens qui
lui sont destinés ;

En un mot, toutes les fois que par le fait du dona-

taire ou de ses complices la vie du donateur a été en
péril:

Dans tous ces cas il y a également lieu à révocation ;
lors même que le donateur n'aurait éprouvé aucune
atteinte, ni reçu aucun mal réel; en un mot, l'intention
d'attenter à la vie du donateur, manifestée par un acte
extérieur suffit : le résultat de l'acte ne doit pas être
considéré, parce que c'est l'intention qui caractérise
particulièrement l'ingratitude.

726. — L'attentat à la vie de l'épouse d'un ascendant ou descendant du donateur opérerait-il la révocation de la donation? *La Rouvière et Roussille*,
traité des donations, n.º 585, soutiennent l'affirmative;
ils voient dans cet attentat une injure grave envers le
donateur.

La solution de cette question me paraît dépendre
des circonstances; mais si le donateur a été témoin de
l'attentat il y a à son égard injure atroce, et, par voie
de suite, juste motif de révocation.

727. — L'action en révocation fondée sur les sévices, délits, injures, ou sur l'attentat à la vie, peut
éveiller le ministère public, et celui-ci peut poursuivre
criminellement le donataire.

Dans ce cas l'action civile en révocation sera suspendue jusqu'après le jugement par l'action publique.

Mais le jugement criminel préjugera-t-il le civil?
en sorte que si le donataire se trouve absous de
l'accusation, il faille également le rélaxer de l'action
civile en révocation du don?

Sans doute il est de règle et de principe que le
jugement criminel préjuge le civil, et qu'il en résulte,
par rapport à l'exercice de l'action civile, l'autorité
de la chose jugée, soit que la partie prétendue lésée
par le délit ait été ou non partie dans l'instance criminelle.

Mais il existe deux exceptions à cette règle générale : la première, quand le jugement criminel, sta-

tuant à la fois sur l'action publique et sur l'action civile, rejette la première, et réserve la seconde au plaignant ;

La deuxième se trouve écrite dans l'art. 235 du code civil; cet article est ainsi conçu : « si quelqu'un » des faits allégués par l'époux demandeur donnent » lieu à une poursuite criminelle de la part du mi- » nistère public, l'action en divorce restera suspendue » jusqu'après le jugement du tribunal criminel; alors » elle pourra être reprise, sans qu'il *soit permis* d'in- » férer du jugement criminel aucune *fin de non* » *recevoir, ni exception préjudicielle contre l'époux* » *demandeur* ».

Et pourquoi cette exception à la règle que le criminel l'emporte sur le civil? parce que la procédure peut présenter des causes suffisantes de divorce, sans offrir des preuves rigoureuses d'un véritable délit.

On sent avec quelle force ces motifs d'exception doivent s'appliquer à une instance en révocation d'une donation; car tel acte qui n'est qu'une faible offense envers la société est un véritable crime envers un bienfaiteur : le juge criminel ne peut frapper que les délits caractérisés et classés dans la loi même; mais le juge civil, qui prononce sur une action en révocation, doit statuer sur tous les faits possibles de cruauté et de rigueur que la loi n'a pu définir.

Ainsi, dans l'instance en révocation, comme dans l'instance en divorce, l'action criminelle suspendra la civile; mais sans que du jugement criminel d'abso- lution il puisse résulter aucune exception préjudi- cielle contre le donateur : *ad similia leges trahuntur si eadem sit utilitas et interpretatio.* Leg. 13, ff *de legibus.*

Je suis encore confirmé dans cette opinion par les dispositions de l'art. 299 du code civil; cet article porte, en effet, que par l'effet du divorce l'époux défendeur perd tous les avantages qui lui avaient été faits ; donc les sévices, les mauvais traitemens entre époux produisent ou opèrent deux choses : 1.º le divorce ; 2.º la révocation des donations : et on sent qu'il est très-possible, d'après le susdit article 235, que le divorce ait été prononcé à raison des mauvais traitemens sur lesquels l'époux défendeur aura été absous sur l'action criminelle ; nous voyons donc ici révocation de donation prononcée au civil contre le défendeur absous au criminel.

728. — Faisons-nous des idées justes sur les dispositions du susdit art. 235 du code civil : cet article décide que l'action publique suspend l'action en divorce jusqu'après le jugement du tribunal criminel ;

Qu'après ce jugement l'action en divorce peut être reprise, sans qu'il soit permis d'inférer du jugement criminel aucune fin de non recevoir, ni exception préjudicielle contre l'époux demandeur :

Ainsi, cet article décide textuellement que le jugement criminel ne préjuge pas le civil ; mais, prenons y garde, cela n'est vrai que par rapport au jugement criminel qui absout ou décharge l'accusé ; mais quand, au contraire, le jugement criminel déclare le fait constant, et prononce une peine, il en résulte, par rapport au jugement civil, l'autorité de la chose jugée : alors, devant le juge civil, il n'est plus permis de mettre en question si le défendeur s'est rendu ou non coupable de telle action ; la chose est définitivement jugée ; le fait est constant et irréfragablement établi : par rapport à l'existence du fait, les juges civils sont liés par le jugement criminel ; il ne leur reste plus qu'à examiner si le fait du condamné présente un délit assez grave pour opérer la révocation de la donation.

De même si le fait imputé au donataire est déclaré constant par le tribunal criminel, mais non puni par la loi, le juge civil sera lié, et devra seulement examiner si le fait présente un outrage suffisant pour opérer la révocation, car le fait est constant.

La distinction ci-dessus résulte des termes même du susdit art. 235, des motifs de l'exception que cet article présente, motifs qui ne peuvent s'appliquer qu'aux jugemens criminels portant absolution ; car, par rapport aux jugemens qui condamnent ou qui constatent un fait, il faut revenir à la règle générale d'après laquelle le criminel l'emporte sur le civil.

729. — Il est comme inutile d'observer que la conduite personnelle du donataire peut seule constituer l'ingratitude ; ainsi, les mauvais traitemens du mari envers le donateur ne peuvent préjudicier à son épouse donataire, *et vice versá* ; de même les mauvais traitemens du tuteur ne peuvent nuire au pupille gratifié par la donation, ce tuteur fût-il même un ascendant. Vid. *Ricard*, tom. 1.er, pag. 542. Ces règles sont celles du simple bon sens.

Cependant si la femme se permettait, en présence de son mari donataire, et sans son opposition, des traitemens durs et cruels envers le donateur, la révocation pourrait être prononcée ; car la complicité du mari résulterait de son silence : des questions de cette espèce sont laissées à la conscience du juge.

730. — Tout donataire ingrat doit être dépouillé, voilà la règle ; mais le mineur peut-il être coupable d'ingratitude ?

La loi 23, ff *de furtis*, nous dit que le pupille qui a assez de discernement pour juger de la moralité de l'action par lui faite peut être coupable de vol.

On connaît la loi 111, ff *de reg. juris : pupillus qui proximus pubertati sit, capacem esse, et furandi, et injuriæ faciendæ.*

Il résulte de ces lois que le pupille qui est proche de la puberté peut se rendre coupable d'ingratitude,

et

et être privé de la donation à lui faite ; il en résulte également que le pubère est toujours capable de discernement, car le jurisconsulte *Callistrate* le décide ainsi pour le pupille qui est entré dans les six mois qui précèdent la puberté. Leg. 17, ff *de excusat.*

Ainsi, d'après la loi romaine, tout pubère peut être ingrat; mais le pupille ne peut l'être que lorsque les circonstances du fait, ses réponses prouvent qu'il est capable de dol personnel, de discerner, en un mot, la moralité de ses actions.

Nous ne connaissons plus la distinction entre les pupilles et les pubères, nous les comprenons indistinctement sous le mot de *mineurs;* et, par argument des art. 66 et 67 du nouveau code pénal, nous devons décider que la question de savoir si le mineur est capable d'ingratitude est absolument abandonnée à la conscience du juge, qui doit examiner et juger si, d'après le discernement du mineur, la nature de l'action et les circonstances, il y a ingratitude caractérisée : *injuria fit ex affectu.*

SECTION IV.

Quelles donations sont révocables pour cause d'ingratitude ?

731. — Toutes les donations entre-vifs sont révocables pour cause d'ingratitude.

Ainsi, sont révocables,

Les donations pures et simples ;

Les donations conditionnelles ;

Les donations mutuelles ;

Les donations rémunératoires.

La révocation a lieu quelles que soient d'ailleurs les qualités respectives du donateur ou du donataire ; qu'ils soient parens ou étrangers, parens en ligne directe ou collatérale, ces circonstances ne changent rien au principe de la révocation ; il peut seulement en résulter une différence dans l'examen des faits d'ingratitude, car tel fait qui à l'égard d'un donateur étranger présentera une simple injure, deviendrait une injure grave à l'égard d'un père ou ascendant donateur ; l'injure est d'autant plus grande, que l'offensé a plus de droits à notre respect.

Ainsi, tout donateur peut agir en révocation pour cause d'ingratitude.

732. — D'après la loi romaine, la mère remariée, ou du moins celle qui vivait impudiquement, ne pouvait faire révoquer les donations par elle faites aux enfans du premier lit, quelle que fût d'ailleurs l'ingratitude de ces derniers.

Une pareille disposition était peu morale : les enfans doivent plaindre les égaremens de leurs pères ; mais ils ne doivent pas trouver dans ces égaremens le droit de les outrager sans crainte : la loi doit encore moins les inviter à l'outrage, en proclamant l'impunité de l'offense ! vid. la loi 7, cod. *de revocandis donationibus*, et la novelle 22, chap. 35 ; aussi *Ricard* et *Ferrière* décident-ils que ces lois ne devaient pas être suivies, comme trop rigoureuses. Vid. *Furgole*, des testamens, chap. 11, sect. 1.re, n.º 307.

La jurisprudence romaine est abrogée sur cet article, et elle devait l'être.

733. — Nous disons que les donations, soit mutuelles, soit rémunératoires, sont révocables pour cause d'ingratitude : cette proposition est la conséquence du principe ci-dessus énoncé, que ces donations ont le caractère d'une véritable libéralité ; d'ailleurs, c'est ainsi que les parties ont qualifié cet acte : enfin, dans le cas de la donation rémunératoire, il reste toujours au donataire dépouillé une action utile pour se faire payer de ses services. Vid. *Furgole, eodem*, n.º 105 ; vid. ce que nous disons au chapitre des *donations rémunératoires*.

Pothier pense également que la donation mutuelle est révocable ; il rapporte un arrêt du 18 décembre 1714 qui l'a jugé ainsi.

734. — Mais la règle générale qui veut que toute donation entre-vifs soit révocable pour cause d'ingratitude reçoit une exception remarquable par rapport aux donations faites par contrat de mariage.

L'art. 959 du code porte que « les donations en » faveur de mariage ne sont pas révocables pour cause » d'ingratitude ».

On sent les motifs de l'exception : dans ce cas le donateur ne songe pas seulement au donataire, il songe encore à sa postérité ; cette postérité est, en quelque sorte, l'objet de la donation ; et, sous ce rapport, l'on sent que les enfans ne doivent pas souffrir de la faute de leur père.

Ricard, Duperrier, Furgole et *Pothier* voulaient que les donations par contrat de mariage fussent révocables pour cause d'ingratitude ; *Lacombe* penchait pour l'irrévocabilité : la jurisprudence était incertaine ; mais le code a levé tous doutes, en déclarant qu'elles sont irrévocables à cause de l'intérêt des enfans. Vid. le discours de M. *Bigot*, sur les donations.

735. — En remarquant les expressions du susdit art. 959, *les donations en faveur de mariage....,* l'on peut observer que la loi ne dit pas, *les donations par contrat de mariage;* et de là l'on pourrait conclure qu'il faut excepter de la révocation non-seulement les donations insérées dans le contrat de mariage lui-même, mais encore celles qui seraient faites hors du contrat, mais en faveur d'un mariage célébré depuis.

Il me semble que, sans trop s'appesantir sur les mots, il faut décider, d'après l'esprit de la loi, que l'exception n'est qu'en faveur des donations insérées dans le contrat de mariage lui-même, car la loi ne dispose que pour les cas ordinaires : et l'on sent que les donations en faveur d'un mariage projeté, et non insérées dans le contrat de mariage lui-même, sont extrêmement rares ; d'ailleurs, les exceptions ne sauraient être étendues ; enfin, il s'éleverait une foule de difficultés sur le fait de savoir si telle donation est ou n'est pas en faveur du mariage, et il est à propos de tarir la source de toutes ces discussions.

Il est comme inutile d'observer que les donations insérées dans le contrat de mariage, *et faites aux futurs époux, ou à l'un d'eux*, sont seules exceptées de la révocation pour cause d'ingratitude ; car toute donation faite en faveur d'un étranger, et insérée dans le contrat de mariage des futurs époux, est essentiellement révocable : cela résulte de l'esprit de la loi, et peut s'appliquer souvent aux charges imposées aux futurs époux en faveur de tiers ou des frères du donataire.

736. — Pierre et Sophie se marient.

Jacques fait une donation à Pierre dans le contrat de mariage de ce dernier.

Sophie meurt sans enfans ; ou bien elle laisse des enfans, et ceux-ci meurent ensuite avant leur père, donataire.

Postérieurement au décès de sa femme et de ses enfans, Pierre, donataire, se rend coupable d'ingratitude.

Jacques, donateur, pourra-t-il agir en révocation ?

On peut dire que l'action en révocation est repoussée par le texte de la loi ; l'on dira à Jacques : vous voulez faire révoquer pour cause d'ingratitude une donation faite par contrat de mariage ; mais le susdit art. 959 du code s'y oppose.

Je pense néanmoins que la révocation peut avoir lieu, car si les donations par contrat de mariage sont exceptées de la règle générale qui prononce la révocation, c'est à cause, 1.º de l'intérêt des enfans, qui sont censés être aussi l'objet de la libéralité ; 2.º de l'intérêt de l'autre conjoint, parce que la donation est considérée comme une espèce de pacte nuptial, intéressant les deux familles qui se sont unies.

Mais lorsque le conjoint donataire survit à son épouse et à ses enfans, il n'existe plus de motif pour soustraire la donation à la révocation, si le donataire se rend coupable d'ingratitude; il serait contraire à la nature. même des choses qu'un effet subsistât quand sa cause n'est plus.

Dans cette hypothèse qui pourrait, en effet, mettre obstacle à la révocation? L'intérêt des enfans?.... ils ne sont plus; l'intérêt de l'épouse?.... mais cet intérêt ne peut lui survivre : il ne reste donc à l'époux ingrat que sa qualité pure et simple de donataire; et, sous ce rapport, il est soumis à toutes les obligations que lui impose la reconnaissance, et aux peines résultant de l'oubli de ses devoirs.

737. — Jacques fait une donation par contrat de mariage à Pierre ; plusieurs années s'écoulent sans que celui-ci ait des enfans de son mariage : son épouse étant parvenue à cet âge où l'on ne doit plus espérer de la postérité, Pierre se rend coupable d'ingratitude; Jacques pourra-t-il agir en révocation?

Non, parce que l'intérêt des enfans n'est pas la seule cause de l'exception à la règle de la révocabilité; l'intérêt de l'autre conjoint a également déterminé l'exception : la donation contractuelle, quoique faite exclusivement à l'un des conjoints, tourne nécessairement au profit de l'autre; le plus souvent elle détermine le mariage : sous ce rapport le conjoint y est intéressé, et il ne doit pas souffrir de la faute du donataire.

D'ailleurs, tant qu'on peut espérer des enfans il ne peut y avoir lieu à la révocation ; mais qui peut fixer cette époque précise où cet espoir n'est plus qu'une chimère !!

Ainsi, par rapport aux donations contractuelles, la révocation n'a point lieu dans les deux cas suivans : 1.° tant que le mariage subsiste; 2.° tant qu'il existe

des descendans du mariage : quelle que soit la conduite du donataire, soit pendant le mariage, soit
pendant la vie des enfans ou descendans qui en sont
provenus, la donation ne peut être révoquée à cause
de son ingratitude ; mais si le donataire survit à son
épouse et à ses enfons, alors sa mauvaise conduite postérieure peut donner lieu à la révocation.

738. — Supposons qu'après la dissolution du mariage en contemplation duquel la donation a été faite,
le donataire se rende coupable d'ingratitude, n'ayant
pas d'enfans de ce mariage, mais ayant des enfans,
soit d'un antérieur, soit d'un postérieur mariage ; dans
ce cas y aura-t-il lieu à la révocation?

Je crois que la donation serait révocable : les
enfans, soit d'un antérieur, soit d'un postérieur mariage, n'y sauraient mettre obstacle ; ils sont absolument étrangers à la donation : le donateur n'a pas
songé à eux, ils ne sont pas les enfans du mariage
qui a déterminé le bienfait ; les exceptions, d'ailleurs,
doivent être restreintes dans leurs propres termes : or,
il n'y a d'exception que pour les donations faites en
faveur de mariage ; en effet, il y a une grande distance entre ces deux propositions : *les donations par
contrat de mariage ne sont pas révocables ;...* et *la
révocation ne peut avoir lieu contre le donataire qui
laisse des descendans légitimes :....* cependant, pour
dire que la révocation n'a pas lieu dans l'espèce ci-
dessus, il faudrait soutenir que la deuxième proposition est nécessairement comprise dans la première,
ce qui n'est pas ; enfin, dans le doute, qui pourrait
se refuser à punir l'ingratitude ! les auteurs les plus
graves ne voulaient-ils pas même que les donations
contractuelles fussent révocables? Vid. *Ricard* et *Pothier ;* de plus, pour lever tout doute, il n'y a qu'à
rappeler ce que dit M. *Bigot*, dans son discours sur
les donations, pag. 220, où il s'exprime en ces termes:
« les donations par contrat de mariage sont exceptées,

» parce qu'elles ont aussi pour objet les enfans *à* » *naître* » ; expression qui ne peut s'appliquer, ni aux enfans déjà nés d'un mariage antérieur, ni à ceux qui peuvent naître d'un subséquent mariage, auquel aucune des parties ne peut songer.

Si la donation dans l'espèce ci-dessus était irrévocable pour cause d'ingratitude, il faudrait dire, par une conséquence nécessaire, qu'une donation hors contrat de mariage faite à Pierre deviendrait irrévocable du moment que Pierre viendrait à se marier, ou à avoir des enfans ; proposition absurde, car Pierre ne peut trouver dans son mariage postérieur un refuge contre son ingratitude à venir ; il ne peut par ce mariage, absolument étranger au donateur, diminuer, anéantir les droits sacrés de ce dernier, et qui consistent à faire révoquer la donation quand le donataire s'en montre indigne.

739. — Faisons-nous des idées justes : le donateur a un an pour agir en révocation, à compter de l'injure ou délit ; supposons que lors du délit le donataire veuf ait des enfans du mariage qui a déterminé la donation, mais qu'il les perde dans les six mois ;..... dans cette hypothèse le donateur pourra-t-il dans les six mois restans agir en révocation ?

Je ne le crois point : sans doute le donateur est favorable, et tout doit s'interpréter contre l'ingratitude ; mais pour pouvoir agir il faut un droit : le droit doit avoir une cause, une origine ; mais ici le droit n'a pu naître du délit du donataire, l'existence de ses enfans y mettait obstacle ; or, si le droit n'est pas né du délit, la mort éventuelle des enfans n'a pu lui donner naissance : *cujusque rei potissima pars principium est,* leg. 1.er, ff *de origine juris* : dira-t-on que le droit existait par l'effet du délit du donataire ; mais qu'il était suspendu dans son exercice par l'existence des enfans ? que le droit était, en un mot, conditionnel ?.... Mais où nous conduirait cette maxime ? à rendre presque imprescriptible l'action en révocation ; car dans les obligations conditionnelles la prescription ne court qu'à dater de l'accomplissement de la condition , et alors l'on verrait des actions en révocation exercées pour des motifs remontant à plus de trente années; ce qui ne peut être : ainsi , dans le cas ci-dessus le donateur ne peut agir en révocation.

740 — Les donations que les époux se font dans leur contrat de mariage sont-elles révocables pour cause d'ingratitude ?

On peut dire que la révocation n'a pas lieu, aux termes du susdit art. 959 du code civil , qui porte textuellement, que les donations en faveur de mariage ne sont pas révocables ; on peut ajouter que la loi ne fait aucune distinction , et qu'il n'est pas permis de distinguer là où la loi ne distingue pas.

Je réponds , que c'est principalement l'esprit de la loi , *vim ac potestatem* , qu'il faut saisir ; que nous trouvons cet esprit dans les motifs que le législateur nous a donnés lui-même de ses dispositions.

Ecoutons M. *Bigot* , dans son discours sur les donations, pag. 220; après avoir posé cette règle, que toutes les donations sont révocables pour cause d'ingratitude , il s'exprime en ces termes : « les donations » par contrat de mariage sont exceptées , parce qu'elles » ont aussi *pour objet les enfans à naître* , qui ne » doivent pas être *victimes* de l'ingratitude du dona- » taire ».

« Le délit du donataire , dit M. *Jaubert* , pag. 325 , ne » doit pas autoriser l'annullation d'un acte sous la » foi duquel deux familles se sont réunies ».

Nous voyons donc les motifs de l'exception : 1.º parce que les enfans sont censés être l'objet de la donation ; 2.º parce que la considération de la dona- tion a réuni deux familles.

Mais quand , dans le contrat de mariage , le futur fait une donation à la future , ne serait-il pas absurde de dire que les enfans à naître sont aussi l'objet de cette donation ? Il est impossible, en effet, de supposer que ces enfans ayent déterminé en rien la libéralité ; ils n'en sont, ni la cause finale, ni la cause impulsive ; ils y sont absolument étrangers : eh ! pourquoi le donateur aurait-il donné au conjoint dans l'intérêt des enfans à naître ? ceux-ci ne doivent-ils pas trouver les biens dans les mains du donateur, et y exercer les mêmes droits que dans celles du donataire ?

Donc les enfans à naître sont absolument étrangers à la donation que l'un des conjoints fait à l'autre : c'est le donataire, c'est lui seul que le donateur a en vue ; il est seul l'objet et la cause de sa bienfaisance ; et, sous ce double rapport, et de donataire, et d'époux, ne se trouve-t-il pas obligé à une reconnaissance plus étendue ? Comment donc le soustraire aux peines que l'ingratitude fait encourir.

L'intérêt même des enfans communs exige la révocation de la donation : le mari donataire qui manque à ses premiers devoirs, qui maltraite son épouse, est nécessairement peu attaché aux enfans qu'il en a reçus ; il est entraîné par des passion funestes qui, le plus souvent, causent la ruine de sa fortune : il vaut donc mieux ressaisir l'épouse, qui n'a rien à se reprocher, des biens qui étaient à elle, biens qu'elle gardera pour ses enfans, et qui seraient trop exposés dans les mains d'un époux sans conduite, et en qui la loi ne peut avoir aucune confiance.

Quant à la considération que les deux familles se sont réunies sous la foi de la donation, elle est grande, quand il s'agit d'une donation faite par un tiers ; mais elle est nulle quand il est question d'une donation entre époux, car l'intérêt des deux familles n'est autre que l'intérêt des époux eux-mêmes ; en effet, quand un tiers est donateur, l'on sent que l'ingratitude de l'époux donataire ne peut nuire à l'autre conjoint ; la famille de ce dernier est intéressée à ce qu'il ne souffre pas de la mauvaise conduite de l'autre époux.

Mais quand c'est l'un des conjoints qui donne à l'autre, c'est tout différent : si l'époux donataire se rend coupable d'ingratitude, alors point d'obstacle à la révocation; l'intérêt de la famille du donateur la réclame, et la famille de l'ingrat ne saurait invoquer avec lui un acte dont il a méconnu les obligations.

Ainsi, l'esprit de la loi, ses motifs, l'intérêt des enfans communs, tout commande également la révocation des donations entre époux pour cause d'ingratitude; cette révocation doit donc avoir lieu.

Cette proposition n'est pas contraire au texte du susdit art. 959 du code, on en sera convaincu si l'on en pèse attentivement les expressions; cet article dit: *les donations en faveur du mariage* sont exemptes de la révocation; il ne dit pas *les donations entre époux*, ni même *les donations par contrat de mariage;* expression qui présenterait un sens beaucoup plus étendu : en effet, cette expression, *donations en faveur de mariage,* ne comprend pas rigoureusement les libéralités que les futurs époux stipulent entr'eux : un parent, un étranger donnent en faveur du mariage; mais le futur qui donne à la future ne donne pas *en faveur du mariage,* mais à cause de l'amitié qu'il a pour celle qui s'unit à lui.

L'art. 299 du code porte textuellement, qu'en cas de divorce pour cause déterminée les libéralités faites par l'époux demandeur à l'autre conjoint sont révoquées : or, quelle est ici la cause de la révocation ? les mauvais traitemens de l'époux donataire : ces mauvais traitemens causent deux choses, le divorce et la révocation; ces deux choses sont les deux effets de la même cause, elles ne sont pas l'effet l'une de l'autre ; en d'autres termes, il est impossible de dire, 1.º que

les mauvais traitemens ont causé le divorce; 2.º que
le divorce a causé la révocation.

Le divorce n'est, ni une clause résolutoire, ni un
délit; il est un remède extrême à un mal extrême;
mais ce remède est absolument étranger aux avantages
stipulés entre époux : il n'est donc pas la cause de la
révocation des donations faites; et une preuve qu'il
n'en est pas la cause, c'est que les avantages faits
à l'époux demandeur sont conservés, et qu'ils le sont
tous dans le cas du divorce par consentement mutuel.

Tenons donc pour certain, qu'en cas de divorce
les mauvais traitemens du donataire opèrent la révocation des donations à lui faites par son conjoint;
donc les donations entre époux sont révocables pour
cause d'ingratitude, d'après le texte même du code
civil.

Dira-t-on que cela n'a lieu que dans le cas du
divorce, parce qu'alors le mariage est dissous; mais
qu'il en est autrement dans le cas de la simple
séparation de corps, qui laisse subsister le mariage?

Je réponds : 1.º la dissolution du mariage par le
divorce n'est pas la cause de la révocation des donations, puisque les donations faites à l'époux demandeur sont conservées.

2.º D'après l'ancienne jurisprudence, la séparation
de corps entraînait non-seulement la séparation de biens,
mais opérait encore la révocation des dons faits par
l'époux demandeur à son conjoint : vid. *Denisart,
verb.* révocation; les œuvres choisies de *Cochin,* pag.
280, et les arrêts nombreux rapportés dans le répertoire de jurisprudence, *verb.* séparation de corps : les
donations mutuelles étaient même révoquées; or, l'on
sait que dans cette jurisprudence la question de savoir
si les donations en faveur du mariage étaient révocables pour cause d'ingratitude était douteuse; mais
toujours l'on a décidé que les dons entre époux étaient
révocables.

3.° Pourquoi établir dans la législation actuelle, et par rapport aux avantages entre époux, une différence entre le divorce et la séparation de corps? Il faut les mêmes motifs pour l'un et l'autre ; la même cause ne doit pas produire des effets différens : pourquoi rejeter la révocation en cas de séparation, quand on l'admet nécessairement pour le divorce? ne serais-ce pas inviter l'époux malheureux à choisir ce dernier moyen? pourquoi l'exposer à fausser sa conscience, en adoptant pour l'intérêt de ses enfans, et pour opérer la révocation, un parti réprouvé par ses opinions religieuses!!

Ce n'est pas tout : supposons que l'époux donateur soit dans la dure nécessité de demander la séparation de corps pour cause d'empoisonnement, d'attentat à sa vie, ou pour quelque autre motif aussi grave : il obtient, en effet, la séparation; mais trois ans s'écoulent depuis le jugement, et alors, en vertu de l'art. 310, l'époux donataire se présente, et demande, ou le divorce, ou la réunion : je le demande, dans cette hypothèse, que devra faire l'époux malheureux? reviendra-t-il avec celui qui a attenté à ses jours?... rien ne peut lui commander un pareil sacrifice ; gardera-t-il le silence? alors le divorce sera prononcé;.... et, je le demande, le conjoint donataire doit-il, dans cette hypothèse, conserver l'émolument de la donation? ira-t-il en jouir avec une nouvelle épouse? Telle est cependant la conséquence du système qui n'admet pas la révocation dans le cas de séparation ; mais un système qui conduit à une pareille conséquence peut-il être celui de la loi!!

Je ne dois pas dissimuler que M. *Merlin* adopte le système que nous combattons : il pense que les donations entre époux sont irrévocables pour cause d'ingratitude; que le divorce seul en opère la révocation, vid. le répertoire de jurisprudence, *verb.* séparation de corps : M. *Merlin* se fonde sur le texte du susdit

art. 959, et principalement sur ce que, « dans le cha-
» pitre de la *séparation de corps*, il n'y a pas un mot
» qui permette d'assimiler la séparation de corps au
» divorce, quant aux effets qui doivent en résulter ».

Il faut dire aussi que la cour de cassation paraît
avoir adopté indirectement ces principes dans son
arrêt du 10 août 1809, dont voici l'espèce.

7 floréal an 11, mariage entre T. et C.; les époux se
font par contrat de mariage donation mutuelle de
tous leurs biens.

En 1807 la dame T. fait prononcer la séparation
de corps pour cause de sévices de la part de son mari;
elle demande la révocation de la donation par elle faite.

Arrêt de la cour d'appel de Rouen, qui juge conformément à la demande.

Le sieur C. se pourvoit en cassation contre l'arrêt,
1.° pour violation du susdit art. 959; 2.° pour fausse
application de l'art. 299.

M. le procureur-général a pensé que les motifs de
l'arrêt étaient effectivement en contravention aux
articles précités du code civil:

D'abord, en ce que la séparation de corps laissant
subsister le mariage, les sévices par eux-mêmes ne
pouvaient pas être une cause de révocation plutôt
après qu'avant cette séparation;

Secondement, en ce que la loi n'accordant pas à la
séparation de corps l'effet de résoudre les avantages
stipulés entre époux, on ne pouvait induire cet effet
de l'art. 299, le divorce, qui rompt le mariage, étant
essentiellement différent de la séparation de corps, qui
ne le rompt pas.

Mais ensuite M. le procureur-général a observé
que le mariage du sieur C. ayant précédé la publication du titre du divorce du code civil, les effets de sa
séparation devaient être réglés par la législation existante au moment du contrat.

Or, la jurisprudence était pour la révocation des donations.

Ainsi, en improuvant les motifs de l'arrêt, M. le procureur-général a conclu au rejet du pourvoi.

Arrêt : la cour, considérant que la donation dont s'agit a été faite par un contrat de mariage passé avant la publication des articles cités du code civil ; que, par conséquent, le demandeur ne peut invoquer ses dispositions ; que, d'après les principes de l'ancien droit, seuls applicables à la cause, une femme séparée de son mari pour cause de sévices avait droit de révoquer la donation qui lui avait été faite par son contrat de mariage ; et qu'en se conformant à ce principe, confirmé par la jurisprudence des anciennes cours, l'arrêt attaqué n'a violé aucune loi en vigueur avant la publication du code civil, rejette. Vid. le recueil de M. *Sirey*, an 1810, pag. 96.

Je sens toutes les inductions que l'on peut tirer de cet arrêt, et cependant je persiste dans mon opinion. Il est vrai que le législateur n'a pas dit explicitement que la séparation de corps aura le même effet que le divorce par rapport aux donations entre époux : j'en conviens ; mais n'a-t-il pas dit d'une manière implicite, énergique et virtuelle, que ces effets doivent être les mêmes, en déclarant que la séparation de corps est un moyen offert à ceux qui pourraient craindre de fausser leur croyance ? n'a-t-il pas dit *que le pacte social garantit à tous les Français la liberté de leurs opinions religieuses !* et que, par la permission du divorce et de la séparation de corps, *toute liberté à cet égard est maintenue !!* Telles sont les expressions de M. *Treilhard*, dans son discours sur le divorce.

Or, je le demande, le catholique et le luthérien sont-ils dans une position égale, ont-ils les mêmes droits ? Non, sans doute, puisque le premier, mal-traité, outragé de la manière la plus horrible, se trouve dans l'impossibilité morale de faire révoquer la donation faite à son conjoint ! Mais l'interprétation qui consacre cette inégalité de droits et cette impossibilité de faire punir l'ingratitude peut-elle être dans l'esprit de la loi, aussi amie de l'égalité, qu'ennemie des vexations et des crimes ?

D'ailleurs, il n'est pas rigoureusement exact de dire que la séparation de corps laisse subsister le lien du mariage, puisque l'époux coupable a un moyen presque sûr d'obtenir le divorce dans les dispositions de l'art. 310 du code ; moyen d'autant plus sûr, que l'époux se sera rendu coupable d'un plus grand crime.

Enfin, toute disposition législative doit avoir un motif raisonnable ; or, pourquoi la donation ne serait-elle pas révoquée dans le cas de séparation de corps, à cause du mariage subsistant ? Mais, 1.º nous venons de remarquer que cette existence n'est que précaire ; 2.º le mot seul de mariage ne peut produire cet effet : il faudrait, pour légitimer cette exception, que la révocation fût contraire à l'intérêt, soit de l'époux innocent, soit de ses enfans ; mais nous avons vu que cet intérêt réclamait, au contraire, la révocation : donc elle doit avoir lieu, à moins qu'on puisse montrer le texte de la loi qui s'y oppose.

En un mot, il nous paraît que le système qui admet la révocation est, 1.º conforme à l'ancienne jurisprudence ; 2.º à la saine raison et à l'équité ; 3.º à l'intention présumée des parties ; 4.º à l'intérêt de l'époux innocent et des enfans communs ; 5.º à l'esprit des lois, qui punissent l'ingratitude.

Le système contraire ne présente qu'une vaine distinction entre les effets du divorce et la séparation de corps ; il blesse les règles de l'égalité, il tend à récompenser ou favoriser le coupable, et fait mettre l'époux maltraité dans l'alternative pénible, ou de tout souffrir sans se plaindre, ou de recourir à un moyen réprouvé par sa conscience ; cette dernière raison est péremptoire : la loi doit-elle exposer l'homme faible, et lui présenter des motifs et des occasions de faillir!

741. — Quant aux donations avec charge de rendre, l'on sent que l'ingratitude du grevé lui fera perdre tous ses droits d'usufruit et de propriété éventuelle sur les biens, sans qu'il en résulte, ni préjudice, ni avantage pour les appelés : ainsi, jusqu'à l'ouverture de la substitution, le donateur reprendra la jouissance de ses biens. Les dispositions de l'art. 1053 du code civil, qui porte que les droits des appelés seront ouverts à l'époque où, par quelque cause que ce soit, la jouissance du grevé cessera, ne s'appliquent pas au cas où la cessation de la jouissance a lieu pour cause d'ingratitude.

SECTION V.

De la nature et de la durée de l'action en révocation pour cause d'ingratitude.

742. — Celui qui exerce un acte de bienfaisance, le donataire qui en est l'objet, ne peuvent songer dans ce moment à l'ingratitude ; l'un et l'autre la croient impossible, ou, pour mieux dire, ils ne portent pas leurs pensées sur ces événemens funestes, qui font le malheur du donateur et la honte du donataire.

Ce n'est donc pas en vertu d'une condition tacitement stipulée que la révocation a lieu pour cause d'ingratitude : l'action en révocation naît seulement du délit ; elle est, sous ce rapport, purement personnelle contre le donataire qui s'est rendu coupable.

Du principe qui veut que cette action naisse seulement du délit résultent plusieurs conséquences essentielles, que nous ferons remarquer dans la suite ; il en résulte aussi que dans l'acte même de donation le donataire et le donateur ne peuvent pas valablement stipuler

stipuler la non-révocation pour cause d'ingratitude ; car le donateur ne peut pas renoncer à un droit qui n'existe pas encore , et le donataire ne peut pas stipuler une clause qui pourrait l'inviter à faillir, et qui , sous ce rapport , serait contraire aux bonnes mœurs. Vid. *Furgole , traité des testamens , chap.* 11 , sect. 1.ʳᵉ , n.º 168 , et *Serres ,* pag. 181.

743. — Quelle est la durée de l'action en révocation ?

Dumoulin et *Furgole* voulaient que cette action durât trente ans dans tous les cas.

Boutaric , sur l'art. 45 de l'ordonnance de 1731 , disait que cette action ne devait durer que dix années, comme toutes les actions rescisoires.

Ricard , considérant la différence des délits qui pouvaient donner lieu à la révocation, pensait que cette action devait durer vingt ans dans le cas d'attentat à la vie, et seulement un an dans le cas de simples injures verbales; *Ricard* pensait, en un mot, que l'action en révocation ne se prescrivait que comme le délit lui-même.

Voici ce que le code civil dispose sur cet objet, art. 957 : « la demande en révocation pour cause d'in » gratitude devra être formée *dans l'année ,* à compter » du jour du délit imputé par le donateur au dona » taire, ou du jour que le délit *aura pu être connu* » *par le donateur* ».

Ainsi, l'action en révocation ne dure qu'un an , à compter du jour du délit , quel qu'il soit : injure, délit, crime, la loi ne fait aucune distinction.

744. — Mais si le donateur n'a connu le délit ou l'auteur du délit que quelque temps après son existence, alors la prescription ne court contre lui que du moment où il a pu agir en révocation , c'est-à-dire , du moment qu'il a connu l'ingratitude.

Remarquons les expressions importantes du susdit art. 957 : *du jour que le délit aura pu être connu*

Tom. II. 12

par le donateur; la loi ne dit pas du moment que
le délit *a été connu,* mais *pu être connu.*

Or, cette présomption de connaissance est nécessairement laissée à l'arbitrage du juge, qui doit juger,
d'après les circonstances du fait, si le donateur a connu
ou non le délit dans le moment même où il a été commis, ainsi que son auteur; le juge, en un mot, doit,
d'après sa conscience et les faits, déterminer l'époque
précise où le donateur a eu connaissance de l'ingratitude.

Sans doute, victime du délit, le donateur le plus
souvent le connaîtra, ou sera censé le connaître dans
le moment même de son existence; mais le contraire
peut arriver très-souvent : d'ailleurs, par rapport
à l'action en révocation, il ne suffit pas de connaître
le délit; il faut encore connaître son auteur : par
exemple, le donateur peut dans la nuit être blessé
d'un coup de fusil; il porte sa plainte sans désigner
l'auteur du délit, qu'il ne connaît pas : un an s'écoule,
sans qu'on découvre le coupable; la procédure criminelle désigne, enfin, le donataire : dans cette hypothèse la prescription ne courra contre le donateur que
du moment où il aura pu être instruit par les dépo-
sitions des témoins que le donataire était coupable :
dans cette espèce même il faut que le juge décide,
d'après sa conscience, de l'époque précise de la connaissance présumée du donateur; mais dans le doute,
et lorsqu'il existe une action en révocation, il faut
se décider contre la prescription annale, sur-tout si
le donataire est coupable d'un crime ou d'un délit
grave.

Il ne suffirait pas au donateur de poursuivre criminellement le donataire, et de se porter partie civile
dans la plainte et les poursuites; il faut toujours que le
donateur demande la révocation dans l'année du délit:
ses poursuites criminelles ne suspendraient pas le cours
de la prescription de l'action en révocation.

745. — La mort du coupable éteignant, pour ainsi dire, son crime, il en résulte que l'action en révocation ne peut être intentée contre ses héritiers ; telle était la disposition précise de la loi 13 , ff *de injuriis* : *injuriarum actio non in hæredem datur, semel autem, lite contestatâ, hanc actionem ad successores pertinere.* La loi 7 , cod. *de revocandis donationibus,* contient ces expressions remarquables : *hoc tamen usque ad primas personas tantummodò stare censemus, nullâ licentiâ concedendâ donatoris successoribus, hujus modi querimoniarum primordium instituere ; etenim si ipse qui hoc passus tacuerit silentium ejus manere semper, et non à posteritate ejus suscitari concedatur, vel adversùs eum qui ingratus esse dicitur, vel adversùs ejus successores.* Vid. *Ricard,* part. 3, chap. 6, sect. 3, n.º 704.

Le code civil décide également que la révocation ne peut être demandée par le donateur *contre les héritiers du donataire* ; telles sont les expressions de l'art. 957 : il en résulte que si le donataire n'a pas été attaqué pendant sa vie, ses héritiers n'ont rien à craindre, quand même il serait décédé dans l'année du délit.

746. — Si le donataire meurt avant que le donateur ait eu connaissance du délit, celui-ci ne pourra-t-il pas agir contre les héritiers de l'ingrat ?

On peut dire qu'ici le silence du donateur ne peut être considéré comme une rémission de la faute, puisque cette faute lui était inconnue ; l'on peut ajouter que s'il avait connu l'ingratitude, il aurait commencé de suite son attaque contre le donataire.

On peut répondre, 1.º qu'il est possible que, connaissant la faute, le donateur l'aurait pardonnée ; 2.º que l'ignorance du délit est très-souvent difficile à prouver ; 3.º que la loi ne fait aucune distinction, et qu'elle décide généralement que l'action en révocation ne peut pas être exercée contre les héritiers du donataire ingrat.

*

La maxime, que l'action en révocation ne peut être exercée contre les héritiers, n'est pas fondée sur le pardon présumé accordé par le donateur au donataire qui n'est plus ; mais sur cette double considération, 1.° que la mort éteint la faute ; 2.° que le but de la révocation est plutôt de dépouiller le donataire ingrat, que sa postérité, qui est étrangère à l'ingratitude.

747. — La révocation, disons-nous, ne peut pas être demandée par le donateur contre les héritiers du donataire : telle est la règle ; mais si le donateur a intenté l'action en révocation contre le donataire, ne pourra-t-il pas, en cas de mort de celui-ci, continuer son action contre ses héritiers ? en d'autres termes, la mort du donataire empêche-t-elle de poursuivre l'action en révocation formée contre lui ?

D'après l'ancienne jurisprudence l'action préparée et commencée avec le donataire pouvait être poursuivie contre ses héritiers, vid. la loi 13, ff *de injuriis :* si la demande a été une fois formée contre le donataire, dit *Pothier*, et qu'il meure pendant l'instance, elle peut être reprise contre les héritiers du donataire, suivant cette règle de droit : *omnes actiones quæ morte aut tempore pereunt, semel inclusæ judicio salvæ permanent.* Leg. 139, ff *de reg. juris;* vid. *Ricard*, part. 3, n.ᵒˢ 704 et suivans, et *Furgole*, des testamens, chap. 11, sect. 1.ʳᵉ, n.° 144.

Que faut-il décider d'après les dispositions du code civil ? La réponse est difficile.

L'art. 957 du code est ainsi conçu : « cette révocation (pour cause d'ingratitude) ne pourra être » *demandée* par le donateur *contre les héritiers du* » *donataire*, ni par les héritiers du donateur contre » le donataire, à moins que, *dans ce dernier cas,* » l'action n'ait été *intentée* par le donateur, ou qu'il » ne soit décédé dans l'année du délit».

Il faut en convenir, cet article est rédigé d'une

mânière trop concise, et peut-être un peu obscure; il présente les deux propositions suivantes.

Première proposition : la révocation ne peut pas être demandée contre *les héritiers du donataire;*

Deuxième proposition : la révocation ne pourra être demandée par les héritiers du donateur contre le donataire, à moins que l'action n'ait été intentée par le donateur, ou qu'il ne soit décédé dans l'année du délit.

Ainsi, l'action passe aux héritiers du donateur dans les deux hypothèses suivantes : 1.º quand le donateur a lui-même intenté l'action ; 2.º quand il est décédé dans l'année du délit.

Mais l'action passe-t-elle contre les héritiers du donataire dans la première hypothèse ? voilà la difficulté.

On peut dire que la négative résulte du texte de la loi, car 1.º les mots *dans ce dernier cas,* qu'on trouve dans le susdit article 957, prouvent que l'hypothèse de l'attaque de la part du donateur et l'exception y relative ne s'appliquent qu'aux héritiers du donateur ; 2.º le susdit article ne présenterait aucun sens, si l'on voulait appliquer à la première proposition les deux hypothèses relatives à la seconde ; alors le susdit article dirait : cette révocation ne pourra être demandée par le donateur, contre les héritiers du donataire, à moins que l'action n'ait été intentée contre le donataire, ou *que le donateur ne soit décédé dans l'année du délit;* 3.º la lecture attentive de cet article prouve que ces mots, *révocation demandée,* comprennent dans leur acception, tant un commencement d'action, que la poursuite d'une action pendante.

Enfin, par rapport à l'action en révocation, le législateur s'occupe en même temps, et des héritiers du donateur, et des héritiers du donataire; il prévoit le cas de l'action intentée par le donateur, et dans

ce cas il décide que l'action passe aux héritiers du
donateur ; mais relativement aux héritiers du donataire, il se contente de dire qu'ils ne peuvent être
poursuivis, sans distinguer entre l'action commencée
et l'action à commencer. Si le législateur avait voulu
que l'action pendante pût être poursuivie contre les
héritiers, il aurait manifesté son intention dans le
susdit article ; il aurait dit :... la révocation ne pourra
être demandée par le donateur contre les héritiers du
donataire, *à moins que l'action n'ait été intentée con-*
tre celui-ci ; or, cette dernière proposition ne se trouve
pas dans le susdit article.

Ce n'est pas tout : le susdit article, sainement entendu,
et combiné avec les autres dispositions de la loi, ne
présente réellement que ces deux propositions : 1.º
l'action en révocation ne peut être demandée contre
les héritiers du donataire ; 2.º elle peut être demandée
par les héritiers du donateur, tout comme par le
donateur lui-même ; en un mot, *non in hæredem*
datur, sed datur hæredi ; et comme la loi ne distingue pas entre l'action commencée et l'action à commencer, cette distinction ne peut être admise.

De plus, d'après la loi romaine la simple action
commencée ne suffisait pas pour faire passer l'action
contre les héritiers ; il fallait la contestation en cause.
On peut observer encore que la mort du donataire
éteint son crime, qu'il ne faut pas troubler la paix
de ses cendres ; il n'est plus là pour se défendre, et
le donateur n'a plus le désagrément de voir les biens
donnés entre les mains de l'ingratitude : ses héritiers
les détiennent, et sont innocens.

Je pense néanmoins que l'action commencée contre
le donataire peut être poursuivie contre ses héritiers :
j'en conviens, la rédaction du susdit art. 957 est obscure et embarrassée ; mais dans le doute, et pour
éclaircir les obscurités de la nouvelle loi, il faut

recourir à la législation antérieure, d'après laquelle l'action passait contre les héritiers.

D'ailleurs, la nouvelle loi dit seulement que la révocation ne pourra être demandée contre les héritiers du donataire, voilà tout ; mais cette proposition ne renferme pas la défense de continuer contre les héritiers l'action commencée contre leur auteur : commencer une instance, ou poursuivre une instance déjà pendante, sont deux choses bien distinctes ; la défense de l'une ne comprend pas nécessairement la défense de l'autre.

De plus, que deviendraient dans le système contraire les frais exposés par le donateur jusqu'à la mort du donataire ; ces frais seront-ils perdus par l'effet du décès de ce dernier ? seront-ils perdus pour le donateur ? alors il est victime de l'ingratitude et du hasard ; seront-ils supportés par les héritiers ? mais alors, ou il faut juger avec eux le mérite de l'action, ou ils se trouvent exposés à payer les frais d'une poursuite calomnieuse.

Supposons que le donataire, condamné pour avoir donné la mort au donateur, soit exécuté avant le jugement sur l'action en révocation civilement intentée ; .... faut-il dire, dans ce cas, que la révocation ne peut être prononcée contre les héritiers !!

- Ainsi, l'action en révocation, une fois intentée contre le donataire, passe contre ses héritiers ; l'action est intentée quand il y a ajournement ou citation devant le tribunal : supposons que le donataire meure après l'essai en conciliation sur la révocation de la donation, mais avant l'ajournement ; je crois que, dans ce cas, l'action ne passe pas contre les héritiers : la citation en conciliation est un préliminaire de l'action, mais non l'action elle-même.

748. — Nous disons que les héritiers du donateur peuvent, comme lui, agir en révocation.

Le susdit art. 957 porte, en effet, que les héritiers

du donateur peuvent agir dans les deux cas suivans : 1.º quand l'action a été intentée par le donateur ; 2.º quand il est décédé dans l'année du délit.

Mais si nous observons que l'action en révocation ne dure qu'un an ; que les héritiers ne peuvent pas avoir plus de droit que leur auteur, nous remarquerons, comme nous l'avons déjà fait, que la rédaction de cet article est peu heureuse.

Ainsi, nous déciderons en deux mots que, relativement à l'action en révocation, les héritiers du donateur ont autant de droits que lui ; que, comme lui, ils peuvent dans l'année du délit intenter l'action en révocation, et que, dans tous les cas, ils peuvent suivre l'action par lui intentée, pourvu qu'elle ne se trouve pas périmée ;

En un mot, par rapport à l'étendue et à la durée de l'action en révocation, il n'existe entre le donateur et ses héritiers que cette unique différence, c'est que la prescription court à l'égard de ces derniers à compter du délit, et qu'elle ne court à l'égard du donateur que du moment où il a pu en avoir connaissance.

Si, relativement aux héritiers, la prescription court à compter du délit, abstraction faite de la connaissance ou ignorance de l'injure, la raison en est simple : c'est que le donateur étant décédé, la présomption naturelle est qu'il a connu le délit ; et l'on ne peut guère détruire cette présomption par la preuve contraire, attendu la circonstance de son décès : comment prouver, en effet, qu'un homme qui n'est plus savait ou ne savait pas telle chose ! une preuve rigoureuse en cette matière est impossible.

SECTION VI.

Des effets de la révocation pour cause d'ingratitude.

749. — Nous l'avons déjà observé : cette révocation n'a pas lieu en vertu d'une condition tacite et inhérente à l'acte de donation ; elle ne naît que du délit, et quand elle existe, elle n'a aucun effet rétroactif à l'époque de la confection de l'acte lui-même.

Le donataire ingrat doit être dépouillé de l'émolument entier de la donation, telle est la règle et la juste peine de son ingratitude.

Mais par rapport aux aliénations faites de bonne foi par le donataire, elles demeurent fermes et stables ; car si le donataur est censé n'avoir pas prévu l'ingratitude, comment pourrait-il dire aux tiers-acquéreurs, qu'ils auraient dû la prévoir ? Le tiers-acquéreur n'a donc aucun reproche à se faire, et il ne peut lui en être fait aucun, s'il est de bonne foi ; d'ailleurs, *nefas est tristes casus spectare,* et il ne faut pas punir l'acquéreur de bonne foi de n'avoir pas prévu une action criminelle.

C'est d'après ces principes que l'art. 958 du code a été rédigé ; il est ainsi conçu : « la révocation » pour cause d'ingratitude ne préjudiciera, ni aux » aliénations faites par le donataire, ni aux hypothè- » ques et autres charges réelles qu'il aura pu imposer » sur l'objet de la donation, pourvu *que le tout soit* » *antérieur à l'inscription qui aurait été faite de* » *l'extrait de la demande en révocation en marge de* » *la transcription prescrite par l'art.* 939 ».

» Dans le cas de révocation, le donataire sera con- » damné à restituer la valeur des objets aliénés, eu » égard au temps de la demande, et les fruits à comp- » ter du jour de cette demande ».

Ainsi, par rapport aux biens immeubles donnés, le donataire peut en disposer de la manière la plus absolue, les vendre, les hypothéquer, y établir des servitudes, ... etc.; et tous les actes par lui consentis seront valables à l'égard des tiers-acquéreurs, pourvu que ces actes soient antérieurs à l'inscription de l'extrait de la demande en révocation en marge de la transcription de la donation.

750. — Le donateur qui agit en révocation n'a donc qu'un seul et unique moyen d'arrêter l'effet des aliénations que le donataire pourrait faire, celui de faire inscrire l'extrait de sa demande en marge de la transcription.

Mais le donateur ne pouvant opposer le défaut de transcription, et la transcription n'étant pas ordonnée à peine de nullité, supposons que la donation d'un immeuble ne soit pas transcrite; quel moyen aura alors le donateur pour arrêter le cours des aliénations? dans cette hypothèse, enfin, à compter de quelle époque ces aliénations seront-elles nulles à l'égard des tiers-acquéreurs?

Il est un principe incontestable, c'est que le donateur ne doit pas souffrir du défaut d'une formalité qui n'est pas à sa charge; les tiers-acquéreurs, au contraire, ont à se reprocher d'avoir acquis d'une personne qui n'avait pas donné à sa donation toute son efficacité, en la revêtant d'une formalité essentielle : ainsi, et dans le cas de la non-transcription de la donation, je pense que toutes les aliénations sont révocables, non à compter du délit, mais à compter de la demande en révocation : tels étaient les anciens principes, vid. *Dumoulin*, sur la coutume de Paris, § 43, n.º 98; *Ricard*, part. 3, n.º 714, et *Furgole*, des testamens, chap. 11, sect. 1.re, n.º 156; et ces principes doivent rigoureusement s'appliquer ici, puisque le code ne décide rien pour le cas où la transcription n'a pas été faite : *posteriores leges ad priores conveniunt, nisi contrariæ sint.*

L'essai en conciliation étant dans les cas non exceptés un préliminaire nécessaire dans les actions civiles, je pense que toutes les aliénations sont révocables à compter de la citation devant le juge de paix : le donateur est favorable, et le donataire, averti par la citation, pourrait s'empresser de soustraire les biens donnés aux poursuites du donateur, en les aliénant avant l'ajournement : cette décision s'applique, tant au cas de la transcription, qu'au cas où elle n'a pas lieu : si la transcription existe, et que le donateur fasse inscrire l'extrait de sa citation devant le juge de paix, il arrête l'effet des aliénations postérieures ; s'il n'y a pas de transcription, les aliénations sont révocables à dater de la citation devant le juge de paix.

751. — Pierre, donateur, demande aujourd'hui la révocation d'une donation non transcrite ; pendant l'instance le donataire fait transcrire, et vend : dans ce cas Pierre pourra-t-il évincer le tiers-acquéreur, nonobstant le défaut d'inscription en marge de la transcription ? Il le pourra, parce qu'il a suffi à Pierre de se présenter au bureau des hypothèques le jour même de sa demande, pour y requérir l'inscription ; cette inscription n'ayant pas été faite faute de transcription, il a dû se retirer sans être obligé de revenir chaque jour au bureau pour veiller si l'on faisait transcrire ; un pareil assujettissement ne peut être commandé par le législateur : dira-t-on que Pierre peut laisser son extrait de demande en révocation, avec réquisition au conservateur d'en faire mention à l'instant même de la transcription qui pourrait être faite ? C'est là une précaution sage, dictée par la prudence ; mais elle n'est pas commandée par la loi : d'ailleurs, où est le registre du conservateur pour consigner cette réquisition d'inscription ? comment, enfin,

constater, et cette réquisition, et la remise de l'extrait de la demande en révocation ? les tiers, enfin, n'ont-ils pas à se reprocher un peu de négligence, en achetant non-seulement postérieurement au délit, mais encore après la demande ?

752. — Supposons que le donateur qui agit en révocation fasse inscrire sa demande en marge de la transcription le 1.er janvier, et que le même jour le donataire vende les biens donnés ; la révocation aura-t-elle lieu contre les tiers-acquéreurs ? nul doute, car le donateur est ici favorable.

Mais supposons que l'inscription et la vente fassent mention de l'heure, et qu'il en résulte que la vente est antérieure d'une heure ou de deux, ou qu'il en résulte que la vente a été faite le matin, et l'inscription le soir du même jour 1.er janvier : je pense encore que la révocation peut avoir lieu à l'égard du tiers ; car, par rapport aux registres du conservateur, on ne distingue pas les heures des inscriptions, et tous les créanciers inscrits le même jour concourent sans distinguer les inscriptions du matin de celles du soir ; vid. l'art. 2147 du code civil : d'où il résulte qu'il sera toujours vrai que le 1.er janvier l'inscription existait ; donc toutes les ventes de ce jour ou postérieures ne peuvent être opposées : dans le doute, d'ailleurs, il faut se décider en faveur du donateur, par cette grande raison, que la fraude ne peut être raisonnablement présumée de sa part, tandis qu'elle est plus que vraisemblable de la part de l'acquéreur qui se présente avec une vente précisément du même jour que la date de l'inscription.

753. — Quand la donation est transcrite toutes les aliénations, disons-nous, sont valables à l'égard des tiers-acquéreurs, pourvu qu'elles soient antérieures à l'inscription de la demande en révocation ; mais il peut exister des aliénations à titre gratuit, et des aliénations à titre onéreux : les unes et les autres

sont-elles valables ? en d'autres termes , la donation entre-vifs faite par le donataire de tout ou de partie des biens donnés est-elle valable quand elle est antérieure à ladite inscription ? Oui , elle est valable , et le second donataire ne pourra être évincé *quamvis certet de lucro captando :* telle est la disposition littérale de la loi 7, cod. *de revocandis donat.* Vid. *Roussille ,* donations , n.º 612.

754. — Quand nous disons que les aliénations à titre gratuit ou onéreux sont valables nonobstant la révocation postérieurement prononcée, cela n'est vrai que par rapport aux tiers-détenteurs ; mais relativement au donataire ingrat, il faut qu'il rende tous les biens qu'il détient , et qu'il indemnise pleinement le donateur des aliénations faites , des charges et hypothèques imposées ; en un mot, le donateur ne doit rien perdre si le donataire a de quoi l'indemniser : telle était la doctrine de *Dumoulin* et de *Furgole ,* contraire à celle de *Ricard ,* et telle est, enfin, la disposition littérale du susdit art. 958, qui assujettit le donataire *à restituer la valeur des objets aliénés ;* or, s'il est obligé de restituer la valeur des objets aliénés, à plus forte raison doit-il indemniser le donateur des hypothèques, servitudes et autres charges qu'il aurait pu imposer sur ces biens.

L'indemnité est due quelle que soit l'époque des charges et hypothèques , et quelle que soit la bonne foi ou l'innocence du donataire lorsqu'il a grevé les biens ; son ingratitude postérieure révoquant la donation , le donateur ne doit pas être en perte : les distinctions faites par les anciens auteurs sont proscrites. Vid. *Furgole ,* n.ºs 159 et suivans.

755. — En cas de vente le donataire doit restituer la valeur des biens aliénés; pour fixer cette valeur , il faut avoir égard à l'état des biens lors du don, et à la valeur qu'ils avaient dans cet état lors de la

demande en révocation. Vid. le susdit art. 958 du code.

756. — Si le donataire a fait un échange des biens donnés, il doit, en cas de révocation, rendre les biens par lui reçus en contre-échange, comme subrogés de droit aux premiers : *permutata res succedit in locum rei permutatæ*. Vid. la loi 70, § dernier, et la loi 71, ff *de legat.* 2, et l'art. 143.

Il résulte de ce principe, que si le donataire a aliéné l'objet reçu en contre-échange postérieurement à l'inscription de la demande en révocation, cette aliénation est nulle ; telle est la conséquence rigoureuse de la subrogation tacite et légale opérée au moment même de l'échange : le tiers-acquéreur ne peut se plaindre ; en acquérant, il a dû se faire remettre les titres de propriété de son vendeur ; il a pu connaître l'origine des biens à lui transmis : cette décision paraît rigoureuse, mais elle est dans les principes ; et je dirai toujours que le donateur est favorable, et, dans notre espèce, l'on peut raisonnablement soupçonner la bonne foi de l'acquéreur.

757. — Les baux à ferme des biens donnés sont révocables s'ils sont postérieurs à l'inscription de la demande en révocation ; les antérieurs sont hors de toute atteinte, et le donateur est obligé de les entretenir. Vid. *Zoezius*, dans son commentaire sur le titre des donations, n.° 102.

Mais supposons que le bail à ferme antérieur à l'inscription soit fait à vil prix, le donateur n'aura-t-il pas dans ce cas une indemnité à réclamer du donataire ? Personne n'étant présumé méconnaître ses intérêts, ni les compromettre, j'oserais faire cette distinction : tout bail fait de bonne foi avant le fait d'ingratitude ne saurait donner lieu à aucune indemnité par rapport à la vileté du prix ; mais si le bail était postérieur au délit, mais antérieur à l'inscription, dans ce cas l'indemnité pourrait être réclamée contre le donataire : dans le premier cas, en supposant le prix sincère, la bonne foi du donataire ne peut être soupçonnée ; mais dans l'autre cas elle est plus que suspecte : d'ailleurs, le donataire coupable n'a pas dû se croire propriétaire incommutable des biens donnés ; il a dû prévoir les suites d'un bail à ferme lésif, enfin, il n'a pu par son fait causer un préjudice réel au donateur, sans se soumettre à l'obligation de l'en indemniser.

758. — Nous disons que toutes les aliénations, soit à titre gratuit, soit à titre onéreux, sont irrévocables à l'égard des tiers-acquéreurs ou seconds donataires, pourvu que ces aliénations soient antérieures à l'inscription de la demande en révocation ; mais cette règle générale ne peut être invoquée que par les tiers-détenteurs qui sont de bonne foi, car si, colludant avec le donataire ingrat, ils ont acquis par fraude, et dans l'intention de priver le donateur des effets de la révocation, ils doivent être dépouillés : *in omnibus excipitur dolus ;* la fraude ne peut profiter à ses auteurs, ni préjudicier à celui contre qui elle a été pratiquée. Vid. *Ricard,* part. 3, n.º 715.

Mais la fraude ne se présumant pas, c'est au donateur à la prouver ; et il peut le faire par des simples présomptions et des témoins.

Les aliénations frauduleuses sont particulièrement celles qui ont eu lieu depuis le jour du délit ou crime commis par le donataire ingrat jusqu'au moment de l'inscription de la demande en révocation : cette circonstance n'est pas cependant suffisante ; le tiers-acquéreur peut être de bonne foi, et quoiqu'il ait traité avec un coupable, l'on ne peut pas en conclure qu'il collude avec lui ; il faudra donc que le donateur prouve contre ce tiers la fraude, et il fera cette preuve par des présomptions et des témoins. « La fraude, dit *Fur-*» *gole,* sera facilement présumée, si lors de la vente

» le tiers-acquéreur avait connaissance que le dona-
» taire était tombé dans le cas d'ingratitude». Vid.
Furgole, des testamens, chap. 11, sect. 1.re, n.º
157.

Quant aux aliénations antérieures au fait d'ingratitude, l'on ne peut en prouver la fraude, qu'en éta-
blissant que lors de la vente le donataire avait l'intention de commettre le crime emportant la révocation,
et que c'est dans la vue de rendre la révocation prévue
sans effet que la vente a été consentie, et qu'enfin le
tiers-acquéreur était instruit de cette double intention, et n'avait accepté la vente que pour favoriser
la fraude du donataire ; mais l'on sent combien cette
preuve serait difficile à faire : je pense même que dans
ce cas le juge ne pourrait admettre la preuve par
témoins sans des présomptions fortes et pressantes de
la collusion criminelle entre le donataire et l'acquéreur.

759. — Par les dispositions de l'art. 958 le législateur a pourvu aux moyens conservatoires à employer
par rapport aux biens-immeubles par le donateur
victime de l'ingratitude ; le donateur n'a qu'à faire
inscrire sa demande, pour rendre sans effet toutes
les aliénations et hypothèques postérieures : c'est
là un grand avantage pour le donateur de biens-
immeubles.

Mais que doit faire le donateur d'un meuble,
d'une somme payée au donataire ingrat ? sera-t-il primé
par tous les créanciers hypothécaires inscrits depuis
son action en révocation ? n'a-t-il aucun moyen pour
rendre ces inscriptions inutiles par rapport à lui ?

Non, il n'a aucun moyen ; le législateur aurait
bien pu lui permettre de faire le jour même de la
demande en révocation une inscription éventuelle
sur les biens du donataire, basée ladite inscription
sur la donation faite et sur l'action en révocation ;
mais cette faculté le législateur ne l'a pas donnée :
d'où

d'où il résulte qu'elle n'existe pas, et que le conservateur ne peut recevoir une inscription non autorisée par la loi, et dont les formalités ne sont pas réglées, car en matière d'hypothèques tout est du droit civil : ainsi, le donateur d'une somme sera primé par tous les créanciers inscrits même postérieurement à sa demande en révocation, et lors même que la créance inscrite serait postérieure à cette demande.

Le donateur ne pourra écarter ces inscriptions qu'en prouvant la fraude du créancier inscrit ; et, comme nous l'avons déjà observé, cette fraude sera facilement présumée si le créancier avait connaissance lors du prêt du fait d'ingratitude commis par le donataire.

Je dis *lors du prêt*, car la bonne foi n'est nécessaire qu'à cette époque : quelle que soit la connaissance acquise postérieurement du fait d'ingratitude, il n'en peut rien résulter contre le créancier, et personne ne doit le blâmer de faire postérieurement à cette connaissance une inscription commandée par ses intérêts.

§ III. *De la révocation pour cause de survenance d'enfans.*

760. — Ici la loi, sage, vient au secours de l'homme imprévoyant et inattentif, qui, étranger aux douceurs de la paternité, aveugle sur l'avenir, seul, ne voyant que lui-même et le plaisir de la bienfaisance, a disposé de ses biens au préjudice d'une postérité qui n'existe pas encore, qu'il n'espérait pas, qu'il ne pouvait chérir, et qu'il n'aurait jamais dépouillée, s'il en avait connu les droits sacrés, et senti les devoirs qu'impose la qualité de père.

La révocation pour cause de survenance d'enfans est fondée sur cette présomption naturelle, juste, et basée sur une vraie connaissance du cœur humain, que le donateur ne se serait jamais dépouillé, s'il avait cru au bonheur d'avoir un jour des enfans.

Ainsi, toute donation faite par celui qui n'a pas d'enfans est censée consentie sous cette condition tacite, que la donation sera résolue s'il survient un enfant au donateur.

Telle aurait dû être la législation de tous les temps, parce que les sensations de l'homme sont les mêmes, que les principes de la justice ne changent jamais ; et cependant il faut venir jusqu'à Constantin pour trouver une loi même vacillante et peu précise sur cette importante question. Vid. la loi *si unquàm*, cod. *de revocand. donat.*

Ici la jurisprudence, qui doit tout à la loi romaine, a rempli dans cette législation immortelle une lacune qu'on est fâché d'y trouver. *Ricard*, part. 3, n.ºs 564 et suivans.

761. — L'art. 960 du code est ainsi conçu : « toutes » donations entre-vifs faites par personnes qui n'avaient » pas d'*enfans* ou *descendans* actuellement *vivans* » *dans le temps de la donation*, de quelque valeur » que ces donations puissent être, et à quelque titre » qu'elles aient été faites, et encore qu'elles fussent » mutuelles ou rémunératoires, même celles qui au- » raient été faites en faveur de mariage par autres » que *par les ascendans aux conjoints*, ou par les » conjoints l'un à l'autre, demeureront révoquées de » plein droit par la survenance d'un enfant *légitime* » du donateur, même d'*un posthume*, ou par la *légi-* » *timation d'un enfant naturel* par mariage subsé- » quent, *s'il est né depuis la donation* ».

Cet article est copié sur l'art. 39 de l'ordonnance de 1731, sauf quelques petits changemens qui y ont été faits.

Sur le susdit art. 39 *Pothier* avait remarqué, avec juste raison, une petite incorrection de rédaction dans ces mots, *par autres que par les conjoints ou les ascen-* *dans.* Vid. *Pothier*, traité des donations, sect. 3, art. 2, § 1.

Le moderne législateur a eu sans doute l'intention de corriger cette incorrection ; mais, il faut le dire, il l'a fait d'une manière peu heureuse : en effet, ces mots, *même celles qui auraient été faites en faveur de mariage par autres que par les ascendans aux conjoints, ou par les conjoints l'un à l'autre, demeurent révoquées,* ne présentent qu'un sens louche et embarrassé : il semble en résulter que les donations par *les ascendans* ne sont exemptes de la révocation que parce qu'elles se trouvent faites en faveur de mariage ; et l'on sent toute la fausseté de cette idée, car un *ascendant* qui donne à *un descendant* n'est pas étranger aux douceurs de la paternité ; ainsi, dans quelque acte qu'il donne, il ne peut y avoir lieu à révocation.

L'art. 960 sera donc beaucoup plus clair et plus correct, si l'on en supprime ces mots, *par autres que par les ascendans aux conjoints,* et si l'on transporte l'exception en faveur des époux à la fin de l'article ; ainsi, on lira : « toutes donations entre- » vifs faites par personnes qui n'avaient pas d'enfans » ou de descendans actuellement vivans dans le temps » de la donation, de quelque valeur que ces dona- » tions puissent être, et à quelque titre qu'elles aient » été faites, et encore qu'elles fussent mutuelles ou » rémunératoires, même celles qui auraient été faites » en faveur de mariage, demeureront révoquées de » plein droit par la survenance d'un enfant légitime » du donateur, même d'un posthume, ou par la lé- » gitimation d'un enfant naturel par mariage subsé- » quent, s'il est né depuis la donation :

» Les donations entre époux ne sont pas révocables » pour cause de survenance d'enfans ».

Cet article se réduit en substance à la proposition suivante : toutes les donations généralement quelconques faites par un individu qui n'avait pas d'enfant ou de descendant lors du don sont révoquées de plein droit par la survenance d'un enfant légitime du donateur.

Il n'y a d'exception à cette règle qu'en faveur des donations que les époux peuvent se faire entr'eux, soit dans le contrat de mariage, soit depuis le mariage.

Ainsi, pour que la révocation ait lieu, il faut deux conditions : 1.º que le donateur soit sans enfans lors du don; 2.º qu'il lui en survienne depuis : nous allons examiner ces deux conditions dans les sections suivantes.

SECTION I.re

Le donateur doit être sans enfans lors du don.

762. — Si lors du don le donateur a un enfant ou descendant quelconque, fils, petit-fils ou arrière-petit-fils, n'importe le sexe, descendant par mâle ou par fille, la révocation ne peut avoir lieu.

Mais pour que le descendant mette obstacle à la révocation, il faut qu'il soit né lors du don; il faut qu'il existe réellement, qu'il soit venu au monde; sa conception ne suffirait pas : en un mot, par rapport au donateur et à la révocation, l'enfant conçu, et quelle que soit l'époque de la conception, est considéré comme s'il n'était point. Ainsi, la donation faite aujourd'hui par une femme enceinte, et qui s'accoucherait demain, serait révoquée par la naissance de cet enfant : la raison en est que celui dont l'enfant n'est pas encore né n'a pas encore senti toutes les affections du cœur paternel; l'espérance d'être père, quoique fondée sur la grossesse de l'épouse, n'est pas encore la réalité, et les effets ne peuvent en être les mêmes : ainsi, la donation faite par la femme enceinte, ou par le mari qui a sa femme enceinte, sont également révoquées par la naissance d'un enfant, quand même la naissance aurait

lieu une heure après la donation. « L'enfant qui
» est dans le sein de sa mère n'est réputé né que quand
» il s'agit de son avantage », dit M. *Jaubert*, dans son
rapport sur les donations.

763. — Le donateur qui a lors du don un *enfant
naturel reconnu* est-il considéré comme s'il n'avait
pas d'enfant ? en d'autres termes, par rapport à la
révocation l'existence d'un enfant naturel reconnu
opère-t-elle autant que celle d'un enfant légitime ?

Je pense que la révocation n'a pas lieu, si lors
du don le donateur a un enfant naturel légitime-
ment reconnu.

La révocation par survenance d'enfans est fondée
sur l'attachement naturel qui lie le père aux enfans ;
mais les liens civils, nos formes froides et extérieures,
ajoutent-elles quelque chose à ce vif intérêt qu'un
père porte à ceux qui sont nés de lui ? est-on
étranger aux douceurs de la paternité quand on a
reçu un fils des mains seules de la nature ?

Par rapport au père, par rapport aux droits du
sang, qui ne peuvent être détruits, l'enfant naturel
et l'enfant légitime n'ont que la qualité d'enfans ; la
qualification d'enfant naturel ou de légitime est une
invention purement sociale, nécessaire, il est vrai,
à cause de l'honneur du mariage, et commandée sous
ce rapport par l'intérêt de la société ; mais vaine
quand on considère les affections du cœur paternel :
ne le perdons pas de vue, l'amour des pères ne prend
pas sa source dans la légitimation, mais dans la
nature.

D'ailleurs, d'après le susdit art. 960 la révocation
d'une donation n'est opérée par la légitimation d'un
enfant naturel que *lorsqu'il est né depuis la donation :*
pourquoi cette circonstance essentielle et notée par
la loi même ? pourquoi la légitimation de l'enfant
naturel *né avant la donation* n'opère-t-elle pas la
révocation ? C'est parce qu'alors le donateur avait

lors du don la qualité de père, parce qu'en un mot l'enfant naturel existait lors du don.

Contre cette opinion l'on peut observer qu'elle est contraire à l'ancienne jurisprudence, vid. *Pothier*, dans son traité des donations ; on peut remarquer encore que la naissance postérieure d'un enfant naturel, simplement reconnu, ne révoque pas les donations antérieures; qu'il faut, outre la reconnaissance, la légitimation par mariage ; et de là on pourrait tirer cette conséquence : puisque l'enfant reconnu ne peut révoquer lui-même les donations faites, il ne saurait mettre obstacle à la révocation par la survenance d'un enfant légitime ; en d'autres termes l'on pourrait dire : puisque l'enfant naturel né postérieurement à la donation, et simplement reconnu, ne produit aucun effet, il doit en être de même de l'enfant naturel né auparavant.

Je réponds que cette conséquence n'est pas rigoureuse : la loi n'accorde expressément le pouvoir de révoquer les donations qu'aux enfans légitimes ou légitimés par mariage ; elle refuse ce pouvoir aux enfans naturels simplement reconnus, et cela par plusieurs motifs : 1.° parce qu'ils ne sont pas héritiers; 2.° parce que si la simple reconnaissance d'un enfant naturel suffisait pour révoquer la donation, cela ouvrirait la porte à une infinité de reconnaissances frauduleuses, faites seulement dans la vue de dépouiller le donataire : il était nécessaire de prévenir ce dernier inconvénient.

On peut nous dire encore, que la révocation n'a pas lieu quand la naissance de l'enfant naturel précède la donation, parce que sa légitimation postérieure *remonte à sa naissance, et qu'il ne doit pas avoir plus de droits qu'un enfant légitime.*

Je conviens que tel est le motif que *Dumoulin* donne à sa décision, conforme aux dispositions du code civil : *breviter*, dit-il, *veritas est, quod si*

filius sit natus antè donationem, non prodest legi-
timatio subsequens, ne legitimatus sit melioris con-
ditionis quàm legitimè natus, et plus habeat luxuria
quàm castitas. M. *Jaubert* donne également les
mêmes motifs à la disposition de l'art. 960.

Mais, 1.º ce motif n'est pas en opposition avec
celui que nous avons puisé dans l'amour paternel,
qui peut être aussi vif pour un enfant naturel que
pour un fils légitime, parce que c'est la nature, et
non la loi civile, qui détermine nos affections.

2.º Le motif de *Dumoulin* est fondé sur cette
supposition, que la légitimation postérieure rétroagit à
la naissance; et, d'après cette fiction, l'enfant naturel
se trouvant légitime lors du don, il faut nécessairement
en conclure que la révocation ne peut avoir lieu,
le donateur se trouvant, par l'effet de la rétroaction,
avoir lors du don un enfant légitime.

Mais ce motif, fondé sur la rétroactivité de la
légitimation, ne peut avoir déterminé le législateur,
parce que, d'après les principes du code civil, la
légitimation n'a aucun effet rétroactif à la naissance,
sur-tout à l'égard des tiers. Vid. l'art. 333 du code;
vid. *Furgole,* quest. 17, n.ºˢ 49 et 59.

» Les droits de la légitimation, dit M. le tribun
» *Duverrier,* pag. 655, sont les mêmes que ceux de
» la légitimité.

« Il faut seulement observer que leur effet *ne*
» *remonte pas à l'époque de la naissance des enfans ;*
» qu'il ne peut opérer que du moment qu'il existe, et
» qu'il n'existe qu'avec le mariage qui le produit : tout
» ce qui s'est passé dans la famille du père ou de la
» mère avant leur mariage est étranger aux enfans
» que ce mariage légitime ». Vid. un arrêt de la
cour de cassation, basé sur ces principes, dans le recueil
de M. *Sirey,* an 1811, pag. 129.

Ainsi, il est bien reconnu que la légitimation n'a
pas d'effet rétroactif; qu'elle ne date et n'opère que

du moment de son existence ; que jusques-là, et par rapport à tout ce qui a été fait par le père, l'enfant n'est que *naturel*, et n'en a que les droits : si donc cet enfant, *purement naturel*, empêche la révocation de la donation, il faut dire qu'il n'opère cet effet que par sa seule qualité d'*enfant naturel*, parce que c'est la seule qui réside en lui, la légitimation postérieure étant de nul effet relativement aux actes antérieurs.

On peut insister, et dire, que si l'existence d'un enfant naturel reconnu empêchait la révocation, il en résulterait que cet enfant naturel causerait un grand préjudice à l'enfant légitime survenu depuis le don.

Je réponds, 1.º que le défaut de révocation ne peut préjudicier à la réserve compétant à l'enfant légitime ; 2.º que ce n'est pas le préjudice causé aux enfans que l'on considère en fait de révocation ; mais s'il existe de la part du père une intention bien formelle de disposer au préjudice de sa descendance.

En un mot, est-on étranger aux douceurs de la paternité, aux devoirs qu'elle impose, quand on a un enfant naturel ? non ; la légitimation ajoute-t-elle quelque chose à la paternité ? non ; est-on sans enfans quand on en a de naturels ? non : or, la loi ne distingue pas ; elle dit que toutes donations faites *par des personnes qui n'avaient pas d'enfans* sont révoquées de plein droit par la naissance d'un *enfant légitime*, etc. ; remarquons même que le terme *enfant* comprend les enfans naturels et les enfans légitimes, et que lorsque la loi veut simplement désigner un enfant naturel ou légitime, elle ajoute toujours au mot enfant l'épithète convenable et restrictive de naturel ou de légitime ; le susdit art. 960 en offre lui-même la preuve. Vid. le titre du code de la *paternité* et de la *filiation* : la loi 88, § 12, ff *de legatis* 2, dit textuellement, que sous le nom d'enfans sont compris les enfans naturels : *creditur appellatione filiorum et naturales liberos contineri;* la loi 17, § 4, ff *ad senatûscons. trebellianum,* décide que si quelqu'un est chargé d'un fidéicommis sous cette condition, s'il meurt sans enfans, la condition manque si le grevé laisse un enfant naturel : *si quis rogatus fuerit ut, si sine liberis decesserit, restituat hœreditatem, Papinianus scribit etiam naturalem filium efficere ut deficiat conditio ;* vid. encore la loi 6, cod. *de instit. et substit. sub condit. factis.*

D'ailleurs, où nous conduirait le principe qui consacrerait la révocabilité de la donation faite par un donateur ayant un enfant naturel? Supposons, en effet, que Pierre qui n'a qu'un enfant naturel reconnu lui fasse une donation ; que postérieurement il survienne à Pierre un enfant légitime : si la survenance d'un enfant légitime révoque, il en résultera, par une conséquence rigoureuse, révocation de la donation faite à l'enfant naturel : cette conséquence a pu être admise dans un temps où des idées religieuses influaient sur la jurisprudence relative aux enfans naturels, vid. *Furgole*, quest. 8 ; mais certainement elle serait rejetée aujourd'hui : or, si la conséquence ne peut être admise, c'est que le principe est vicieux.

764. — Il suffit, pour qu'il y ait lieu à la révocation, que le donateur n'ait pas d'enfans ou de descendans existant lors du don ; les enfans qu'il aurait pu avoir auparavant, et qui seraient morts à l'époque de la libéralité, ne sauraient mettre obstacle à la révocation : en un mot, le donateur qui a perdu ses enfans et descendans ressemble en tout, aux yeux de la loi, à celui qui n'en a pas encore; l'un et l'autre sont sans enfans.

765. — Pierre est père de plusieurs enfans qui sont disparus depuis long-temps sans donner des nouvelles ; ce long silence les fait présumer morts : dans cet état de choses Pierre fait une donation

à un tiers ; cette donation sera-t-elle révoquée par leur retour ? la disparition des enfans sans nouvelles équivaut-elle à leur non-existence ?

L'homme est censé vivre jusqu'à cent années, leg. 8, ff *de usu et usufructu ;* mais cette règle nous conduirait à des conséquences que la nouvelle jurisprudence réprouve.

Il est un autre principe généralement consacré, qui veut que par rapport au disparu sans nouvelles sa vie et sa mort soient également incertaines, et que l'une ou l'autre soient prouvées par celui qui fonde ses prétentions sur la vie ou sur le décès du disparu.

Dans notre espèce Pierre n'a pas de nouvelles de ses enfans disparus depuis long-temps, que doit-il penser sur leur sort ? Il doit douter de leur existence, il doit flotter dans une incertitude pénible : voilà son état, telle est la situation de son cœur ; mais cependant la douce espérance y règne encore : s'il donne donc dans cet état de choses, il faut dire que sa donation est irrévocable, parce qu'en donnant il est impossible qu'il n'ait pas songé à ses enfans ; et certainement le seul doute sur leur existence l'aurait empêché de donner, s'il n'avait entendu le faire nonobstant leur retour et la certitude de leur vie.

Mais si Pierre se trouve par quelque fausse nouvelle averti du décès de ses enfans, ou de quelque événement qui puisse faire vivement soupçonner leur mort, alors s'il donne postérieurement à ce faux rapport, il y aura lieu à la révocation par le retour des enfans, parce que lorsque le donateur s'est dépouillé, il était dans la funeste croyance d'avoir perdu ses fils ; mais dans ce cas ce sera au donateur ou à l'enfant revenu à prouver contre le donataire la cause de l'erreur, et le juge devra décider dans sa conscience, si, d'après les faits prouvés, le donateur avait de justes motifs pour croire à la mort de ses enfans. Vid. *Pothier*, dans son traité des donations, sect. 3 , § 2.

Mais si Pierre, incertain du sort de ses enfans, fait une donation, et que dans l'acte même il parle de ses enfans, qu'il y manifeste ses chagrins, son inquiétude et son peu d'espoir de les revoir un jour ; dans ce cas il y aura lieu à révocation par le retour des enfans, parce que leur mention dans la donation doit être considérée comme une condition de révocation en cas de retour.

Ainsi, s'il n'existe, ni fausse nouvelle du décès des enfans, ni événement qui fasse vivement présumer leur mort, ni mention des enfans dans la donation, elle sera irrévocable nonobstant leur retour ; elle sera également irrévocable, si la mention des enfans était insérée dans la donation, non d'après l'esprit d'inquiétude et de crainte qui peut agiter le donateur, mais au contraire dans la vue de mieux valider la donation ; distinction bien facile à faire, mais sur laquelle on ne peut donner des règles, parce que tout dépend des expressions de l'acte, qui peuvent varier à l'infini.

Furgole, dans sa 19.ᵉ question, décide également que la donation faite par un homme ayant des enfans *qu'il croyait morts* est révocable par leur retour ; mais il se borne à la discussion de cette proposition, sans entrer dans les distinctions ci-dessus faites, et qui me paraissent devoir être adoptées.

766. — Ce que nous avons dit dans l'article précédent ne s'applique qu'aux enfans disparus depuis long-temps, dix, quinze ou vingt ans, mais sans qu'il y ait eu de déclaration d'absence ; car si l'absence a été déclarée, la donation postérieure à cette déclaration sera toujours révocable, parce qu'alors le père donateur avait de justes motifs pour croire au décès de ses enfans : eh! comment ne pas lui supposer cette croyance malheureuse,

que la loi partage avec lui, quand toutes les formalités
préliminaires de l'absence ont été sans effet! quand
il voit le testament de ses enfans ouvert, et leur succession partagée!! Dira-t-on que tout cela n'est que
provisoire? Sans doute, et cela parce que la présomption la plus forte n'est pas la réalité ; mais il est
difficile qu'un père dans ces circonstances ne croie à
la mort de ses enfans : et la donation qu'il fait ensuite
n'ajoute-t-elle pas à cette croyance? n'en est-elle pas,
et l'effet, et la preuve?? Vid. la loi dernière, ff *dé
hæred. instit.*, et la loi 28, ff *de inofficioso testamento* : cette dernière loi nous apprend que le testament d'une mère en faveur d'un étranger fut annullé,
parce que la mère l'avait fait d'après un ouï-dire que
son fils militaire était mort, et la succession fut déférée au fils revenu de l'armée : *audisset;* or, un simple
ouï-dire, un bruit vague, ne font pas présumer le
décès comme le résultat des enquêtes et formalités
de l'absence déclarée.

767. — Pierre n'a qu'un fils légitime; ce fils légitime meurt laissant un enfant naturel : dans cet
état de choses Pierre fait une donation ; cette donation sera-t-elle révocable par la survenance d'un enfant
légitime ?

Sans doute le sang de Pierre coule dans les veines
de l'enfant naturel, son petit-fils : cet enfant naturel
est le descendant de Pierre ; donc, peut-on dire,
Pierre lors du don avait un descendant, donc il n'y
a pas lieu à révocation, d'après le texte précis de l'art.
960 du code.

Cependant, si nous faisons attention que l'aïeul
n'est pas tenu de fournir des alimens au bâtard de son
fils, que ce bâtard n'a aucun droit sur la succession de
l'aïeul (art. 756 du code), qu'à son tour l'aïeul n'a
aucun droit sur la succession du bâtard (art. 765 et
766), nous serons forcés de reconnaître que les liens
entre le bâtard et l'aïeul sont bien faibles aux yeux

⫶de la loi, qu'il n'y a entr'eux qu'une légère présomption d'attachement ; et de là nous conclurons que
dans l'espèce ci-dessus la donation est révocable.

768. — Pierre n'a qu'un enfant mort civilement :
il fait une donation ; cette donation sera-t-elle révocable par la survenance d'un autre enfant ? en d'autres
termes, l'enfant mort civilement est-il compté ?

Sans doute l'enfant mort civilement n'est plus rien
aux yeux de la société, la loi civile ne le compte
plus au nombre des vivans ; elle ne le reconnaît plus :

Sa succession s'ouvre et se partage ;

Son testament est ouvert tout comme s'il était réellement mort, mais ne produit aucun effet ;

Il ne peut, ni donner, ni recevoir ;

Il ne peut être témoin ;

En un mot, son existence civile est anéantie ;

Mais son existence naturelle subsiste : il est homme,
il est malheureux, et, sous ce rapport, il participe au
droit des gens, et peut recevoir des pensions alimen-
taires :

Tel est aux yeux de ses concitoyens l'état de l'enfant mort civilement ;

Mais aux yeux de son père son état est-il changé
par la mort civile ? la voix du sang et de la nature
est-elle étouffée par la condamnation ? n'est-elle pas
au contraire réveillée par le malheur ? Plus cet enfant
est abandonné et méconnu, et plus il devient l'objet
de la tendresse et de la sollicitude paternelles : la loi
civile ne règne pas sur les cœurs, elle ne bannit pas
de la pensée d'un père un fils malheureux et même
coupable.

Donc, quand un tel père fait une donation, il est
impossible de dire que la loi naturelle ne parlait pas à
son cœur en faveur de son fils ; il est impossible de
dire qu'il était étranger aux affections paternelles :
les biens dont il se dépouille ne pouvaient-ils pas
servir à soulager l'infortune de son fils ? à l'aider dans

le délaissement absolu où il se trouve? le père ne peut-il pas espérer la fin de la mort civile et la réintégration de son fils dans tous ses droits? Donc la donation par lui faite est un acte irrévocable, car il y a lieu de croire qu'il aurait également donné nonobstant la mort civile de son fils.

Cependant j'oserais faire une distinction : quand la mort civile du fils est absolue et irrévocable, que le père n'en peut espérer la fin, alors la donation sera révoquée par la survenance d'un autre enfant : le cœur d'un père n'est jamais muet, mais tout s'éteint avec l'espérance ; et pourquoi le père garderait-il des biens qu'il sait ne pouvoir être recueillis par son fils !

Mais si la mort civile peut cesser par un événement quelconque, alors point de révocation, parce qu'il existe ici la double circonstance, et de l'affection paternelle, que la loi civile ne peut éteindre, et de l'espérance de réintégration, qui ne meurt point ; et quand ces deux circonstances n'ont pas arrêté la donation, il faut en conclure qu'elle aurait également été faite au préjudice d'un enfant jouissant de tous ses droits.

Sur quoi nous devons faire les observations suivantes : 1.º la mort civile est la suite et la conséquence de la mort naturelle (art. 23 du code civil);

2.º La condamnation aux travaux forcés à perpétuité et à la déportation emporte la mort civile (art. 18 du code pénal) ;

3.º La mort civile est encourue par celui qui perd la qualité de français (art. 17 du code civil) :

Tels sont les cas où la mort civile existe.

Mais la mort civile provenant de la perte de la qualité de français n'est pas absolue, elle peut cesser, du moins pour l'avenir, par la reprise de la qualité de français (art. 18 et 20 du code civil).

De même la mort civile provenant des condamna-

tions judiciaires peut cesser, dans le cas de contu-
mace, par la présentation du condamné et par le
résultat d'un nouveau jugement (art. 3o du code
civil).

Ainsi, il est des cas où le père peut espérer la réintégration de son fils en tous ses droits civils, comme
il en est d'autres où tout espoir est perdu : quand il
peut y avoir espoir de réintégration, la révocation
n'a pas lieu ; elle a lieu, au contraire, dans le cas
où cet espoir est anéanti.

SECTION II.

Il doit naître un enfant au donateur posté-rieurement au don.

768. — Nous l'avons déjà dit, la révocation est
fondée sur cette présomption, que le donateur ne se
serait pas dépouillé s'il avait cru qu'il aurait un jour
des enfans, et s'il avait connu les affections du cœur
paternel.

Cette survenance d'enfans est donc une condition
résolutoire tacitement stipulée ; ainsi, quand l'enfant
survient la révocation a lieu de plein droit, moins
par la volonté de la loi, que par la volonté présumée
du donateur.

Si donc postérieurement au don il naît un enfant
au donateur, mâle ou fille, la révocation est opérée.

Cette révocation a lieu, comme nous l'avons déjà observé, dans le cas même où l'enfant du donateur naîtrait
un instant après le don : c'est la naissance, et non la
conception, la réalité, et non l'espérance plus ou moins
grande de la paternité, qui constitue la qualité de
père, et qui en fait connaître les affections et les
devoirs : d'ailleurs, l'enfant conçu ne peut être utile
à personne avant sa naissance ; il ne saurait donc empêcher la révocation au profit du donataire : *alii*

antequàm nascatur nequaquàm prosit. Leg. 7 , ff *de statu hominum ,* et leg. 231 , ff *de verb. signif.*

769. — Pour que la révocation ait lieu il faut que l'enfant naisse *légitime.*

La légitimation se prouve par l'acte de naissance , par l'acte de célébration du mariage des père et mère , par la possession constante de l'état d'enfant légitime (art. 197 , 319 et 320 du code), et même par témoins, dans les cas prévus par l'art. 323.

L'enfant légitime est celui qui est né d'un mariage valablement contracté.

770. — Si le mariage est annullé , soit par quelque empêchement dirimant , soit par l'incapacité de l'une des parties, les enfans provenus de ce mariage seront-ils légitimes? Oui , si les époux , ou seulement l'un d'eux se trouve de bonne foi, quel que soit l empêchement dirimant et le vice intrinsèque du mariage (art. 201 et 202 du code), vid. *Furgole ,* quest. 17 , et le répertoire de jurisprudence , *verb.* légitimité : « l'église » et l'état, dit M. *Daguesseau ,* tiennent compte à » ceux qui contractent mariage de l'intention qu'ils » avaient de donner des enfans légitimes à la répu- » blique : ils ont formé un engagement public et » solennel ; ils ont suivi l'ordre prescrit par la loi pour » laisser une postérité légitime : un empêchement » secret , un événement imprévu trompe leur pré- » voyance ; on ne laisse pas de récompenser en eux » le vœu, l'apparence, le nom de mariage ; et l'on » regarde moins ce que les enfans sont, que ce que » les pères ont voulu qu'ils fussent ».

L'existence de la bonne foi des époux ou de l'un d'eux dépend des circonstances, et est laissée à l'arbitrage du juge.

771. — Supposons qu'un mariage ait été cassé sur la réquisition du père de l'époux, attendu qu'il avait été contracté sans son consentement (art. 182 du code civil) ; supposons qu'il existe des enfans de ce

ce mariage : pourra-t-on dire que l'épouse était de bonne foi, et qu'ainsi les susdits enfans sont légitimes? La loi 11, ff *de statu hominum*, décide que l'enfant conçu d'une fille dont le père ignorait le mariage n'est pas légitime, lors même qu'il naîtrait après la mort de ce père.

Cette loi décide textuellement qu'un mariage célébré sans le consentement nécessaire du père ne produit aucun effet civil à l'égard des enfans provenus de ce mariage.

Ainsi, il faut décider dans l'espèce ci-dessus, que si l'épouse était instruite que son époux, âgé de moins de vingt-un ans, avait un père, ne pouvant ignorer que le consentement de ce dernier est nécessaire, elle n'est pas en bonne foi, et, par voie de suite, que ses enfans sont illégitimes : il en serait autrement si l'épouse avait été trompée sur l'âge de son époux par la remise d'un faux acte de naissance ; car pour que l'épouse soit de mauvaise foi, ou réputée telle, il faut qu'elle ait su que son époux était âgé de moins de vingt-un ans : cette circonstance est absolument nécessaire, et la preuve doit en être rapportée par ceux qui auront intérêt de l'établir ; la preuve serait toute faite, si l'acte de mariage mentionnait que l'époux était âgé de moins de vingt-un ans.

772. — Si le mariage est nul par quelque défaut de forme, il est impossible et inutile d'invoquer la bonne foi ; car, dans cette hypothèse, il n'existe pas de mariage, l'erreur de droit ne pouvant excuser personne, ni servir de base à la prétendue bonne foi. Vid. le répertoire de jurisprudence, *verb.* légitimité, sect. 1.re , n.º 9.

Mais si les époux, ou l'un d'eux, se trouvait victime d'une erreur de fait d'où résulterait la nullité, les enfans seraient légitimes : cette erreur de fait peut se rencontrer quand, par exemple, on a présenté à l'époux un officier public incompétent, ou un faux officier public, et que par l'effet des manœuvres on l'ait induit à croire sa compétence. Vid. l'art. 191 du code civil.

773. — La bonne foi d'un des époux suffit pour rendre les enfans légitimes.

Ou la légitimation est absolue et indivisible, où elle existe dans sa plénitude, ou elle n'est pas; un enfant, en un mot, ne peut être légitime en partie, ni respectivement à telles personnes seulement; il ne peut, en un mot, réunir en lui cette qualité contradictoire de légitime et d'illégitime : légitime, il l'est envers tout le monde et dans toutes les circonstances, même à l'égard de l'époux de mauvaise foi et de ses parens.

« Quand un seul des conjoints, dit M. *Portalis*, » est dans la bonne foi, ce conjoint seul peut réclamer » les effets civils du mariage. Quelques anciens juris- » consultes avaient pensé que dans ce cas les enfans » devaient être légitimes par rapport à l'un des con- » joints, et illégitimes par rapport à l'autre; mais on » a rejeté leur opinion, sur le fondement que l'état des » hommes est indivisible, et que dans le concours » il fallait se décider entièrement pour la légitimité».

Ainsi, si l'époux de bonne foi a fait une donation antérieure au mariage nul, il pourra demander la révocation de la donation, sur le fondement de la naissance d'un enfant provenu de ce mariage.

Mais l'époux de mauvaise foi, qui connaissait le vice de ce mariage, pourra-t-il demander la révocation de la donation par lui faite, attendu la naissance d'un enfant qui ne se trouve légitime que par la bonne foi de son conjoint?

Je dis cet enfant est légitime, même à l'égard de son père, donateur, et de mauvaise foi; or, la loi veut que la naissance de tout enfant *légitime* révoque les donations faites par son père; la loi ne distingue pas, et nous ne pouvons pas distinguer : donc la révocation a lieu.

On peut observer contre notre opinion, 1.º que la révocation opérée par la naissance de l'enfant ne profite réellement qu'au père donateur, qui se ressaisit des biens donnés, qui en devient le maître, tout comme si la donation n'avait pas été faite; 2.º qu'il répugne à la saine raison que le donateur puisse se procurer par un acte fait en mauvaise foi la révocation d'une donation légalement faite; 3.º que le donataire qui n'a rien à se reprocher est plus favorable que le donateur nécessairement coupable; 4.º que l'enfant prendra toujours sa réserve sur les biens donnés, tandis qu'ils pourraient être divertis en entier par le père, de manière que la révocation serait souvent funeste à l'enfant; 5.º que d'après l'ancienne jurisprudence la survenance d'un enfant né d'un mariage nul ne révoquait pas la donation faite par le conjoint qui s'était marié de mauvaise foi. Vid. *Furgole*, quest. 17; *Roussille*, traité des donations, n.º 531, et *Pothier*, introduction à la coutume d'Orléans, n.º 104.

Quoique ces raisons soient fortes et pressantes, je décide néanmoins que la révocation a lieu.

Réponse à la première raison. Sans doute la révocation profite au donateur, sans doute l'enfant qui l'opère n'a aucun droit né et actuel sur les biens donnés; mais cependant ce n'est pas le profit du père, ce n'est pas son utilité qui détermine la révocation; elle est due à cette présomption, qu'il n'aurait pas donné s'il avait espéré avoir des enfans; elle est due à une condition résolutoire tacitement stipulée : une preuve que l'intérêt du père donateur est étranger à la révocation, c'est qu'elle a lieu même après son décès par la naissance d'un posthume.

Réponse à la deuxième raison. Sans doute le donateur ne doit pas profiter de sa mauvaise foi, on en convient, et voilà pourquoi le mariage ne produit pas les effets civils à son égard; mais c'est là toute la conséquence du principe, que la mauvaise foi ne doit pas profiter à son auteur : empêcher par ce motif la révocation, c'est donner à ce principe une conséquence trop étendue. J'admets que ce soit avec la plus insigne mauvaise foi que le mariage ait été célébré; mais je ne dois pas en conclure qu'il ne l'a été, que les enfans n'ont été procréés que dans l'unique vue de révoquer le don; l'intention frauduleuse de révocation n'ayant pas donné naissance aux enfans, il faut en conclure que relativement à la révocation leur naissance doit produire tout son effet.

Réponse à la troisième raison. J'en conviens, si la révocation n'a pas lieu, les enfans dans toutes les hypothèses prendront leur réserve sur les biens donnés; en sorte que dans ce cas ils sont toujours sûrs d'avoir quelque chose, ou que du moins les biens donnés ou l'action en reprise entreront dans la masse successive, tandis que dans le cas de révocation ces biens peuvent être dépensés sans retour par le donateur; mais ce sont là des chances de hasard qu'on ne prévoit point, et qui sont sans considération aux yeux du législateur, car il peut arriver également que par l'effet de la révocation, non-seulement les biens donnés soient conservés en entier aux enfans, mais encore considérablement augmentés par les revenus et l'industrie.

La quatrième raison, puisée dans les principes de l'ancienne jurisprudence, n'est pas concluante depuis la promulgation du code, au contraire; en effet, cette jurisprudence, en accordant les effets civils aux mariages putatifs, avait expressément modifié le principe de la révocation à l'égard du donateur qui s'était marié de mauvaise foi : or, le code a consacré le principe de l'ancienne jurisprudence, mais il est muet sur l'exception; le code, en un mot, déclare que l'enfant est légitime, quand un des époux est de bonne foi ; et il dispose ensuite d'une manière générale que la survenance d'un enfant légitime révoque les donations.

En dernière analise, celui qui se marie de mauvaise foi, et dont le mariage est annullé, n'est pas époux ; il n'en a, ni le nom, ni les droits, ni les avantages ; mais il est père, et père d'un enfant *légitime* : or, qui opère la révocation des donations ? la survenance d'un enfant *légitime* ; y a-t-il exception à cette règle ? la loi n'en indique aucune : donc la révocation doit avoir lieu dans tous les cas ; enfin, l'enfant survenu est légitime, même à l'égard de son père de mauvaise foi : comme légitime, il doit avoir tous les droits et tous les avantages d'un enfant né d'un mariage valide ; d'ailleurs, dans le doute, tout doit s'interpréter en faveur de l'enfant, qui n'a aucun reproche à se faire : or, n'est-ce pas un avantage que de faire rentrer dans les biens paternels les émolumens d'une donation ? n'est-ce pas un avantage que de pouvoir, à raison de ces mêmes biens, demander en cas de besoin des alimens à son père ? n'est-ce donc pas un avantage que d'augmenter la fortune paternelle ? n'est-ce pas un avantage que de pouvoir espérer que ces biens rentrés serviront à quelque établissement, ou se trouveront dans la masse successive ? Mais si la révocation est un avantage pour l'enfant, comment ne pas l'ordonner ! comment ne pas lui faire produire les effets d'un enfant *légitime* quand la loi le déclare *légitime* !

Sur quoi, d'ailleurs, est fondée la révocation ? sur l'attachement paternel, qui n'existait pas, et ne pouvait pas exister lors du don ; mais qui naît ensuite avec la qualité de père : et peut-on dire que l'attachement paternel ne prend naissance que dans un mariage légitime ! aime-t-on moins ses enfans parce qu'ils seront le fruit d'une erreur funeste ou d'une passion condamnable ! C'est toujours l'affection paternelle qu'il faut considérer, et cette affection ne connaît, ni la rigueur des formes, ni les conventions purement civiles.

Ainsi, l'enfant provenu d'un mariage putatif révoque même la donation faite par son père qui s'est marié de mauvaise foi.

774. — Il est cependant une exception à cette règle générale, et elle a lieu lorsque les enfans survenus du mariage nul ne peuvent pas succéder à leur père de mauvaise foi.

Par exemple : Pierre est mort civilement; instruit de sa mort civile il se marie, et de son mariage provient un enfant : la naissance de cet enfant ne révoquera pas la donation faite par son père antérieurement à la mort civile, parce que le père n'en saurait profiter, attendu la perte de ses droits civils ; l'enfant n'en profiterait pas non plus, ne pouvant succéder à son père mort civilement. Vid. *Furgole*, quest. 17, n.º 33.

775. — La survenance d'un enfant légitime opère, disons-nous, la révocation des donations faites ; la révocation est également opérée par la naissance postérieure d'un enfant naturel, pourvu que cet enfant soit légitimé par le mariage subséquent de ses père et mère.

Ainsi, il ne suffit pas qu'il naisse au donateur un enfant ; il faut, de plus, ou que l'enfant naisse légitime, ou que né bâtard il soit ensuite légitimé ; observons même que pour que la légitimation opère la révocation, il faut que l'enfant légitimé soit né depuis le don : nous en avons ci-dessus expliqué les motifs.

776. — Pierre n'avait pas d'enfans quand il a fait une donation ; depuis il lui est survenu un enfant naturel, nommé Jacques : cet enfant naturel s'est marié, et il a laissé un fils légitime nommé Joseph.

Dans cet état de choses Pierre a épousé la mère de Jacques : question de savoir si Joseph se trouve légitimé, et si la légitimation révoque la donation.

Sans doute Jacques est décédé sans avoir eu aucun droit de famille; il n'a donc pu transmettre à Joseph, son fils, une qualité et des droits qu'il n'avait pas.

On peut même ajouter que la légitimation n'a pas d'effet rétroactif au préjudice des tiers, qu'elle ne produit son effet qu'à dater du mariage, et que Jacques n'existant pas à cette époque, la légitimation n'a pu lui profiter, ni, par voie de suite, à ses descendans, qui ne peuvent avoir que les mêmes droits que lui.

On peut répondre, 1.º qu'il serait trop dur de décider que Joseph doit souffrir de la mort de Jacques, son père : ce serait ajouter un nouveau malheur à son infortune ; 2.º que le mariage de Pierre a eu pour but principal la légitimation de Joseph ; que la légitimation n'est pas seulement en faveur de l'enfant légitimé, mais encore en faveur de sa descendance ; 3.º que la légitimation repose sur cette fiction, qu'il existait dans la pensée des époux un mariage anticipé et légitime ; 4.º que Jacques mourant n'a pas, il est vrai, laissé à son fils un droit de famille, un état civil réel; mais il lui a laissé une aptitude à ce droit, une espérance qui s'est ensuite réalisée ; 5.º que le droit de l'enfant naturel ne s'ouvre qu'au décès de son père (art. 756 du code) : néanmoins, si cet enfant naturel meurt avant son père, en laissant un fils, celui-ci pourra exercer ses droits (art. 759 du code); ce qui prouve que l'aptitude seule suffit, puisque le fils d'un enfant naturel peut profiter d'un droit qui ne s'est pas rigoureusement réalisé sur la tête de ce dernier : dira-t-on que le droit du fils est fondé sur la représentation ? mais si la représentation a lieu quand il s'agit de succéder, elle doit également exister quand il s'agit de la légitimation. Vid., par rapport aux anciens principes, *Pothier*, traité du mariage, tom. 2, pag. 34.

Au demeurant, la question est littéralement décidée en faveur de Joseph par l'art. 332 du code civil, ainsi conçu : « la légitimation peut avoir lieu, même » en faveur *des enfans décédés qui ont laissé des* » *descendans; et*, dans ce cas, *elle profitera à ces* » *descendans.* ».

Or, puisque Joseph se trouve légitimé la révocation a lieu.

777. — La révocation est opérée par la naissance d'un enfant ou descendant du donateur ; en d'autres termes, si lors du don le donateur n'a pas d'enfans, la donation sera révoquée s'il lui survient un petit-fils.

Pierre, par exemple, a un fils nommé Joseph, marié avec Sophie ; Joseph meurt, et laisse sa femme enceinte.

Dans cet état de choses Pierre donne ; mais sa donation sera révoquée par la naissance de son petit-fils, car la révocation est opérée par l'affection présumée du donateur pour sa descendance ; et l'on sait que nos petits-enfans nous sont aussi chers que nos enfans au premier degré : il est vrai que l'art. 960 ne dit pas expressément que les petits-enfans révoqueront la donation ; nous devons même observer que dans le même article, quand la loi s'occupe des enfans existans lors du don, et qui empêchent la révocation, elle parle expressément des enfans et *descendans* : d'où l'on pourrait conclure, que quoique le petit-fils existant lors du don mette obstacle à la révocation pour survenance d'un enfant propre du donateur, il ne saurait néanmoins révoquer une donation faite par son aïeul. Je réponds, que cette conséquence est contraire à l'esprit de la loi : il faut dire, avec plus de justesse, que le petit-fils qui empêche la révocation

par son existence l'opère par sa survenance postérieure.

. Pourquoi le petit-fils existant lors du don empêche-
t-il la révocation pour survenance d'autres enfans au
premier degré ? parce que le donateur est présumé
chérir autant son petit-fils que son fils : or, si aux
yeux de la loi il y a égalité dans l'affection présumée,
il faut lui faire produire les mêmes résultats ; d'où la
conséquence rigoureuse, que la révocation doit être
opérée, soit par la survenance d'un fils, soit par la
survenance d'un petit-fils du donateur, l'un et l'autre
lui étant également chers.

Telle était, d'ailleurs, l'ancienne jurisprudence.
Vid. *Pothier*, dans son traité des donations, sect. 3,
§ 3.

778. — Pour que la révocation soit opérée par la
survenance d'un enfant ou descendant légitime, il
faut que l'enfant naisse viable ; s'il ne naît pas viable,
c'est tout comme s'il n'était pas né, et la révocation
ne peut pas être opérée par un avorton. Leg. 2, cod.
de posthumis ; vid., sur la viabilité et sur les signes
qui la caractérisent, ce que nous en avons dit au
commencement de cet ouvrage : les mêmes règles
s'appliquent ici ; vid. *Furgole*, sur l'art. 39 de l'ordonnance de 1731.

Mais l'enfant adopté n'opérerait pas la révocation
de la donation faite par son père adoptif ; la loi ne
donne ce droit qu'à l'enfant légitime.

SECTION III.

Quelles donations sont sujettes à révocation ?

779. — Toutes les donations généralement quelconques, à quelque titre qu'elles aient été faites,
sont révocables par la survenance d'un enfant légitime du donateur. Cette règle générale ne reçoit

qu'une seule et unique exception, relativement aux donations que les époux peuvent se faire l'un à l'autre, soit dans le contrat de mariage, soit postérieurement au mariage.

Ainsi, sont révoquées,

Les donations pures ou conditionnelles, avec ou sans charge ;

Les donations mutuelles ;

Les donations rénumératoires ;

Les donations universelles d'une quote ou d'un objet particulier, soit en propriété, soit en usufruit ;

Les renonciations à un droit certain ;

Les institutions contractuelles :

La révocation a lieu lors même que lesdites donations seraient faites par contrat de mariage, soit aux futurs époux, soit à des étrangers : tout cela résulte du texte du susdit article 960 du code.

780. — Les constitutions de dot sont-elles révoquées même par rapport à la jouissance acquise au mari ? *Dumoulin* disait que le droit du mari n'était pas résolu, comme l'ayant acquis à titre onéreux ; mais son opinion a été rejetée par la jurisprudence du ci-devant parlement de Toulouse : vid. *Maynard*, liv. 4, chap. 12 ; *Catellan*, liv. 4, chap. 41, et *Serres*, pag. 184 : et nous devons décider sans difficulté que les constitutions de dot sont révoquées même au préjudice du mari, parce que ce sont des véritables donations, leg. *ultim.*, cod. *de donat. antè nuptias* : eh ! comment la révocation n'aurait-elle pas lieu au préjudice du mari, quand les biens rentrent libres de toutes dettes, hypothèques, reprises et autres conventions matrimoniales ! Vid. l'art. 963 du code ; *Catellan*, liv. 4, chap. 41, et *Brillon*, *verb.* donat., n.º 237.

781. — Les donations mutuelles sont révoquées : telle est la disposition textuelle du susdit art. 960 du code ; et elle est fondée sur cette considération, que

les donations mutuelles ne trouvent pas leur fondement sur un motif d'intérêt, mais sur une bienveillance réciproque.

Ainsi, Pierre et Jean étant sans enfans, et s'étant fait une donation réciproque, s'il survient un enfant légitime à Pierre, sa donation sera résolue : nulle difficulté sur ce point ; mais celle de Jean subsistera-t-elle ? Oui, elle subsistera, parce que la donation mutuelle n'est pas une donation conditionnelle, *do ut des*, un contrat intéressé et commutatif, mais un contrat de bienfaisance. *Pothier* pensait que la donation faite par Jean était également révoquée ; il se fondait sur ce que Jean n'avait donné qu'en considération de la donation qui lui avait été faite : je pense, au contraire, que la donation mutuelle n'est pas un contrat intéressé et commutatif ; et de là la différence dans la solution de la question proposée.

782. Les donations rémunératoires sont révoquées, sans distinguer celles où les services sont mentionnés de celles où la mention ne se trouve pas ; sans distinguer également les services appréciables à prix d'argent des services non appréciables : dans tous ces cas la révocation a lieu, car la loi ne fait aucune distinction ; mais le donataire dépouillé, et quand il s'agit de services appréciables à prix d'argent, peut agir en payement de ces services : la prescription contre son action en payement ne peut courir que du jour où il aura été dépouillé de la chose donnée.

783. — Les renonciations à un droit certain présentent le caractère d'une véritable donation, et sont révoquées par la survenance d'enfans : écoutons M. *de Catellan* dans une espèce qui rend bien sensible l'application de ce principe.

« La renonciation à un droit établi, dit ce savant » magistrat, est donc une vraie donation ; je l'ai vu » ainsi juger en la grand'chambre, au rapport de M.

» Maniban-Cazaubon , à l'égard de la renonciation à
» un legs, et dans le cas de la révocation demandée
» par la survenance d'enfans. La femme du sieur
» Decamps, à qui la dame Daudoufielle avait légué
» 800 fr. , avait *transigé* avec le syndic de l'hôpital-
» général de Toulouse , héritier de cette dame , sur
» ce legs , que le syndic prétendait pouvoir par cer-
» taines raisons se dispenser de payer ; elle avait re-
» noncé au legs moyennant l'intérêt de cette somme,
» payable comme pension pendant la vie de cette
» demoiselle, qui, ayant eu depuis des enfans, deman-
» dait la révocation de cette *renonciation* par survenance
» d'enfant. Le syndic opposait que ce n'était qu'une
» *renonciation* , et, qui plus est, à un *droit incertain*
» *et contesté;* renonciation, d'ailleurs, faite moyennant
» une pension viagère ; par où l'acte qui la contenait
» devait encore plus être regardé comme vraie *trans-*
» *action : aliquo dato , aliquo retento* , et la renon-
» ciation moins regardée comme une *donation*.   On
» trouva que le legs était *suffisamment établi,* pour
» donner lieu de prendre la *renonciation* comme une
» véritable *donation* , et pour la déclarer, sur ce pied,
» révoquée par la survenance d'enfans». Vid. *Catellan,*
liv. 5 , chap. 8 ; *Furgole ,* sur l'art. 39 de l'ordonnance ; *Serres,* pag. 184 , et *Pothier ,* en son traité
des donations.

Ainsi, d'après la disposition de cet arrêt et la doctrine de ces auteurs , il faut décider que toute renonciation *à un droit certain* est une *donation* révocable
pour cause de survenance d'enfans , et lors même que
la renònciation aurait été déguisée sous la forme d'un
accord, et même d'une *transaction*.

Mais si le droit n'était pas *certain,* alors la renonciation faite par transaction sur une question douteuse
serait irrévocable ; les juges doivent juger , d'après
leur conscience , de la certitude ou incertitude du
droit.

De même si la renonciation n'a pas été faite par un motif de libéralité, mais par nécessité ou par prudence, comme dans le cas d'atermoiement et autres semblables, la révocation n'a pas lieu. Vid. *Pothier.*

784. — Supposons que la renonciation ait pour objet, ou un legs d'une quote, ou une succession testamentaire ou *ab intestat*; dans ce cas la renonciation est-elle une donation révocable? ou faut-il la considérer comme un acte libre de la part d'un héritier ou légataire, qui ne veut pas s'immiscer dans une hérédité onéreuse?

Personne n'étant présumé faire, ni vouloir faire une donation à ses cohéritiers ou colégataires, il est impossible de décider en thèse générale que la renonciation à une succession ou quote de succession soit une donation révocable; il faut, pour que la révocation ait lieu, qu'il soit prouvé par l'évidence du fait, par des écrits ou par les présomptions les plus graves, que la renonciation est une véritable donation faite aux cohéritiers ou colégataires.

785. — Pierre n'a pas d'enfans; il fait une donation à Jacques, mais il la déguise sous la forme d'un contrat de vente; ou bien, étant créancier de Jacques, il lui donne quittance sans toucher un sou; dans tous ces cas il y a bien donation révocable, mais quel moyen aura Pierre pour prouver la simulation?

Il pourra la prouver par écrit et par interrogatoire sur faits et articles.

Pourra-t-il la prouver par témoins ou par des présomptions?

Cette question est délicate.

Il est de règle et de principe que la preuve par témoins n'est pas admise contre et outre le contenu aux actes.

Il est également vrai que la preuve par témoins est admise toutes les fois qu'il n'a pas été possible de se procurer une preuve écrite du fait ou de l'obligation ; ainsi, la fraude peut toujours être prouvée par témoins, parce qu'elle se cache, et qu'elle cesserait d'être fraude, si elle était aperçue.

Dans l'espèce ci-dessus Pierre et Jacques, en simulant le contrat, agissent de bonne foi et sans intention de se frauder entr'eux, ni de frauder un tiers ; il y a donc purement simulation, et non pas fraude : or, cette simulation convenue entr'eux, bien connue de toutes parties, ne peut être prouvée que par une contre-lettre écrite, et nullement par témoins, ni présomptions, car le donateur pouvait sans difficulté se procurer une preuve écrite de la simulation ; ne l'ayant pas fait, il est impossible d'admettre la preuve par témoins de cette simulation, sans contrevenir à la maxime qui défend d'admettre cette preuve contre et outre le contenu aux actes.

Mais, dira-t-on, comment le donateur aurait-il exigé cette contre-lettre, cette preuve écrite de la simulation, lorsque la simulation ne devait lui profiter que lors de la survenance d'enfans, et que, d'après la loi, il est censé n'avoir pas songé à leur survenance? le donateur, peut-on ajouter, était donc sans motif pour exiger la preuve écrite de la simulation ; comment donc le punir de n'avoir pas exigé une chose dont il ne sentait, ni ne prévoyait le besoin?

Je réponds : l'homme se conduit, agit et dispose d'après les lois existantes par rapport aux obligations qu'il consent ; il en mesure les effets d'après les dispositions de ces lois : ainsi, le donateur qui n'a pas d'enfans sait qu'en donnant il ne fait qu'un acte résolutoire, et qui devient de nul effet, s'il lui survient de la postérité ; tel est souvent le motif de plusieurs donations, qui n'auraient jamais eu lieu sans l'assurance de cette condition résolutoire : cela posé, il n'est pas exact de dire que le donateur n'a pas senti le besoin d'une preuve écrite de la simulation ; ce besoin il l'a senti, parce qu'il est censé connaître les lois; n'ayant pas exigé cette preuve écrite, il doit souffrir seul de sa négligence : d'ailleurs, il paraît d'une trop dangereuse conséquence d'abandonner le sort d'une vente ou d'une quittance à la foi souvent suspecte des témoins, et souvent trompeuse des présomptions.

Dira-t-on que la simulation étant pratiquée contre les enfans à naître, la preuve par témoins devrait, sous ce rapport, en être admise, parce qu'elle est frauduleuse, et qu'elle préjudicie à un tiers qui n'était pas partie dans l'acte ?

Je réponds, qu'il est très-possible que le donateur et le donataire ayent simulé l'acte dans la vue d'échapper à la révocation par la survenance d'enfans ; mais la considération de cette possibilité ne suffit pas pour faire admettre la preuve par témoins de cette simulation, parce que c'est le donateur, et non ses enfans, qui doit jouir des effets de la révocation : il en profite d'une manière exclusive ; et puisque l'enfant survenu n'a aucun droit réel sur les biens donnés, l'on ne peut pas dire que la fraude a été pratiquée à son préjudice : il y a eu, il est vrai, fraude à l'égard de la loi, dont on a voulu éluder les dispositions ; mais le donateur qui a participé à cette fraude ne saurait lui-même l'invoquer : *qui fraudem se fecisse audet, dicere audiri non debet.*

Dira-t-on, enfin, que la renonciation la plus expresse à la révocation par survenance d'enfans est nulle et de nul effet ; mais que si la simulation ne peut être prouvée par des présomptions, rien ne sera plus facile que d'éluder l'application de cette règle : le donateur et le donataire simuleront un contrat onéreux ; ce contrat sera efficace, tandis que la renonciation la plus expresse ne le serait point ?

J'en conviens : la renonciation la plus expresse ne saurait produire aucun effet, je reconnais également que la simulation est un moyen sûr et facile d'éluder

l'application de cette maxime ; mais dans le droit il
est beaucoup de choses qui sont indirectement tolé-
rées, quoiqu'elles soient expressément défendues :
d'ailleurs, dans les cas où l'on trouve de part et d'autre
des inconvéniens, des difficultés, des doutes, il faut
se décider pour le parti le plus sûr : *cùm aliquid sine
captione investigari non potest, eligendum est quod
minimum habeat iniquitatis ;* et certainement il y
a autant de sureté que de justice à donner la préférence à un acte sur la foi vacillante et suspecte des
témoins.

Il ne faut pas comparer la simulationn dans la vue
d'éluder la révocation avec la simulation pratiquée
pour enrichir un tiers au préjudice de ses enfans : dans
ce dernier cas la fraude est principalement et directement pratiquée contre les enfans, qui n'ont pas été
parties dans l'acte ; et voilà pourquoi ils peuvent prouver la simulation par des présomptions et des témoins :
mais la simulation dans le premier cas ne regarde les
enfans que d'une manière indirecte, et elle se trouve
préjudicier principalement au donateur qui y a participé, qui l'a connue, qui pouvait l'empêcher, ou
du moins s'en procurer une preuve écrite ; ne l'ayant
pas fait, il ne peut invoquer, ni les présomptions,
ni les témoins, à moins qu'il n'ait un commencement
de preuve par écrit.

Ces principes s'appliquent également au cas où ce
sont les enfans du donateur qui, après sa mort,
demandent la révocation de la donation simulée : héritiers de leur père, ils ne peuvent avoir plus de pré-
rogatives que lui, et sont soumis à l'obligation des
mêmes preuves ; d'ailleurs, la position de celui qui a
contracté avec leur père ne peut changer par le décès
de ce dernier.

786. — Les institutions contractuelles, permises par
l'art. 1082 du code civil, sont également révoquées
par la survenance d'enfans ; car ces institutions sont
des

des véritables donations et des donations irrévocables, puisque l'auteur de l'institution ne peut plus
disposer à titre gratuit que pour des sommes modiques (art. 1083) : or, puisque l'effet des institutions
contractuelles est de dépouiller le donateur et sa postérité, la révocation a nécessairement lieu ; d'ailleurs,
toutes les donations, même par contrat de mariage,
à quelque titre qu'elles soient faites, sont révoquées ;
telle était, enfin, l'ancienne jurisprudence, quoique
l'auteur de l'institution pût disposer à titre gratuit
jusques et à concurrence des trois quarts de son hérédité : malgré cette faculté de révocation indirecte la
révocation avait lieu pour le tout, *ipso jure*, par la
survenance d'un enfant. Vid. *Serres*, pag. 255 et
256, et *Furgole*, sur l'art. 39 de l'ordonnance de
1731.

787. — Les donations faites aux hospices, aux pau-
vres de telle commune ou de tel lieu, sont également
révoquées par la survenance d'un enfant ; la loi ne
fait aucune distinction : l'arrêt que nous avons rapporté ci-dessus, n.º 783, a déclaré révoquée la renonciation à un legs, quoique cette renonciation fût
faite en faveur d'*un hospice* et par forme de transaction. Vid. *Catellan*, liv. 5, chap. 8 ; *Furgole*,
quest. 13, et *Pothier*.

788. — Ne perdons pas de vue que toutes les donations sont également révocables, lors même qu'elles
se trouveraient faites par contrat de mariage, soit en
faveur des époux, soit en faveur de tiers.

789. — Nous avons dit qu'il est une exception unique à la règle générale d'après laquelle toutes les donations sont révocables ; que cette exception unique
est en faveur des donations que les époux peuvent
se faire entr'eux dans leur contrat de mariage ou depuis : de pareilles libéralités ne sont pas révoquées
par la survenance d'un enfant commun art. 960 et
1096 du code) ; ainsi, toute donation qu'un futur

conjoint fait à l'autre dans le contrat de marige, à quelque titre que ce soit, réciproque ou non, d'une quote ou d'un objet, pure ou à titre de gain de survie, demeure également irrévocable, nonobstant le naissance d'un ou de plusieurs enfans communs.

On en sent les motifs : les conventions matrimoniales, les gains de survie ne peuvent être anéantis par la naissance des enfans, fin essentielle du mariage ; il aurait été dangereux de mettre les froides considérations de l'intérêt en opposition avec les inspirations de la nature.

790. — Pierre épouse Marie en premières noces ; il lui fait donation par contrat de mariage d'un immeuble.

Il ne provient pas d'enfant de ce mariage.

Marie meurt.

Pierre passe à de secondes noces, et de ce second mariage provient un enfant.

La donation faite à Marie est-elle révoquée ?

On peut dire : la donation dont s'agit est faite entre époux ; d'après le texte de la loi cette donation est irrévocable malgré la survenance d'enfans : la loi ne fait aucune distinction entre les enfans communs et les enfans provenus d'un second mariage ; il n'est donc pas possible de distinguer : donc la révocation n'a pas lieu d'après le texte rigoureux de la loi.

En faveur de cette opinion l'on peut invoquer l'autorité de M. *Merlin* et un arrêt de la cour de cassation, du 21 messidor an 11, rendu d'après les principes de l'ordonnance de 1731. Vid. le recueil de M. *Sirey*, an 12, 1.er cahier.

On peut répondre avec M. *Bigot de Préameneu*, dans son discours sur les donations, pag. 220, « que la » révocation est fondée sur ce qu'il est à *présumer* que » le donateur n'a pas voulu préférer des étrangers à » ses propres enfans.

» Les considérations, ajoute-t-il, prises dans l'incer-

» titude dans les propriétés ne sauraient l'emporter
» sur la loi naturelle, qui subordonne toutes les affec-
» tions à celles qu'un père a pour ses enfans.

» Il n'est pas à présumer qu'il ait entendu, en don-
» nant, violer des devoirs de tout temps contractés
» envers les descendans qu'il pourrait avoir ;..... le
» donataire n'a donc pu recevoir que sous la condition
» de *la préférence due aux enfans qui naîtraient*».

Tels sont les motifs de la révocation par survenance
d'enfans : or, pourquoi les donations entre époux sont-
elles exemptes de la révocation générale prononcée
par le législateur? quels sont les motifs de l'exception?
L'analise de ces motifs nous fera connaître l'esprit
de la loi.

Puisque la révocation est fondée sur ce que le donateur est présumé *ne pas préférer le donataire à ses
propres enfans*, il en résulte que la révocation doit
cesser, quand il est évident que le donateur a préféré
le donataire à sa postérité ; et cela a lieu précisément
dans les donations entre époux.

Deux époux s'unissent pour satisfaire à cette grande
loi de la nature qui a pour but la procréation de
l'espèce; ils s'unissent pour avoir des enfans, pour
avoir le plaisir de se voir renaître : la naissance
des enfans, tel est l'objet de leur union, leur unique
pensée, leurs vœux les plus ardens ; si donc ils donnent, quoiqu'entourés de cette pensée, quoiqu'ils
aient, pour ainsi dire, sous leurs yeux cette postérité
qu'ils désirent, il en résulte évidemme. · · e l'époux
donateur préfère l'autre conjoint à ceux qui viendront
de leur union. Mais dans ce moment où les époux
ne voient qu'eux-mêmes et leur postérité commune,
il est impossible de supposer qu'ils ayent songé aux
enfans que l'un d'eux pourra avoir d'un subséquent
mariage: tout repoussait une telle pensée, fondée sur le
plus grand des malheurs ; elle ne pouvait naître dans
de pareilles circonstances ; elle aurait été un véri-

table crime : d'où résulte la conséquence rigoureuse ; que le donateur n'est pas présumé avoir préféré les héritiers de son conjoint, donataire, aux enfans qu'il pourrait avoir d'un mariage subséquent et plus heureux.

On peut encore observer que si la révocation n'a pas lieu dans les donations entre époux, c'est parce que les enfans communs retrouvent toujours les biens donnés dans les successions de leurs père et mère ; motif qui ne peut être opposé, quand il est question de la survenance d'enfans d'un mariage postérieur.

Enfin, l'on peut dire que les donations entre époux par contrat de mariage ne sont pas censées faites sous la condition de survie de l'époux donataire (art. 1092 du code) ; d'où il résulte qu'il serait bien dur pour un époux donateur de voir passer ses biens aux héritiers de l'autre conjoint donataire, même au préjudice des enfans qu'il pourrait avoir à l'avenir : une telle conséquence n'était certainement pas dans sa pensée quand il fit la donation.

A ces raisons fortes et pressantes l'on peut ajouter l'opinion de *Dumoulin*, qui pense que les enfans d'un second mariage révoquent la donation faite au conjoint prédécédé, *quia*, dit-il, en parlant du donateur, *cogitavit quidem de liberis primi matrimonii, ex quo nullos habuit ; sed non de liberis secundi matrimonii, ex quo tantum habuit.* Dumoulin, *in leg. si unquàm*, cod. *de revoc. donat., in tractatu de donationibus in cont. matrim.*, n.os 1 et suiv.

Malgré ces raisons je pense que la révocation n'a pas lieu par la survenance d'enfans d'un subséquent mariage.

1.º Il n'est pas exact de dire que si les donations entre époux sont exemptes de la révocation, c'est parce qu'ils sont censés avoir pensé à leur postérité, *cogitasse de liberis* : ce motif n'est pas le véritable, car l'époux qui donne ayant sa femme enceinte est plus près de la paternité et de ses affections que le futur époux ; cependant si cet époux, qui voit en partie ses espérances réalisées, qui a en sa faveur la plus grande probabilité, qui certainement est censé s'occuper de cet enfant qu'il désire, fait une donation, cette donation est révoquée ; il y a donc révocation quoiqu'il existe la plus grande présomption que le donateur a songé aux enfans qu'il pourrait avoir : si donc la donation entre époux est exempte de révocation, c'est par un autre motif; et ce motif, nous le trouvons, et nous ne pouvons le trouver, que dans le pacte nuptial ayant la donation pour objet ; c'est ce pacte stipulé entre futurs époux, c'est cette convention solennelle qui a principalement déterminé l'exception.

2.° Le second motif, puisé dans la considération que les enfans communs retrouveront les biens donnés dans le patrimoine de leurs père et mère, n'a pas déterminé le législateur ; car ce n'est pas l'intérêt direct des enfans qui opère la révocation, c'est la condition résolutoire tacitement stipulée par celui qui, étranger aux plaisirs de la paternité, vient ensuite à en éprouver les douceurs : la chance que courent les enfans de retrouver tous les biens donnés dans le patrimoine de leur père donataire est d'une faible considération, puisque la quotité disponible entre époux est, dans certaines hypothèses, plus faible qu'en faveur des étrangers; ce qui ne devrait pas être, si la chance de retrouver les biens donnés était d'un certain poids dans la balance du législateur : d'ailleurs, le législateur ne nous ayant pas fait connaître les motifs de son exception en faveur des donations entre époux, nous ne pouvons voir que l'exception elle-même, sans pouvoir la restreindre d'après des motifs purement hypothétiques, dont rien ne vous assurera la certitude.

3.° La considération que les donations entre époux

ne sont pas soumises à la condition de survie n'est rien dans l'espèce, car si la condition de survie était nécessaire pour la validité ou efficacité de ces donations, il serait inutile de demander si elles se trouvent révoquées par la survenance des enfans d'un mariage postérieur.

D'ailleurs, les donations entre époux sont des pactes nuptiaux, des conventions matrimoniales, sous la foi desquelles deux familles se sont unies, d'après la considération des gains éventuels qui peuvent en résulter pour chacune d'elles ; or, il serait contraire à tout pacte intéressant plusieurs personnes qu'une d'elles pût le rendre sans effet par un second mariage, qui n'a pu être dans l'intention des deux familles originairement contractantes.

Ce n'est pas tout : si la révocation avait lieu par la survenance des enfans d'un second mariage, elle devrait également avoir lieu dans le cas même où il existerait des enfans du premier mariage : cette conséquence est rigoureuse ; mais elle ne peut être admise.

Enfin, si la révocation avait lieu, l'époux donateur contre qui l'on aurait obtenu le divorce trouverait dans un second mariage un moyen facile de révoquer la donation par lui faite ; disons mieux, et la perversité humaine permet toutes les suppositions, l'époux donateur qui voudrait faire révoquer sa donation chercherait bientôt dans un divorce qu'il saurait rendre nécessaire le moyen préalable de parvenir à ce but criminel, et par là la porte serait ouverte à toutes les spéculations de l'inconstance et du vice ; mais l'on sent que la loi doit proscrire tout ce qui peut inviter à faillir et à dissoudre le plus auguste des contrats.

Ainsi, d'après le texte de la loi, qui ne distingue point, et d'après son véritable esprit, il faut décider que les donations entre époux faites dans leur contrat de mariage ne sont pas révoquées, ni par la naissance des enfans communs, ni par la naissance des enfans d'un subséquent mariage.

Mais cette règle n'est vraie qu'autant que la donation se trouvera insérée dans le contrat de mariage ; si elle est faite antérieurement, même en contemplation du mariage projeté, elle serait révoquée même par la naissance des enfans communs.

Quant aux donations que les époux peuvent se faire pendant le mariage, elles ne sont pas révoquées par la survenance d'enfans (art. 1096 du code), et cela parce que ces donations sont essentiellement révocables d'après la volonté et le caprice du donateur.

791. — Les donations manuelles sont-elles révocables ? non : 1.º parce qu'elles sont presque toujours de nulle importance ; 2.º parce que la preuve en est difficile ; 3.º parce que de pareilles libéralités fugitives sont aussitôt dépensées que reçues, et qu'elles sont toujours, ou le plus souvent, faites et reçues sans espoir, ni obligation de retour.

792. — *Furgole*, dans sa question 13.ᵉ, et sur l'art. 39 de l'ordonnance, décide que la donation pour titre clérical n'est pas révoquée par survenance d'enfans, du moins pour le fonds nécessaire à ce titre, l'excédant étant sujet à révocation : cette décision de *Furgole* peut encore trouver son application, et doit être suivie. Vid. *Despeisses*, part. 1.ʳᵉ, tit. 14, n.º 11.

SECTION IV.

De l'effet de la révocation pour cause de survenance d'enfans.

793. — La révocation trouvant son fondement dans la condition résolutoire, tacitement stipulée par le donateur, pour le cas où il aurait des enfans, et toute

condition qui s'accomplit ayant un effet rétroactif au moment de la stipulation, il en résulte que par l'effet de la révocation la donation est anéantie comme si elle n'avait jamais existé.

Ainsi, les biens donnés rentrent dans les mains du donateur libres et exempts de toutes dettes, hypothèques et autres charges généralement quelconques que le donataire y aurait pu imposer.

Si le donataire a vendu les biens donnés, le donateur peut agir contre les tiers-détenteurs, dont les droits sont également résolus, parce que le donataire, investi seulement d'un droit résoluble, n'a pu leur transmettre un droit irrévocable.

L'art. 963 du code est ainsi conçu : « les biens compris » dans la donation révoquée de plein droit rentreront » dans le patrimoine du donateur libres de toutes » charges et hypothèques *du chef du donataire,* sans » qu'ils puissent demeurer affectés, même subsidiaire- » ment, à la restitution de la dot de la femme de ce » donataire, de ses reprises ou autres conventions » matrimoniales ; ce qui aura lieu quand même la » donation aurait été faite en faveur du mariage du » donataire, et insérée dans le contrat, et que le dona- » teur se serait obligé comme caution, par la donation, » à l'exécution du contrat de mariage ».

794. — Ainsi, la résolution est tellement absolue, et avec effet rétroactif, que l'hypothèque légale de la femme du donataire demeure de nul effet, lors même que la donation se trouverait insérée dans le contrat de mariage d'où naît l'hypothèque légale, et lors même que le donateur se serait obligé comme caution à l'exécution de ce contrat : le cautionnement, l'hypo- thèque légale, tout est anéanti ; l'hypothèque, à cause de la clause résolutoire tacitement stipulée ; le caution- nement, comme accessoire de la donation, et devant tomber avec elle, leg. 6, § 2, ff *mandati ;* ou plutôt

comme présentant une renonciation indirecte à la révocation par survenance d'enfans.

795. — Supposons qu'un tiers intervienne dans le contrat de donation, et se rende caution en faveur de la femme pour la restitution de la dot et le payement des conventions matrimoniales; ce cautionnement sera-t-il anéanti par la survenance d'enfans? Il faut distinguer: si le tiers s'est simplement rendu caution du donateur, qui lui-même avait cautionné l'exécution du contrat, alors l'obligation principale tombant, le cautionnement tombe aussi, parce que la caution peut exciper de toutes les causes de la nullité de l'obligation, lors même que le principal obligé s'y opposerait. Leg. 15, ff *de fidejuss. et mand.*; vid. les art. 2012 et 2036 du code civil.

Si, au contraire, le tiers s'est rendu caution *du mari* pour la restitution de la dot, alors le cautionnement est valable : ce cautionnement est absolument étranger à la survenance des enfans du donateur, vid. *Roussille,* des donations, n.° 542; et lors même qu'il surviendrait des enfans à celui qui aurait cautionné, son cautionnement est irrévocable, parce qu'il n'a, ni donné, ni cautionné le donateur.

796. — Non-seulement par l'effet de la survenance d'enfans la donation se trouve révoquée, mais encore cette révocation a lieu *de plein droit,* par la seule volonté de la loi, sans que le donateur soit obligé de rien faire pour la requérir ou la faire prononcer (art. 960 du code).

De cette révocation opérée *ipso jure* résultent plusieurs conséquences remarquables :

1.° Que la révocation produit tout son effet, lors même qu'après la survenance de l'enfant le donateur resterait tranquille, et qu'il laisserait jouir paisiblement le donataire des objets donnés;

2.° Que la révocation une fois opérée, la donation ne peut revivre, ou avoir de nouveau son effet, ni par la mort naturelle ou civile de l'enfant survenu, ni par aucun acte confirmatif de la part du donateur.

797. — Nous disons que le silence du donateur n'empêche pas l'effet de la révocation qui s'est opérée de plein droit ; néanmoins comme la donation est un juste titre, et que celui qui possède avec un titre dont il ignore les vices fait les fruits siens, il faut observer que le donataire n'est obligé de restituer les fruits que du jour où la naissance de l'enfant ou sa légitimation par mariage subséquent lui a été notifiée.

Mais du jour de cette notification il devra la restitution des fruits, à quelque époque que la demande en délaissement soit ensuite formée par le donateur (art. 962 du code).

Supposons qu'il soit prouvé que le donataire a eu connaissance de la naissance de l'enfant avant la notification, les fruits, dans ce cas, seront-ils dus à compter de cette connaissance?

On peut dire : le possesseur ne fait les fruits siens que dans le cas où il possède de bonne foi ;

Le possesseur n'est de bonne foi que quand il jouit en vertu d'un titre dont il ignore les vices ;

Il cesse d'être de bonne foi du moment où ces vices lui sont connus (art. 550 du code) : or, la naissance de l'enfant a appris au donataire que sa donation n'existait plus, qu'il n'avait plus de titre pour jouir.

Malgré ces raisons, je pense que les fruits ne sont dus qu'à compter de la notification légalement faite : 1.° cela résulte du texte précis de l'art. 962, qui, après avoir rappelé le principe de la révocation *ipso jure*, ajoute, comme par forme d'exception, sans *néanmoins* que le donataire soit tenu de restituer les fruits, *si ce n'est du jour que* la naissance ou légitimation lui aura été légalement *notifiée* ; c'est donc

la notification seule qui détermine l'époque de la
restitution des fruits.

2.º La révocation profitant au donateur, si celui-ci
ne fait pas notifier l'acte de naissance, il est censé
renoncer aux fruits en faveur du donataire, et lui en
faire un nouveau don ; il est censé, en un mot, par
rapport aux fruits, ne pas vouloir profiter de la révocation opérée.

Ainsi, jusqu'à la notification par exploit ou autre
acte en bonne forme le donataire fait les fruits siens,
lors même qu'il aurait signé l'acte de naissance de
l'enfant survenu, ou le contrat de mariage qui opère
sa légitimation. Vid. *Roussille*, donations, n.º 538.

Mais si par un acte quelconque, signé de lui, le donataire déclarait qu'il tenait la naissance pour notifiée,
alors la restitution des fruits serait due à compter du
jour de cette déclaration.

Observons que la restitution des fruits est due à
compter du jour de la notification, lors même que
la demande en délaissement ne serait formée que
long-temps après : l'acte de notification n'est sujet à
aucune péremption, et quel que soit l'espace de temps
écoulé entre la notification et la demande, les fruits
sont toujours dus à compter de la naissance notifiée.
Vid. *Furgole* sur l'art. 41 de l'ordonnance de 1731. Si
le donataire ne s'était pas mis en possession de la
chose donnée, il pourrait réclamer les fruits depuis
l'époque de la donation jusqu'à la notification. Vid.
l'arrêt de la cour de cassation rapporté par *Sirey*, an
1816, pag. 121.

798. — Si le donataire a vendu les biens donnés,
la vente, avons-nous dit, est résolue par la survenance
de l'enfant, en vertu de la maxime *resoluto jure
dantis, resolvitur jus accipientis;* mais à compter de
quelle époque le tiers-détenteur devra-t-il la restitution des fruits ?

Sans doute le tiers-détenteur doit avoir les mêmes

droits que son vendeur, et de là la conséquence qu'il ne peut devoir les fruits qu'à compter de la notification de la naissance ; mais est-il nécessaire de lui notifier l'acte de naissance? ou bien la notification faite au donataire suffira-t-elle pour faire courir la restitution des fruits contre le tiers-acquéreur? Je pense que la notification de la naissance doit être faite directement à ce dernier, parce qu'il ne représente le donataire qu'à titre particulier, et que jusqu'à cette notification il a juste raison de se croire légitime possesseur.

Mais est-il nécessaire de faire notifier au tiers-détenteur, et la donation, et l'acte de naissance? *Pothier* pensait que la notification de ces deux actes est nécessaire : sans doute il sera prudent de notifier l'un et l'autre, la donation et l'acte de naissance ; mais je crois que la notification de l'acte de naissance suffirait pour soumettre le tiers-acquéreur à la restitution des fruits, parce qu'il ne peut être supposé avoir acquis sans connaître le titre du vendeur et l'origine de son droit à la chose vendue : *qui cum alio contrahit, non est, vel non debet esse ignarus conditionis ejus.*

799. — Par l'effet de la révocation les biens donnés rentrent dans le domaine du donateur ; il peut en disposer de la manière la plus absolue, tout comme si la donation n'avait jamais existé : l'enfant qui opère la révocation n'a aucune espèce de droit sur les biens donnés ; la propriété du donateur est pleine, entière et absolue : ainsi, il peut de nouveau disposer de ces biens, même pendant la vie de l'enfant survenu, soit en faveur du donataire, soit en faveur de toute autre personne, à titre lucratif ou onéreux.

800. — Un acte confirmatif de la donation de la part du donateur, et postérieurement à la naissance de l'enfant survenu, ne produirait aucun effet ; car puisque par la révocation la donation est anéantie, et comme n'ayant jamais été, il est impossible de la faire renaître par un acte confirmatif, qui, postérieur

à l'anéantissement de la donation, ne pourrait confir-
mer que sa non-existence : *qui confirmat nihil dat ;*
d'ailleurs, l'art 1339 nous dit textuellement que « le
» donateur ne peut réparer par aucun acte confirma-
» tif les vices d'une donation entre-vifs ; nulle dans
» la forme, il faut qu'elle soit refaite dans la forme
» légale » : or, ici il y a non-seulement vice ou nullité
de forme, mais anéantissement absolu de la donation ;
enfin, l'art. 964 nous dit textuellement qu'une donation révoquée ne peut revivre par aucun acte confirmatif.

801. — L'application de cette maxime peut présenter des difficultés dans le cas d'une donation d'une
somme d'argent.

Par exemple : Pierre donne à Jean une somme de
dix mille francs payable dans trois ans ; au bout d'un
an il survient un enfant à Pierre : ainsi, la donation
est révoquée ; Pierre fait même notifier la naissance
de l'enfant : néanmoins au bout de trois ans Pierre
paye les dix mille francs au donataire ; celui-ci sera-t-il
obligé de rendre cette somme, *conditione indebiti,*
comme étant payée sans cause, la donation étant annullée ?

Pour la négative, l'on peut dire que Pierre ne
confirme pas seulement la donation, mais qu'il l'exé-
cute ; que cette exécution est valide et efficace ; qu'elle
doit opérer et sortir à effet, comme une espèce de
nouvelle donation manuelle de la somme de dix mille
francs : à l'appui de cette opinion on peut voir
Serres, pag. 185, et *Roussille,* n.º 544 de son traité
des donations.

Je pense que Jean doit rembourser la somme reçue, 1.º parce que le payement de la somme donnée présente essentiellement le caractère d'un acte
confirmatif, nul et de nul effet ; 2.º parce que l'exécution volontaire d'une donation ne la valide qu'à
l'égard des héritiers du donateur qui l'ont exécutée

(art. 1340 du code) ; tandis que l'exécution de la part du donateur ne peut produire aucun effet, comme il résulte du susdit art. 1340, et de la loi 32, ff *de donat.* ; 3.º parce que la supposition d'une donation manuelle ne peut être admise, le payement se rattachant nécessairement à la donation annullée : d'où il résulte que ce payement ne peut être envisagé que comme une confirmation ; 4.º parce que l'art. 964 du code nous dit textuellement que la donation révoquée ne peut revivre par *aucun acte confirmatif* ; or, au nombre de ces actes confirmatifs il faut nécessairement mettre l'exécution : donc le donateur a payé sans cause, ou sur une cause qui n'existait plus ; il doit répéter, sans distinguer s'il a fait le payement par erreur de fait ou de droit.

802. — La donation étant révoquée, le donataire et le tiers-détenteur doivent, 1.º rendre les biens donnés ; 2.º restituer les fruits à compter de la notification de l'acte de naissance de l'enfant survenu ; 3.º rembourser au donateur le montant des dégradations provenant de leur fait, faute ou négligence ; en un mot, le donateur ne doit rien perdre, et le donataire ou le tiers-détenteur ne peuvent gagner que les fruits perçus avant la notification : tout cela est la conséquence rigoureuse de la clause résolutoire tacitement stipulée.

Par la même raison si le donataire ou le tiers-détenteur ont fait des améliorations qui ayent augmenté la valeur des biens donnés, le donateur devra en rembourser la valeur, mais seulement jusques et à concurrence de l'augmentation de prix au moment du délaissement, sans qu'il puisse opposer en compensation le montant des fruits perçus avant la notification de l'acte de naissance : vid., par argument, l'art. 1673 du code civil ; le donataire aura même le droit de retenir les biens donnés jusqu'au payement de la plus value résultant des améliorations, il aura également le droit d'exiger ce qu'il aura dépensé pour la conservation de la chose. Vid. *Despeisses*, tom. 1.er, tit. 14, sect. 4, art. 12.

Mais s'il a été fait des augmentations ou réparations qui puissent s'enlever, comme des chambranles, des parquets, etc., le donataire et le tiers-détenteur pourront les enlever, en remettant les choses dans l'état où elles étaient lors de la donation. Vid. *Pothier*, dans son contrat de vente, n.º 403.

Mais le donataire et le tiers-détenteur n'ont aucune indemnité à réclamer contre le donateur pour les frais d'enregistrement ou de transcription, soit de la donation, soit des ventes postérieures ; ces frais sont perdus pour eux, lors même qu'ils n'auraient perçus aucun fruit des biens donnés, ou qu'ils fussent tenus de les rendre tous, attendu la date de la notification de l'acte de naissance.

803. — Observons, avec l'art. 965 du code, que toute clause ou convention par laquelle le donateur aurait renoncé à la révocation pour cause de survenance d'enfans, est regardée comme nulle, et ne peut produire aucun effet : *Cujas, Faber* et *Teraqueau* pensaient autrement ; mais l'opinion contraire, adoptée par le code, est plus conséquente au principe admis de la révocation ; car ce principe serait toujours éludé par la clause de renonciation, qui deviendrait de style ; car celui qui n'est pas père, qui n'en connaît, ni les affections, ni les liens, ne ferait aucune difficulté de renoncer à une révocation dont il ne sentirait pas l'importance.

804. — La révocation pour cause de survenance d'enfans a lieu de plein droit, *ipso jure*, par la volonté de la loi ; et cette révocation peut être invoquée par tous ceux qui y ont intérêt, et même par les créanciers du donateur, si celui-ci garde le silence, quelle que soit la date de leur créance.

Ni la mort de l'enfant survenu, ni celle du dona-teur, ne changent rien à ce principe.

Ainsi, par exemple, Pierre donne à Jean : il sur-vient un enfant à Pierre; celui-ci fait ou ne fait pas notifier la naissance : l'enfant meurt, Pierre meurt ensuite sans avoir rien demandé au donataire.

Dans ce cas l'action en délaissement des biens donnés appartiendra aux héritiers de Pierre, quels qu'ils soient, légitimes ou testamentaires; et si Pierre n'a pas laissé de parent au degré successible, le fisc pourra agir en révocation contre le donataire. Cette proposition ne doit pas surprendre : par l'effet de la résolution ou révocation de la donation *ipso jure*, le donateur est mort réellement riche des biens donnés ; ces biens ont fait partie de sa succession, ils appar-tiennent donc à ceux qui lui succèdent.

SECTION V.

De la durée de l'action en révocation, tant contre le donataire que contre les tiers-détenteurs.

805. — Il faut le répéter sans cesse, la révocation pour cause de survenance d'enfans a lieu de plein droit, lors même que depuis la survenance le do-nataire serait laissé en possession de la chose donnée (art. 962).

Ainsi, cette continuité de possession n'empêche pas que la révocation ne subsiste, et que le donateur ne puisse agir en délaissement.

Cependant il est un terme à toutes les actions, quelle que soit leur cause ou leur faveur; d'où il résulte que l'action en délaissement compétant au donateur ou à ses héritiers se prescrit par le laps de trente années.

L'art. 966 porte « que le donataire, ses héritiers
» ou

» où ayans-cause, ou *autres détenteurs* des choses
» données, ne pourront opposer la prescription pour
» faire valoir la donation révoquée par la survenance
» d'enfans, qu'après une possession de trente années,
» qui ne pourront commencer à courir que du jour
» de la naissance du dernier enfant du donateur,
» *même posthume ;* et ce sans préjudice *des interrup-*
» *tions telles que de droit* ».

806. — Remarquons, d'abord, que ces mots *même
d'un posthume* nous prouvent d'une manière rigoureuse que l'action en délaissement passe aux héritiers
du donateur.

Remarquons ensuite, qu'il résulte du texte de la loi
que la prescription trentenaire ne court en faveur du
donataire ou des *tiers-détenteurs* qu'à compter de
la naissance du dernier enfant du donateur, *même
posthume ;* et la raison en est simple, c'est que chaque
enfant ayant le pouvoir de révoquer le don, il faut
raisonner comme s'il n'était survenu que le dernier
enfant.

Il résulte également du même article, que la prescription trentenaire peut seule mettre à l'abri les
tiers-détenteurs ; la loi le dit textuellement, et le
susdit art. 966 présente une exception remarquable
aux dispositions générales de l'art. 2265. Vid. *Roussille*, donations, n.º 550, et *Furgole*, sur l'art. 45 de
l'ordonnance, où il fait voir que, d'après la jurisprudence du parlement de Toulouse, les tiers-détenteurs
ne pouvaient, comme le donataire, opposer que la
prescription trentenaire.

807. — Mais non-seulement le susdit art. 966
déclare que l'action en révocation ne se prescrit que
par trente ans ; il ajoute encore ces mots : *sans préjudice des interruptions telles que de droit.*

Cet art. 966 est copié littéralement sur l'art. 45
de l'ordonnance de 1731 ; et voilà pourquoi sans
doute ces mots, *sans préjudice des interruptions*

telles que de droit, se trouvent dans le susdit art. 966.

Je ne critique pas cette disposition, quoique, sous un rapport, superflue; car elle peut lever des doutes, et ajouter à la clarté; mais je la trouve incomplète d'après l'acception rigoureuse du mot *interruption* adoptée par le législateur; il fallait dire : *sans préjudice des interruptions et suspensions telles que de droit.*

On sait, en effet, qu'il est des causes qui *interrompent,* et d'autres qui *suspendent* le cours de la prescription; que l'*interruption* et la *suspension* sont deux choses bien distinctes et bien différentes dans leurs effets.

Quand il y a *interruption,* la possession antérieure est anéantie, elle n'est plus comptée, elle n'opère rien; et la prescription ne commence son cours qu'à compter de l'acte qui a interrompu, tout comme si le possesseur n'avait jamais possédé antérieurement : l'interruption, dit *Dargentré, priorem temporis cursum in irritum reducit, ita ut jam indè in temporis cursu computationem nullam habeat.*

Dans la *suspension,* au contraire, il n'y a, par rapport à la prescription, qu'un temps de sommeil; la possession antérieure est comptée, et lorsque la cause suspensive cesse la prescription reprend son cours, tout comme si la suspension n'avait jamais existé, sauf qu'on ne compte pas le temps écoulé pendant la durée de la suspension ou du sommeil.

Ainsi, dans l'*interruption* l'on ne peut pas joindre la possession antérieure à la possession postérieure à l'acte qui a interrompu, parce que la première possession est anéantie et sans effet; dans la *suspension,* au contraire, l'on joint les deux possessions, parce qu'elles sont toutes les deux bonnes et utiles.

808. — Il y a deux espèces d'interruptions, l'interruption *naturelle* et l'interruption *civile :*

L'interruption *naturelle* profite à tous ceux qui y ont intérêt. Leg. 5 , ff *de usurpat. et usucap.;*

L'interruption *civile* ne profite qu'à celui ou à ceux qui ont agi.

Il y a interruption naturelle, lorsque le possesseur est privé pendant plus d'un an de la jouissance de la chose, soit par l'ancien ou véritable propriétaire, soit par un tiers, vid. l'art. 2243 du code civil, et la glose sur ladite loi 5 , ff *de usurp. et usucap.* : si le possesseur ne se remet en possession qu'après l'année expirée, la prescription ne commencera à courir qu'à compter de cette seconde possession, leg. 8 , § 4, ff *pro empt.;* mais s'il se fait réintégrer, ou s'il se réintègre lui-même dans l'année de la dépossession, il n'éprouvera aucune interruption dans son droit de prescrire. Vid. *Pothier,* prescription, n.º 40.

809. — Il y a interruption *civile,* ou l'interruption civile est opérée,

Par une citation en justice,

Par un commandement,

Par une saisie,

Signifiés à celui qu'on veut empêcher de prescrire (art. 2244 du code civil), pourvu que ces actes ne périment pas. *Pothier,* n.º 53.

Mais observons, avec cet auteur, que le commandement n'est pas susceptible de péremption, et proroge l'action à trente années, traité des obligations, n.º 666 ; il doit en être de même aujourd'hui d'après les principes de notre législation : il est vrai que, d'après le code de procédure, le commandement qui précède une saisie réelle doit être refait dans les trois mois de sa date, si la saisie ne s'en est pas ensuivie, et que le commandement qui précède la contrainte par corps ne dure qu'un an ; mais l'obligation de renouveler ces actes ne constitue pas une véritable et absolue péremption : ces commandemens peuvent être invalides et sans effet, comme préliminaires de la saisie ou de la contrainte; mais ils sont efficaces comme actes conservatoires, et ont, sous ce rapport, le pouvoir d'interrompre la prescription : telle est aussi l'opinion de M. *Merlin*, dans le nouveau répertoire de jurisprudence, *verb.* commandement.

Quant à la simple sommation, elle n'interrompt pas la prescription, si le possesseur n'y a pas obéi, et s'il a continué de posséder. Leg. 13, ff *pro emptore*.

810. — La citation devant un juge incompétent interrompt la prescription (art. 2246 du code); il en était autrement par rapport aux questions d'état. Leg. 7, cod. *ne de stat. defunct.*

L'art. 2247 du code civil porte que si l'assignation est nulle par défaut de forme;

Si le demandeur se désiste de sa demande;

S'il laisse périmer l'instance,

Ou si la demande est rejetée,

L'interruption est regardée comme non avenue.

811. — La prescription est encore interrompue par la reconnaissance que le débiteur ou le possesseur fait du droit de celui contre lequel il prescrivait (art. 2248 du code).

Par reconnaissance, la loi entend une reconnaissance, soit expresse, soit tacite. *Dunod*, pag. 58.

812. — Passons aux causes qui *suspendent* le cours de la prescription.

La prescription est suspendue par la minorité et l'interdiction (art. 2252 du code);

Elle ne court pas entre époux (art. 2253);

Elle ne court pas non plus contre les gens de mer, les absens pour le service public, les militaires en activité de service (lois des 2 septembre 1793 et 6 brumaire an 5); les médecins et chirurgiens des armées doivent profiter, comme les militaires, du bénéfice de ces lois. Leg. 33, § 2, ff *ex quib. caus. major.* 25 *an.*; vid., par rapport à la législation romaine, le susdit titre du digeste, les lois 2 et 3, cod.

de restit. milit. et eor.; 1 *et* 8, cod. *quibus non obji-*
citur longi temporis præscriptio; mais observons que,
d'après la loi romaine, la prescription de trente ans
courait contre les militaires. Leg. 3, cod. *de præs-*
criptione triginta vel quadraginta annorum.

813. — On peut demander si la notification de
l'acte de naissance ou du contrat de mariage constatant la légitimation interrompt la prescription : il
faut décider que non ; la notification est un acte
extrajudiciaire, dont le seul effet est de faire courir
la restitution des fruits : si la loi avait entendu que
cette notification eût le pouvoir d'interrompre, elle
s'en serait expliquée ; et comme elle renvoie aux
causes générales d'interruption, nous devons en conclure que la notification de l'acte de naissance ne peut
interrompre ; car cette notification n'est, ni un commandement, ni une citation, ni une saisie.

Mais supposons qu'avec la notification de l'acte de
naissance le donateur ait fait commandement ou
sommation au donataire de délaisser ; dans ce cas y
aura-t-il interruption? non, parce que la loi entend
par commandement capable d'interrompre la prescription celui qui est fait en vertu d'un titre exé-
cutoire ; or, dans l'espèce le commandement fait par
le donateur n'est pas un véritable commandement,
il n'est qu'une pure sommation, que je regarde comme
insuffisante pour interrompre.

814. — Nous avons dit que le donataire devait
la restitution des fruits à compter de la notification
de l'acte de naissance de l'enfant survenu ; nulle
difficulté sur ce point : si l'enfant survenu est légitime,
la notification de l'acte de naissance suffira seule pour
faire courir la restitution des fruits ; mais si la révocation de la donation est opérée par la légitimation
de l'enfant naturel, survenue depuis le don, alors
il faudra notifier, et l'acte de naissance de l'enfant, et
l'acte de célébration du mariage constatant sa légiti-

mation ; la notification d'un seul de ces actes serait incomplète, et ne soumettrait pas le donataire à la restitution des fruits ; car il faut que le donataire sache non-seulement que l'enfant est légitimé, mais encore qu'il est né depuis la donation.

§ IV. *De la révocation des donations faites en fraude des créanciers du donateur.*

815. — Quiconque s'est obligé personnellement est tenu de remplir son engagement sur tous ses biens mobiliers et immobiliers, présens et à venir (art. 2092 du code).

Les biens du débiteur sont le gage commun de ses créanciers (art. 2093).

D'où il résulte que les créanciers peuvent attaquer tous les actes faits en fraude de leurs droits, et dans la vue de leur enlever tout ou partie de leur gage (art. 1167).

816. — Mais par rapport aux actes faits en fraude des créanciers, il faut distinguer les actes à titre onéreux des actes à titre gratuit.

Si le débiteur, dans la vue de frauder ses créanciers, a consenti un titre onéreux quelconque, vente, obligation, etc., l'acte sera valable en faveur du tiers contractant, à moins que celui-ci n'ait connu la fraude, et n'ait accepté la vente que dans l'intention de la favoriser, *si particeps fraudis est;* en un mot, quand il s'agit d'un contrat onéreux, pour le faire annuller à l'égard du tiers contractant, il faut le concours de ces deux circonstances : 1.º perte à l'égard des créanciers ; 2.º participation à la fraude de la part du tiers : c'est ce qu'on appelle *consilium fraudis et eventus damni.* Leg. 10, ff *quæ in fraudem credit;* vid. l'instruction faite sur les conventions, pag. 300.

Mais si le débiteur, ayant ou non l'intention de frauder ses créanciers, consent une donation, cette donation sera révoquée, même à l'égard du donataire

de bonne foi, si les créanciers se trouvent en perte:
cette seule circonstance suffit, d'après la loi 6, § 11, ff
quæ in fraud. credit., qui s'exprime en ces termes :
« si le débiteur fait une donation à quelqu'un, on
» n'examinera pas si le donataire *a eu connaissance*
» *de la fraude*, mais seulement si les créanciers *sont*
» *en perte ;* on ne fait pas de tort en ce cas au do-
» nataire qui a ignoré la fraude, parce qu'on ne lui
» cause aucune perte, et qu'on lui ôte seulement le
» moyen de gagner ».

817. — Il résulte de ces principes, que toute donation faite par un insolvable, ou par celui qui le
devient au moyen de sa donation, est révocable même
à l'égard du donataire de bonne foi : il y a ici perte
pour les créanciers, et cette perte leur donne le droit
d'agir en révocation jusques et à concurrence de la
perte éprouvée.

Les créanciers qui peuvent agir sont ceux dont les
titres sont antérieurs à la donation ; les créanciers
postérieurs ne peuvent pas dire que la donation a été
faite à leur préjudice, puisqu'ils n'avaient aucun droit
lors de sa confection : d'ailleurs, si les créanciers
postérieurs pouvaient agir en révocation, tout donateur serait le maître de rendre sa donation sans effet,
en contractant des dettes postérieurement au don ;
faculté qui serait contraire à la nature de cet acte.
Vid. la loi 10, § 1, ff *quæ in fraud.; Furgole*, des
testamens, chap. 11, sect. 1.re, n.º 23.

818. — Toute donation qui cause ou augmente
l'insolvabilité du donateur peut être révoquée à la
requête des créanciers antérieurs à la libéralité : voilà
le principe; ainsi, tout créancier quelconque pourra
agir, pourvu que sa créance soit antérieure, sans distinguer les créances par acte public des créances purement chirographaires ; observons même que c'est
particulièrement en faveur de ces dernières créances

que l'action en révocation a été introduite, vu qu'il n'en résulte pas d'hypothèque.

Mais par rapport à la créance chirographaire est-il nécessaire qu'elle ait acquis une fixité de date avant la donation? Je le crois; il est impossible sans cela de prouver qu'elle est antérieure : l'art. 1328 du code civil dispose généralement, et sans exception, que les actes sous seing-privé n'ont de date contre les tiers que du jour de l'enregistrement, du décès d'un des signataires, ou de la mention des actes privés dans un acte public.

Dira-t-on que la fraude ne se présume pas? Je réponds, que le législateur, et même le simple citoyen, sont obligés de la présumer dans plusieurs circonstances; que le législateur la présume même dans tous les actes privés relativement à leur date : s'il en était autrement, il aurait dit que *les écrits privés font foi de leur date même à l'égard des tiers, sauf à prouver la fraude ;* mais il ne s'est pas expliqué ainsi; et puisque, sans distinction, le législateur déclare les écrits privés sans date à l'égard des tiers, nous devons le décider de même dans tous les cas.

D'ailleurs, quel moyen aurait le donataire pour établir la fraude intervenue dans la date d'un écrit privé? Ouvrage obscur de deux personnes, absolument étranger au donataire, celui-ci serait toujours dans l'impossibilité de prouver la fraude, et même de la découvrir. Dira-t-on que la fraude se prouve par des présomptions et des témoins? Mais, 1.º il est impossible de se procurer des témoins dans de pareilles circonstances; 2.º les présomptions sont également difficiles, peu concluantes, et souvent trompeuses, sur-tout en cette matière; 3.º ne serais-ce pas un grand mal, et ouvrir la porte à une infinité de parjures, que de consacrer en principe que l'anti-date d'un écrit privé peut être prouvée par deux témoins ! !

Dira-t-on, enfin, que le créancier est plus favorable que le donataire, *qui certat de lucro captando,* et qu'ainsi, dans le doute, il faut se décider pour celui qui n'agit que pour ne pas perdre? Je réponds, que c'est là donner la thèse pour raison ; qu'avant de peser les droits du créancier, il faut établir cette qualité à l'époque du don, car c'est précisément cette qualité qui est contestée : d'ailleurs, le créancier avait un moyen infaillible de prévenir le préjudice causé par les donations postérieures ; il n'avait qu'à faire enregistrer son titre : or, quel moyen a le donataire de prévenir les anti-dates ! !

819. — Faisons-nous des idées justes : nous avons dit que toute donation qui cause ou augmente l'insolvabilité du donateur est révocable jusques et à concurrence de la perte éprouvée, sans examiner, d'ailleurs, si le donateur et le donataire étaient ou n'étaient pas en mauvaise foi.

Ainsi, par exemple, Pierre est riche de 60,000 fr. ; il en doit 80,000, et donne ensuite un objet valant 20 ou 30,000 fr. : la donation est révoquée pour le tout.

Supposons que Pierre ne doive que 40,000 fr., et qu'il en donne 30,000, la donation ne sera révoquée que jusques et à concurrence de 10,000 fr. ; car, dans l'hypothèse, Pierre, *deducto œre alieno,* n'a que 20,000 fr. ; il ne peut donc donner que cela, et en donnant 30,000 fr. il donne 10,000 fr. de plus qu'il ne peut donner ; car ces 10,000 fr. appartiennent à ses créanciers.

820. — Pierre est riche de 100,000 fr. ; il en doit 60,000, et fait une donation de 20,000 fr. à Jacques: postérieurement à cette donation Pierre augmente ses dettes de 40,000 fr. ; dans cette hypothèse les

créanciers antérieurs pourront-ils demander la révocation de la donation ?

Nous voyons ici que par l'effet de la donation les
créanciers n'étaient pas en perte lors de sa confection,
puisqu'il restait encore dans les mains de Pierre un
résidu net de 20,000 fr. : ce n'est donc pas la donation
qui cause l'insolvabilité, mais bien les dettes postérieures ; ainsi, la révocation ne peut avoir lieu dans
notre espèce.

En effet, une donation ne peut jamais être épuisée
par les dettes postérieurement contractées : donner
et retenir ne vaut ; ainsi, si lors de la donation le
donateur ne doit rien, il aura beau contracter des
dettes dans la suite, la donation demeurera ferme et
irrévocable.   Eh ! pourquoi en serait-il autrement
dans le cas où il existerait un créancier antérieur !
comment cette circonstance pourrait-elle invalider
une donation valable et efficace dans son principe !
Un exemple fera sentir l'absurdité d'une pareille conséquence. Pierre est riche de 100,000 fr. ; il en doit
10,000, et fait une donation de 10,000 fr. ; puis il
contracte des dettes pour 300,000 fr. : ici les créanciers *postérieurs* n'auront aucun droit sur les 10,000
fr. donnés ; et, je le demande, cette donation sera-
t-elle annullée au profit des créanciers *antérieurs* ?
comment ceux-ci auraient-ils plus de droit que les
postérieurs ?

Mais, dira-t-on peut-être, il est bien malheureux
pour les créanciers antérieurs de voir le donataire
jouir tranquillement de l'intégralité de la chose donnée, tandis qu'ils éprouvent la plus grande perte
dans leur créance : je réponds, que si les créanciers
antérieurs sont en perte, c'est par leur faute ; ils
n'avaient qu'à poursuivre leur débiteur, qu'à prendre
des inscriptions hypothécaires pour s'assurer leur
créance sur les biens restans : ne l'ayant pas fait,
ayant suivi la foi de leur débiteur, ils ne peuvent

s'en prendre qu'à eux-mêmes du préjudice qu'ils éprouvent : *qui culpâ suâ damnum sentit non videtur damnum sentire ;* en un mot, tout principe dont la conséquence serait de donner au donateur le droit d'épuiser la donation doit être rejeté sans aucune difficulté.

821. — Nous disons que la donation qui enlève tout ou partie du gage nécessaire au payement des créanciers est révocable jusques et à concurrence de la perte qui leur est causée ; ainsi, les créanciers antérieurs peuvent agir en révocation s'ils sont en perte.

De ce principe résultent plusieurs conséquences : 1.º que le droit des créanciers n'existe qu'autant que les biens restans du donateur ne suffisent pas au payement de leurs créances ; 2.º qu'il est nécessaire de justifier cette insuffisance ; 3.º que si pendant l'action en révocation les biens du donateur se trouvent augmentés et suffisans, l'action en révocation tombe et devient de nul effet ; 4.º que le donataire dépouillé par l'action en révocation a toujours son action en garantie contre le donateur, garantie qu'il pourra faire valoir s'il survient d'autres biens à ce dernier.

L'insuffisance des biens opérée par la donation donnant seule aux créanciers le droit d'agir en révocation, il en résulte qu'ils doivent prouver cette insuffisance, et discuter préalablement tous les biens du donateur : *neque enim aliàs est quod conqueratur creditor cui salvum est jus in aliis bonis ,* leg. 10 , § 1 , ff *quæ in fraud. ; Perezius ,* dans ses préleçons sur le titre du code *de revocandis his quæ in fraudem.* Cette discussion doit être faite aux dépens des créanciers, parce que son résultat est la base de leur droit, et que tout demandeur doit établir à ses frais le fondement de ses prétentions.

Ainsi, les créanciers antérieurs ne peuvent pas attaquer le donataire de bonne foi, sans avoir préalablement discuté à leurs frais les biens du donateur.

Mais si le donataire était de mauvaise foi, s'il était prouvé qu'il n'avait accepté la donation que pour frauder les créanciers, alors ceux-ci pourraient agir directement contre le donataire, sans aucune discussion préalable, attendu que la mauvaise foi ne peut jamais profiter à son auteur, et qu'un contrat frauduleux peut toujours être attaqué par les parties intéressées; cela néanmoins n'aurait lieu qu'autant que l'insolvabilité du donateur serait apparente.

822. — Quand les créanciers sont en perte la donation est révocable, soit que le donataire ait accepté de bonne foi, soit qu'il ait participé à la fraude; ainsi, nulle différence par rapport à la révocation, considérée en elle-même, entre le donataire de bonne foi et le donataire de mauvaise foi.

Mais par rapport au délaissement et à la restitution des fruits des choses données, n'y a-t-il aucune différence entre le donataire coupable de fraude et celui qui l'est pas?

La loi romaine y mettait une grande différence: le donataire coupable de fraude était tenu, dans tous les cas, de rendre ou restituer *in solidum* la chose donnée, ou d'en payer la valeur s'il ne l'avait plus;

Mais le donataire de bonne foi n'était obligé de rendre que jusques et à concurrence de ce dont il se trouvait enrichi : *in hoc tantùm qui ignorantes ab eo qui solvendo non sit, hactenùs actio erit danda, quatenùs locupletiores facti sunt ultrà non*, leg. 6, § 11, ff *quæ in fraud. credit.*; et pour savoir s'il était devenu plus riche, l'on considérait le temps de la demande. Leg. 47, ff *de solut.*; leg. 34, ff *de minor.*; leg. 39, ff *de negotiis gestis.*

Cette disposition de la loi romaine peut s'appliquer au cas d'une donation d'une somme que le donataire de bonne foi aurait dépensée sans être plus riche : l'on raisonne alors à l'égard des créanciers tout comme si le donateur avait lui-même dépensé cette somme.

Sans doute cette disposition de la loi romaine est pleine d'équité et de sagesse ; mais son application ne présente-t-elle pas les plus grandes difficultés ? Comment prouver que la somme donnée n'a pas tourné au profit du donataire ? ne peut-il pas en avoir payé des dettes chirographaires et inconnues ? ne peut-il pas avoir la somme dans ses mains ? ne peut-il pas avoir reçu en même temps une autre donation, ou succéder à quelque parent ? Comment, dans ce cas, et dans une infinité d'autres, prouver l'augmentation de sa fortune produite par la donation révoquée ?

Dira-t-on que la donation étant révoquée par le fait de l'insolvabilité, les créanciers peuvent agir contre le donataire en restitution de l'entière somme donnée, sauf à celui-ci la faculté de prouver qu'il n'en est pas devenu plus riche ? Mais comment le donataire fera-t-il cette preuve ? donnera-t-il un double bilan, celui de sa fortune lors du don, et celui de sa fortune lors de la demande des créanciers ? Comment ceux-ci impugneront-ils ce double état ?

Ces difficultés me paraissent si grandes, que j'ose décider que les dispositions de la loi romaine ne doivent pas être suivies ; et vu que personne n'est censé abuser de ses biens, je pense que le donataire même de bonne foi est tenu dans tous les cas de rendre la somme donnée, à moins qu'il ne puisse prouver, ou que cette somme a réellement péri dans ses mains par l'effet d'une force majeure, ou accident imprévu, ou qu'il l'a donnée lui-même gratuitement à un autre, parce qu'alors il est rigoureusement prouvé qu'il n'en est pas devenu plus riche : *qui pretium donavit locupletior non est, nisi remunerationis causâ.* Leg. 25, § 11, ff *de hæred. petit.*

Mais si le donataire d'un immeuble l'a vendu, en a touché, et puis dépensé ou perdu le prix, dans tous ces cas, il devra rendre la valeur de l'immeuble, aux termes de la loi 18, ff *quod metûs causâ : si in pecu-niam alianve rem aliquid convertit, ex tunc enim omnimodò locuples videtur, licèt posteà deperdat;* vid. encore la loi 47, ff *de solut.*

823. — Il est encore une grande différence entre le donataire de bonne foi et le donataire de mauvaise foi, par rapport à la restitution des fruits et au payement des dégradations.

Le donataire de mauvaise foi doit rendre tous les fruits depuis la donation ; il est également tenu de toutes les dégradations provenant de son fait, faute ou négligence.

Mais le donataire de bonne foi fait les fruits siens, comme le décide *Ricard*, même par rapport au donataire qui jouit en vertu d'une donation nulle dans la forme. Vid. *Roussille*, donations, n.os 615 et 616.

Quant aux dégradations, le donataire n'est tenu que de celles dont il a tiré quelque profit, relativement aux autres il n'en est pas tenu, parce qu'il a pu négliger, dévaster même ce qu'il croyait être à lui : *bonæ fidei possessor non reddit rationem de culpâ qui quasi rem suam neglexit*, leg. 31, § 3, ff *de hæred. petit.; nec si dilapidaverit, vel perdiderit, dùm de re suâ abuti putat.*, leg. 25, § 11, ff *dicto titulo.*

824. — Si la donation est universelle les créanciers n'ont pas besoin d'agir en révocation, parce que le donataire se trouve obligé de droit au payement de toutes les dettes.

Ainsi, l'action en révocation a particulièrement lieu à l'égard des donations d'un objet particulier ; elle peut également avoir lieu à l'égard du donataire d'une quote, quoiqu'il soit tenu proportionnellement des dettes, parce que, par l'effet de l'insolvabilité, il faut, ou que le donataire paye toutes les créances, ou qu'il consente à la révocation.

825. — L'action en révocation a lieu contre toutes

sortes de donations pures, conditionnelles, mutuelles, par contrat de mariage ou hors contrat, quel qu'en soit l'objet, meuble ou immeuble, leg. 10, § 19 et 22, ff *quæ in fraud.*; même à l'égard des constitutions de dot : *neque enim dos in fraudem creditorum constituenda est, et hoc certò certius est et sæpissimè constitutum : dictâ lege* 10, § 14 ; soit que la femme se soit elle-même constituée la chose, soit qu'elle lui ait été constituée par tout autre ascendant, collatéral ou étranger : *dictâ lege*, § 14, et leg. 25, § 1 et 2, ff *dicto titulo.*

Par rapport au mari qui avait reçu la dot, la révotion n'avait lieu, suivant la loi romaine, que lorsque le mari avait connu la fraude : cette distinction entre le cas où le mari est de bonne foi et celui où il ne l'est pas ne doit pas être faite, parce que les droits du mari doivent dans tous les cas s'évanouir par l'effet de la révocation de la constitution de dot, qui est toujours une véritable donation ; la stipulation de dot étant une simple convention matrimoniale entre l'époux et l'épouse, qui ne doit pas nuire aux créanciers du constituant ou donateur.

825. — Les donations rémunératoires sont-elles révocables ? Elles le sont pour le tout, si les services mentionnés ne sont pas appréciables à prix d'argent ; s'ils sont appréciables, la révocation n'a lieu que pour ce qui excède le prix des services ; elle est irrévocable pour le reste, parce que jusques et à concurrence des services le donataire est considéré comme créancier, et qu'il n'y a pas de fraude à recevoir le payement de ce qui est dû : *qui suum recepit nullam videtur fraudem facere*, leg. 6, §6 ; *quamvis sciens debitorem solvendo non esse, dictâ lege*, §7 ; *sibi enim vigilavit, meliorem conditionem fecit; jus civile vigilantibus scriptum est*, leg. 24, ff *dicto titulo.*

826. — Quelle est la durée de l'action en révocation? D'après la loi romaine, cette action ne durait

qu'un an, quand elle tendait à la restitution *in soli-dum* de la chose donnée ; elle était perpétuelle, quand elle tendait seulement au payement de ce dont le donataire était devenu plus riche, leg. 6, § dernier, et leg. 9, § 24, ff *quæ in fraud.*; *Ricard* et *Furgole* observent que cette action dure trente ans dans tous les cas, vid. *Furgole*, des testamens, chap. 11, sect. 1.re, n.º 24.

Je crois que cette action ne doit durer que dix ans, même à l'égard du donataire de mauvaise foi : dix ans forment le terme le plus long des actions rescisoires fondées sur le dol et la fraude. Vid., par argument, l'art. 1304 du code civil.

Mais de quelle époque la prescription de dix ans commencera-t-elle à courir? courra-t-elle du jour de la donation, ou seulement du jour que l'insolvabilité du donateur aura été découverte? Je pense que la prescription décennale ne doit courir que du jour de l'insolvabilité reconnue par la discussion des biens du donateur, car jusques-là les créanciers n'avaient pas le droit d'agir, *et contra non valentem agere non currit præscriptio.* Vid. *Vinnius*, aux instit. *de actionibus*, § 7, où il interprète ainsi le § dernier de la loi 6, ff *quæ in fraud.*; vid. également *Furgole*, dans son traité des testamens, chap. 11, sect. 1.re, n.º 24.

827. — Quant à ceux qui ont acquis du donataire, ils n'ont rien à craindre de l'action en révocation, à moins qu'ils ne soient de mauvaise foi, et qu'ils n'ayent acquis que pour favoriser la fraude du donataire : s'ils sont de bonne foi, nonobstant la révocation, ils conserveront la propriété et possession des choses par eux acquises, parce que la résolution de la donation n'a pas lieu par l'effet d'une condition résolutoire tacitement stipulée, vid. la loi 9, ff *quæ in fraud*; en un mot, la révocation par insolvabilité, tout comme la révocation pour cause d'ingratitude, ne préjudicie, ni aux ventes, ni aux charges

consenties

consenties par le donataire avant l'inscription de la demande en marge de la transcription de la donation ; inscription qui peut être faite par les créanciers agissant en révocation, tout comme par le donateur agissant pour cause d'ingratitude : là où les mêmes motifs de la loi se trouvent, nous devons appliquer ses dispositions et les moyens qu'elle nous trace pour la conservation de nos droits. Vid. l'art. 958.

CHAPITRE XI.

Du droit de retour.

828. — Par droit de retour ou de réversion on entend un droit d'après lequel le donateur reprend les choses par lui données dans le cas du prédécès du donataire.

Sur l'origine et la nature de ce droit dans la législation romaine, vid. le nouveau répertoire de jurisprudence, *verb.* réversion.

D'après le code civil il existe un retour légal et un retour conventionnel : nous traiterons de l'un et de l'autre dans des paragraphes distincts ; mais avant d'entrer dans une matière aussi importante, nous devons placer une observation qu'il ne faudra jamais perdre de vue.

Cette observation trouve son fondement dans l'art. 1089 du code civil, ainsi conçu :

« Les donations faites à l'un des époux dans les ter-» mes des art. 1082, 1084 et 1086 ci-dessus, devien-» dront caduques, si le donateur survit à l'époux do-» nataire et à sa postérité ».

En rapprochant cet art. 1089 des art. 1082, 1084 et 1086, nous trouverons,

1.º Que les institutions contractuelles, ou donations de tout ou de partie des biens que le donateur laissera à son décès ;

2.º Que les donations de biens à venir, ou de biens présens et à venir, avec ou sans état de dettes;

3.º Que les donations faites à la charge de payer tout ou partie des dettes de la succession du donateur, ou sous une charge indéfinie quelconque;

4.º Que les donations faites sous une condition purement potestative de la part du donateur;

5.º Que les donations d'une somme à prendre sur les biens que le donateur laissera à son décès;

Et toutes autres donations par lesquelles le donateur aura *donné et retenu*, demeurent caduques et anéanties, si le donateur survit à l'époux donataire et à sa postérité; et la raison en est simple,

Car, par rapport à l'institution, il faut bien qu'elle demeure de nul effet si l'instituant survit à l'institué.

Dans la donation de biens présens et à venir le donateur qui survit, pouvant augmenter ses dettes à volonté, reste le maître de réduire la donation à rien : cette faculté d'épuiser la donation se fait encore mieux sentir dans les cas où il y a charge de payer les dettes de la succession, ou quand la donation est faite sous une condition potestative à l'égard du donateur ; dans tous ces cas la donation demeure sans effet, si le donateur survit au donataire et à sa postérité.

Ainsi, quand il s'agira d'une question de droit de retour, il faudra d'abord examiner si la donation dont il s'agira est dans les termes des susdits art. 1082, 1084 et 1086 du code; si elle s'y trouve, il faudra décider qu'elle est devenue caduque par le prédécès du donataire et de ses enfans, sans s'occuper du droit de retour, qui est toute autre chose que la *caducité* prononcée par le susdit art. 1089.

829. — M. *de Malleville*, il est vrai, nous dit, sur cet art. 1089, que la caducité dont il parle est une espèce de retour légal; et de là il en conclut que les biens ne reviennent au donateur qu'avec l'affectation

de l'hypothèque légale de la femme pour la conservation et payement de sa dot et des conventions matrimoniales.

Je ne crois pas que l'opinion de M *de Malleville* doive être adoptée ; il faut distinguer la *caducité* du droit de retour.

Pour la définition du mot *caducité*, pour connaître sa véritable acception, nous ne devons pas consulter la loi *Papia*, ni le tit. du cod. *de caducis tollend.*; vid. le lexicon *juris*, *verb.* caducum, et *Furgole*, dans son traité des testamens, chap. 7, sect. 7, n.ºs 18 et suiv ; il faut lire sur-tout les art. 1039, 1040, 1042, 1043, et notamment l'art. 1088 du code civil.

Il résulte des premiers articles que le legs est *caduc*,

1.° Quand le testateur survit au légataire ;

2.° Quand le légataire meurt avant l'accomplissement de la condition suspensive sous laquelle le legs lui a été fait ;

3.° Quand la chose léguée périt pendant la vie du testateur, et même après sa mort, sans le fait et la faute de l'héritier ;

4.° Quand le légataire répudie, ou se trouve incapable de recueillir le legs :

Dans tous ces cas il y a *caducité* ; et nous voyons que par legs *caduc*, on entend celui qui ne produit aucun effet, et qui est considéré comme s'il n'avait jamais existé.

L'art. 1088 est ainsi conçu : « toute donation faite » en faveur de mariage sera *caduque* si le mariage » ne s'ensuit pas ».

Cet article nous explique d'une manière bien claire ce qu'il entend par *donation caduque* : le mariage étant la condition nécessaire de la donation, il faut bien qu'elle tombe en cas de non accomplissement du mariage ; disons mieux, toute donation en faveur de mariage est faite sous la condition suspensive de son accomplissement : donc si le mariage n'a pas lieu, il est vrai de dire qu'il n'y a jamais eu de donation ; la condition qui devait lui donner l'être ne s'étant pas réalisée.

Ainsi, par donation *caduque*, le législateur entend non-seulement une donation résolue, mais encore une donation qui n'a jamais eu une existence absolue et complète.

830. — Ainsi fixés sur l'acception du mot *caducité* employé dans l'art. 1088, observons que l'art. suivant 1089 est précisément celui qui déclare caduques les donations qui nous occupent ; or, le mot *caduc*, employé dans deux articles qui se suivent, ne peut et ne doit avoir que la même signification ; et de là nous tirerons cette dernière conséquence, que les institutions contractuelles, les donations de biens présens et à venir, et toutes les autres ci-dessus énumérées, deviennent *caduques*, en cas de survie du donateur ; tout comme la donation en faveur de mariage devient caduque, si le mariage ne s'ensuit pas.

Concluons donc que les institutions contractuelles et les autres dispositions ci-dessus ne sont censées faites, quant à la transmission de la propriété, que sous la condition du prédécès de l'instituant ou donateur ; et qu'ainsi, si l'instituant survit, les biens donnés ne sont assujettis à aucune espèce d'hypothèque du chef du donataire.

831. — En décidant, comme M. *de Malleville*, que si l'hypothèque de la dot subsiste, malgré la caducité de la donation des biens présens et à venir, il faut du moins convenir que le donateur reste le maître d'épuiser la donation, en contractant des dettes à volonté : or, puisque le donateur peut épuiser la donation par des obligations postérieures, il faut bien en conclure que l'hypothèque de la femme ne peut subsister sur les biens compris dans une donation épuisée.

Mais, dira-t-on peut-être, ne faudrait-il pas faire une distinction par rapport à la donation de biens présens et à venir, lorsqu'il y a été joint un état des dettes? car alors le donataire pouvant opter pour les biens présens (art. 1084), le donateur ne reste plus le maître d'épuiser la donation relativement à cette espèce de biens. Je réponds, 1.º que le législateur n'a pas fait cette distinction, et qu'il prononce la caducité pour tous les cas; 2.º que la faculté d'opter n'existe qu'au décès du donateur (susdit art. 1084 du code) : or, puisque, dans la supposition, le donateur survit au donataire et à sa postérité, il est vrai de dire que le droit d'option ne se trouve jamais ouvert, ni réalisé; d'où il résulte que de ce droit d'option *non réalisé* il ne peut résulter aucun préjudice contre le donateur.

Enfin, M. *de Malleville* veut que l'hypothèque de la dot subsiste en faveur de la femme, et que toutes autres soient anéanties; et il ne conserve l'hypothèque de la dot que parce que le susdit art. 1089 présente un retour légal, qui ne doit pas plus préjudicier à la femme que le retour conventionnel; mais s'il n'est question ici que d'un retour *légal*, il faut nécessairement que toutes les hypothèques subsistent, aux termes de l'art. 747 du code : pourquoi, en effet, toutes les hypothèques seraient-elles maintenues dans le cas d'une donation de biens présens, et seraient-elles anéanties dans le cas d'une donation de biens présens et à venir ! !

Tenons donc pour certain que la *caducité* prononcée par l'art. 1089 est toute autre chose que le droit de *retour*, et que, par l'effet de cette caducité, toutes les aliénations, charges, hypothèques légales ou autres consenties par le donataire prédécédé, demeurent de nul effet, et que le donateur se ressaisit de ses biens, tout comme si la donation caduque n'avait jamais été faite.

831. — Ne le perdons jamais de vue : quand il sera question d'un droit de retour, il faudra d'abord

examiner si la donation faite se trouve dans les termes des art. 1082, 1084 et 1086 du code civil : si la disposition est faite dans ces termes, il ne sera pas question du droit de retour; mais du fait de savoir si cette disposition se trouve ou ne se trouve pas caduque.

La caducité aura lieu toutes les fois que le donateur survivra au donataire décédé sans enfans;

Elle aura encore lieu si le donataire décédé laisse des enfans qui meurent eux-mêmes avant le donateur;

En un mot, il y a caducité quand le donateur survit au donataire et aux enfans et descendans de ce dernier.

832. — Remarquons que les dispositions susceptibles de caducité ne peuvent être faites que par contrat de mariage, et en faveur des futurs époux, ou de l'un d'eux; remarquons encore que la caducité a lieu en faveur de tout donateur ascendant, collatéral ou étranger, qui survit au donataire et à sa postérité.

833. — L'existence de la postérité du donataire empêche donc la caducité : tel est le principe; mais toute postérité légitime du donataire produit-elle cet effet? ou bien faut-il restreindre cette faculté aux enfans ou descendans provenus du mariage à raison duquel le donateur a disposé?

Un exemple fera sentir cette question et son importance. Pierre donne à Jean ses biens présens et à venir, ou il l'institue son héritier dans son contrat de mariage avec Sophie.

Jean meurt : il ne laisse pas d'enfans de son mariage avec Sophie; mais il en laisse, soit d'un mariage antérieur, soit d'un mariage postérieurement contracté : dans ce cas y aura-t-il caducité de la disposition en faveur du donateur survivant? ou bien les enfans d'un antérieur ou subséquent mariage empêcheront-ils la caducité?

Montvallon, dans son traité des successions, tom. 2, p. 416, nous dit que, d'après le plus grand nombre de docteurs, la caducité est empêchée par la survivance des enfans de l'institué, *ex quoque matrimonio;* telle est particulièrement l'opinion de *Dumoulin : ex quoque matrimonio*, dit-il, *quia non fit hic restrictio ad descendentes ejusdem matrimonii;* vid. *Dumoulin*, leg. *placet*, ff *de liberis et posthumis : Chabrol*, professe la même doctrine.

Roussille et *Lauriere* pensent, au contraire, que la caducité n'est empêchée que par les enfans provenus du mariage en faveur duquel l'institution a été faite; *Lauriere* en donne une raison frappante : la substitution vulgaire tacite, dit-il, ne peut pas avoir plus d'effet que la substitution vulgaire expresse; or, si l'instituant avait dans le second contrat de mariage substitué les enfans du premier lit de l'institué, la substitution serait nulle; à plus forte raison ces enfans du premier lit ne peuvent-ils invoquer aucune substitution tacite en leur faveur.

M. *Grenier* pense néanmoins qu'il n'y a pas de caducité quand le donataire ou institué laisse des descendans quelconques, soit d'un antérieur, soit d'un subséquent mariage; il se fonde sur l'art. 1089, qui porte que la caducité n'a lieu que lorsque le donateur survit au donataire *et à sa postérité*.

Pour fixer nos doutes sur cette question, il faut examiner avec attention les art. 1082, 1084 et 1086, auxquels se rattache nécessairement l'art. 1089.

Observons, d'abord, que ces quatre articles se trouvent placés sous le même chapitre 8, intitulé : des donations faites par contrat de mariage aux époux et *aux enfans à naître du mariage;* ainsi, nous voyons que les dispositions dont il va être question intéressent les époux et *les enfans à naître du mariage*.

Remarquons ensuite les expressions du législateur, et nous verrons, 1.º que les institutions contractuelles peuvent être faites, tant au profit des époux, qu'au profit *des enfans à naître du mariage* (art. 1082);

2.º Que l'institution, quoique faite au profit seulement des époux, ou de l'un d'eux, est toujours, dans le cas de survie du donateur, présumée faite au profit des enfans et *descendans à naître du mariage* (susdit art. 1082);

3.º Que les donations avec charge indéfinie, ou sous une condition potestative à l'égard du donateur, peuvent être faites en faveur des époux et *des enfans à naître de leur mariage* (art. 1086).

Ainsi, nul doute sur la volonté du législateur: il annonce de la manière la plus expresse que les dispositions dont il s'occupe peuvent être faites *au profit des enfans du mariage*; donc les enfans à naître du mariage sont les seuls qui soient l'objet de sa sollicitude: donc la postérité dont le législateur parle dans l'art. 1089 est cette même postérité dont il a parlé dans les art. 1082 et 1086 : les enfans du mariage sont les seuls présens à sa pensée; il les nomme textuellement dans les deux art. 1082 et 108 ; il les nomme encore dans l'intitulé du chapitre 8 : il est donc impossible de supposer que dans l'art. 1089 il ait pu s'occuper d'autres enfans.

Cette vérité se démontre encore d'une manière rigoureuse, en observant que les dispositions dont s'agit ne peuvent être faites qu'en faveur des époux et des enfans à naître du mariage; qu'une institution contractuelle, par exemple, ne peut être valablement faite au profit des enfans d'un autre lit de l'institué.

Cela posé, et raisonnant par rapport à l'institution, supposons que l'institué prédécède l'instituant, et qu'il laisse des enfans du mariage et des enfans d'un autre lit ; dans ce cas qui recueillera l'institution ? les enfans d'un autre lit y auront-ils des droits ? Non, l'institution est déférée exclusivement, et par forme de substitution vulgaire, aux enfans nés du mariage ; les autres n'y ont absolument rien à voir : l'art. 1082 nous dit textuellement que l'institution est recueillie par les enfans à naître du mariage ; et de là il résulte que les enfans à naître recueillent de leur chef, et non comme héritiers de l'institué ; il en résulte, enfin, que le titre de l'institution ne se trouve pas dans la succession de ce dernier, car si ce titre s'y trouvait, tous ses enfans y auraient un droit égal.

Supposons à présent que l'institué prédécède sans laisser des enfans du mariage, mais en laissant d'un autre lit ; dans ce cas ces enfans d'un autre lit recueilleront-ils l'institution ? non : comment, en quelle qualité la recueilleraient-ils ? comme héritiers de leur père institué ?..... mais nous venons de voir que le titre de l'institution ne se trouve pas dans la succession de ce dernier ; comme tacitement appelés à défaut des enfans du mariage ? mais la chose est impossible, car si l'instituant les avait nommément appelés, sa disposition aurait été nulle quant à ce ; or, comment la loi, en suppléant au silence de l'homme, pourrait-elle faire plus que lui, et appeler à une institution ceux que l'homme n'aurait pu appeler lui-même ! en d'autres termes, comment supposer ici une substitution vulgaire tacite, quand la substitution expresse est rejetée par la loi ! !

Il est donc démontré que les enfans du mariage peuvent seuls mettre obstacle à la caducité de l'institution contractuelle.

834. — Mais si cette proposition est vraie par rapport à *l'institution*, elle l'est également relativement aux donations de biens présens et à venir, et autres dispositions faites dans les termes des susdits art. 1084 et 1086. En effet, toute la difficulté sur cette matière venait du mot générique *postérité*, employé dans l'art. 1089 : ce mot *postérité* désignait-il tous les

enfans généralement quelconques, ou seulement les enfans mentionnés dans les art. 1082, 1084 et 1086? tel était le doute : or, puisque, relativement à l'institution contractuelle, le mot *postérité* ne désigne que les enfans du mariage, il doit en être de même par rapport à toutes les autres dispositions ; le même mot dans un article ne peut être pris, et dans un sens restrictif, et dans un sens général ; il ne peut avoir une double acception.

D'un autre côté, il est évident que dans les art. 1082, 1084 et 1086, le législateur n'a considéré, n'a eu en vue que les enfans à naître du mariage : or, comment dans l'art. 1089 aurait-il songé à d'autres enfans ? comment aurait-il pu appeler indirectement une postérité incapable de recevoir par cette forme de disposition, une postérité non encore existante, et qu'on ne pouvait pas prévoir ? Donc la postérité dont parle l'art. 1089 est la postérité appelée à recueillir par les autres articles, et qui est seule désignée comme capable de recevoir.

Cette pensée du législateur est en parfaite harmonie avec celle de l'homme ; en effet, le donateur songe au futur époux, aux enfans qui peuvent naître du mariage : songe-t-il aux enfans nés d'un mariage antérieur ? non, il n'y songe pas, et la preuve résulte de son silence à leur égard : aurait-il songé à eux ? aurait-il voulu les avantager ? il ne pouvait le faire par ce genre de disposition : songe-t-il aux enfans d'un mariage postérieur ? non, la chose est impossible : en favorisant le présent mariage par ses bienfaits, pouvait-il songer à une nouvelle union fondée sur la dissolution du mariage qu'il favorise ! ! Donc ces enfans à naître ne peuvent avoir aucun droit, puisque le donateur ne leur en a donné aucun, ne songeant pas même à eux ; d'ailleurs, il n'aurait pu les avantager de cette manière.

Tenons donc pour certain que la postérité dont

parle l'art. 1089 est la postérité désignée par le législateur dans les autres articles, la seule à laquelle il ait
songé : cette opinion est conforme à celle de M. *Merlin*.
Vid. le répertoire de jurisprudence, *verb*. institution
contractuelle.

835. — Il résulte de ce que nous avons dit, que
toute disposition faite dans les termes des susdits art.
1082, 1084 et 1086, devient caduque, si le donateur
survit au donataire et aux enfans à naître du mariage.

Ainsi, sont susceptibles de caducité toutes les dispositions que nous avons énumérées n.° 828 ci-dessus.

Remarquons qu'une donation de biens présens et
à venir peut être faite de plusieurs manières : on peut
donner, par exemple, une quote égale des biens présens et à venir, ou une quote différente de ces biens,
comme la moitié des biens présens et le dixième des
biens à venir ; on peut également donner tous les immeubles présens et les meubles à venir : dans tous ces
cas y a-t-il également caducité pour le tout, dans
le cas du prédécès du donataire et des enfans du
mariage ? Oui, la caducité a lieu ; il est impossible
de diviser la disposition, la mention d'un bien à venir
quelconque donne à la disposition le caractère d'une
donation à cause de mort, et telle est la cause de la
caducité ; d'ailleurs, la dixième ou centième partie
des biens à venir suffit pour épuiser toute donation
quelconque de biens présens. Cependant si le donateur avait distinctement séparé ses dispositions ; s'il
avait donné d'abord ses biens présens, et puis, par une
disposition séparée, donné une quotité différente des
biens à venir, ou simplement ses meubles à venir ;
dans ce cas je crois qu'il y aurait réellement deux
dispositions, et que la caducité ne pourrait frapper
que sur la disposition relative aux biens à venir, celle
relative aux biens présens étant seulement susceptible
du droit de retour ; mais pour cela il faudrait, outre
les deux dispositions bien distinctes pour les biens

présens et les biens à venir, l'état des dettes existantes, ou la déclaration qu'il n'en existe point.

836. — Nous disons qu'une donation de biens présens et à venir peut devenir caduque par le prédécès du donataire et des enfans du mariage ; mais cela n'a lieu que lorsque la donation des biens présens et à venir est insérée dans le contrat de mariage du donataire, car elle n'est valable que dans cet acte : s'il s'agissait, au contraire, d'une donation de biens présens et à venir faite hors contrat de mariage, la disposition pour les biens à venir étant nulle, et celle pour les biens présens subsistant, il ne pourrait y avoir lieu qu'au droit de retour. Il n'y a pas là de contradiction : si la donation hors contrat de mariage des biens présens et à venir n'est pas susceptible de caducité, c'est parce que cette disposition ne peut porter sur les biens à venir, qu'elle ne vaut que pour les biens présens, et qu'ainsi elle ne peut être assujettie qu'aux règles des donations entre-vifs proprement dites.

837. — L'art. 1086 du code parle des donations avec une charge indéfinie, ou sous une condition dont l'exécution dépendrait de la volonté du donateur ; il parle encore des donations avec réserve de la liberté de disposer d'un effet compris dans la donation des biens présens, ou d'une somme à prendre sur ces mêmes biens : or, nous avons dit que les dispositions faites dans les termes de l'art. 1086 sont susceptibles de caducité : cette décision est-elle générale ? en d'autres termes, une donation de biens présens, avec réserve de la faculté de disposer d'une partie de ces biens, ou d'une somme à prendre sur iceux, est-elle susceptible d'une caducité absolue ? ou bien la réserve seule peut-elle devenir caduque, et le donateur peut-il seulement reprendre l'objet ou la somme réservés ?

Je pense que la caducité ne peut avoir lieu que par rapport à la réserve, et que la donation pour le surplus demeure stable, sauf le droit de retour ; en effet, la donation avec réserve présente deux choses : 1.º une donation irrévocable par rapport à ce qui excède la réserve ; 2.º une donation à cause de mort, relativement aux objets réservés : ces deux dispositions sont distinctes, et doivent être soumises à des règles différentes ; ainsi, la dernière est susceptible de caducité, tandis que la première ne l'est point.

S'il en était autrement, une pareille donation faite hors contrat de mariage serait éventuellement plus favorable que dans le contrat de mariage lui-même ; en effet, la donation avec réserve est toujours valable hors contrat de mariage, sauf par rapport à l'émolument de la réserve, qui ne peut appartenir au donataire ; mais le surplus lui est irrévocablement acquis : or, pourquoi en serait-il autrement relativement à la donation avec réserve insérée dans un contrat de mariage ?

Nous avons dit, il est vrai, qu'une donation de biens présens et à venir était susceptible de caducité pour le tout, quand elle était insérée dans un contrat de mariage, et qu'elle ne l'était pas pour les biens présens, quand elle était faite hors contrat ; mais la parité n'est pas exacte : dans la donation de biens présens et à venir, attendu la faculté de grossir indéfiniment les dettes, la donation peut être épuisée pour le tout, suivant la volonté du donateur ; dans la donation avec réserve d'un objet fixe, le pouvoir du donateur est limité ; et quoi qu'il puisse faire, la donation sera toujours irrévocable pour le surplus.

D'ailleurs, la donation avec réserve d'une somme fixe n'est pas une disposition introduite et consacrée par l'art. 1086 ; on ne peut pas dire rigoureusement qu'une telle donation est faite dans les termes de cet article : remarquons, d'un autre côté, que la disposition relative aux réserves qu'on trouve dans le susdit art. 1086 n'a aucune relation, aucune connexité avec les dispositions antérieures de ce même article ; cette disposition non connexe ne peut donc être soumise aux mêmes règles : le susdit art. 1086 est copié sur l'art. 18 de l'ordonnance de 1731 , et voilà pourquoi nous y trouvons les dispositions relatives aux donations avec réserve d'une somme fixe.

Enfin, il y a une grande distance entre une réserve fixe , qui ne peut que diminuer l'émolument de la donation , et une réserve indéterminée , qui peut la réduire à rien : deux dispositions si différentes ne peuvent donc avoir les mêmes résultats ; et, je le demande , ne serait-il pas injuste de prononcer pour le tout la caducité d'une telle donation au préjudice des enfans que le donataire pourrait laisser d'un antérieur ou subséquent mariage?

Mais, dira-t-on encore, l'art. 1089 déclare caduques les donations faites dans *les termes* des art. 1082 , 1084 et 1086 ; or , c'est dans l'art. 1086 qu'il est question des donations avec réserve d'une somme fixe : donc ces donations sont susceptibles de caducité; cette expression, *dans les termes des art. 1082, etc.*, équivaut à celle-ci, *dont il est parlé dans les art. 1082, etc.*

Je réponds que ce n'est pas seulement dans l'art. 1086 qu'il est question d'une donation avec réserve d'une somme fixe; il en est encore question dans l'art. 1046 : ce dernier article valide cette donation, sauf par rapport à la réserve; l'art. 1089 ajoute seulement aux dispositions de l'art. 1046, pour valider la donation pour le tout en faveur du donataire; mais cet avantage, procuré par cet article à la donation dont il s'agit, ne peut la dénaturer, ni tourner jamais contre le donataire, ni contre ses héritiers.

L'art. 1089, en se référant aux dispositions de l'art. 1046, ne parle que des donations qui ne sont valides qu'en vertu de ce dernier article : telles sont les donations avec charge indéfinie ou sous une condition potestative ; de pareilles donations ne peuvent sortir à effet qu'en vertu de l'art. 1046, elles étaient proscrites en général par les art. 944 et 945 : il est donc vrai de dire que ces dernières donations sont dans les purs termes de l'art. 1046, qui les valide ; mais l'on ne peut pas en dire de même d'une donation avec réserve d'une somme fixe, donation déjà expressément validée par le susdit art. 946.

Notre décision s'appliquerait également à une donation avec réserve d'une somme fixe, faite ladite donation tant en faveur du donataire, que de ses enfans à naître : cette mention des enfans à naître ne soumet-trait pas cette donation à la caducité ; d'ailleurs, la mention des enfans à naître ne leur donne pas plus de droits qu'ils n'en auraient s'ils n'étaient pas mentionnés.

838. — En fait de caducité ne perdons jamais de vue ces trois propositions :

1.° Peuvent seules devenir caduques les donations où l'on trouve essentiellement la clause de donner et retenir ;

2.° La caducité a lieu quand le donateur survit au donataire et aux enfans ou descendans du mariage, lors même que le donataire laisserait des enfans d'un autre lit ;

3.° Par l'effet de la caducité il faut raisonner comme si la donation n'avait jamais été faite ; les biens reviennent dans les mains du donataire libres et affranchis de toutes dettes ou aliénations.

Passons au droit de retour.

§ I.er *Du droit de retour légal.*

SECTION I.re
Des cas où le droit de retour légal existe.

839. — Le droit de retour légal n'existe aujourd'hui qu'en faveur de l'ascendant donateur qui survit à son enfant ou descendant donataire décédé sans postérité.

Ce droit de retour légal est établi par l'art. 747 du code, ainsi conçu : « les ascendans *succèdent*, à » l'exclusion de tous autres, aux *choses* par eux don- » nées à leurs enfans ou descendans *décédés sans* » *postérité*, lorsque les choses données se retrouvent » *en nature dans la succession* ».

« Si les objets ont été *aliénés*, les ascendans réu- » nissent le prix qui peut en être dû ; ils succèdent » aussi à l'action en reprise que pouvait avoir le do- » nataire ».

840. — Ainsi, pour que le droit de retour légal existe, il faut,

1.º Que le donataire soit descendant du donateur ;

2.º Qu'il soit décédé sans postérité avant le donateur ;

3.º Que les biens donnés se retrouvent en nature, ou remplacés dans sa succession.

841. — La première de ces conditions n'a pas besoin d'explication ; il en résulte que toute donation faite par un ascendant à son fils, petit-fils ou arrière-petit-fils, peut être sujette au droit de retour légal.

Pour deuxième condition, il faut que le donataire meure sans postérité, c'est-à-dire, sans enfans, ni descendans de lui ; s'il laisse un descendant quelconque, mâle ou fille, fils ou petit-fils, il n'y a pas lieu au droit de retour.

842.

842. — Supposons que le donataire laisse un enfant naturel reconnu ; cet enfant naturel mettra-t-il
obstacle au droit de retour, tout comme s'il était légitime ?

« Il est certain, dit *Montvallon,* dans son traité des
» successions, art. 7, chap. 11, que les enfans bâtards
» que le donataire peut avoir ne font pas cesser le
» droit de retour, parce qu'ils sont incapables de
» succéder ; or, il est de règle que les enfans inca-
» pables de succéder ne sauraient empêcher le droit
» de retour ».

Je pense néanmoins que l'enfant naturel met obstacle au droit de retour ; car, pour empêcher ce droit,
il importe fort peu que les enfans du donataire soient
ses héritiers, ou non : quoiqu'ils ne soient pas héritiers, le droit de retour cesse par leur existence, comme
il a été jugé par un arrêt du 10 mars 1608, rapporté
par *Lacombe,* dans sa jurisprudence civile ; d'ailleurs,
quand l'existence des enfans est mise comme une
condition, la condition se trouve accomplie, sans
considérer s'ils sont ou ne sont pas héritiers : *cùm
rogatus erit si sine liberis decesserit, per fideicom-
missum restituere, conditio defecisse videbitur si pa-
tri supervixerint liberi ; nec quæritur an hæredes
extiterint,* leg. 114, § 13, ff *de leg.* 1 : or, le donataire qui laisse un enfant naturel ne meurt pas sans
postérité ; donc la condition du droit de retour manque, sans considérer si cette postérité est ou n'est pas
successsible.

De plus, quoique la loi dise que les enfans naturels
ne sont pas héritiers, la vérité est néanmoins qu'ils
ont tous les droits d'un enfant légitime, mais dans
une proportion moindre ; d'où il résulte qu'ils sont
réellement héritiers de fait pour la portion déférée,
quoique la loi leur en refuse le nom.

Enfin, le susdit art. 747 n'exige pas la survivance
d'une postérité légitime ; il ne parle que de la postérité

du donataire, sans distinguer la postérité légitime de la postérité naturelle ; et puisque la loi ne distingue pas, nous ne saurions distinguer.

Je pense néanmoins que le droit de retour n'est empêché par l'existence d'un enfant naturel que pour la portion que cet enfant naturel recueille dans les biens donnés ; le droit de retour doit avoir lieu pour le surplus, car l'effet ne doit pas être plus grand que sa cause ; et il serait contraire à tous les principes, que l'enfant naturel pût, sans avantage pour lui, préjudicier au donateur, et profiter à ses cohéritiers.

843. — Supposons que le donataire décède, et qu'il laisse des enfans morts civilement, ou qui renoncent tous à sa succession ; l'existence de ces enfans empêchera-t-elle le droit de retour ?

Non : si le droit de retour n'a pas lieu quand le donataire laisse des enfans qui lui succèdent la raison en est simple, c'est que les descendans du donataire sont présumés être aussi l'objet de la libéralité ; mais quand ces descendans ne peuvent pas recueillir, alors point d'obstacle au droit de retour : d'ailleurs, les enfans morts civilement sont comme s'ils n'étaient pas ; et quant aux enfans qui ont renoncé à la succession du donataire, il faut également les considérer comme s'ils n'étaient pas par rapport à cette succession ; en un mot, quand les enfans du donataire ont renoncé, ou sont morts civilement, alors nous n'avons plus pour recueillir les biens donnés que des parens qui n'ont pas été dans la pensée du donateur l'objet de sa libéralité, et qui sont bien moins favorables que lui.

D'ailleurs, le droit de retour légal en faveur des ascendans n'est autre chose qu'un droit successif, qu'un préciput qu'ils viennent prendre dans la succession de leur enfant donataire : si la succession est recueillie par les descendans du donataire, alors les ascendans donateurs sont exclus de leur préciput, ils n'ont rien à voir dans cette succession ; mais quand, dans cette succession, et n'importe le motif, ils ne trouvent pas de descendans du donataire, alors leurs droits sont entiers, et ils prennent les objets donnés à titre de préciput.

844. — Le droit de retour a lieu en faveur du père naturel qui a fait une donation à son fils reconnu décédé sans postérité. Vid. *Montvallon*, traité des successions, chap. 11, art. 2; *Duperrier*, tom. 2, pag. 436.

Cette question était autrefois controversée : selon *Maynard*, *Ferrière* et *Despeisses*, le droit de retour n'avait pas lieu ;

Henrys et *Bretonnier* soutenaient le contraire :

Les arrêts étaient indécis. Vid. le répertoire de jurisprudence, *verb.* réversion, sect. 1.re, § 1.er, n.º 6.

Mais aujourd'hui l'on doit décider, sans difficulté, que le retour a lieu en faveur du père naturel, 1.ª parce que le père naturel succède à son fils reconnu (art. 765 du code); 2.º parce que, par rapport aux biens du père naturel, il y a un retour légal en faveur des frères et sœurs légitimes du bâtard décédé sans postérité (art. 766); or, si le retour existe en faveur des descendans du père naturel, à plus forte raison doit-il exister pour lui.

Cette question du droit de retour en faveur du père naturel peut se présenter dans le cas où l'enfant reconnu mourrait sans postérité, laissant ses père et mère qui l'auraient reconnu l'un et l'autre; dans ce cas le père ou la mère, donateur, prendrait les biens donnés à titre de préciput sur la succession de l'enfant, et partagerait le reste : ce droit de retour est juste, le donateur est plus favorable que le complice de sa faiblesse.

845. — Pierre marie son fils, qui a des enfans d'un premier mariage; dans le second contrat il

donne à sondit fils : celui-ci meurt sans laisser d'enfans du second mariage, mais il en laisse du premier ; y aura-t-il lieu au droit de retour ?

Cette question était autrefois controversée : *Dolive*, liv. 3, chap. 27, rapporte un arrêt qui a décidé que le retour avait lieu ; vid. *Roussille*, traité de la dot, n.° 739 :

Catellan, liv. 5, chap. 8, rapporte un arrêt qui a jugé le contraire ;

Mais aujourd'hui nous devons décider que le droit de retour n'a point lieu, car la condition essentielle du droit de retour est que le donataire meure sans postérité ; or, cette condition ne se vérifie pas dans celui qui laisse des enfans, sans considérer s'ils proviennent d'un mariage antérieur ou postérieur à la donation ; d'ailleurs, tous ces enfans sont petits-fils du donateur, et ont les mêmes droits à ses yeux.

846. — Le droit de retour est-il ouvert par la mort civile du donataire qui n'a pas d'enfans ?

Les anciens auteurs pensaient que la mort naturelle donnait seule ouverture au droit de retour ; mais qu'on ne pouvait l'exercer lors de la mort civile du donataire : ils se fondaient sur les lois 83, ff *de verborum obligationibus*, et 34, § 2, ff *de contrahendâ emptione*; vid. *Dolive*, liv. 5, chap. 8 ; mais il suffit de lire ces lois, pour être convaincu qu'elle sont absolument étrangères à la question dont il s'agit.

D'après les dispositions du code, il faut décider, sans difficulté, que le droit de retour a lieu par l'effet de la mort civile ; l'art. 25 du code porte textuellement, que, par la mort civile, le condamné perd la *propriété de tous les biens* qu'il possédait ; sa *succession est ouverte* au profit de ses héritiers, auxquels ses biens sont dévolus de la même manière *que s'il était mort naturellement*.

L'application de ce texte devient plus rigoureuse,

si l'on fait attention que le droit de retour est une espèce de droit successif que l'ascendant donateur exerce sur la succession de son descendant donataire ; or, puisque le donataire perd la propriété de tous ses biens, puisque sa succession est ouverte, il faut bien que tous les droits successifs puissent s'exercer.

Remarquons même que ce droit de retour aurait lieu lors même que le donataire mort civilement laisserait des enfans, si ces enfans ne pouvaient recueillir eux-mêmes la succession de leur père, attendu la confiscation des biens prononcée contre lui : vid. *Lapeyrere*, au mot *retour*, n.° 4 ; *Maynard*, liv. 2, chap. 91 ; et un arrêt de la cour de cassation, du 13 messidor an 13 : il est rapporté dans le répertoire de jurisprudence, *verb.* réversion, pag. 500 ; en un mot, le droit de retour dans le cas où le donataire aurait des enfans s'effectuerait dans le concours de ces deux circonstances : 1.° mort civile du donataire ; 2.° confiscation des biens de ce dernier : les principes d'équité qui ont admis le droit de retour dans ce cas doivent encore être suivis.

Le Roi ayant dans sa clémence aboli la confiscation, les principes ci-dessus ne peuvent s'appliquer qu'aux affaires antérieures.

847. — Pierre fait une donation à son fils : celui-ci meurt, laissant un enfant, qui meurt lui-même avant le donateur ; dans ce cas Pierre pourra-t-il exercer le droit de retour sur la succession de son petit-fils ?

Il le pouvait incontestablement d'après la jurisprudence du parlement de Toulouse, vid. *Serres*, pag. 182, et *Catellan*, liv. 5, chap. 8 ;

A Bordeaux la jurisprudence était incertaine, *Lapeyrere*, lettre A, n.° 116, et lettre S, n.° 210 ;

A Paris, la dernière jurisprudence était en faveur de l'aïeul, vid. *Bretonnier*, sur *Henrys*, liv. 6, quest. 8 et 12 ;

En Provence le droit de retour n'avait pas lieu

quand c'était le père qui avait constitué une dot ; il en était autrement si la mère avait donné : *Montvallon*, traité des successions, tom. 2, pag. 437 et suivantes.

Que faut-il décider d'après le code ?

En faveur de l'aïeul, on peut dire que le droit de retour fut basé dans son principe sur cette considération morale, qu'au malheur de perdre son fils, il ne fallait pas encore ajouter au préjudice du père celui de voir ses biens passer dans une main étrangère ;

Que l'existence des enfans du donataire ne fait que suspendre le droit de retour, suspension qui doit cesser avec sa cause ;

Que par le prédécès du fils donataire et de sa postérité, il faut considérer les choses tout comme si le donataire était décédé sans enfans ;

Que l'existence momentanée de petits-enfans ne peut préjudicier à l'aïeul qui leur survit ;

Que le plus grand nombre des jurisconsultes se décidaient en faveur de l'aïeul ; écoutons *Domat*, dans ses lois civiles, tom. 1.er, pag. 313 : « le donateur, » dit-il, qui survit, et au donataire, et à ses enfans, » se trouve dans le même état que s'il survivait au » donataire qui fût mort sans enfans, puisque, survi- » vant à toute cette branche de ses descendans, pour » qui la donation avait été faite, il survit en effet à » ses donataires, et se trouve dans les motifs de la loi » qui donnent le droit de retour ». ;

Que, d'après le nouveau code, il faut d'autant plus se décider en faveur du droit de retour, que s'il en était autrement l'on verrait souvent les biens de l'aïeul passer à des personnes qui lui seraient absolument étrangères : par exemple, Pierre marie son fils avec Sophie, veuve, et qui a des enfans d'un premier lit ; il fait une donation à son fils : celui-ci meurt, laissant un enfant de son mariage avec Sophie ; ce fils meurt ensuite : dans cette hypothèse, si le droit de retour n'a pas lieu, Jacques ne succédant pas à son petit-fils, attendu l'existence des frères utérins de ce dernier, l'on voit que tous les biens du donateur sont perdus pour lui, et qu'ils passent à des frères de son petit-fils qui lui sont absolument étrangers, qui ne sont pas son sang, qu'il n'est pas obligé de chérir, et contre lesquels il n'a aucun droit pour pension alimentaire en cas de besoin, qu'en sa qualité de donateur ;

Enfin, l'on peut dire qu'il existe aussi un retour légal en faveur du père adoptant, et que ce droit, aux termes de l'art. 352, peut être exercé par l'adoptant qui survit à son fils adoptif et aux enfans de ce dernier :

Or, si le père adoptant qui survit à son fils adopté et aux enfans de ce dernier peut exercer le droit de retour légal, comment ce droit serait-il refusé à l'aïeul naturel et légitime ! !

En réponse à ces raisons, l'on peut dire, contre l'aïeul, que le droit de retour n'a lieu que dans le concours de ces deux circonstances : 1.° prédécès du donataire ; 2.° prédécès du donataire sans enfans : or, cette seconde circonstance ne se vérifie pas dans l'espèce, puisque le donataire laisse des enfans que la loi investit des biens donnés ; donc le droit de retour n'existe pas au décès du donataire.

Supposons à présent que les enfans du donataire meurent eux-mêmes avant leur aïeul donateur : eh bien ! dans cette hypothèse point de droit de retour ; car ici les enfans saisis des biens donnés meurent, il est vrai, sans postérité ; mais ils ne sont pas donataires, leur aïeul n'est pas leur donateur ; donc le droit de retour ne peut pas être invoqué par lui, les conditions de l'existence de ce droit ne se trouvant pas vérifiées et accomplies.

Il ne faut pas comparer le retour légal compétant à l'aïeul adoptant avec le retour compétant à l'aïeul naturel ; car, 1.° le retour de la première espèce existe non-seulement en faveur du père adoptant ; mais encore en faveur de ses descendans (art. 351 du code) : le retour de la deuxième espèce n'existe qu'en faveur du donateur seul ; 2.º il fallait établir le droit de retour en faveur de l'aïeul adoptant, parce qu'il ne peut avoir aucun droit sur la succession des enfans de son fils adoptif ; l'aïeul naturel, au contraire, a toujours un droit à la succession de son petit-fils , sauf dans l'espèce singulière ci-dessus posée ; 3.º le législateur s'est clairement expliqué en faveur de l'aïeul adoptant ; il l'aurait fait de même à l'égard de l'aïeul naturel, s'il avait voulu investir ce dernier des mêmes droits.

En comparant ces raisons pour et contre , je trouve celles en faveur de l'aïeul plus déterminantes et plus persuasives ; ainsi , je pense que le droit de retour doit avoir lieu dans l'espèce proposée.

Cette interprétation de l'art. 747 n'est pas contraire à son texte, puisqu'il est reconnu que l'ascendant même non successible a droit au retour légal ; elle me paraît plus consolante, plus humaine et plus juste : exclure l'aïeul qui survit, et à son fils, et à son petit-fils, me paraîtrait une disposition sèche et aride , plutôt basée sur de froids rapports de successibilité , que sur les grands principes d'humanité et de justice qui doivent être le fondement de toute législation : sans doute , si la loi s'était prononcée contre l'aïeul, il faudrait se soumettre à ses dispositions ; mais elle ne l'a pas fait : disons mieux , et osons le dire , la question ne s'est pas présentée au législateur ; et tel est le motif de son silence et de l'obscurité de la loi.

Enfin , quand le texte de la loi ne s'oppose pas à une interprétation libérale, il faut la saisir sans crainte, sur-tout quand elle est conforme à l'esprit de la loi ; or, cet esprit n'est pas équivoque : le *droit de retour a lieu en faveur de l'aïeul adop-*

tant, la loi l'a dit ; son esprit veut donc que l'aïeul naturel jouisse des mêmes avantages : en un mot, il y a lacune ou insuffisance dans la loi, il faut donc recourir à l'ancienne jurisprudence et à l'équité, complément nécessaire de toutes les lois positives.

848. — Pierre marie son fils ; il lui fait donation de ses biens, à la charge par lui de payer une certaine somme à Joseph et à Jacques, ses frères ; Joseph et Jacques meurent avant leur père donateur : la question est de savoir si les sommes font retour à ce dernier, ou si elles appartiennent au donataire ?

Le droit de retour a incontestablement lieu en faveur du père, car il est impossible de méconnaître ici sa qualité de donateur ; il l'est tout aussi rigoureusement que s'il avait donné une créance sur un tiers, et le fils donataire n'a pas plus de droits que ce tiers aux sommes données auxdits Joseph et Jacques. Vid. *Henrys*, liv. 6, quest. 29 ; *Roussille*, donations, n.° 577, et *Montvallon*, tom. 2, pag. 439.

849. — Pierre fait une donation à son fils ; ce fils disparaît sans laisser d'enfans : son absence est déclarée ; Pierre pourra-t-il exercer le droit de retour ? oui, il pourra exercer ce droit, parce qu'aux termes de l'art. 123 du code civil, du moment de l'envoi en possession provisoire, tous ceux qui ont sur les biens de l'absent des droits subordonnés à la condition de son décès peuvent les exercer provisoirement, à la charge de donner caution.

850. — Une renonciation à un droit certain est-elle, comme une donation simple, sujette au droit de retour ? je le crois, pourvu que la renonciation porte un droit certain fixe et liquide. Vid. *Catellan* et *Vedel*, liv. 5, chap. 8, et le nouveau répertoire de jurisprudence, *verb.* réversion, pag. 497.

851. — Que faut-il décider par rapport à une

donation rémunératoire? Je pense que le droit de retour a lieu dans tous les cas, soit que les services soient appréciables à prix d'argent, soit qu'ils ne le soient point; car du descendant à l'ascendant les services rendus sont plutôt l'accomplissement d'un devoir, qu'un véritable service : ce que dit *Dolive*, liv. 4, chap. 7, est ici sans application ; d'ailleurs, sa théorie par rapport aux donations rémunératoires n'est pas suivie.

851. — Pour troisième condition de l'existence du droit de retour, il faut, avons-nous dit, que les biens donnés se retrouvent *en nature* dans la succession du donataire.

Cette condition se vérifie sans difficulté, lorsque le donataire n'a disposé en aucune espèce de manière des biens donnés; alors ils se trouvent nécessairement dans sa succession :

S'il a échangé les biens donnés, le droit de retour s'exerce sur les biens reçus en contre-échange, en vertu de la maxime *subrogatus capit naturam subrogati*;

S'il a vendu les biens donnés, et qu'il n'ait pas touché tout ou partie du prix, le droit de retour s'exerce sur le prix qui peut être dû (art. 747 du code);

Si le donataire a vendu les biens à faculté de rachat, ou à vil prix, le donateur pourra exercer le droit de réméré, ou poursuivre l'action en lésion, tout comme le donataire aurait pu le faire lui-même ; il pourra également poursuivre les tiers qui auront dégradé les biens donnés : tout cela résulte de cette disposition de l'art. 747, qui porte, *que les ascendans succèdent à l'action en reprise que pouvait avoir le donataire ;* ce qui présente une véritable subrogation légale de tous les droits du donataire en faveur de l'ascendant donateur.

852. — Les choses se retrouvent-elles en nature

dans la succession, quand le donateur en a disposé par donation entre-vifs ou par testament ? en d'autres termes, le donataire peut-il, au préjudice du droit de retour, disposer des biens donnés par donation entre-vifs ou par testament ?

Cette question est d'autant plus difficile, que les anciens principes étaient sur cette matière pleins de contrariétés et d'incertitude.

Selon *Furgole* les aliénations même onéreuses devaient être anéanties : « le retour légal, dit-il, » quest. 42, est fondé sur une stipulation tacite, » inhérente à la donation ».

Dans les pays de droit écrit du ressort du parlement de Paris le donataire pouvait non-seulement disposer à titre onéreux, mais encore à titre gratuit, par donation ou par testament, au préjudice du retour légal, vid. *Henrys*, liv. 6, chap. 5, quest. 13 ;

Au parlement de Provence les aliénations à titre onéreux étaient permises, mais non celles faites à titre gratuit, *Boniface*, tom. 1.er, liv. 7, tit. 8, chap. 4; *Montvallon*, chap. 9, art. 12 ;

Au parlement de Toulouse toutes les aliénations onéreuses ou à titre gratuit étaient anéanties par l'effet du retour légal, vid. *Serres*, pag. 182;

D'après le code civil nul doute que les aliénations à titre onéreux ne soient valides, car le droit de retour ne s'exerce que sur les *biens trouvés en nature dans la succession* ; et lorsqu'ils ont été aliénés le donateur n'a droit que sur le prix qui peut en être dû.

Mais notre question est de savoir si le donataire peut valablement disposer par donation entre-vifs ou par testament.

Quant au testament, l'on peut dire qu'il ne préjudicie pas au droit de retour ; car le testament ne retranche rien de la succession du testateur, puisqu'il n'existe qu'en même temps qu'elle ; il n'en retranche rien , il en règle seulement la distribution et le partage ; en un mot, le testament ne s'applique qu'aux biens de la succession : cette succession est formée à l'instant même où le testament prend vie ; donc, qu'il y ait testament ou non, qu'il porte ou non sur les biens donnés , ces biens se retrouvent en nature dans la succession ; et le testament ne les en retranche pas plus que la loi qui règle l'ordre des successions *ab intestat :* les biens se trouvent si fort en nature dans la succession du donataire, que s'il les avait légués à un tiers, ce tiers serait obligé d'en demander la délivrance à l'ascendant donateur.

Il en est autrement par rapport à une donation, car l'effet de la donation est de retrancher du patrimoine , et , par voie de suite, de la succession du donateur , les biens par lui transmis : une preuve que les biens donnés ne font plus partie de la succession résulte de ce qu'aux termes de l'art. 922 du code, quand il s'agit de déterminer la réduction des donations entre-vifs et des legs , *il faut réunir fictivement* les biens donnés aux *biens existans au décès* du donateur : or , puisque la *réunion fictive* doit être faite aux biens de la succession , il est bien clair que la chose qu'on y réunit fictivement ne s'y trouvait pas en nature ; c'est seulement pour la fixation de la réserve que tout donateur est censé mourir riche , tant des biens donnés, que de ceux qui se trouvent à son décès : dans tous les autres cas , les biens donnés ne font pas partie de la succession du donateur.

Mais, nous dira-t-on , cette distinction entre la donation et le testament est contraire aux anciens principes , vid. *Ricard ,* part. 3 , n.os 794 et 797 : sa nouveauté ne fait rien , il faut seulement voir si cette distinction résulte clairement du texte de la loi ; d'ailleurs , le second donataire a dû croire que l'ascendant donateur mourrait le premier ; il a dû croire sa propriété certaine ; il a pu prendre des arrange-mens en conséquence : le législateur, frappé de ces considérations, n'a pas voulu réduire sa donation au néant par l'effet du retour légal ; il a craint de froisser trop d'intérêts.

Dans le cas du testament, c'est toute autre chose : ici les droits du donateur et du légataire s'ouvrent en même temps ; ici nul embarras, nulle crainte de blesser des intérêts majeurs, nul dérangement dans les opérations faites, dans les associations formées ; le législateur reste absolument le maître de se déter-miner, et il a donné la préférence au donateur, qui avait pour lui, et sa qualité d'ascendant, et une expec-tative, malheureuse il est vrai, mais qui s'est réalisée. Vid. *Domat*, liv. 2, tit. 2, sect. 3, n.° 5, pag. 314.

Nonobstant toutes ces raisons, il faut décider que le retour légal n'a pas lieu quand le donataire a disposé des objets donnés, soit par donation, soit par testament : la cour de cassation l'a ainsi décidé, se fondant principalement sur ce que l'art. 747 fait partie de la loi sur les successions *ab intestat.* Vid. *Sirey*, an 1813, pag. 409.

SECTION II.

Des effets du retour légal et de ses consé-quences.

853. — Par l'effet du droit de retour, le donateur reprend la propriété de ses biens, tels qu'ils se trou-vent dans la succession du donataire ; mais à quel titre les reprend-il ? est-ce comme héritier, et par droit de succession ? ou les reprend-il en vertu d'un droit de retour proprement dit ?

Cette question est de la plus grande importance ;

et sa solution est nécessaire pour lever une foule de difficultés sérieuses.

Pour soutenir que le donateur ne reprend les biens qu'en qualité d'héritier, et par droit de succession, l'on peut invoquer le texte précis de l'art. 747, où le mot *succèdent* se trouve répété deux fois ; l'on peut faire remarquer que cet article fait partie de la loi sur les successions : d'où il semble résulter que cet article ne peut régler que des droits successifs ; l'on peut ajouter que, d'après la jurisprudence du parlement de Paris, le retour n'était admis que par voie de succession, sous la charge des dettes et dispositions. Vid. *Roussille*, donations, n.º 566, et *Ricard*, part. 3, chap. 7, sect. 4, n.º 782.

On peut répondre, que le susdit art. 747 établit, non un droit successif, mais un véritable retour légal ; le code nous dit, en effet, que dans toute succession déférée aux ascendans, l'ascendant le plus proche exclut toujours le plus éloigné ; ainsi, dans la succession du petit-fils, l'aïeul est exclu par le père ; cependant si l'aïeul fait une donation à son petit-fils, et qu'il lui survive, il reprendra les choses données, quoiqu'il soit exclu de la succession du donataire, attendu l'existence du père de ce dernier : ainsi, dans cette hypothèse, nous verrions deux successions, la première serait composée des biens donnés, et l'aïeul y succéderait seul ; la seconde serait composée des autres biens, et l'aïeul n'y aurait rien à voir : mais comment pouvoir adopter cette double succession ? vid. *Ricard*, part. 3, sect. 14, n.º 782 ; comment soutenir que l'aïeul vient par droit de succession reprendre les biens par lui donnés à son petit-fils, quand il n'est pas son successible ; quand, en un mot, il n'a aucun droit à sa succession ! On ne se présente à une succession, l'on n'exerce un droit successif, que quand on est successible ; mais l'aïeul n'est pas successible du petit-fils quand le père de ce dernier vit encore :

d'ailleurs, un droit successif emporte avec lui l'idée d'un droit à l'universalité des biens ; or, un droit successif borné à des objets fixes est une idée sauvage, et peu conciliable avec les vrais principes.

Si donc nous voyons l'aïeul non successible recueillir les biens par lui donnés au petit-fils, ne cherchons pas ce droit dans la successibilité, qui n'existe pas, qui ne peut même exister rigoureusement pour une chose particulière ; mais dans une qualité toujours certaine et ineffaçable, celle de donateur : c'est donc comme donateur qu'il reprend ; il reprend donc par droit de réversion.

M. le tribun *Chabot*, dans son rapport sur les successions, pag. 70, s'exprime, il est vrai, en ces termes : « dans tous les cas qui viennent d'être expli- » qués, les ascendans *succèdent hors part,* et à l'exclu- » sion de tous autres, aux choses par eux données à » leurs enfans ou descendans ».

Les ascendans *succèdent hors part aux choses par eux données :* voilà donc, d'après M. *Chabot,* un pré- ciput établi par la loi en faveur des ascendans ; mais est-ce comme successibles, est-ce par droit de succession que les ascendans exercent ce préciput ? non, puisque *ce droit de préciput* s'exerce même sur une succession non dévolue à l'aïeul ; mais, d'ailleurs, peut-on avoir un droit de préciput sur une succession à laquelle on n'a rien à voir ? non, le préciput suppose un prélève- ment, et puis un partage ; donc on aurait une fausse idée du droit de l'ascendant, si on le considérait comme un véritable préciput : on en a une idée plus juste et plus saine, en considérant ce droit comme un droit de retour.

C'est dans ce sens que s'est expliqué M. *Simeon*, dans son discours sur les successions, pag. 114 : « mais » toujours, dit-il, les pères et mères, et même des as- » cendans qui ne *seraient pas successibles, reprennent*

» les effets qu'ils avaient donnés au défunt : c'est un
» *retour légal*, que l'équité commande ».

De là il faut conclure que le droit établi par le susdit
art. 747 n'est pas un droit de successibilité, mais un
véritable droit de retour, et que l'aïeul reprend les
biens donnés comme donateur, et non comme héritier.

Il est vrai que dans son instruction du 22 février
1808 M. le directeur-général de l'enregistrement soutient, au contraire, que les ascendans reprennent les
choses données *comme héritiers*, et que de là il conclut que cette mutation donne ouverture au droit
proportionnel d'enregistrement fixé pour *les successions;* il est encore vrai que cette décision est conforme
à celle du ministre des finances, du 29 décembre 1807 :
vid. le recueil de M. *Sirey*, an 1809, 2.ᵉ part., pag.
229 ;

Mais ces décisions n'ayant pour but que le payement
des droits de mutation, ne sauraient servir à la définition rigoureuse du droit établi par le susdit art.
747.

Sur ces raisons respectives, je pense qu'il faut dire,
avec *Lebrun*, que ce droit est un droit mixte; qu'il
participe du droit de retour et du droit de succession :
Lebrun, liv. 1.ᵉʳ, chap. 5, sect. 2, n.º 4; mais
restera toujours la difficulté de distinguer dans l'application la nature de ces deux droits : cependant,
dans le doute, je crois qu'il est plus exact de considérer le droit dont il s'agit comme un véritable droit
de retour.

854. — L'ascendant, disons-nous, qui survit à son
petit-fils donataire, décédé sans postérité, recueille les
biens donnés à l'exclusion de tous autres ; ainsi, le
père du petit-fils donataire ne pourra point exercer
sa réserve sur les biens soumis au retour. Vid. *Furgole*,
quest. 42, n.º 49.

Mais

Mais les biens donnés ne doivent-ils pas entrer fictivement dans la succession du petit-fils, pour déterminer sa quotité disponible? non, parce qu'ils ne font
pas rigoureusement partie de la succession du petit-
fils, et qu'ils reviennent à l'ascendant par un droit de
retour, qui éteint tous les droits du donataire au moment même de son décès.

Un exemple fera sentir la justice de cette décision:
Pierre donne 24 à Jean, son petit-fils; Jean, majeur,
meurt; laisse son père et sa mère, et un testament par
lequel il lègue tous ses biens à un tiers : ses biens, sans
y comprendre les biens donnés, valent 24.

Dans cette espèce, si les biens donnés par l'aïeul
étaient comptés pour fixer la quotité disponible de
Jean, il en résulterait qu'étant mort riche de 48,
son légataire devrait avoir la moitié égalant 24 : or,
comme l'ascendant reprend les 24 donnés, il se trouverait que les père et mère de Jean n'auraient rien;
mais ils ont 12, en ne précomptant pas les 24 donnés
dans la fixation de la quotité disponible.

855. — Les ascendans qui reprennent les biens
donnés sont-ils soumis au payement des dettes du
donataire proportionnellement à la valeur des biens
repris ?

La solution de cette question est délicate et épineuse ; nous ne pouvons pas tirer de grandes lumières
des anciens principes, parce qu'ils étaient aussi contradictoires que diversifiés.

On peut dire, en faveur de l'ascendant, qu'il ne
peut être soumis au payement proportionnel des
dettes, 1.º parce qu'il s'agit en sa faveur plutôt d'un
droit de retour que d'un droit successif; 2.º parce
que rien ne paraît plus extraordinaire que de voir le
patrimoine du petit-fils donataire divisé en deux successions, la première pour l'aïeul donateur, et la
seconde pour les héritiers successibles, et de voir
ensuite ces deux successions contribuer au payement -

proportionnel des dettes du défunt; 3.º parce que le donateur reprenant les biens donnés doit être, au pire, considéré comme un légataire *in re certâ*, qui n'est assujetti à aucune dette.

Voudrait-on, avec M. *Chabot*, considérer le droit de l'ascendant donateur comme une espèce de préciput? Il faudrait également décider qu'il n'y a pas lieu au payement proportionnel des dettes, parce qu'un préciput de choses fixes et certaines n'assujettit pas à la contribution.

On pourrait, enfin, ajouter qu'il est dans l'intention du législateur, que le donataire ne soit nullement gêné par rapport à l'administration des biens donnés; qu'il puisse les aliéner entre-vifs, les charger d'hypothèques, les dégrader à sa fantaisie, et que le donateur soit obligé de les reprendre dans l'état où ils se trouveront au décès du donataire : voilà tout ; mais qu'il est difficile de croire que le donateur, après toutes ces chances de dépouillement, soit encore obligé au payement des dettes par rapport aux biens qui peuvent lui revenir : l'obligation de contribuer aux dettes serait un dépouillement indirect, auquel le donateur ne peut être personnellement assujetti.

Je pense néanmoins que le donateur doit contribuer au payement des dettes proportionnellement à la valeur des biens repris : 1.º telle était la jurisprudence du ci-devant parlement de Paris, vid. *Bretonnier*, sur *Henrys*, liv. 6, chap. 2, quest. 8 ; *Denisart*, *verb.* retour, et *Ricard*, tom. 1.er, pag. 562 ; 2.º le père adoptif qui reprend les biens donnés par droit de retour légal est obligé au payement proportionnel des dettes (art. 351 du code) : or, si le donateur adoptant est assujetti au payement des dettes pour dégrever proportionnellement la succession de l'adopté, et faire ainsi l'avantage des héritiers de ce dernier, qui ne lui sont rien, il doit en être, à plus forte raison, de même à l'égard du donateur ascendant naturel, qui n'est pas étranger aux héritiers de son fils donataire; 3.º le système contraire présenterait dans l'exécution des difficultés inextricables dans le cas où il existerait des hypothèques spéciales consenties par le donataire sur les biens donnés par l'ascendant.

Quant à la fixation de la contribution aux dettes ; elle est facile et simple : il faut, 1.º estimer les biens donnés tels et dans l'état où le donateur les reprend; 2.º estimer les autres biens du donataire ; 3.º faire un état de toutes les dettes ; 4.º additionner les deux estimations, celle des biens donnés et celle des biens restans, et établir ensuite cette proportion : si les biens donnés, plus les biens restans, doivent payer tant de dettes; combien les biens donnés doivent-ils payer?

Ainsi, supposant les biens donnés valoir 36, les biens restans 24, et les dettes s'élever à 18, nous aurons la proportion suivante :

36 + 24, ou 60 : 18 :: 36 : x, et nous trouverons que le donateur devra payer des dettes jusques et à concurrence de 10 fr. 80 cent.

Remarquons que si tous les biens donnés ne reviennent pas à l'ascendant donateur, attendu les aliénations faites, il faut dans ce cas n'estimer que les biens que l'ascendant reprend par droit de retour.

856. — L'ascendant, disons-nous, doit contribuer aux dettes proportionnellement à la valeur actuelle des biens qu'il reprend : tel est le principe; mais il faut le concilier avec le principe suivant, d'après lequel le donataire peut valablement vendre et hypothéquer les biens donnés.

Puisque le donataire peut hypothéquer, il en résulte que toute hypothèque par lui consentie est et demeure valable à l'égard des tiers-créanciers, nonobstant le retour légal ; ainsi, l'ascendant donateur réinvesti pourra toujours être poursuivi hypothécairement pour le tout, et il sera obligé de payer l'intégralité de la dette, sauf son recours contre les héritiers du dona-

taire pour tout ce qui excède sa portion contribu-
toire.

Je pense que le donateur est tenu au payement
proportionnel de toutes les dettes, soit antérieures,
soit postérieures à la donation. Vid. *Duperrier*, tom.
1.er, liv. 5, pag. 485 : sa distinction ne doit plus
être suivie.

857. — Le droit de retour légal a lieu dans toute
espèce de donations, mobilière ou immobilière.

Quand la donation est d'un meuble meublant,
d'un effet mobilier, alors point de difficulté ; le donateur reprend ses meubles dans l'état où ils se trouvent : s'il y a contestation sur le fait de savoir si les
meubles trouvés au décès sont ou ne sont pas les
mêmes que ceux compris dans la donation, la difficulté sera vidée par des témoins, qui s'expliqueront
sur l'identité.

858. — Mais quand la donation est d'une somme
d'argent payée au donataire, comment exercer le droit
de retour ? dans quelles circonstances la somme donnée
se retrouvera-t-elle, ou sera-t-elle censée se trouver
dans la succession ?

Pour la solution de ces questions, il ne faut pas trop
s'attacher à la lettre de l'art. 747 ; car l'on sent que la
preuve de l'existence en nature de la somme donnée,
et d'identiquement la même somme, serait absolument
impossible ; il faut donc prendre d'autres bases :

1.º Il faut considérer s'il y a ou non emploi de la
somme donnée ;

2.º S'il se trouve ou non du numéraire dans la
succession :

S'il y a emploi prouvé par l'acte, ou constant par
l'évidence du fait, le droit de retour a lieu, et le
donateur peut réclamer la somme donnée ; l'emploi
sera également reconnu si le donataire a acquis des
biens, ou payé quelque dette postérieurement à la
donation, à moins que les héritiers ne puissent

prouver que ces sommes proviennent de tout autre objet;

S'il se trouve du numéraire dans la succession du donataire, le donateur pourra y exercer le droit de retour jusques et à concurrence de la somme donnée, à moins que les héritiers du donataire ne prouvent d'une manière rigoureuse que le numéraire trouvé provient de toute autre cause que de la donation : du numéraire étant donné, et se trouvant du numéraire dans la succession, la présomption est en faveur du donateur; mais toute présomption doit le céder à la vérité, et voilà pourquoi les héritiers du donataire doivent avoir la faculté de prouver que l'argent donné a été dépensé, et que l'argent trouvé provient de telle et de telle chose.

Quant aux effets de commerce, billets ou obligations qui pourraient se trouver dans la succession du donataire, le donateur peut y exercer son droit jusques et à concurrence de la somme donnée, à moins qu'il ne soit prouvé que les sommes placées ne proviennent pas de la donation. Vid. *Sirey*, an 1816, 2.ᵉ part., pag. 49.

Quant à la dot en argent constituée par l'ascendant à sa fille ou petite-fille, si sa fille meurt, l'ascendant succédera à l'action en reprise de la dot contre le mari, sauf les droits matrimoniaux appartenant à ce dernier.

En un mot, si la somme donnée a péri entre les mains du donataire, ou si elle a été dépensée par lui sans utilité, point de retour légal.

Ce droit a lieu, au contraire, toutes les fois que la somme donnée se retrouve dans la succession du donataire, ou en nature, ou par représentation, au moyen des effets de commerce ou des obligations, qui, dans le doute, sont censés provenir de la somme donnée.

Voilà du moins ce que je crois conforme à l'esprit

de la loi, car son texte laisse beaucoup à désirer; et la jurisprudence peut seule suppléer à son insuffisance: la cour de cassation a confirmé ces principes. Vid. l'arrêt rapporté par *Sirey*, an 1817, pag. 313.

859. — L'ascendant donateur peut-il, soit dans l'acte de donation, soit dans un acte postérieur, renoncer au droit de retour légal?

Si ce droit de retour était un droit successif proprement dit, il faudrait décider que la renonciation ne peut avoir lieu, aux termes de l'art. 791 du code, qui porte, qu'on ne peut même par contrat de mariage renoncer à la succession d'un homme vivant, ni aliéner les droits éventuels qu'on peut avoir à cette succession, même avec le consentement de celui de la succession duquel il s'agit (art. 1130 du code); mais nous avons fait voir que le droit établi par l'art. 747 n'est pas un pur droit successif; qu'il est d'une nature mixte, et participe beaucoup du droit de retour.

Or, en considérant ce droit comme un retour légal, la renonciation serait-elle valable? « non, disait » *Furgole* sur l'art. 44 de l'ordonnance de 1731, » car cette renonciation n'est autre chose qu'une con- » firmation, laquelle est sujette elle-même au droit » de retour, tout comme le premier acte de donation, » puisqu'elle est purement gratuite, et qu'on ne peut » pas la faire dégénérer en une autre espèce de contrat » onéreux, n'y ayant pas de cause qui puisse servir » de fondement au contrat onéreux » : *Roussille*, dans son traité des donations, n.º 581, soutenait, au contraire, que la renonciation était valable.

Je pense qu'il faut distinguer entre les renonciations générales et celles qui seraient faites à raison d'un acte particulier que le donataire a consenti ou se propose de consentir.

Je crois, comme *Furgole*, que toute renonciation générale au droit de retour légal insérée, soit dans la donation, soit dans un acte postérieur, est nulle et de nul effet; car elle n'est autre chose qu'une donation gratuite, un accessoire de la donation primitive, et doit, sous ce rapport, être soumise aux mêmes règles, et avoir les mêmes résultats.

Mais s'il s'agit d'une renonciation particulière à raison d'un acte fait par le donataire, ou qu'il se propose de faire, alors cette renonciation me paraît valable; ainsi, par exemple, l'ascendant donateur peut efficacement consentir à ce que le donataire qui n'a pas d'enfans dispose par testament de la chose donnée: cette renonciation indirecte est valide, parce qu'un tiers, le légataire y est intéressé, et que la renonciation est un avantage éventuel de la part de l'ascendant en faveur de ce légataire, avantage qui ne se rattache pas à la donation primitive, et qui ne peut être soumis au même droit de retour.

Dans l'ancienne jurisprudence il était également permis au donateur de consentir à ce que le donataire disposât par testament des choses données, et ce consentement mettait obstacle au droit de retour. Vid. *Montvallon*, dans son traité des successions, chap. 11, art. 8 et 12, et *Duperrier*, maximes de droit, au titre du droit de retour.

Il était également permis au donateur de consentir à ce que le donataire disposât des choses données à titre onéreux; aujourd'hui ce consentement n'est plus nécessaire, parce que le retour légal ne met aucun obstacle à ces donations entre-vifs que le donataire peut faire.

Cependant il peut se présenter une question dans le cas du consentement donné par l'ascendant à la vente faite par le donataire.

Pierre donne un immeuble à Jacques, son fils; Jacques vend cet immeuble pour 10,000 fr. : Pierre intervient dans l'acte, et y donne son consentement: Jacques meurt; tout ou partie du prix est dû, et la

question est de savoir si le consentement du donateur met obstacle à ce qu'il exerce le droit de retour
sur le prix de la vente ?

On peut dire : le consentement de l'ascendant donateur n'était pas nécessaire, ni par rapport au tiers-
acquéreur, ni par rapport à la validité de la vente ; ce
consentement avait donc un autre objet, et cet autre
objet n'est autre chose que la renonciation éventuelle
au prix qui pourrait se trouver dû ; et de là l'on pourrait conclure que le droit de retour est anéanti.

Je pense le contraire, car si le consentement n'a
été donné que pour renoncer au retour légal sur le
prix, cette renonciation n'est autre chose qu'une
nouvelle donation éventuelle en faveur du donataire ;
donation qui se rattache à la première, et qui, comme
elle, doit être soumise au droit de retour : ici point de
stipulation en faveur d'un tiers ; ici point d'obstacle
au droit de retour, toujours favorable.

860. — Depuis quelle époque la restitution des
fruits est-elle due au donateur qui exerce le droit de
retour ?

Si c'était par un droit successif proprement dit que
le donateur reprît les biens donnés, il faudrait nécessairement décider que la restitution des fruits est
due depuis le décès du donataire, parce qu'entre
cohéritiers la restitution des fruits est due de plein
droit depuis l'ouverture de la succession, vid. *Montvallon*, dans son traité des successions, tom. 1.er,
pag. 201, et Domat, liv. 3, tit. 5, sect. 3, pag. 202 ;

Mais comme il s'agit ici d'un droit mixte, et d'un
droit de retour, l'on pourrait dire que la restitution
des fruits n'est due que depuis la demande, parce que
ce n'est que depuis ce moment que le donateur a manifesté son intention de vouloir user de son droit ;
jusques à la demande l'héritier qui jouit des biens
donnés est de bonne foi. Vid. *Montvallon*, chap. 9,
art. 11, tom. 2, pag. 460 ; *Catellan* et *Vedel*, liv.

5, chap. 8, et le répertoire de jurisprudence, *verb.* réversion, pag. 500.

Je pense que les fruits sont dus depuis l'ouverture du droit de retour, 1.° parce que c'est plutôt un droit successif que les ascendans exercent ; 2.° parce qu'ils sont passibles des dettes proportionnellement à la valeur des biens repris : or, il serait souverainement injuste de décider que les ascendans sont depuis le décès du donataire soumis *ipso jure* au payement des intérêts et capitaux des dettes, et que néanmoins ils n'ont droit aux fruits que depuis la demande ; 3.° le système contraire présenterait une singularité bizarre dans le cas où l'ascendant serait en même temps successible du donataire, car par rapport à ce qu'il amenderait comme successible, les fruits lui seraient dus, et il n'aurait rien à réclamer sur les fruits relativement aux choses par lui données ; 4.° les arrêts rapportés par *Catellan* sont ici sans influence, parce que, d'après la jurisprudence du parlement de Toulouse, l'ascendant qui exerçait le droit de retour n'était pas soumis au payement proportionnel des dettes.

861. — Nous disons que l'ascendant qui exerce le droit de retour est soumis au payement proportionnel des dettes : cette obligation de payer les dettes doit rendre l'ascendant prudent et attentif ; ainsi, s'il a des doutes sur la solvabilité du donataire, il devra n'accepter le droit de retour que sous bénéfice d'inventaire, et faire constater légalement l'état des objets qu'il reprend : sans cette précaution l'ascendant pourrait perdre en exerçant le droit de retour ; mais au moyen de son acceptation sous bénéfice d'inventaire, il ne sera tenu que jusques et à concurrence de la valeur des biens repris, et pourra se décharger des dettes, en répudiant.

862. — Nous l'avons déjà observé, l'ascendant exerce le droit de retour sur la succession du donataire décédé sans enfans, soit qu'il soit, ou ne soit

pas successible de ce dernier ; ainsi, l'ascendant qui a donné à son petit-fils reprend nonobstant l'existence du père.

Nous devons ajouter que l'ascendant reprend les choses données à titre de préciput, c'est-à-dire, sans imputation, ni sur ses droits successifs, ni sur sa réserve; en un mot, quand l'ascendant est en même temps successible, il faut raisonner comme s'il y avait réellement deux successions ouvertes par le décès du donataire : la première succession se composera des biens faisant le retour, et le donateur la recueillera; la deuxième sera composée des autres biens du donataire, et le donateur y exercera ses droits successifs et de réserve.

Par cet ordre de choses, le donateur, qui est en même temps successible, sera, sous deux rapports, passible des dettes ; car, relativement à la première succession, il payera les dettes proportionnellement à la valeur des biens repris, et relativement à la deuxième succession, il payera le restant des dettes proportionnellement à sa portion successive.

Appliquons ces principes à un exemple : Pierre ascendant a donné à Jean, son fils, un immeuble ;

Jean meurt : l'immeuble se trouve dans la succession, et vaut 12 ; les autres biens de Jean valent 24, les dettes se portent à 9 :

Pierre se trouve successible de son fils pour un quart ;

Dans cette hypothèse nous dirons que la première succession est composée de 12, et qu'elle est passible des dettes jusques et à concurrence de la somme que la proportion suivante va nous faire connaître : $24 + 12$, ou $36 : 9 :: 12 : x, = 3$;

Ainsi, l'ascendant, reprenant son immeuble, devra payer 3 pour sa portion des dettes.

Il reste encore des dettes pour 6, et l'ascendant payera le quart de ces dettes, égalant $^6/_4$, égalant

1 fr. 50 c. ; il payera donc des dettes, en tout, jusques et à concurrence de 4 fr. 50 c.

863. — Le droit d'accroissement entre deux donataires n'a pas lieu au préjudice du droit de retour légal : Pierre, par exemple, donne un immeuble à Jean et à Joseph, ses deux enfans ; Jean meurt sans postérité : la question est de savoir si Joseph doit profiter de tout l'immeuble, ou si la moitié en revient à Pierre ? Il faut décider que Pierre en reprend la moitié, parce que le droit d'accroissement n'existant pas dans les contrats, il ne se trouve aucun obstacle au droit de retour. Vid. *Montvallon*, tom. 2, pag. 460, chap. 9, art. 10, et *Despeyses*, tom. 1.er, pag. 443.

864. — Nous avons déjà remarqué, qu'outre le retour légal en faveur de l'ascendant donateur, il existe, d'après le code civil, un retour légal en faveur de l'adoptant et de ses descendans légitimes (art. 351 et 352) ; observons, enfin, qu'il existe un troisième retour légal en faveur des frères légitimes des enfans naturels légalement reconnus (art. 766) ; mais il nous suffit d'énoncer ici ces droits de retour, sans entrer dans de plus grands détails, attendu que ces droits tiennent plus particulièrement à la matière des successions : d'ailleurs, ce que nous avons dit sur le droit de retour en faveur des ascendans suffira pour résoudre les difficultés qui pourraient naître dans l'exercice des deux autres droits de retour.

865. — Si l'ascendant donateur se trouve, aux termes de l'art. 727 du code, indigne de la succession du donataire, je crois qu'il est également indigne d'exercer le droit de retour, qu'il soit ou non successible. Vid. *Montvallon*, chap. 11, art. 8.

866. — Si le donateur et le donataire meurent dans un même événement, comme dans un tumulte, un incendie, un naufrage, il faudra, pour déterminer celui des deux qui a survécu, considérer

d'abord les circonstances du fait, et, à défaut, se déterminer d'après les présomptions légales qui se trouvent écrites dans les art. 720 et 721 du code civil.

§ II. *Du retour conventionnel.*

SECTION I.re

Des cas où le retour conventionnel existe.

867. — Le donateur est le maître absolu d'apposer à ses bienfaits les conditions qui lui conviennent; ainsi, il peut donner jusqu'à un certain temps, et stipuler le droit de retour selon telle ou telle circonstance : sa volonté sur ce point doit être seule considérée.

Ainsi, le droit de retour conventionnel existe d'après les circonstances prévues et les clauses stipulées par le donateur lui-même; sa volonté manifestée est la seule règle.

D'où il résulte que le donateur peut stipuler le droit de retour pour le cas du prédécès du donataire seul.

Il peut, à plus forte raison, le stipuler pour le cas du prédécès du donataire et de sa postérité.

L'art. 951 du code est ainsi conçu : « le dona-» teur pourra stipuler le droit de retour des ob-» jets, soit pour le cas du prédécès du donataire » seul, soit pour le cas du prédécès du donataire » et de ses descendans ».

» Ce droit ne pourra être stipulé qu'au profit » du donateur seul.

868. — Il résulte clairement de cet article, que si le donateur a stipulé le droit de retour pour le cas du prédécès du donataire, sans parler des enfans de ce dernier, ce droit aura lieu nonobstant l'existence de ses enfans ; car l'existence des enfans ne fait pas

obstacle au droit de retour conventionnel. Vid. *Serres*, pag. 182; *Cambolas*, liv. 1.ᵉʳ, chap. 5; *Catellan*, liv. 5, chap. 8; *Roussille*, traité de la dot, n.° 722; *Montvallon*, tom. 2, pag. 449, et le discours de M. *Jaubert*, sur les donations, pag. 322; vid. encore *Roussille*, dans son traité des donations, n.° 560.

Mais supposons que le droit de retour ait été stipulé purement et simplement, sans faire aucune mention, ni du prédécès du donataire, ni du prédécès de ses enfans; dans ce cas, le droit de retour aura-t-il lieu si le donataire meurt laissant de la postérité?

Oui, le droit de retour aura lieu, parce ce que, par la simple stipulation du droit de retour, le donateur a suffisamment manifesté sa pensée : il a préféré le donataire à lui-même; mais il s'est préféré lui-même aux héritiers de ce dernier : en un mot, le donateur a investi le donataire; mais la stipulation du droit de retour trouve nécessairement son application au moment où le dessaisissement du donataire s'opère par son décès : à cette époque les droits du donataire cessent, et ceux du donateur recommencent.

869. — Si le donateur a stipulé le droit de retour pour le cas du prédécès du donataire et de ses enfans, le retour n'aura lieu que dans le cas où le donateur survivrait au donataire et à sa postérité.

Ainsi, dans ce cas, les enfans du donataire mettent obstacle au droit de retour; un seul enfant ou descendant du donataire, à quelque degré qu'il soit, et n'importe le sexe, y met obstacle : c'est ce qui résulte du mot *descendant* qu'on trouve dans le susdit art. 951.

870. — Faisons-nous des idées justes : le donateur peut stipuler le droit de retour pour le cas du prédécès du donataire seul;

Il peut également le stipuler pour le cas du prédécès du donataire et de ses enfans au premier degré ; et, dans ce cas, le retour aura lieu nonobstant l'existence des petits-fils, enfans au second degré du donataire ;

Mais si le donateur a stipulé le droit de retour pour le cas du prédécès du donataire et de ses enfans, dans ce cas le retour n'aura point lieu, si le donataire laisse un descendant quelconque, parce que le mot *enfant* comprend les descendans de tous les degrés.

Je pense que le donateur pourrait stipuler le droit de retour dans le cas où le donataire ne laisserait que des filles, une pareille condition n'a rien de contraire à la loi ; et, dans ce cas, la survivance des filles du donataire ne mettrait pas obstacle au droit de retour.

871. — Pierre, qui a des enfans d'un premier lit, se remarie ; dans son contrat de mariage Jacques lui fait donation, et stipule le droit de retour pour le cas où le donataire ne laisserait pas d'enfans de son présent mariage ?

Pierre meurt, ne laisse pas d'enfans du second mariage ; mais il en laisse du premier : y aura-t-il lieu au droit de retour.

Oui, le droit de retour aura lieu, parce que le donateur peut le stipuler dans tous les cas possibles ; et puisqu'il peut le stipuler dans le cas du prédécès du donataire seul, à plus forte raison peut-il le stipuler dans le cas du prédécès du donataire et de tels ou de tels de ses enfans :

Si, dans la même hypothèse, le donateur avait purement stipulé le droit de retour pour le cas du prédécès du donataire et de ses enfans, l'existence des enfans du premier lit mettrait sans difficulté obstacle au droit de retour ;

En un mot, dans une telle stipulation du droit de retour, la survivance d'un enfant descendant quelconque met obstacle à ce droit, sans distinguer si l'enfant est né d'un antérieur ou subséquent mariage; il suffit que le donataire laisse un descendant, pour que le droit de retour s'évanouisse.

872. — Pierre, en donnant à Jacques, stipule le droit de retour dans le cas du prédécès du donataire et de ses enfans :

Jacques meurt, ne laisse pas d'enfant légitime; mais il laisse un enfant naturel reconnu : y aura-t-il lieu au droit de retour?

Si lors du don la reconnaissance de l'enfant naturel existait, je pense que la survivance de cet enfant naturel empêcherait le droit de retour stipulé pour le cas où le donataire mourrait *sans enfans;* car si le donateur n'avait entendu parler que des enfans légitimes, et avait voulu exclure l'enfant naturel, il aurait ajouté au mot enfans la qualification de *légitimes;* ne l'ayant pas fait, il est censé avoir considéré l'existence de l'enfant naturel reconnu comme un obstacle au droit de retour.

Remarquons cependant que l'enfant naturel n'empêche le droit de retour que pour la portion lui compétant sur les biens donnés; le retour a lieu pour le surplus, car l'enfant naturel ne doit pas nuire au donateur au profit des héritiers du donataire.

Si la reconnaissance n'existait pas lors du don, alors le droit de retour aura lieu, nonobstant la survivance de l'enfant naturel reconnu depuis, n'importe l'époque de sa naissance; car ici les mêmes motifs ne se rencontrent pas : d'ailleurs, le donataire pouvant même *in extremis* reconnaître un enfant naturel, il en résulterait que la stipulation du droit de retour pourrait toujours être rendue inutile par l'esprit de supposition et de fraude.

Mais la survivance de l'enfant légitimé par subséquent mariage de ses père et mère empêcherait le droit de retour, sans considérer, ni l'époque de la naissance, ni celle de la légitimation.

873. — Le donateur a stipulé le droit de retour

dans le cas où le donataire mourrait sans enfans; le donataire est mort laissant des enfans, qui sont morts eux-mêmes avant le donateur :.... y a-t-il lieu dans ce cas au droit de retour ?

Par arrêt du 25 août 1683, rapporté au journal du palais, il a été jugé qu'un frère ayant doté sa sœur, avec stipulation de retour au cas qu'elle mourût avant lui sans enfans, ne pouvait pas faire usage de cette clause pour répéter la dot dans la succession du fils de la donataire, mort peu de temps après elle, parce que la donataire ayant laissé un enfant, la condition sous laquelle le retour avait été stipulé n'était pas arrivée. Vid. le répertoire de jurisprudence., *verb.* réversion, pag. 495, et *Lacombe*, *verb.* réversion.

Il est vrai que *Lacombe* rapporte, d'après *Henrys*, un autre arrêt du 6 juin 1642, qui a décidé que le retour stipulé par une mère, au cas que sa fille décédât sans enfans, devait avoir lieu même après la mort des enfans de la fille, décédés postérieurement à celle-ci.

Mais il y a une grande différence entre ces deux espèces : dans la première il était, et ne pouvait être question que du droit de retour stipulé; droit qui ne pouvait s'exercer que d'après les termes de la stipulation, et qu'on ne pouvait étendre hors de ses termes; dans la deuxième espèce, au contraire, il existait en faveur de la mère donatrice deux droits de retour, le retour par elle stipulé, et le retour légal, qui lui donnait le droit de reprendre dans le cas du prédécès de sa fille donataire et de sa descendance; ainsi, ce fut en vertu du retour légal que la mère reprit les biens donnés à sa fille : la « clause du retour, dit *Bretonnier*, avait été ap- » posée pour favoriser le droit de réversion, et non » pour le restreindre; or, sans avoir besoin du secours » de la clause, l'aïeule devait avoir le droit de

» réversion

» réversion par le prédécès de sa fille et de sa petite-
» fille ».

Duperrier, maximes du droit, liv. 5, *verb.* droit
de retour, pag. 519, rapporte un arrêt du 24 mai
1635 : « par cet arrêt, dit-il, il a été jugé qu'un
» oncle ayant donné en augment de dot à sa nièce
» 450 fr., avec pacte de retour en cas qu'elle mourût
» sans enfans, le retour avait lieu, quoiqu'elle eût
» laissé des enfans qui avaient aussi prédécédé le
» donateur ».

Cet arrêt, rapporté par *Duperrier*, est conforme
à la doctrine du président *Faber*, qui se décide
sans difficulté en faveur du droit de retour ; car,
dit-il, si l'on ne considère que l'intention du donateur, par le prédécès des enfans, c'est tout comme
si le donataire était décédé sans postérité ; qu'importe,
ajoute-t-il, que le donataire ait eu des enfans, s'ils
n'ont pas survécu au donateur ! *Nam quod ad do-
natorem attinet, si contrahentium voluntatem ins-
piciamus perindè est ac si donatorius sine liberis de-
cessiset ; quid enim interest an habuerit, nec ne, si
quos habuit non fuerint donatori superstites.*

Il est vrai, dit le président *Faber*, qu'il est de
règle et de principe, qu'un cas omis ne peut être
suppléé, sur-tout dans les contrats ; mais cette règle,
ajoute-t-il, reçoit exception toutes les fois que le
cas omis est tacitement compris dans la disposition,
à cause de l'identité du motif entre le cas omis
et le cas prévu. Vid. *Faber, dicto titulo*, n.º 3.

En suivant cette idée du président *Faber*, l'on
peut dire que dans l'espèce ci-dessus le donateur
a préféré le donataire à ses descendans et à lui-
même ; mais qu'il s'est préféré lui-même aux ascendans ou collatéraux du donataire : par la même
raison, il faut décider qu'en cas de prédécès du
donataire et de ses enfans, il s'est préféré lui-même
aux héritiers collatéraux ou ascendans de ces der-

niers : ici la première préférence manifestée comprend nécessairement l'autre, et le droit de retour
doit avoir lieu pour le second cas, parce que les
mêmes raisons s'y rencontrent, et que l'intention du
donateur l'embrasse tacitement.

Quoique ces raisons soient fortes et pressantes, je
pense néanmoins que le droit de retour n'a point
lieu ; car il ne faut pas se le dissimuler, la condition sous laquelle il a été stipulé ne se trouve
pas accomplie.

En effet, le donateur a dit : si le donataire meurt
sans enfans, je reprendrai les biens ; or, le donataire est mort, mais il a laissé des enfans; donc le
droit de retour s'est évanoui ; donc les enfans ont
succédé aux biens donnés, et ils en ont pu disposer
comme propriétaires irrévocables d'après les termes
précis de la donation : et, je le demande, si le droit
de retour avait lieu par le prédécès des enfans,
faudrait-il prononcer la nullité de toutes les aliénations par eux faites? or, un pareil résultat, un
tel dépouillement, peuvent-ils avoir lieu sur une
simple présomption ?

J'avoue qu'il est très-possible, et même très-vrai-
semblable, que le donateur qui a stipulé le droit de
retour pour le cas du prédécès du donataire sans enfans a eu également l'intention de reprendre les biens
dans le cas où il survivrait, et au donataire, et aux
enfans de ce dernier ; mais il est possible aussi qu'il
n'ait voulu reprendre les biens que dans le cas expressément prévu ; et, dans ce doute, établir en règle générale le droit de retour, ne serais-ce pas donner la
préférence à une présomption, qui peut être fautive,
sur le texte du contrat, qui ne peut tromper? d'ailleurs,
quoique le donateur soit favorable, on pourrait toujours lui dire : c'est votre faute, et vous devez ne vous
en prendre qu'à vous-même si vous n'avez pas manifesté
clairement votre intention.

D'ailleurs, le président *Faber* s'est corrigé dans ses consultations, où il a décidé que le droit de retour n'avait pas lieu : *Duperrier* le remarque lui-même ; mais il observe qu'il faut préférer ce que les auteurs ont dit dans leurs ouvrage libres à ce qu'ils ont dit dans leurs consultations, attendu que, suivant la remarque de *Dumoulin*, dans les questions douteuses ils penchent en faveur de la partie qui les consulte.

Cette observation est vraie en général ; mais je crois que l'opinion du président *Faber* manifestée dans sa consultation est plus juridique que celle qu'il a énoncée dans son code.

874. — Le droit de retour étant stipulé pour le cas du prédécès du donataire et de ses enfans, supposons que le donataire prédécède, qu'il laisse des enfans ; mais que ces enfans renoncent à sa succession, ou qu'ils soient morts civilement ; le droit de retour aura-t-il lieu ?

Dans ces deux cas le droit de retour aura lieu, parce qu'il ne peut y avoir d'effet sans cause : ce n'est pas la survivance matérielle des enfans qui met obstacle au droit de retour, mais leur intérêt particulier ; c'est parce qu'ils profitent des biens donnés, qu'ils représentent leur père, que le retour n'a pas lieu ; mais quand ces enfans, ou par l'effet de la renonciation, ou de la mort civile, ne peuvent recueillir ces biens, alors point d'obstacle au droit de retour : les créanciers du donataire ne peuvent s'en plaindre ; ils savaient que le donataire n'était investi que d'une manière précaire, et l'existence des enfans du donataire ne peut être la cause d'un avantage pour eux : l'arrêt rapporté dans *Lacombe, verb.* réversion, n'est pas dans l'espèce.

875. — Le droit de retour ne peut être stipulé qu'au profit du donateur seul : susdit art. 951 du code ; observons même que s'il était stipulé au profit de tout autre, même des héritiers du donateur, il présenterait une véritable substitution, qui vicierait la disposition

pour le tout : ici la substitution serait évidente , puisque le donateur, après avoir laissé reposer un certain
temps la propriété sur la tête du donataire , dépouil-
lerait ce dernier dans le cas prévu , pour investir un
tiers en second degré ; une telle donation serait radicalement nulle, et ne produirait aucun effet. Vid.
l'arrêt de la cour de cassation rapporté par M. *Sirey*,
an 1813 , pag. 24.

De ce que le droit de retour ne peut être stipulé
qu'au profit du donateur , il résulte, comme le dit
M. *Jaubert*, que ce droit est *incommunicable, et non
transmissible ;* ainsi , ce droit s'évanouit au décès du
donateur, et ses héritiers ne peuvent, par conséquent,
y succéder.

Rien n'empêche cependant que le droit de retour,
une fois stipulé , ne soit vendu ou cédé à un tiers,
car un droit dépendant d'une condition suspensive et
casuelle peut être l'objet d'une convention.

876. — Le droit de retour peut être stipulé postérieurement à la donation , pourvu que le donataire y
consente , et que la stipulation soit faite et acceptée
dans la forme des donations entre-vifs, dont il restera
minute.

Mais l'on sent que cette stipulation postérieure ne
peut nuire aux aliénations et hypothèques consenties
antérieurement par le donataire.

L'acte contenant cette stipulation doit être transcrit comme la donation elle-même, si elle porte sur des
immeubles ; et il doit être fait mention de la deuxième
transcription en marge de la première : la loi ne dit
rien de tout cela ; mais ces règles sont celles du simple
bon sens et de la raison, complément nécessaire de toutes les lois.

877. — Le droit de retour peut être stipulé par
tout donateur, parent collatéral ou étranger, et dans
toutes les donations généralement quelconques, mo-
bilières ou immobilières , par contrat de mariage ou

hors contrat, même dans les donations rémunératoires :
legem contractus dat.

Les époux peuvent également se réserver le droit
de retour par rapport aux donations de biens présens
qu'ils se font dans leur contrat de mariage. Vid. l'art.
1092 du code civil.

878. — Le droit de retour a été stipulé de la manière suivante : le donateur se réserve le droit de
retour pour le cas du prédécès du donataire *ou* de ses
enfans.

La difficulté est ici de démêler la volonté du donateur : la particule disjonctive *ou* doit-elle avoir la
force de la copulative *et*? ou bien faut-il laisser à la
particule *ou* son acception rigoureuse? en d'autres
termes, y a-t-il lieu au droit de retour si le donataire
meurt laissant des enfans?

En donnant à la particule *ou* son acception disjonctive, la clause ci-dessus présente deux dispositions :
1.º droit de retour pour le cas du prédécès du donataire; 2.º droit de retour pour le cas du prédécès des
enfans ; mais ce second droit ne peut exister que lorsque nous supposerons que les enfans ont été saisis par
la mort du donataire : or, s'ils ont été saisis, il n'est
pas vrai que le droit de retour ait eu lieu par le prédécès de leur père donataire ; il y aurait donc, dans
ce sens, contradiction absolue dans la stipulation; donc
la particule *ou* ne peut être disjonctive dans l'intention
du donateur.

Il me semble que pour l'interprétation de la clause
ci-dessus, il faut faire la distinction suivante : ou lors
du don le donataire avait des enfans, ou il n'en avait
pas ;

S'il avait des enfans, ne pouvant juger de l'intention des hommes que par leurs expressions, et devant
prendre ces expressions dans leur acception naturelle,
je décide que le droit de retour a lieu, soit par le prédécès du donataire, soit par le prédécès de ses enfans,

lors même que leur père donataire vivrait encore : le donateur a prévu ces deux cas du droit de retour ; il a dit : les biens me reviendront si le donataire meurt avant moi ; ils me reviendront également si ses enfans meurent ; en un mot, la mort des enfans existans est la condition résolutoire de la donation prévue par le donateur ; la survie de leur père ne saurait mettre obstacle à l'effet de la condition, qui s'est accomplie ;

Mais si le donataire n'avait pas d'enfans vivans lors du don, il est impossible de prêter au donateur l'intention ci-dessus : comment, en effet, supposer qu'il a voulu rentrer dans les biens par l'effet de la mort d'enfans qui n'existaient pas encore ? d'ailleurs, pouvant naître au donataire des enfans jusqu'au dernier moment de sa vie, et même des posthumes, il est impossible de dire que le donateur a voulu dépouiller le donataire par l'effet du prédécès de ses enfans à venir ; donc, dans cette hypothèse, la clause ci-dessus ne peut recevoir sans absurdité l'interprétation naturelle que nous y donnons dans la première hypothèse.

Que faut-il donc décider ? Le retour aura-t-il lieu lors du décès du donataire qui laissera des enfans vivans ? ou bien faut-il que le donateur survive au donataire et à sa postérité ? Oui, cette double survie est nécessaire, parce que la particule *ou* ne peut être prise dans son acception disjonctive sans contradiction ; il faut donc la prendre comme copulative, et lui donner l'effet de la copulative *et*.

Ainsi, dans l'espèce ci-dessus, si lors du don le donataire avait des enfans, le droit de retour aura lieu, soit par le prédécès du donataire, soit par le prédécès de tous les enfans, lors même que leur père donataire vivrait encore.

Si, au contraire, le donataire n'avait pas d'enfans lors de la donation, le droit de retour n'aura lieu que dans le cas où le donateur survivrait au donataire et à sa postérité.

879. — Si le droit de retour a été stipulé pour le cas du prédécès du donataire seul, ce droit sera ouvert, tant par la mort naturelle, que par la mort civile du donataire ; car la mort civile opère tous les effets de la mort naturelle.

SECTION I.re

Des effets du droit de retour conventionnel.

880. — « L'effet du droit de retour, porte l'art. 952
» du code, sera de *résoudre toutes les aliénations* des
» biens donnés, et de faire revenir ces biens au do-
» nateur francs et quittes de toutes charges et hypo-
» thèques, sauf néanmoins de l'hypothèque de la dot
» et des conventions matrimoniales, si les autres biens
» de l'époux donataire ne suffisaient pas, et dans le cas
» seulement où la donation lui aura été faite par le
» même contrat de mariage duquel résultent ces droits
» et hypothèques ».

Ainsi, par l'effet du droit de retour, toutes les aliénations que le donataire pourrait avoir faites, soit à titre gratuit, soit à titre onéreux, sont anéanties ; il en est de même de toutes les charges, servitudes et hypothèques qu'il aurait pu imposer sur les biens donnés : toutes ces aliénations, charges, servitudes et hypothèques disparaissent en vertu de la maxime *resoluto jure dantis, resolvitur jus accipientis.*

Cet anéantissement des aliénations et hypothèques ne peut surprendre, la stipulation du droit de retour n'est autre chose qu'une condition résolutoire apposée à la donation ; et comme toute condition qui s'accomplit a un effet rétroactif au moment même de la stipulation, lorsque le droit de retour s'ouvre, il faut considérer les choses comme si le donataire n'avait jamais été propriétaire des biens donnés ; et voilà pourquoi toutes les aliénations qu'il a pu en faire demeurent de nul effet.

881. — Il existe une seule exception à l'anéantissement absolu de toutes les charges et hypothèques imposées par le donataire, cette exception est en faveur de la dot et des conventions matrimoniales compétant à son épouse.

Mais observons que pour que l'hypothèque pour la sureté de la dot et des conventions matrimoniales de l'épouse subsiste sur les biens donnés malgré le droit de retour, il faut que la donation ait été faite dans le contrat de mariage du donataire contenant la constitution de dot et la stipulation desdites conventions matrimoniales.

Si, dans cette hypothèse, l'hypothèque de la dot et des conventions matrimoniales subsiste, c'est parce que le donateur, présent à la constitution de dot, à la stipulation des conventions matrimoniales, est censé consentir à ce que les biens donnés soient subsidiairement hypothéqués pour la sureté desdites dot et conventions.

882. — Observons encore, que les biens donnés ne demeurent hypothéqués pour la sureté de la dot et des conventions matrimoniales que d'une manière subsidiaire, et dans le cas seulement où les biens du donataire ne suffiraient pas au payement de la dot et desdites conventions ; ainsi, le donateur réinvesti par le droit de retour ne peut être inquiété par l'épouse de son donataire que discussion préalablement faite des biens de ce dernier, et seulement jusques et à concurrence de l'insuffisance de ces biens.

Cette discussion doit être faite aux dépens de l'épouse, parce que son droit contre le donateur ne naît que du moment où l'insuffisance est constatée, et à raison de cette insuffisance, et que tout demandeur doit justifier de la base ou fondement de ses prétentions.

883. — Le retour conventionnel n'étant autre chose qu'une condition résolutoire stipulée, l'on sent que lors du droit de retour le donateur a une action en indemnité contre le donataire ou ses héritiers, à raison de toutes les dégradations dont ils ont pu tirer quelque avantage.

Mais que faut-il décider à raison des dégradations provenant de la simple négligence du donataire? ne peut-on pas dire qu'il a pu impunément négliger sa propre chose? plus jeune que le donateur devait-il s'attendre à mourir avant lui? Je pense que le donataire n'est pas tenu des dégradations provenant de sa seule négligence, à moins que le donateur, pour la conservation de son droit éventuel, ne l'ait mis en demeure, ou averti de ses obligations par une sommation légale.

884. — Par le droit de retour purement stipulé, toutes les aliénations et hypothèques s'évanouissent; ainsi, le donateur peut exercer contre les tiers-acquéreurs la même action en délaissement que contre le donataire ou contre ses héritiers.

Mais rien n'empêche que le donateur ne modifie le droit de retour; il peut, par exemple, le stipuler dans le cas où le donataire n'aurait pas lors de son décès aliéné ou hypothéqué les biens donnés; il peut, en un mot, en stipulant le droit de retour, permettre au donataire telles et telles aliénations spécifiées; et alors ces aliénations subsisteront malgré l'événement du droit de retour. Pour second exemple, le donateur peut, en stipulant le droit de retour, permettre au donataire toutes les aliénations entre-vifs; et alors le droit de retour n'empêchera que l'effet des dispositions testamentaires : tout cela est la suite et la conséquence de la maxime, qui peut le plus peut le moins : *non debet ei cui plus licet quod minus est non licere*, dit la règle de droit 21, ff *de reg. juris*.

Par la même raison le donateur peut, en stipulant le droit de retour, défendre toutes les aliénations entre-vifs, et permettre seulement les dispositions testamentaires : ce cas peut se rencontrer dans une donation par contrat de mariage, le donateur voulant permettre aux époux de s'avantager par des dispositions à cause de mort.

885. — Nous disons que, par l'effet du retour conventionnel, le donateur peut agir en délaissement contre les tiers-détenteurs, tout comme contre le donataire et ses héritiers.

Mais supposons que la donation porte sur des immeubles, et qu'elle n'ait pas été transcrite ; dans ce cas les tiers-acquéreurs ne pourraient-ils pas dire : nous ne connaissions pas la donation, ni ses charges ou conditions ; nous avons vu la possession du donataire ; nous avons acquis de lui de bonne foi : la transcription ne nous a pas avertis de la stipulation du droit de retour ; ce droit de retour ne peut donc nous nuire ?

Non, ils ne pourraient tenir ce langage ; car le registre des transcriptions n'est pas pour avertir si Jean est propriétaire, mais seulement si Jean, propriétaire, s'est ou ne s'est pas dépouillé ; en effet, avant d'acquérir de Jean, je demande ses titres de propriété : il me les exhibe ; mais ces titres prouvent tout au plus que Jean a été propriétaire, mais non qu'il l'est aujourd'hui ; car depuis la date de ces titres Jean peut avoir vendu à d'autres : il me faut donc un moyen de connaître ces ventes postérieures, et ce moyen je l'ai dans le registre des transcriptions ; mais ce registre ne m'est pas nécessaire pour connaître le titre de mon vendeur, je n'ai qu'à exiger l'exhibition de ce titre ; il doit non-seulement me le laisser lire, mais m'en donner même une expédition : comment donc pourrai-je prétendre qu'en achetant je n'ai pas connu le titre de mon vendeur ? si je ne l'ai pas connu, c'est ma faute ; c'est par l'effet d'une négligence impardonnable, qui ne doit préjudicier qu'à moi.

La transcription est un moyen que la loi donne au

donataire pour rendre sans effet les ventes et hypothèques que le donateur pourrait frauduleusement consentir après s'être dépouillé ; mais ce moyen de conservation, introduit en faveur du donataire, doit être par lui mis à exécution ; le donateur n'en peut être tenu.

Ce n'est pas tout, les tiers-acquéreurs dépouillés par le défaut de transcription n'auraient des droits et actions que contre le donataire, sauf le recours de celui-ci contre le donateur ; mais si lors du recours nous supposons la donation non existante entre le donateur et le donataire, par l'effet du droit de retour, il est clair que le recours s'évanouit, n'étant fondé que sur une donation qui n'existe plus.

Or, puisque, dans la supposition de la non-transcription, il ne dépend que du donateur de rendre la donation sans effet lors de l'existence du droit de retour, en vendant ou hypothéquant les biens donnés, il en résulte que, malgré le défaut de transcription, le donateur peut agir en délaissement, tant contre le donataire et ses héritiers, que contre les tiers-détenteurs.

En un mot, par le défaut d'une formalité qui n'est pas à la charge du donateur, les droits de ce dernier ne peuvent recevoir, ni restriction, ni atteinte : vid. *Ricard*, des donations, part. 3, chap. 7, n.º 803 ; mais les raisons qu'il donne ne peuvent être admises, à cause des nouveaux principes sur la transcription, qui diffèrent essentiellement de l'insinuation dans ses résultats.

886. — Le droit de retour étant stipulé, rien n'empêche que le donateur n'y renonce postérieurement à la donation ; car c'est un droit qu'il s'est créé par sa volonté, et qui doit disparaître par l'effet d'une volonté contraire.

Mais je pense que la renonciation au droit de retour, étant une modification de la donation, doit être revêtue des formalités nécessaires à la validité de cet acte, et que l'acceptation du donataire est absolument nécessaire : *omne dissolvi debet eodem modo quo colligatum est.*

Par la même raison le donateur et le donataire peuvent, postérieurement à la donation, modifier le droit de retour ; mais cette modification nécessite également un acte public et une acceptation expresse.

887. — Le retour conventionnel préjudicie-t-il au retour légal ?

On sent que cette question ne peut naître qu'à raison d'une donation faite par un ascendant, et dans laquelle le retour stipulé aurait été modifié de manière à être moins avantageux que le retour légal : supposons, par exemple, une donation faite par un père à son fils, avec stipulation du droit de retour ; mais avec la faculté au fils donataire de disposer par testament des biens donnés : la question sera de savoir si le testament du fils, par rapport aux biens donnés, sera valable, attendu que le retour légal met obstacle aux dispositions à cause de mort (on raisonne d'après les anciens principes).

On peut dire que le droit de retour légal subsiste toujours, malgré la stipulation d'un retour conventionnel et les modifications apposées à cette stipulation ; car, 1.º le retour légal tient jusqu'à un certain point de la nature des droits successifs ; et, sous ce rapport, on ne peut y renoncer directement, ni indirectement ; 2.º les renonciations doivent être expresses, et ne peuvent s'étendre d'un cas à l'autre, ni être présumées par induction ; 3.º telle était l'ancienne jurisprudence attestée par *Lebrun*, dans son traité des successions, liv. 1.ᵉʳ, chap. 5, sect. 2, n.º 23.

Je pense que dans l'espèce ci-dessus le testament du donataire serait valable, et produirait son effet sur les biens donnés ; car il n'y a pas ici une renonciation absolue au droit de retour légal , mais une simple modification de ce droit ; modification qui est permise, et ne présente rien de contraire à la loi : il n'est pas exact de dire que la renonciation n'est pas expresse, car elle est virtuelle, et porte sur un fait prévu et désigné précisément par le donateur : *Decormin* va même plus loin ; il décide, d'une manière générale, que lorsqu'on stipule le droit de retour pour un certain cas, le retour légal n'a plus lieu. Vid. *Duperrier*, maximes du droit, *verb.* droit de retour, liv. 5, pag. 521, *in notis* : je n'approuve pas cette décision générale de *Decormin*.

La question de savoir si la stipulation du droit de retour pour un certain cas présente une renonciation efficace au droit de retour légal peut encore se présenter dans l'espèce suivante :

Un père donne à Jean, son fils, avec stipulation du droit de retour dans le cas où Jean décéderait sans enfans ;

Jean meurt : il laisse des enfans ; mais ces enfans meurent avant le donateur.

Nous avons décidé que dans cette hypothèse le retour légal aurait lieu en faveur de l'aïeul ; or, en sera-t-il de même nonobstant le retour stipulé ?

Je crois que le retour légal n'est pas anéanti par le retour conventionnel : le donateur n'a pas songé au cas où il survivrait, et à son fils, et à ses petits-fils ; il n'a donc pas renoncé au droit résultant de sa survie : ici la loi vient au secours de ce père, qui ne devait pas naturellement penser qu'il aurait le double malheur de survivre, et à son fils, et à sa postérité ; ainsi, le droit de retour aura lieu. Vid. l'arrêt du 6 juin 1642, rapporté par *Henrys*, liv. 6, quest. 33, et l'observation de *Bretonnier* que nous avons ci-dessus rapportée, n.° 873.

888. — Pierre marie son fils ; il lui fait une do-

nation , avec stipulation du droit de retour pour le cas où il survivrait au donataire et à ses enfans :

Le fils donataire meurt, il laisse plusieurs enfans; certains de ces enfans meurent, et leur succession se partage entre la mère existante et les frères survivans ; enfin, tous les descendans du donataire meurent, et le donateur leur survit : alors la question est de savoir si les partages faits sont annullés et anéantis, et si la mère est privée de ce qu'elle avait recueilli sur les successions de ses enfans.

Il faut décider, sans difficulté, que tout est anéanti ; que la mère, ni les autres héritiers des enfans né peuvent rien conserver des biens donnés, parce que la stipulation du droit de retour est une condition résolutoire, qui lors de son accomplissement a un effet rétroactif au moment de la stipulation, et qu'il faut considérer les choses comme si le donataire et ses enfans n'avaient jamais été investis des biens donnés. *Despeisses*, tom. I.er, pag. 449.

889. — Nous avons décidé que l'ascendant qui exerce le droit de retour légal est assujetti au payement proportionnel des dettes ; mais il en est autrement du donateur qui reprend par droit de retour conventionnel , car le donateur qui a stipulé le droit de retour n'a fait qu'apposer une condition résolutoire à son bienfait; mais en exerçant le droit résultant de cette condition accomplie , le donateur demeure absolument étranger à la succession du donataire , et ne peut être soumis à aucune dette : s'il en était autrement, le donataire serait le maître de rendre sans effet, et même onéreuse, la stipulation du droit de retour ; ce qui serait contraire à tous les principes : en un mot, le donateur qui reprend par droit de retour conventionnel n'est pas héritier.

890. — Nous avons dit que l'ascendant qui re-

prend par droit de retour légal peut réclamer les fruits à compter de l'ouverture de la succession.

Mais cela n'aurait pas lieu, si lors de cette ouverture l'existence de l'ascendant n'était pas reconnue: dans ce cas les héritiers qui se seraient emparés de la succession du donataire, attendu la disparition de l'ascendant, gagneraient les fruits, et ne seraient soumis à aucune restitution dans le cas où l'ascendant se présenterait dans la suite : telle est la disposition textuelle de l'art. 138 du code, ainsi conçu : « tant que l'absent ne se représentera pas, » ou que les actions ne seront par exercées de son » chef, ceux qui auront recueilli la succession gagne- » ront les fruits par eux perçus de bonne foi ».

Quoique cet article se trouve placé dans la section 2, intitulée *des effets de l'absence*, il est généralement reconnu que les dispositions de cette section ne s'appliquent pas seulement à celui dont l'absence a été déclarée, mais encore à tout individu dont l'existence n'est pas actuellement reconnue, n'eût-il disparu que depuis deux jours.

Cet art. 138 ne résout pas la question de savoir si entre cohéritiers la restitution des fruits est due de plein droit ; mais l'on peut en tirer des inductions pour la solution de cette question difficile : il faut voir *Domat*, pag. 202, et les lois qu'il cite, et notamment la loi 25, § 6, ff *de petit. hæred.* : je pense cependant que la restitution des fruits est due de plein droit entre cohéritiers dont l'existence est reconnue.

891. — En rapprochant les principes du retour légal et du retour conventionnel, nous trouverons, 1.° que le premier prend sa source dans la volonté de la loi, et le deuxième dans la disposition expresse de l'homme ;

2.° Que le retour légal ne compète qu'à l'ascendant donateur, tandis que le retour conventionnel compète à tout donateur qui l'a stipulé;

3.º Que le retour légal laisse subsister toutes les dispositions entre-vifs ou à cause de mort faites par le donataire, ainsi que les charges et hypothèques par lui consenties : le retour conventionnel, au contraire, résout toutes les aliénations et hypothèques, sauf le recours subsidiaire pour la sureté de la dot constituée dans l'acte même contenant la donation;

4.º Que l'ascendant qui exerce le retour légal est tenu du payement proportionnel des dettes, tandis que le donateur qui reprend par l'effet du retour conventionnel n'en est pas tenu.

892. — Remarquons, relativement aux donations antérieures aux nouvelles lois, que le droit de retour conventionnel a été maintenu par l'art. 74 de la loi du 17 nivôse, et que le retour légal a été maintenu, par rapport aux donations antérieures à la loi du 5 brumaire an 2, par l'art. 5 de la loi du 23 ventôse an 2. Vid. le recueil de M. *Sirey*, an 1806, pag. 136.

Les dispositions de ces lois doivent être suivies dans le cas où le donataire antérieur à nos nouvelles lois décéderait postérieurement au code civil : je pense que le droit de retour doit être jugé d'après les lois en vigueur lors de la donation, et non d'après les lois à l'époque du décès du donataire.

893. — On peut voir, sur la question traitée au n.º précédent, M. *Grenier*, dans son traité des donations, n.º 599.

LIVRE III.

LIVRE III.

~~~~~~

CHAPITRE PREMIER.

DES DONATIONS PAR CONTRAT DE MARIAGE FAITES EN FAVEUR DES ÉPOUX.

894. — DANS les donations faites hors contrat de mariage nous avons posé pour base fondamentale et inébranlable la maxime *donner et retenir ne vaut.*

Mais dans les donations faites par contrat de mariage cette maxime ne reçoit plus d'application : ici, en faveur de l'acte le plus solennel, le donateur qui dispose ne connaît aucune gêne ; il peut donner sous les clauses et conditions qui lui conviennent ; il peut se réserver la faculté d'épuiser directement ou indirectement la donation ; il peut donner d'une manière purement précaire, et sous une condition potestative par rapport à lui : la loi approuve toutes ses volontés ; en un mot, et dans l'acception la plus étendue de cette expression, le donateur *peut donner et retenir.*

895. — Ainsi, le donateur peut donner,

1.° Ses biens présens, ou une somme à prendre sur ses biens présens ;

2.° Ses biens présens et à venir, ou une quote de ses biens présens et à venir ;

3.° Tous ou une quote des biens qu'il laissera à sa mort ;

4.° Ses biens présens, et imposer au donataire une

Tom. II. 21

charge indéfinie, ou donner sous une condition pure‑
ment potestative par rapport à lui. Vid. l'arrêt de
la cour de cassation rapporté par M. *Sirey*, an 1816,
pag. 246.

Remarquons que les donations faites dans les termes
des n.ᵒˢ 2, 3 et 4, dépendent dans leur émolument
de la volonté du donateur ;

Remarquons encore que ces donations ne sont va‑
lables que par contrat de mariage, et lorsqu'elles sont
faites en faveur des futurs époux, ou de l'un d'eux :
une pareille disposition faite en faveur d'un étranger,
et quoiqu'insérée dans un contrat de mariage, serait
nulle ;

Remarquons, enfin, que les donations dans les
termes ci-dessus peuvent être faites aux futurs époux
par tout donateur quelconque, ascendant, collatéral
ou étranger.

§ I.ᵉʳ *Des donations de biens présens faites aux futurs époux, ou à l'un d'eux.*

896. — Les futurs époux peuvent recevoir de tout
donateur quelconque tout ou partie de ses biens
présens : ce n'est pas là une faveur de leur contrat
de mariage, car une telle donation serait valable dans
un contrat pur et simple.

On entend par biens présens ceux auxquels le
donateur a lors de la donation un droit quelcon‑
que, pur ou simple, ou conditionnel : ce droit condi‑
tionnel peut être l'objet d'une donation.

Ainsi, si j'ai un droit dépendant d'une condition
suspensive ou résolutoire, je puis le donner comme
un bien présent, parce que ce droit est à moi, et
qu'il est ma propriété actuelle.

897. — L'art. 1081 du code civil est ainsi conçu :
« toute donation entre-vifs de biens présens, quoique
» faite par contrat de mariage aux époux, ou à l'un

» d'eux, sera *soumise aux règles générales* pres-
» crites pour les donations faites à ce titre.

» Elle ne pourra avoir lieu au profit des enfans à
» naître, si ce n'est dans les cas énoncés au chap. 6
» du présent titre ».

Cet article présente deux propositions :

1.° La donation des biens présens faite en contrat
de mariage est soumise aux règles générales des donations pures et simples ;

2.° Une pareille donation ne pourra être faite au
profit des enfans à naître.

898. — De la première proposition résultent plusieurs conséquences remarquables :

1.° La donation contractuelle des biens présens ,
tout comme la donation pure et simple, dépouille
le donateur, et investit le donataire d'une manière
absolue et irrévocable ; ainsi, si le donataire prédécède le donateur, celui-ci ne pourra reprendre les
biens donnés que par l'effet du retour conventionnel ,
si le donateur l'a stipulé ; ou par droit de retour légal ,
si le donateur est un ascendant : la donation des biens
présens n'est pas soumise à la caducité prononcée par
l'art. 1089 ;

2.° Si cette donation contractuelle porte sur un
immeuble, elle doit être transcrite ;

3.° Si elle a pour objet des effets mobiliers , la donation doit en contenir l'état estimatif.

Tout cela résulte, tant du susdit art. 1081 , que de
la classification et disposition des art. 939 , 947 et
948 du code.

Sous ces rapports, ainsi que relativement à la capacité de donner et de recevoir , il n'existe pas de différence entre une donation de biens présens faite en
contrat de mariage, et une autre donation pure et
simple faite hors contrat.

Voici cependant les différences qui existent entre
ces deux donations : 1.° la donation des biens présens

faite en contrat de mariage aux futurs époux, ou à l'un d'eux, n'a pas besoin d'une acceptation expresse (art. 1087); 2.º cette donation serait caduque, si le mariage ne s'ensuivait pas (art. 1088); au lieu que la donation faite hors contrat de mariage, même à raison d'un mariage projeté, ne serait caduque que dans le cas où le mariage serait la cause finale de la donation.

899. — Ne le perdons pas de vue : aux yeux du législateur, une donation de biens présens, quoiqu'insérée dans le contrat de mariage, et faite en faveur des futurs époux, est une véritable donation entrevifs.

Ce principe posé, nous ne devons pas être surpris de la deuxième proposition ci-dessus, portant qu'*une telle donation ne peut être faite au profit des enfans à naître :* en effet, par le résultat de la donation le donateur étant dépouillé, il faut nécessairement que le donataire soit investi ; mais comment investir des enfans qui n'existent pas encore, et qui peut-être n'existeront jamais? Pour pouvoir recevoir, il faut être conçu ; le néant ne peut rien avoir : la propriété ne peut être incertaine, le donataire nommé doit être là pour recevoir.

Ainsi, Pierre se mariant, je ne puis donner mes biens présens à ses enfans à naître ; Pierre seul peut recevoir.

900. — Ne pourrait-on pas donner ses biens présens à Pierre et à ses enfans à naître?

Cette disposition serait valable, mais seulement en faveur de Pierre ; il n'en résulterait aucun droit en faveur des enfans.

901. — Ne pourrait-on pas donner à Pierre, avec charge de rendre à ses enfans à naître?

Ce serait là une substitution, et elle ne serait valable qu'autant que le donateur serait ascendant ou frère du donataire, ainsi que nous l'expliquerons au chapitre des substitutions : dans tous les autres cas la donation serait radicalement nulle, et ne produirait aucun effet.

902. — En dernière analise, la donation des biens présens, quoique faite au profit des futurs époux, et insérée dans leur contrat de mariage, conserve la nature et le caractère d'une simple donation entre-vifs, et elle se trouve soumise à toutes les règles et formalités des donations pures et simples.

A la prendre rigoureusement, il n'existe entre la donation contractuelle et la donation hors contrat que cette unique différence, c'est que dans la donation contractuelle l'acceptation expresse n'est pas nécessaire dans l'acte, et qu'elle est suppléée par l'accomplissement du mariage.

Hors cette exception tout ce que nous avons dit s'applique à la donation contractuelle des biens présens.

§ II. *Des donations de biens présens et à venir faites aux futurs époux et à leurs enfans à naître.*

903. — De la maxime *donner et retenir vaut*, il résulte que la donation par contrat de mariage peut être faite cumulativement des biens présens et à venir (art. 1084 du code).

On appelle biens à venir ceux auxquels le donateur n'a lors de la donation aucune espèce de droit, ni pur, ni conditionnel : une succession non ouverte, une donation postérieure, sont des biens à venir.

904. — La donation des biens présens et à venir produit-elle son effet pour les biens présens dans le moment même de la donation? ou bien est-elle indivisible, et son effet ne s'ouvre-t-il qu'au décès du donateur? en d'autres termes, le donataire des biens présens et à venir peut-il de suite se mettre en possession des biens présens ?

Je crois que la donation des biens présens et à venir produit, du moment même du mariage, son effet pour les biens présens ; le donataire peut en demander la délivrance et le partage, si une quote de biens a été donnée.

Telle était l'ancienne jurisprudence, attestée par *Furgole*, et cette jurisprudence doit être d'autant plus suivie, que le code civil permet la division des biens présens et à venir; ce que l'ordonnance de 1731 ne permettait pas.

Je m'explique : sous l'ordonnance de 1731 une donation de biens présens et à venir faite hors contrat de mariage était radicalement nulle, même pour les biens présens ; et cela, à cause de l'indivisibilité de la disposition, et parce que le législateur supposait que le donateur n'avait voulu donner que cumulativement ces deux sortes de biens ; ce qui mettait le législateur dans la nécessité de valider ou d'annuller cette donation pour le tout.

Sous le code, au contraire, la donation des biens présens et à venir est divisible aux yeux du donateur et du législateur; et voilà pourquoi la donation des biens présens et à venir faite hors contrat de mariage n'est nulle aujourd'hui que pour les biens à venir, et qu'elle vaut pour les biens présens.

Or, si la donation des biens présens et à venir est divisible dans la pensée du donateur, lorsqu'elle est faite par donation pure et simple, comment serait-elle indivisible si elle est insérée dans un contrat de mariage ?

Quoi ! une donation de biens présens et à venir faite hors contrat serait valable *actu* pour les biens présens, et une pareille donation, si elle était insérée dans un contrat de mariage, ne produirait aucun effet jusqu'à la mort du donateur ? comment une donation contractuelle serait-elle moins favorable, moins avantageuse au donataire qu'une donation pure et simple?

Notre opinion se trouve encore fortifiée par le texte

de l'art. 1084, qui porte, « que lorsque l'état des dettes
» est annexé à une donation de biens présens et à venir,
» il sera libre au donataire *de s'en tenir* aux biens
» présens, en renonçant au surplus des biens du do-
» nateur ».

De s'en tenir, ce qui suppose que le donataire est
en possession, et qu'il peut garder ce qu'il possède.

905. — La donation des biens présens et à venir
produit-elle son effet pour les biens présens, lors même
que l'état des dettes n'aurait pas été annexé à la donation, conformément à l'art. 1084 ?

Je crois que la donation produit son effet pour les
biens présens, nonobstant le défaut de l'état des dettes,
car cet état n'a été ordonné que pour prévenir les
discussions lors de l'option entre les biens présens et
les biens à venir ; mais il n'est pas question de cette
option, qui ne peut être faite qu'au décès du donateur.

Si dans cette hypothèse la donation des biens présens
et à venir ne produisait aucun effet *actu* pour les biens
présens, et le donataire, vu le défaut de l'état des
dettes, étant tenu d'accepter la donation pour le tout,
il en résulterait qu'une pareille donation ne serait
qu'une véritable institution contractuelle : or, ne
serais-ce pas violer ouvertement, et méconnaître d'une
manière formelle l'intention du donateur et du donataire, que d'assimiler une pareille donation à une simple
institution ? Ce serait rendre synonymes ces deux expressions si différentes : *je donne mes biens présens
et à venir, et je donne les biens que je laisserai à
ma mort ;* certainement ces deux expressions ne mani-
festent pas la même volonté, elles ne sauraient donc
avoir les mêmes résultats.

En un mot, soit qu'il existe, soit qu'il n'existe pas
d'état des dettes, la donation des biens présens et à
venir, considérée simplement dans ses effets pendant
la vie du donateur, présente toujours deux dispositions distinctes et différentes dans leurs résultats : 1.°

onation des biens présens; 2.º donation des biens à venir.

Par rapport à la donation des biens présens, soit qu'il y ait état des dettes, soit qu'il n'y en ait pas, le donataire peut toujours se mettre en possession des biens présens, si le donateur n'en a expressément réservé l'usufruit et jouissance; mais, en se mettant en jouissance des biens présens, il demeure chargé du payement des dettes existantes lors du don.

Par rapport à la donation des biens à venir, elle ne produit aucun effet en faveur du donataire que lors de la mort du donateur; jusqu'à cette époque la donation des biens à venir n'est rien, parce que la masse à laquelle elle doit s'appliquer n'est pas encore établie et formée : ainsi, le donataire n'a aucune espèce de droit aux biens acquis par le donateur postérieurement à la donation ; le donateur seul en est propriétaire absolu, et il peut en disposer à sa fantaisie, les aliéner, les charger d'hypothèques ; en un mot, le donataire n'a droit qu'aux *biens à venir* : or, les biens à venir du donateur ne peuvent être connus qu'à son décès, et ne consistent, par voie de suite, qu'en ce qu'il laissera à sa mort. Vid. *Furgole*, sur l'art. 17 de l'ordonnance de 1731.

90ç. — De ce que le donataire peut réclamer *actu* les biens présens, il résulte que le donateur ne peut disposer de ces sortes de biens : par l'effet de la donation ils ont cessé d'être sa propriété, et il ne peut dépendre de lui de dépouiller le donataire de la chose donnée ; cela me parait hors de doute, sur-tout quand il existe un état des dettes : en effet, le donataire pouvant, dans ce cas, opter pour les biens présens, l'on sent que cette option deviendrait impossible et sans objet, si le donateur pouvait disposer des biens présens.

Cette proposition me parait également vraie, lors même qu'il n'y aurait pas d'état des dettes : dans ce cas l'aliénation faite par le donateur des biens présens ne saurait dépouiller le donataire ; mais à la mort du donateur le donataire étant obligé d'accepter ou de répudier la donation pour le tout, les aliénations faites se trouveraient valables, et le donataire accéptant obligé de délaisser les biens vendus, attendu qu'il se trouverait représenter le vendeur, et soumis à la garantie : *rem habere licere*.

907. — D'après l'art. 1084 du code la donation des biens présens et à venir doit contenir un état des dettes du donateur existantes au jour de la donation :

Si cet état existe, le donataire pourra, lors du décès du donateur, opter pour les biens présens, et renoncer aux biens à venir ;

Si l'état n'existe pas, la donation est indivisible, et le donataire est obligé d'accepter ou de répudier la donation pour le tout ; et, en cas d'acceptation, il ne pourra réclamer que les biens qui se trouveront existans lors du décès du donateur, et sera soumis au payement de toutes les dettes et charges de la succession (art. 1084 et 1085).

La mention de l'état des dettes et charges est donc une formalité d'une grande importance à l'égard du donataire ; sans l'accomplissement de cette formalité, le donateur reste le maître d'épuiser la donation et de la réduire à rien, et même de la rendre funeste au donataire, si celui-ci avait l'imprudence de s'immiscer dans les biens à venir.

Si le donateur n'a pas de dettes, il suffit de mentionner dans la donation la déclaration par lui faite qu'il ne doit rien ; cette déclaration sera un état négatif qui donnera le droit d'opter.

908. — Faisons-nous des idées justes par rapport à cet état des dettes et charges : il importe fort peu, par rapport à la faculté d'opter pour les biens présens, que cet état soit exact ou non ; fût-il de la plus grande inexactitude, le droit d'opter existera toujours ; mais le droit des créanciers antérieurs, et qui se trouve-

raient omis, n'éprouvera aucun préjudice : ces créanciers omis pourront toujours agir contre le donataire.

Ainsi, l'effet de l'état sera seulement de donner
au donataire la faculté d'opter ; mais il demeurera
toujours soumis au payement des dettes existantes
proportionnellement à la quotité de sa donation.

909. — Supposons que dans l'état annexé il ait été
omis certaines dettes, et que le donataire ait été obligé
de les payer ; pourra-t-il dans ce cas, lors de son
option pour les biens présens, réclamer ce qu'il aura
payé à raison des dettes omises ? Je le crois, car l'état
annexé présente une stipulation conditionnelle de
payer les dettes existantes en cas d'option pour les
biens présens ; mais cette obligation de payer les dettes
ne peut pas s'étendre au delà de ce qui est porté dans
l'état : la bonne foi doit présider à tous les contrats.
Le donateur ne peut pas, en dissimulant des dettes,
tromper le donataire et la famille à laquelle il s'unit ;
il ne peut pas, en un mot, diminuer l'émolument de sa
donation par une omission coupable ; on pourrait lui
dire : si nous avions cru les biens présens grevés de
plus de dettes, nous n'aurions pas accepté la donation,
et le mariage n'aurait pas eu lieu ; enfin, dans le cas
d'option pour les biens présens, l'état des dettes nous
avertissait de l'étendue de nos obligations : si elles se
trouvent plus fortes, vous, donateur, êtes seul tenu
de cette augmentation, parce qu'il ne dépendait que
de vous d'agir avec vérité et franchise, et qu'une
donation ne peut jamais être un piège funeste.

910. — Le donataire ayant la faculté d'opter, la
donation des biens présens et à venir présente réellement deux donations : 1.º donation de biens présens ;
2.º donation de biens à venir : or, le donataire qui
opte pour les biens présens est-il absolument obligé
de renoncer aux biens à venir ? ou peut-il accepter
ces derniers biens sous bénéfice d'inventaire ?

L'acceptation des biens à venir ne peut être faite

sous bénéfice d'inventaire quand on opte pour les biens présens ; le donataire qui opte pour les biens présens doit absolument renoncer aux biens à venir : telle est la condition sous laquelle le droit d'opter se trouve établi par l'art. 1084.

911. — A quelle époque l'option pourra-t-elle être faite ? pourra-t-elle avoir lieu pendant la vie du donateur ?

L'option pour les biens présens emportant nécessairement renonciation aux biens à venir, ne peut être valablement faite qu'après le décès du donateur ; faite pendant sa vie, elle ne produirait aucun effet, parce qu'elle présenterait implicitement une renonciation à une succession non ouverte ; vid., d'ailleurs, l'art. 1084, où l'on trouve ces mots remarquables : *lors du décès du donateur*.

912. — L'option peut être faite d'une manière expresse ou tacite : l'option est expresse, quand, dans un acte quelconque, on déclare opter ; elle est tacite, quand postérieurement au décès l'on s'immisce dans les biens à venir.

Supposons que le donataire se soit, pendant la vie du donateur, emparé de quelque bien avenu au donateur depuis la donation ; cette immixtion dans les biens à venir le rendra-t-elle irrecevable à opter dans la suite ? non, car l'option tacite ne peut avoir plus d'effet que l'option expresse ; or, l'option expresse faite pendant la vie du donateur ne peut préjudicier au donataire : *Furgole*, art. 17 de l'ordonnance, s'explique sur cette question d'une manière douteuse et vacillante ; mais il dit, en propres termes, que pour que le choix soit irrévocable, il faut qu'il ait été fait après la mort du donateur.

913. — La faculté d'opter était consommée par le premier choix ; ainsi, le donataire qui avait fait une première option ne pouvait plus se rétracter, ni varier. Leg. 5, ff *de legat.* 1 ; leg. 20, ff *de optione ;*

Catellan, liv. 5, chap. 23 ; *Furgole* sur le susdit art. 17 de l'ordonnance.

Je pense qu'il faut faire une distinction : si le donataire a accepté expressément ou tacitement la donation des biens à venir, son option est irrévocable, et il ne peut plus se rétracter ;

Mais s'il a opté pour les biens présens, il pourra, dans les trente ans du décès du donateur, revenir contre son option, et réclamer les biens à venir, pourvu que ces biens à venir n'ayent pas été acceptés par d'autres héritiers (art. 790 du code) ; mais sans préjudice, comme le dit cet article, des droits qui peuvent être acquis à des tiers sur les biens de la succession, soit par prescription, soit par acte valablement fait avec le curateur à la succession vacante.

Le donataire universel, ou à titre universel, des biens présens et à venir est absolument considéré comme un héritier, puisque, aux termes de l'art 1085, il est tenu de toutes les dettes et charges de la succession : *hi qui in universum jus succedunt hæredis loco habentur*. Leg. 128, § 1.er, ff. *de regulis juris*.

914. — Le donataire qui opte pour les biens présens est tenu de toutes les dettes et charges existantes lors du don, tant de celles contenues dans l'état, que de celles omises, ainsi que nous l'avons expliqué ci-dessus.

On entend par dettes toutes les obligations généralement quelconques consenties par le donateur, pures, simples ou conditionnelles, quelle qu'en soit la cause et l'origine : *ex quâcumque causâ, actione vel persecutione, vel jure civili, sine ullâ exceptionis perpetuæ remotione, vel honorario, vel extraordinario, sive purè, sive in diem, sive ex conditione, sive ex delicto.* Leg. 10, 11 et 12, ff *de verb. significatione.*

On sent que par rapport aux dettes conditionnelles, le donataire en est toujours tenu, lors même que la condition ne se trouverait accomplie qu'après le décès du donateur ; parce que la condition ayant un effet rétroactif, c'est tout comme si la dette avait été irrévocablement établie lors de la donation.

Observons, avec *Furgole*, qu'on met au nombre des charges, 1.º les rentes viagères; 2.º les dots promises aux filles mariées avant la donation ; 3.º toutes les donations antérieures ayant pour objet une somme quelconque ; 4.º les garanties de fonds aliénés.

Furgole pense que le donataire est même tenu des dettes chirographaires, « pourvu qu'il n'y ait pas de » présomption de fraude, et que la date soit constatée » de manière qu'il n'y ait pas soupçon d'anti-date ». Nous avons plusieurs fois manifesté une opinion contraire ; nous pensons que le donataire n'est tenu que des dettes qui avaient acquis une fixité de date avant la donation, et notre opinion ne paraît pas même susceptible de doute d'après les dispositions du code.

En effet, nous parlons ici des obligations d'un donataire de biens présens et à venir, et qui a opté pour les biens présens; or, cette option suppose l'existence préalable d'un état des dettes : cela posé, de deux choses l'une : ou les dettes chirographaires sont portées dans l'état, ou elles n'y sont pas mentionnées; si elles y sont portées, la fixité de date est acquise; si elles n'y sont pas portées, il est impossible de supposer leur existence antérieure, sans dire que le donateur a été de mauvaise foi; donc la maxime, que la fraude ne se présume pas, doit faire rejeter toutes les dettes qui n'ont pas une date certaine avant la donation. Vid. le discours de M. *Bigot*, sur les donations, pag. 243.

915. — Le droit d'opter n'existant qu'au décès du donateur, le donataire qui ne s'est pas immiscé dans les biens à venir a trente ans, à compter du décès, pour faire son option ; car la faculté d'accepter ou de répudier une succession ne se prescrit que par le laps

de temps requis pour la prescription la plus longue
des droits immobiliers (art. 780 du code).

916. — S'il n'existe pas d'état des dettes, ou de
déclaration que le donateur ne doit rien, alors, comme
nous l'avons dit, la donation des biens présens et à
venir est indivisible ; le donataire est obligé de l'accepter, ou de la répudier pour le tout : en cas d'acceptation, il prend les biens qui se trouvent exister au
décès du donateur, et demeure obligé au payement
de toutes les dettes et charges.

Mais le donataire de tous les biens présens et à
venir étant soumis à toutes les charges de l'héritier,
doit en avoir tous les avantages ; ainsi, il doit pouvoir accepter la donation sous bénéfice d'inventaire.

Supposons qu'il ne prenne pas cette précaution, et
qu'il s'immisce dans les biens à venir après le décès
du donateur sans les avoir fait constater par inventaire ; sera-t-il, dans ce cas, soumis au payement des
dettes, même au delà de la valeur des biens donnés ?
sera-t-il, en un mot, obligé au payement même sur
ses biens personnels, sans pouvoir se dégager de son
obligation en répudiant ?

Dargentré, sur la coutume de Bretagne, art. 219 ;
Duperrier, tom. 1.er, liv. 4, quest. 6 ; *Catellan*, liv.
5, chap. 24 ; *Ricard*, tom. 1.er, part. 3, n.o 1516,
décident que le donataire n'est pas tenu au delà des
forces des biens donnés ; ils se fondent sur plusieurs
raisons : 1.o sur ce que la donation universelle est
considérée comme un titre particulier ; 2.o sur ce que
l'action dont le donataire est tenu n'est pas purement
personnelle, mais *in rem scripta* ; 3.o sur ce que,
d'après *Cujas*, sur la loi 37, ff *de usu et usufruct.*, la
donation n'est faite que de ce qui reste, *deducto ære
alieno*, et qu'ainsi il n'y a pas de donation quand les
biens sont absorbés par les dettes.

Je pense que le donataire qui s'immisce dans les
biens à venir postérieurement au décès du donateur

s'immisce réellement dans sa succession, et qu'il fait, en quelque sorte, acte d'héritier : *qui in universum jus succedunt hæredis loco habentur;* par cette immixtion sans inventaire il devient passible indéfiniment de toutes les dettes, car il peut enlever et soustraire aux créanciers une partie de leurs gages, sans que ceux-ci puissent rigoureusement prouver la fraude; la faculté de la prouver est le plus souvent une stérile ressource pour les créanciers : or, si quelqu'un doit être en perte, ce doit être nécessairement celui qui a à se reprocher quelque faute ou quelque négligence : cela posé, le donataire doit convenir qu'il ne dépendait que de lui de ne pas confondre ses biens propres avec les biens de la succession du donateur ; il n'avait qu'à accepter sous bénéfice d'inventaire, et faire procéder à l'état des biens; ne l'ayant pas fait, il en résulte contre lui une présomption très-forte que la donation n'était pas onéreuse, et que les biens donnés étaient plus que suffisans pour payer les dettes du donateur : *nemo præsumitur jactare suum;* et, je le demande, après cette immixtion dans les biens du donateur; après cette administration, qui peut avoir duré vingt-neuf ans, le donataire pourra-t-il venir dire : j'ai été dans l'erreur; j'abandonne les biens, la donation était onéreuse? Quelle serait alors la position des créanciers? comment pourraient-ils établir la consistance des biens délaissés par le donateur? Devront-ils s'en rapporter à l'état qu'en donnera le donataire lors de son abandon? impugneront-ils cet état par des témoins? invoqueront-ils la commune renommée? le serment *in litem* sera-t-il accordé aux créanciers? Tout cela me présente une foule de difficultés sérieuses ; et je vois toujours, ou les intérêts des créanciers absolument compromis, ou la fortune du donataire livrée à la foi suspecte des témoins et aux présomptions souvent trompeuses résultant des circonstances.

En un mot, le créancier n'a aucun moyen pour

empêcher l'immixtion du donataire ; cette immixtion est donc volontaire, spontanée ; et puisque le donataire n'a pas voulu se servir d'un moyen simple pour ne-pas compromettre ses biens personnels, lui seul doit souffrir de sa négligence. Nous examinerons encore cette question au chapitre des répudiations.

917. — Nous avons dit que le donateur des biens présens et à venir peut disposer à sa fantaisie des biens à lui avenus postérieurement à la donation, parce qu'ils constituent ce qu'on appelle les biens à venir, quelle que soit la nature ou l'origine de ces biens ; ainsi, le donateur peut les vendre, les hypothéquer, les aliéner, en un mot, à titre onéreux, de la manière la plus absolue.

Mais peut-il en disposer à titre gratuit par donation ou-par testament ? non, sans doute, parce que, par rapport à la donation, ayant déjà donné tous ses biens présens et à venir, il ne peut diminuer l'effet de cette première donation par une seconde, en vertu de la maxime *qui prior est tempore potior est jure ;* et quant au testament, l'on sent qu'il ne peut s'appliquer qu'aux biens qu'on trouve dans la succession ; mais par l'effet de la donation universelle des biens présens et à venir la succession se trouve dévolue au donataire au moment même de son ouverture.

Observons néanmoins que la donation postérieure que le donateur pourrait faire d'un bien à venir serait toujours valable pendant la vie du donateur ; ni lui, ni le donataire de tous les biens présens et à venir, ne sauraient en demander la nullité, parce que le donateur reste le maître absolu des biens à venir, et qu'il peut disposer des revenus de ces biens même à titre gratuit comme il le juge convenable ; mais à la mort du donateur le droit du second donataire s'évanouit, alors le premier donataire peut dire au second : ce qui vous a été donné est au nombre des biens à venir du donateur ; ces biens à venir m'ont été donnés avant

votre

votre donation; donc votre donation ne peut me préjudicier.

Il faut toujours rappeler qu'il ne faut placer au
nombre des biens à venir que ceux auxquels le donateur n'avait lors de la donation aucune espèce de
droit, ni pur, ni conditionnel; car si lors de la donation le donateur avait à un certain bien un droit dépendant d'une condition suspensive, ce bien serait
compris dans la donation des biens présens; il ne
formerait pas un bien à venir, lors même que la condition suspensive ne se trouverait accomplie que
long-temps après, et même après le décès du donateur.

918. — La donation des biens présens et à venir
peut être faite, tant au profit des futurs époux, ou
de l'un d'eux, qu'au profit des enfans à naître de
leur mariage : c'est ce qui résulte de la rubrique du
chap. 8 du code civil, liv. 3, tit. 2, qui parle des
donations faites par contrat de mariage aux époux
et *aux enfans à naître du mariage ;* or, c'est dans
ce chapitre 8 que se trouvent les art. 1084 et 1085,
relatifs aux donations des biens présens et à venir.

Cette vérité se prouve encore par l'art. 1089, qui
porte que les donations des biens présens et à venir
sont caduques si le donateur survit au donataire *et
à sa postérité :* ainsi, les enfans du donataire arrê-
tent l'effet de la caducité; donc ils profitent de la
donation ; donc la donation les intéresse, et est faite,
en quelque sorte, en leur faveur.

919. — Mais à quel titre les enfans à naître sont-
ils appelés à la donation des biens présens et à venir?
y viennent-ils de leur chef, et cumulativement avec
leur père? n'y viennent-ils que par substitution vulgaire ou fidéicommissaire? ou bien la mention des
enfans ne produit-elle aucun effet, leur existence
empêchant seulement l'effet de la caducité?

On ne peut supposer que les enfans soient appelés

Tom. II.   22

cumulativement avec leur père donataire ; car, 1.º
n'étant pas nés, ils ne peuvent rigoureusement rien
recevoir ; 2.º la loi *cùm quidem* 4, cod. *de verb.
signif.*, qui décide pour le partage égal des biens,
ne s'applique qu'aux libéralités faites à des personnes
qui sont d'une condition égale, et également nommées
et chéries du donateur ; mais non pas aux personnes
inter quas cadit ordo affectionis. Vid. *Catellan* et
Vedel, liv. 2, chap. 14, et *Serres*, pag. 174.

On ne peut pas dire non plus que les enfans soient
appelés par voie de substitution fidéicommissaire,
puisque le code proscrit en général les fidéicommis,
et qu'il ne les permet qu'en faveur des enfans au
premier degré du donataire, et quand le donateur
est ascendant ou oncle des appelés ; ce qui ne peut
s'appliquer ici, puisque tout étranger ou parent
quelconque peut donner ses biens présens et à venir
aux enfans à naître, et que tout descendant du donataire, quel que soit son degré, empêche la caducité, et recueille les biens donnés.

Je ne crois pas, enfin, que l'on puisse prétendre
que la mention des enfans ne produit aucun effet ;
que leur existence ne fait que mettre obstacle à la
caducité, et qu'ils recueillent, non de leur chef,
mais comme héritiers de leur père donataire ; car,
s'il en était ainsi, les enfans du donataire, *ex quo-
cumque matrimonio*, mettraient obstacle à la caducité,
et partageraient avec les enfans du mariage : proposition dont nous avons démontré l'inexactitude.

Il faut donc dire que les enfans à naître sont appelés à la donation par une espèce de substitution
vulgaire, et qu'ils recueillent de leur chef, en cas de
prédécès de leur père, la donation des biens présens
et à venir.

Sans doute il est difficile de concevoir une substitution vulgaire dans la donation des biens présens
et à venir, quand on réfléchit que les biens présens

ont fait impression sur la tête du donataire ; que celui-ci a recueilli ces biens, et a pu, en un mot, en demander la délivrance.

Cette objection s'évanouit quand on observe que la saisine du père donataire, par rapport aux biens présens, n'est que précaire et révocable ; en effet, l'option pour les biens présens ne pouvant être faite pendant la vie du donateur, et celui-ci pouvant créer des dettes à volonté, il est vrai de dire que pendant sa vie la donation est absolument révocable ; en un mot, pendant la vie du donateur la donation est indivisible : donc la donation des biens présens et à venir participe de la nature des dispositions à cause de mort ; donc point de difficulté à admettre la substitution vulgaire par rapport à la donation des biens présens et à venir.

920. — De ce que les enfans à naître sont appelés par voie de substitution vulgaire, il résulte plusieurs conséquences remarquables :

1.º Si le donateur meurt avant le donataire, tous les droits des enfans sont anéantis ; leur père donataire est maître absolu et irrévocable des biens présens et à venir, il peut en disposer comme de sa chose propre ; et si ces biens se trouvent dans sa succession, tous ses enfans, de quelque lit qu'ils soient, y ont un droit égal ;

2.º Si le donataire meurt avant le donateur, les enfans du mariage recueillent seuls les effets de la donation ; ils y viennent de leur chef, et lors même qu'ils auraient répudié la succession du donataire leur père ;

Si, dans le même cas, celui-ci s'était mis en possession des biens présens, ses droits de jouissance cessent avec sa mort ; les enfans du mariage ont seuls des droits aux biens présens, comme aux biens à venir ; et si le père se trouve avoir vendu certains des biens présens, les enfans du mariage pourront

expulser les acquéreurs , sauf la garantie proportionnellement à leurs droits, dans le cas où ils auraient
accepté la succession de leur père ;

3.º Si le père donataire meurt avant le donateur,
laissant un enfant ou descendant quelconque du mariage, et n'importe le degré , ce descendant sera
saisi , et entrera dans les mêmes droits de son aïeul ;

Et si cet enfant meurt lui-même avant le donateur,
alors la donation est caduque, et tous les droits, tant
de l'enfant, que des tiers-acquéreurs de lui ou de
son père, demeurent anéantis;

Enfin, la substitution vulgaire ayant lieu , les
enfans du mariage recueillent de leur chef même les
biens présens , et les créanciers du père perdent tous
leurs droits sur lesdits biens , parce que le père n'en
est pas mort saisi d'une manière réelle et définitive.

921. — Nous avons dit que le donataire venant à
mourir avant le donateur , les enfans du mariage recueillent, tant les biens présens, que les biens à venir,
eussent-ils même répudié la succession de leur père;
nous avons ajouté que les créanciers du père per-
daient dans ce cas tous leurs droits sur les biens
présens.

Certains auteurs font une distinction ; ils observent
que la donation des biens présens et à venir présente
deux choses : 1.º donation des biens présens; 2.º institution universelle pour les biens à venir : quant
aux biens présens , ils font, disent-ils, impression
définitive sur la tête du donataire ; ainsi, les enfans
du mariage ne peuvent recueillir ces biens qu'en acceptant l'hérédité du père, et les créanciers de ce
dernier ont droit auxdits biens : quant à l'institution aux biens à venir, les enfans y viennent de leur
chef, et sans être héritiers, et les créanciers du père
n'ont rien à voir sur ces biens à venir.

Je ne crois pas devoir adopter cette opinion , ni
cette fiction de la donation pendant la vie du dona-

teur ; car supposons qu'il n'existe pas d'état des dettes annexé à la donation , alors la division de la donation est impossible ; il faut l'accepter pour le tout , ou la répudier pour le tout.

Dans le cas même où il existerait un état des dettes, il est impossible de diviser la donation , en laissant les biens présens dans la succession du père donataire, et en donnant aux enfans du mariage les biens à venir , à la charge par eux de payer les dettes postérieures à la donation ; car le donateur survivant au donataire , il est impossible de scinder la donation , parce que la faculté d'opter pour les biens présens, en renonçant aux biens à venir , ne peut avoir lieu pendant la vie du donateur ; la loi le dit textuellement , et le simple bon sens le confirme : comment pourrais-je renoncer avec effet à des biens à venir que je ne connais pas, et que je ne puis pas même connaître !

Cela posé, si, au décès du père du donataire, les enfans répudient sa succession, il est impossible de supposer qu'il existe en leur faveur une division de la donation , le donateur étant encore vivant ; il est impossible de dire qu'ils ont répudié les biens présens, et opté pour les biens à venir : de quel droit, d'ailleurs, auraient-ils fait cette option ? Car, de deux choses l'une : ou ils sont appelés à la donation par une substitution vulgaire, ou ils le sont comme représentant leur père ; s'ils sont appelés comme substitués vulgairement, nonobstant leur répudiation , ils auront droit, tant aux biens présens, qu'aux biens à venir; s'ils ne sont appelés que comme héritiers de leur père, le droit d'opter étant une suite de la donation , ce droit fait partie de la succession paternelle; et comme ils l'ont répudiée , ils sont sans qualité pour opter.

Les créanciers eux-mêmes ne peuvent pas opter pour les biens présens, parce que, pour pouvoir opter entre deux choses , il faut avoir le pouvoir de choisir

l'une ou l'autre ; il faut, en un mot., avoir un droit
égal à toutes les deux : or, dans la supposition faite,
les créanciers n'ont aucun droit aux biens à venir.
La même raison s'applique aux enfans qui, dans la
même supposition, n'ont aucun droit aux biens présens ; d'ailleurs, on peut bien opter pour les biens
présens, en répudiant les biens à venir ; mais on ne
peut opter pour les biens à venir, en répudiant les
biens présens : la loi ne donne pas cette faculté; ce
qui prouve que les enfans, en répudiant la succession
du donataire leur père, n'ont pu opter pour les biens
à venir.

922. Les enfans du mariage sont, disons-nous,
appelés à la donation des biens présens et à venir par
une espèce de substitution vulgaire.

Cette substitution vulgaire existe, soit qu'il y ait
état des dettes, soit qu'il n'y en ait pas; elle existe
également, soit que les enfans du mariage soient nommés dans la donation, soit qu'il n'ait été fait aucune
mention desdits enfans; en un mot, dans la donation
des biens présens et à venir, il y a toujours une substitution, soit expresse, soit tacite, en faveur des enfans
du mariage, et ces deux substitutions produisent les
mêmes effets.

Il en résulte que jusqu'à la mort du donateur tous
les droits sont en suspens : en effet, si le donataire
vend les biens présens, ou si la vente est faite après
sa mort par l'un des enfans du mariage, ou par tous
ensemble, il faudra attendre le décès du donateur,
pour décider de la validité de ces aliénations, attendu
la caducité qui peut frapper la donation, et anéantir
tout ce qui aura été fait, soit par le donataire, soit
par ses descendans.

923. — La donation des biens présens et à venir
doit-elle être transcrite s'il existe des immeubles au
nombre des biens présens? Oui, la transcription doit

avoir lieu , pour avertir les tiers-acquéreurs de la disposition faite par le donateur.

Voici les avantages de la transcription : s'il existe un état des dettes, la transcription fera que le donataire ne pourra point être dépouillé des biens présens , dans le cas où il opterait pour iceux ; la transcription , en un mot , empêchera que le droit d'option ne devienne inutile par l'épuisement des biens présens ;

S'il n'existe pas d'état des dettes, la transcription empêchera toujours que le donataire soit dépouillé pendant la vie du donateur :

Or , démontrer que la transcription est utile, c'est prouver qu'elle est nécessaire ; telle est aussi l'opinion de M. *Grenier.*

924. — Dans la donation des biens présens et à venir est-il nécessaire d'annexer à la donation un état estimatif des meubles présens?

Cette question peut particulièrement se présenter dans le cas où , lors du décès du donateur, le donataire déclare s'en tenir aux biens présens, en répudiant les biens à venir : dans cette hypothèse l'on peut demander si la donation est bonne pour les biens meubles présens , et si le donataire qui a opté peut prendre tous les meubles existans lors du don.

Furgole , sur l'art. 17 de l'ordonnance , disait que l'état des meubles n'était pas nécessaire, et qu'ainsi le donataire, optant pour les biens présens, pouvait retenir les meubles existans lors du don.

Je crois l'état des meubles absolument nécessaire, sans quoi ils ne font pas partie des biens présens, leur existence n'étant pas constatée ; d'ailleurs , cette vérité est rigoureusement prouvée par la classification des art. 947 et 948 du code. Tous les jurisconsultes ont observé que si les donations contractuelles avaient été exemptes de la formalité de l'état des meubles , l'art. 947 aurait été placé après l'art. 948 , et l'excep-

tion portée dans l'art. 947 se serait étendue aux dispositions de l'art. 948.

Le but de l'état des meubles est non-seulement de
fixer les objets de la donation, d'empêcher le donateur de l'épuiser; mais encore d'empêcher toute fraude
à la réserve par une donation de meubles non détaillés : or, ce dernier motif s'applique aux donations
de biens présens et à venir, le donateur pouvant se
dépouiller *actu* des meubles présens.

Ce n'est pas tout : l'état des dettes a été ordonné
dans la seule vue de prévenir les procès sur le fait
de savoir si telle et telle dette existait lors du don;
mais les mêmes motifs commandent l'état des meubles, car, dans le cas d'option pour les biens présens,
comment distinguer d'une manière rigoureuse les
meubles existans lors du don de ceux provenus
depuis? L'état des dettes est ordonné pour fixer le
passif qui peut être à la charge du donataire; donc,
par une juste conséquence, il faut que l'actif, que
l'émolument d'une donation soit fixe et déterminé.

L'autorité de *Furgole*, basée sur le texte de l'ordonnance, ne peut être ici d'un grand poids, parce que,
d'après l'ordonnance, la livraison des meubles suffisait pour la validité de la donation; livraison qui
ne suffirait pas aujourd'hui : d'ailleurs, l'art. 17 de
cette ordonnance dispense expressément les donations
par contrat de mariage de la formalité relative à l'état
des meubles; or, une telle exception ne se trouve pas
dans le code.

En vain observerait-on que, d'après l'art. 868, la
loi suppose des donations de meubles valides sans état
estimatif, puisque, dans ce cas, elle ordonne le rapport
de ces meubles d'après une estimation faite par experts?
Mais, d'abord, il n'est pas bien sûr que cet article
parle d'une donation absolument dénuée d'état; il
parle plutôt d'une donation où l'état se trouve, mais

sans estimation ; d'ailleurs, cet article peut s'appliquer à une donation manuelle de meubles.

Mais quand le donataire ne déclare pas s'en tenir
aux biens présens, dans ce cas il a droit aux meubles,
soit qu'il y ait ou non état estimatif.

925. — La donation des biens présens et à venir
conserve le même caractère, et est soumise aux mêmes
règles, soit qu'elle soit universelle, soit simplement
d'une quote, comme de la moitié, du tiers, du dixième,
etc., des biens présens et à venir.

Il en serait de même dans le cas où la quote des
biens à venir serait différente de la quote des biens
présens : par exemple, je donne à Pierre la moitié de
mes biens présens, et le tiers ou le quart, le vingtième
ou le centième de mes biens à venir ; dans tous ces
cas il y aurait essentiellement donation de biens présens et à venir, parce que la vingtième ou la centième
partie des biens à venir peut épuiser toute masse quelconque de biens présens.

Ainsi, tout ce que nous avons dit s'applique sans
difficulté à une donation de quotités inégales de biens
présens et à venir.

Mais si le contrat de mariage présentait deux dispositions bien distinctes et séparées : l'une relative aux
biens présens, et l'autre relative aux biens à venir ;
dans ce cas il y aurait deux donations, et ces deux
donations seraient indépendantes l'une de l'autre, et
demeureraient soumises à leurs règles respectives :
ainsi, la donation des biens présens serait valide,
irrévocable, non sujette à la caducité, et ne pourrait être faite aux enfans à naître ; la donation des
biens à venir ne serait qu'une véritable institution
contractuelle, et en aurait tous les effets : nous
avons déjà fait cette observation au chapitre de la caducité et du droit de retour.

926. — Pierre se marie ; puis-je, sans faire aucune

mention de Pierre, donner directement mes biens présens et à venir aux enfans à naître du mariage?

Sans doute la donation des biens présens et à venir participe de la nature des dispositions à cause de mort;

Sans doute, pour être capable de recevoir par testament, il suffit d'être né, ou simplement conçu à l'époque du décès du testateur; et de là l'on pourrait tirer la conséquence, que puisque les enfans à naître peuvent être substitués vulgairement, rien n'empêche qu'ils ne puissent être appelés de leur chef à une donation de biens présens et à venir.

Je pense néanmoins qu'ils ne peuvent être appelés de leur chef: 1.º en fait de contrats, la règle est que tout ce qui n'est pas expressément défendu est permis; en fait de dispositions gratuites, et sur-tout de dispositions qui tiennent de la nature des testamens, la règle est, au contraire, que tout ce qui n'est pas expressément permis est défendu; or, nul article du code ne permet de donner directement aux enfans à naître; 2.º M. *Bigot-Préameneu* s'exprime ainsi dans son discours sur les donations, pag. 242: « les » donateurs de tout ou de partie des biens qu'ils » laisseront à leur décès pourront *prévoir le cas* où » l'époux donataire mourrait avant eux, et *dans ce* » *cas* étendre leurs dispositions au profit dés enfans » à naître de leur mariage ». Ainsi, M. *Bigot* décide textuellement que les institutions contractuelles ne peuvent être faites au profit des enfans à naître que *dans le cas* du prédécès de leur père institué: c'est aussi ce qui résulte du texte de l'art. 1082; or, si les enfans à naître ne peuvent pas plus être institués contractuellement que subsidiairement, et pour recueillir après leur père institué, à plus forte raison faut-il décider qu'on ne peut leur donner directement les biens présens et à venir!

3.º Par l'effet de la donation des biens présens et à venir les droits de propriété du donateur ne sont plus entiers, ils ont éprouvé une diminution; ainsi, il ne peut plus disposer des biens présens, ni à titre gratuit, ni à titre onéreux, et ne peut disposer des biens à venir à titre gratuit; mais le droit de propriété du donateur ne peut éprouver une diminution par l'effet de la donation, sans que le donataire n'en ait profité; ce que l'un a perdu, l'autre l'a nécessairement gagné : d'où résulte la conséquence rigoureuse, que la donation des biens présens et à venir transmet un véritable droit au donataire; mais pour recevoir ce droit, pour en être investi, il faut nécessairement exister : or, les enfans du mariage sont dans le néant; donc la donation leur étant faite, personne ne serait là pour recevoir le droit résultant de la donation.

C'est toute autre chose quand la donation est faite au père, et puis aux enfans : ici tout s'opère d'une manière naturelle; le père est d'abord investi, et s'il meurt, laissant des enfans du mariage, ceux-ci prennent sa place par l'effet de la substitution vulgaire: ici la propriété n'est jamais en suspens; et si nous voyons un droit transmis, nous trouvons en même temps la personne qui le reçoit.

927. — M. *Huteau*, dans ses observations sur le traité des donations par M. *Pothier*, observations écrites d'un très-bon style, pense que la donation des biens présens et à venir ne produit aucun effet que lors de la mort du donateur; que jusqu'à cette époque le donataire ne peut rien réclamer, même par rapport aux biens présens, soit qu'il y ait un état des dettes, soit qu'il n'y en ait pas.

De cette manière d'envisager la donation des biens présens et à venir résultent naturellement les conséquences que nous avons déjà tirées : 1.º que les enfans à naître sont appelés par substitution vulgaire; 2.º que si le donateur meurt avant le donataire, tout le

droit des enfans s'évanouit ; 3.º qu'en cas de prédécès
du donataire avant le donateur, les enfans du mariage
ont seuls droit aux biens donnés, et qu'ils peuvent les
recueillir lors même qu'ils auraient répudié la succession de leur père donataire ; qu'en un mot, ils recueillent de leur chef ; 4.º que les enfans du mariage ont
seuls droit aux biens donnés dans le cas du prédécès
de leur père, et qu'ils peuvent seuls mettre obstacle
à la caducité.

Je conviens que dans ce système la substitution vulgaire se manifeste naturellement et sans effort, puisque le donataire n'a qu'une simple expectative qui s'é-
vanouit avec lui ; ce système, en un mot, peut présenter plus de simplicité et plus de rigueur dans la
théorie ; mais dans la pratique il doit être rejeté : il
est difficile de supposer que le législateur ait voulu
faire une si grande innovation aux anciens principes
des pays de droit écrit ; il est difficile de croire qu'une
donation de biens présens et à venir ne diffère en
rien de l'institution contractuelle, si l'état des dettes ne
s'y trouve pas ; et que l'état des dettes s'y trouvant,
toute la différence consiste à ce que le donataire puisse
opter pour les biens présens à l'époque du décès du
donateur : on ne trouve rien qui puisse mener à une
si grande innovation, le conseil-d'état est muet là-dessus ; on ne peut induire cette innovation de la nécessité
d'annexer l'état des dettes, puisque le seul but de cet
état est de prévenir les procès relatifs à la consistance
des dettes lors du don.

Tenons donc pour certain, que le donataire des biens
présens et à venir peut, à moins de clause contraire,
réclamer les biens présens du moment du mariage,
soit qu'il y ait un état des dettes, soit qu'il n'y en ait
pas ; et que néanmoins les enfans du mariage sont
appelés à la donation, par une espèce de substitution
vulgaire, en cas de prédécès de leur père avant le
donateur.

Point de difficulté à admettre cette substitution vulgaire, car le droit d'opter entre les biens présens et à venir n'existe que lors du décès du donateur; donc ce droit n'a jamais existé pour le donataire qui prédécède le donateur; donc le donataire est mort n'ayant réellement qu'un droit résoluble à la volonté du donateur; donc il n'était pas réellement saisi; donc point de difficulté à admettre la substitution vulgaire.

§ III. *Des donations de tout ou de partie des biens que le donateur laissera à son décès, ou des institutions contractuelles.*

928. — Donner tout, ou une quote des biens qu'on laissera à son décès, c'est faire une institution contractuelle; c'est, dans un contrat de mariage, dans un acte entre-vifs, se nommer un héritier; c'est, en d'autres termes, faire un testament irrévocable quant au titre.

Sur cette espèce de disposition mixte, qui tient, et de la nature des actes entre-vifs, et de la nature des testamens, nous ne devons pas consulter la loi romaine; cette disposition y était inconnue : ces deux mots, *testament irrévocable* auraient présenté aux jurisconsultes romains deux idées inconciliables et contradictoires; ils ne pouvaient admettre ce genre de disposition.

Sur l'origine des institutions contractuelles l'on peut voir le traité de *Lauriere* : les recherches sur cet objet sont toujours laborieuses, et rarement satisfaisantes.

Ce qu'il nous importe de savoir, c'est que le code civil ne parle en aucune manière des institutions contractuelles; mais peu importe que le mot propre ne s'y trouve pas, quand la chose y est expressément consacrée.

Nous parlerons, d'abord, de la nature des institutions contractuelles, et ensuite de leurs effets par rapport à l'instituant et à l'institué.

SECTION I.re

De la nature des institutions contractuelles.

929. — Nous appelons *institution contractuelle* la disposition faite dans les termes de l'art. 1082 du code, ainsi conçu : « les pères et mères, les autres as-
» cendans, les parens collatéraux des époux, même
» les étrangers, pourront, *par contrat de mariage,*
» disposer de tout ou de partie des biens qu'ils laisse-
» ront au jour de leur décès, tant au profit desdits
» époux, qu'au profit des enfans à naître de leur ma-
» riage, *dans le cas* où le donateur survivrait à l'époux
» donataire ».

» Pareille donation, quoique faite au profit seule-
» ment des époux, ou de l'un d'eux, sera toujours, dans
» ledit cas de survie du donateur, présumée faite au
» profit des enfans et descendans à naître du mariage ».

930. — Faisons-nous des idées justes : cet article me permet de donner aux futurs époux, ou à l'un d'eux, et dans leur contrat de mariage, tout ou partie des biens que je laisserai à mon décès ; il me permet donc de leur laisser tout ou une quote de ma succes-sion : or, laisser à quelqu'un tout ou une quote de sa succession, c'est le nommer légataire universel ou à titre universel.

D'où il résulte que Pierre se mariant, je puis, dans son contrat de mariage, le nommer mon légataire universel, ou mon légataire à titre universel, et même mon légataire à titre particulier ; je puis le faire nommément et expressément, ou d'une manière indirecte, mais équivalente :

Je le fais expressément, en disant que je nomme et institue Pierre pour mon légataire universel, ou à titre universel, en disant que je lègue à Pierre telle somme ou tel objet ;

Je le fais indirectement, en disant que je donne à Pierre tout ou une quote des biens que je laisserai à ma mort, ou telle somme, ou tel objet à prendre dans ma succession :

Ces deux manières de disposer sont les mêmes dans leur objet et dans leur résultat.

Dans l'une et dans l'autre on ne dispose que de la succession ou de partie de la succession ; on ne fait donc que nommer, ou un légataire universel, ou à titre universel, ou à titre particulier.

931. — Non-seulement on peut instituer un héritier ou légataire dans un contrat de mariage ; l'on peut encore promettre d'instituer celui qui se marie, et cette promesse d'instituer produira le même effet que l'institution actuelle. *Serres*, pag. 255 ; *Roussille*, donations, n.º 311, et *Lebrun*, liv. 3, chap. 2, n.º 44.

Ainsi, je puis, dans le contrat de mariage de Pierre, ou le nommer mon légataire universel, ou lui promettre de le nommer mon légataire : ces deux expressions produiront le même résultat, parce qu'il est de principe, que la promesse d'instituer insérée dans un contrat de mariage au profit des futurs époux, ou de l'un d'eux, vaut institution.

932. — L'institution contractuelle peut être faite, tant au profit des époux, ou de l'un d'eux, qu'au profit des enfans à naître de leur mariage ; mais observons que les enfans à naître ne sont appelés qu'*ordine successivo*, et en cas seulement du prédécès de leur père ; ils ne sont appelés, en un mot, que par forme de substitution vulgaire : observons même que la substitution vulgaire a lieu, soit que les enfans soient nommés, soit qu'ils ne soient pas nommés dans l'institution ; en un mot, leur mention n'ajoute rien à leurs droits.

Ainsi, pendant la vie de leur père institué les enfans n'ont rien à voir ; si l'instituant meurt, le père recueille, et le droit des enfans est anéanti ;

Si le père meurt avant l'instituant, les enfans sont

appelés de leur chef, et recueillent l'institution, lors même qu'ils auraient répudié la succession de leur père ;

Enfin, en cas de prédécès de leur père, les enfans du mariage ont seuls droit à l'institution ; les enfans d'un autre lit n'y ont aucun droit : les enfans du mariage empêchent seuls la caducité.

933. — Une institution contractuelle étant faite au profit de Pierre, futur époux, supposons que Pierre meure avant l'instituant ; pourra-t-il, dans ce cas, disposer des effets de l'institution, en transmettre le titre, soit en faveur d'un de ses enfans, soit en faveur d'un étranger ?

Non, l'institué qui meurt avant l'instituant, meurt sans être saisi de l'émolument de l'institution ; par sa mort ses droits, son expectative sont anéantis, et passent aux enfans de son mariage : le testament de Pierre ne peut donc porter sur la succession de l'instituant, qui n'est pas ouverte, sur des biens auxquels il n'a aucun droit lors de sa mort.

Ainsi, lors du décès de l'instituant les enfans de Pierre, provenus du mariage en faveur duquel l'institution a été faite, partageront par portions égales les émolumens de cette institution, s'ils se trouvent tous au même degré ; ils recueilleront l'institution par droit de représentation, dans le cas où les descendans de Pierre se trouveraient, lors du décès de l'instituant, en degrés inégaux ; en un mot, dans l'institution contractuelle ouverte en faveur des enfans, il faut suivre dans le partage les règles de la représentation, tout comme dans le cas d'une succession *ab intestat.*

934. — L'institution contractuelle peut-elle être faite directement en faveur des enfans à naître ?

Non : les enfans ne peuvent y être appelés qu'au cas de prédécès de leur père, *ordine successivo*, et par forme de substitution vulgaire ; c'est ce qui résulte textuellement de l'art. 1082 du code : nous en avons
expliqué

expliqué les motifs ci-dessus, n.º 926. Il suffit de remarquer que par l'effet de l'institution contractuelle l'instituant ne peut plus disposer de ses biens à titre gratuit ; son droit de propriété est donc diminué : donc l'institué est investi d'un droit provenant de l'institution ; or, pour recevoir un droit, même résoluble, il faut exister ; donc les enfans ne peuvent être institués qu'au cas du prédécès de leur père institué au premier degré.

Ainsi, je puis dire : je donne à Pierre mes biens à venir, ou les biens que je laisserai dans ma succession ; et si Pierre meurt avant moi, je donne lesdits biens aux enfans de son mariage ;

Mais je ne puis, dans le contrat de mariage de Pierre, donner mes biens à venir aux enfans à naître du mariage, sans avoir préalablement institué Pierre ;

Je ne puis non plus faire mes dispositions de la manière suivante : si Pierre meurt avant moi, j'institue ses enfans à naître ; il faut que Pierre soit lui-même institué.

935. — L'institution contractuelle ne peut être faite que par contrat de mariage, et seulement en faveur des futurs époux, ou de l'un d'eux, et, à défaut, en faveur de leurs enfans à naître ; si l'institution était faite en faveur d'un tiers, elle serait nulle.

Pierre se marie ; il a des enfans du premier mariage : je puis bien instituer contractuellement Pierre, et subsidiairement ses enfans à naître ; mais les enfans nés ne peuvent être institués, ni au premier, ni au second degré : dans ces deux cas l'institution en faveur des enfans nés ne produirait aucun effet à leur égard ; en d'autres termes, si Pierre est institué avec les enfans du premier lit, l'institution ne profitera qu'à lui seul, s'il survit à l'instituant ; si, au contraire, il meurt avant lui, l'institution sera recueillie en entier par les enfans du mariage, les enfans du premier lit n'y auront rien à voir ; enfin, si Pierre meurt avant l'instituant , et sans enfans du mariage , l'institution sera caduque , nonobstant l'existence des enfans du premier lit.

Tout cela résulte du principe, que l'institution ne peut être faite qu'au profit des futurs époux, et subsidiairement au profit des enfans du mariage , et de cet autre principe, que l'institution est caduque , si l'instituant survit à l'institué et aux enfans du mariage.

936. — Pierre a un enfant naturel reconnu , il se marie avec la mère de cet enfant ; question de savoir si cet enfant légitimé par le présent mariage pourra être institué en second degré conjointement avec les autres enfans à naître.

Je crois que la légitimation de l'enfant lui donnera tous les droits qu'il aurait s'il naissait même du mariage ; ainsi , il recueillera l'institution avec les autres enfans, en cas de prédécès du père ; et s'il survit seul , il profitera de l'institution , et empêchera la caducité , lors même qu'il n'aurait pas été fait mention de lui dans le contrat de mariage.

937. — Jean nomme et institue Pierre pour son héritier contractuel ; il le charge de donner telle somme à Jacques :

Cette charge sera-t-elle valable ?

Si Jacques est créancier de Jean , nul doute que la charge imposée ne soit valable, et que l'institué ne soit obligé d'y satisfaire ; tout comme il le serait, indépendamment de la charge , dans le cas où Jacques se trouverait encore créancier lors de l'ouverture de la succession de l'instituant.

Mais supposons que la charge soit une donation en faveur de Jacques ; cette donation sera-t-elle valable ?

Pour la solution de cette question , il faut préalablement examiner la question suivante : Jean nomme et institue Pierre, futur époux , pour son héritier contractuel ; il le charge de s'associer Jacques à l'institution pour une quotité déterminée : cette charge d'association sera-t-elle valable ?

On peut dire : la charge d'association à l'institution présente une véritable substitution fidéicommissaire, puisque l'institué, après avoir recueilli l'entière succession, se trouve chargé d'en délivrer une partie à un'tiers : vid. *Pothier*, obligations, n.° 73; *Roussille*, donations, n.° 170; *Furgole*, quest. 5, et sur l'art. 10 de l'ordonnance de 1731 : c'est ce qui résulte, d'ailleurs, de la loi 19, § 1.er, ff *ad senatúsconsultum trebellianum*, où il est dit, « qu'il y a substi-
» tution fidéicommissaire, lorsqu'un testateur, en
» instituant un héritier, le charge de partager la suc-
» cession avec une personne qu'il désigne : *te rogo*,
» *Luci Titi, ut hæreditatem meam cum Attio par-*
» *tiaris* ».

Or, comme les substitutions sont prohibées, la charge d'association est absolument nulle, et entraîne la nullité de l'institution, du moins jusques et à concurrence de la portion qui était déférée au tiers-associé.

Ce n'est pas tout : voudrait-on considérer la charge d'association comme une condition de l'institution ? Cette condition ne présenterait elle-même qu'une institution en faveur de Jacques ; et comme les institutions ne sont permises qu'en faveur des futurs époux, ladite condition se trouverait nulle dans la forme, et, par conséquent, nullement obligatoire.

D'ailleurs, s'il était permis d'associer à l'institution contractuelle, ce serait en vain que la loi aurait ordonné que cette institution ne pourrait être faite qu'en faveur des futurs époux ; la loi qui fournirait elle-même un moyen sûr et facile d'éluder ses dispositions ne serait-elle pas jusqu'à un certain point dérisoire ! *Minùs quàm perfecta lex est quæ vetat aliquid fieri, et si factum sit non rescindit.*

On peut répondre, 1.° que la charge d'associer un

tiers à l'institution ne présente point, d'après les principes du code, une véritable substitution; parce que la charge de conserver et de rendre ne peut se rencontrer là où l'institué est obligé de partager l'institution au moment même où il la recueille : le retranchement s'opérant à l'instant même où l'institué se trouve investi, l'on ne peut pas dire que celui-ci soit chargé de conserver et de rendre; en un mot, le droit de l'institué et celui de l'associé naissent en même temps; il n'y a pas de transmission de propriété de l'un à l'autre *ordine successivo* : l'associé ne reçoit rien de l'institué, mais de l'instituant; ainsi, point de substitution.

2.º En considérant la charge d'association comme une *condition* de l'institution, il faut en convenir, cette condition paraît, au premier coup-d'œil, contraire aux dispositions de la loi, qui défend d'instituer contractuellement un tiers; et comme la condition de faire ce que la loi défend est réputée non écrite (art. 900 du code), il semble qu'il faille en conclure que la charge d'association ne doit produire aucun effet.

Remarquons cependant que la loi ne défend pas d'instituer un tiers, elle dit seulement que l'institution ne pourra être faite que dans le contrat de mariage de l'institué; ainsi, le tiers-associé n'est pas incapable de recevoir : on peut seulement observer que la disposition n'est pas faite en sa faveur dans les formes légales.

Cela posé, rappelons les dispositions de l'art. 1121 du code; il est ainsi conçu : « on peut pareillement » stipuler au profit d'un tiers, lorsque telle est la » condition d'une stipulation que l'on fait pour soi- » même, ou d'une donation que l'on fait à un autre; » celui qui a fait cette stipulation ne peut plus la » révoquer, si le tiers a déclaré vouloir en pro- » fiter ».

Ainsi, il résulte de cet article, 1.º que dans tout contrat, même sous signature privée, on peut stipuler une charge en faveur d'un tiers, soit pour lui payer une dette, s'il est créancier, soit dans la vue de lui faire une donation gratuite; 2.º que cette charge n'est pas considérée comme substitution, et est valable au profit de ce tiers; 3.º que cette charge est valable comme donation, quoiqu'elle ne soit pas revêtue des formalités des dispositions à titre gratuit.

Donc il est reconnu en principe que la charge n'a pas besoin, pour être valable, d'être revêtue des formalités des donations entre-vifs.

Or, si tel est le principe, comment ne pas l'appliquer à la charge d'association insérée dans une institution? Cette association prise isolément serait nulle; mais considérée comme charge, elle vaut et subsiste avec l'acte lui-même : on ne considère pas si la charge est revêtue des formalités qui lui sont propres; mais seulement si l'acte dans lequel elle se trouve est valable en lui-même : la charge est considérée comme l'accessoire de l'acte et de l'institution, et elle vaut comme accessoire du principal, qui se trouve valable.

En un mot, je puis, en vendant par police privée, charger l'acquéreur de payer tout ou partie du prix à un tiers, dans l'intention de faire une donation à ce dernier; cette charge serait incontestablement valable comme *donation* en faveur de ce tiers : leg. 49, ff *de solutionibus*; *Pothier*, obligations, n.º 480, et le susdit art. 1121 du code : cette donation serait valable, *quoique le donataire ne pût recevoir*, en règle générale, *que par acte public*; il faut dire, par conséquence rigoureuse, que la charge d'association serait efficace, quoique l'associé ne puisse recevoir une institution contractuelle que dans son contrat de mariage, parce qu'ici l'on envisage la charge respectivement à l'associé et à l'institué, et non respectivement à l'associé et à l'instituant; l'institué est toujours obligé d'y satisfaire.

Telle est aussi l'opinion de M. *Merlin*, vid. le répertoire de jurisprudence, *verb.* institution contractuelle, § 5, n.° 8.

La question me paraît d'ailleurs résolue par la loi 55, ff *de condit. et demonst.* : dans l'espèce de cette loi le testateur impose au légataire la condition de donner une somme à une personne incapable *de recevoir par testament*, et l'on demande au jurisconsulte si cette condition doit être remplie; le jurisconsulte répond qu'elle doit l'être : « qu'importe, en effet, dit » *Javolenus*, que le testateur ait chargé son légataire » de donner cette somme à une personne incapable de » recevoir par testament, ou qu'il l'ait chargé de » mettre cet argent dans un certain endroit, ou de le » jeter dans la mer » ! *quid enim interest utrùm tali personæ dare jubeatur, an aliquo loco deponere, vel in mare dejicere !* Le jurisconsulte ne s'arrête pas là; il ajoute ce dernier considérant, qui fait sentir l'esprit de la loi : « d'ailleurs, cette personne incapable » ne reçoit pas la somme en vertu du testament, *mais* » *par une disposition à cause de mort* » ; *neque illud quod ad talem personam perventurum est, testamenti nomine, sed mortis causá capitur.*

Or, si l'on peut, par une charge imposée dans un testament, avantager celui qui ne peut recevoir par testament, l'on peut de même, par une charge imposée à une institution contractuelle, avantager celui qui ne peut recevoir directement à ce titre.

Ainsi, nous devons décider que Pierre se mariant, je puis l'instituer mon héritier, avec charge d'associer un tiers à l'émolument de l'institution : je le pense ainsi; mais comme les jurisconsultes sont partagés sur cette question, un homme sage évitera d'imposer cette charge d'association jusqu'à ce que la jurisprudence ait établi la validité de cette charge.

Cette question ainsi résolue, revenons à la première, qui se réduit au fait de savoir si je puis, en instituant

Pierre, le charger de donner à un tiers une somme déterminée : question qui, comme l'on voit, se trouve résolue par ce que nous venons de dire ; car si la charge d'association, c'est-à-dire, la charge de délivrer la moitié, le tiers de l'institution, est valable, à plus forte raison la charge de donner un objet certain doit-elle sortir à effet.

Observons néanmoins que le droit du tiers qui doit recevoir la charge ne s'ouvre qu'au décès de l'instituant, et qu'alors l'institué doit satisfaire à la charge, ou répudier.

Il faut en convenir, dans le cas ci-dessus la loi est éludée ; on fait indirectement une institution contractuelle en faveur d'un tiers, quoique cette institution directe soit défendue ; mais, 1.º le susdit art. 1121 permet de faire indirectement une donation sous signature privée ; 2.º *Lebrun*, qui fait lui-même l'observation ci-dessus, liv. 3, chap. 2, n.º 13, nous apprend que ce moyen indirect d'éluder la loi était néanmoins consacré par la jurisprudence ; 3.º il est très-commun en droit de voir faire indirectement ce qu'on ne peut faire d'une manière directe.

Observons que l'instituant qui a imposé une charge à l'institué peut révoquer cette charge jusqu'à ce que le tiers qui doit en profiter l'ait expressément acceptée : telle est la disposition littérale du susdit art. 1121, qui présente sur ce point, non une innovation aux anciens principes, mais une disposition contraire aux art. 11 et 12 de l'ordonnance de 1747 ; vid., par rapport à cette révocabilité d'après les principes antérieurs à cette ordonnance, *Pothier*, obligations, n.º 73, et *Furgole*, quest. 5, et sur l'art. 10 de l'ordonnance de 1731.

938. — Nous avons posé en principe, que les enfans du mariage sont appelés à recueillir l'institution par voie de substitution vulgaire, et que cette substitution est même sous-entendue en faveur des enfans à naître ;

de manière que la substitution tacite a autant d'effet que la substitution expresse.

Du principe de la substitution vulgaire résulte cette conséquence remarquable, que les enfans à naître du mariage profitent seuls de l'institution, en cas de prédécès de leur père, et qu'eux seuls en empêchent la caducité; leurs frères, soit d'un antérieur, soit d'un postérieur mariage, n'auront rien à réclamer sur l'émolument de l'institution dans ledit cas de prédécès, parce que, par l'effet de la substitution vulgaire, il faut raisonner comme si les enfans à naître du mariage avaient été directement institués : ainsi, par exemple, Pierre a des enfans d'un premier lit; il se marie, et Jacques lui donne par contrat de mariage l'universalité des biens qu'il laissera à sa mort : Pierre a des enfans du second mariage; son épouse meurt : Pierre se marie pour la troisième fois; il a des enfans du troisième mariage :

Dans cet état de choses Pierre meurt avant Jacques, instituant; Jacques meurt ensuite : dans ce cas les enfans du second lit recueilleront la succession de Jacques, à l'exclusion des autres enfans de Pierre, soit du premier, soit du troisième mariage, 1.º parce que la substitution vulgaire ne pouvait être faite en leur faveur, ni tacitement, ni expressément; 2.º parce que Pierre, leur père, étant mort avant l'instituant, n'a pu transmettre aucun droit à ses héritiers légitimes; car, il ne faut pas le perdre de vue, les enfans du second lit ne recueillent pas comme héritiers de leur père, mais comme héritiers immédiats de l'instituant, au moyen de la substitution vulgaire tacite. Vid. *Roussille*, donations, n.º 3i3.

.939. — Une mère marie un de ses enfans, et déclare, dans le contrat de mariage, qu'elle veut qu'ils lui succèdent tous par portions égales, promettant de ne faire aucun héritier, ou de n'établir aucune inégalité entr'eux ; quel serait l'effet d'une pareille disposition ?

Je pense que cette disposition est absolument nulle par rapport aux autres enfans, et que l'enfant marié est seulement valablement institué dans une portion virile, sans que cette portion puisse être diminuée par des dispositions ultérieures ; ainsi, par exemple, si la mère a cinq enfans, l'enfant marié aura un cinquième de la succession, sans que ce cinquième puisse être diminué en aucune manière à titre gratuit ; car la disposition ci-dessus se réduit à une institution au cinquième des biens. Vid. *Duperrier*, décisions, liv. 4, n.° 384.

940. — Tout ascendant, collatéral ou étranger peut instituer contractuellement les futurs époux, ou l'un d'eux ;

Ils peuvent également instituer contractuellement les enfans à naître du mariage (art. 1082) :

Les futurs époux peuvent également s'instituer réciproquement héritiers contractuels, ou se donner l'un à l'autre tout ou partie des biens qu'ils laisseront à leur décès (art. 1093) ;

Mais les futurs époux, ou l'un d'eux, peuvent-ils dans leur contrat de mariage instituer contractuellement leurs enfans à naître ?

Je ne le crois point : par l'art. 1389 il leur est défendu de changer entre leurs enfans l'ordre légal des successions ; et l'on sent que cet ordre serait changé toutes les fois qu'il existerait des enfans d'un autre mariage, ou qu'il en proviendrait d'un postérieur.

Cet article, il est vrai, réserve aux futurs époux le droit de disposer par donation et par testament *dans la forme et les cas déterminés par la loi ;* mais nul article du code ne donne aux époux la faculté d'instituer leurs enfans à naître.

Eh ! pourquoi leur donner ce droit ? Si la faculté d'avantager un des enfans a été donnée aux pères,

comme un moyen d'augmenter le respect qui leur est
dû, de fortifier l'autorité paternelle, toujours nécessaire pour retenir dans leur devoir des enfans parvenus
à l'âge des passions; si, en un mot, la quotité disponible est dans leurs mains un moyen de récompenser
le mérite et la vertu, la renonciation anticipée à ce
moyen ne serait-elle pas un mal ! !

D'ailleurs, point d'effet sans cause, ou sans une
cause juste et raisonnable; or, pourquoi des futurs
époux commenceraient-ils par établir l'égalité entre
leurs enfans? comment les juger également dignes de
leur amour avant d'en avoir fait l'expérience? pourquoi, enfin, se dépouiller sans retour du moyen de
récompenser la piété, ou de soulager l'infortune, ou
de réparer l'inégalité causée par l'inexpérience ou le
malheur? comment se dépouiller du droit de reconnaître les services que nécessitent les infirmités de la
vieillesse? Les enfans qui sauraient que tout leur est
acquis oublieraient bientôt leurs devoirs; l'homme,
naturellement égoïste, respecte moins ceux qu'il n'a
aucun intérêt de ménager.

Qu'un tiers ait le droit d'instituer les enfans à naître
du mariage, ce droit ne saurait surprendre : l'amitié
que l'on porte au futur époux ne se borne pas à lui,
elle se projette sur sa descendance; le donateur prévoit
le cas où il survivrait au donataire, et alors il appelle
ses enfans comme étant l'image de son ami; enfin, le
but du mariage étant la procréation des enfans, il
doit être permis aux familles qui s'unissent de stipuler
dans l'intérêt de ces êtres qui n'existent pas encore,
mais dont l'espoir est déjà un bonheur : ce dernier
motif ne peut se rencontrer quand il s'agit d'une institution de la part du père aux enfans; car ceux-ci,
indépendamment de l'institution, trouveront toujours
les mêmes biens dans la succession paternelle.

Enfin, il résulte de l'art. 1093 du code, que le
futur époux peut donner ses biens à venir à la future

épouse, ou l'instituer contractuellement son héritière; mais le susdit article ajoute, qu'en cas de prédécès de l'instituant, l'institution n'est pas transmissible aux enfans du mariage; en un mot, dans une institution contractuelle entre époux il n'existe pas de substitution vulgaire tacite en faveur des enfans, comme elle existe dans les autres cas : eh! pourquoi cette substitution vulgaire tacite n'existe-t-elle pas dans cette espèce? c'est parce que la substitution vulgaire expresse ne peut y avoir lieu.

On peut faire une objection ; l'on peut dire que l'art. 304 du code porte textuellement, « que la dis-» solution du mariage par le divorce ne privera pas » les enfans nés de ce mariage d'aucun des avantages » qui leur étaient assurés *par les conventions matri-» moniales* de leurs père et mère »; donc, peut-on ajouter, il résulte de cet article, que dans leur contrat de mariage les père et mère peuvent faire des avantages aux enfans à naître; pourquoi donc l'institution contractuelle serait-elle défendue ?

Cette objection est forte et spécieuse au premier coup-d'œil ; mais les conventions matrimoniales dont parle cet article sont celles qui sont relatives au régime de la communauté, comme les stipulations d'acquets réversibles aux enfans; ainsi, l'on ne peut induire de cet article que toutes les dispositions soient permises de la part des pères en faveur des enfans à naître : d'ailleurs, tout article de la loi doit être restreint particulièrement à l'objet direct de sa disposition, *pro subjectâ materiâ*; ainsi, le susdit article est précis pour les effets du divorce, et fait loi irrévocable sur cet objet ; mais il serait dangereux de conclure d'un article sur le divorce, que telle disposition entre-vifs est permise, tandis que dans le chapitre relatif aux donations le législateur est absolument muet sur cette espèce de disposition ; quand, enfin, cette disposition est rejetée par l'esprit de la loi.

941. — Nous disons que les parens, et même les étrangers peuvent instituer contractuellement les futurs époux, et appeler même à l'émolument de l'institution les enfans à naître dans le cas de prédécès de l'époux institué.

Supposons que le donateur ait disposé de la manière suivante : j'institue le futur époux pour mon héritier, et, en cas de prédécès du futur époux, j'institue le premier enfant mâle qui naîtra du mariage ; quel sera l'effet de cette substitution vulgaire ?

Elle sera nulle, parce que, 1.° en règle générale, on ne peut faire une substitution vulgaire qu'en faveur de ceux qui sont conçus à l'époque de la substitution ; 2.° parce que le code civil n'a établi une exception à cette règle générale qu'en faveur de tous les enfans à naître, quand ils se trouvent substitués à leurs père ou mère institués contractuellement.

D'ailleurs, pourquoi sanctionner ce choix de la vanité ou du caprice ? sur quoi est fondée cette préférence en faveur d'un être encore purement imaginaire ? Impassible comme la loi, l'instituant doit appeler tous les enfans à naître, parce qu'ils ont tous les mêmes droits, et qu'aux yeux de l'instituant il ne peut exister aucun motif de préférence entre des êtres qui n'existent pas encore : il faut à toute disposition une cause juste et raisonnable ; le caprice ne peut dicter des lois.

Supposons, dans l'espèce ci-dessus, que l'institué meure avant le donateur ; que deviendra l'institution ? sera-t-elle caduque ? ou passera-t-elle aux enfans à naître du mariage ?

Sans doute, quand l'institution est faite en faveur du futur époux, sans parler des enfans du mariage, ceux-ci sont censés appelés par une substitution vulgaire ; mais cette disposition de la loi, fondée sur l'intention présumée de l'homme, ne doit-elle pas disparaître quand l'instituant a clairement manifesté une inténtion contraire? or, ici il n'a pas appelé tous les enfans, mais nommément le premier enfant mâle ; or, substituer vulgairement un seul enfant, c'est sans difficulté exclure les autres de la substitution.

Je pense néanmoins que la susdite institution ne serait pas caduque par le prédécès de l'institué, et qu'elle passerait à tous les enfans ; car leur exclusion de la substitution vulgaire n'est que conditionnelle, et dans le cas où le premier enfant mâle pourrait recueillir les biens donnés ; mais comme la substitution bornée à ce seul enfant mâle est nulle, il faut alors en venir à l'intention présumée de l'instituant ; et il me paraît que, dans ce cas, il a voulu appeler tous les enfans à naître.

942. — Pierre et Jeanne se marient ; je puis instituer contractuellement Pierre, et lui substituer Jeanne, en cas de prédécès de Pierre.

Dans cette espèce la substitution en faveur de Jeanne serait valable, lors même qu'il proviendrait des enfans de son mariage, car la substitution tacite en faveur des enfans à naître doit le céder à la substitution expresse en faveur de leur mère ; d'ailleurs, il ne faut pas aller chercher une intention présumée, quand le donateur a manifesté sa volonté d'une manière précise.

Mais si Pierre et Jeanne décédaient l'un et l'autre avant le donateur, dans ce cas, la substitution vulgaire tacite aurait lieu en faveur des enfans de leur mariage.

943. — Un père a trois enfans ; il marie l'aîné, et lui donne un immeuble par préciput et avantage, non sujet à rapport : par cette clause le père est-il censé promettre l'égalité à sondit fils, et l'instituer contractuellement dans le tiers de ses autres biens ?

Cette question était autrefois controversée. Vid. le répertoire de jurisprudence, *verb.* institution contractuelle, §6, n.º 4.

J'ose décider, sans difficulté, qu'il n'existe pas ici

d'institution contractuelle dans le tiers des autres biens
du donateur ; car si la clause de préciput emportait
avec elle institution dans une portion virile, il en résulterait de deux choses l'une : ou que la clause de
préciput ne pourrait se trouver que dans les donations
par contrat de mariage, ou qu'on pourrait faire une
institution contractuelle dans toute donation entre-
vifs, au moyen de la clause de préciput ; ce qui présenterait la violation de deux principes incontestables,
car la clause de préciput peut se trouver dans toute
donation, et l'on ne peut instituer contractuellement
que par contrat de mariage ; d'ailleurs, la clause de
préciput n'est qu'une dispense de rapport en faveur
du donataire qui veut venir à la succession : voilà tout ;
mais elle n'appelle pas le donataire à cette succession,
si, d'ailleurs, il n'y a aucun droit ; elle ne peut donc
régler la part du donataire à cette même succession :
l'esprit des lois est ennemi de toutes les subtilités ; et
certainement il y en aurait une bien grande à soutenir que tout donateur a entendu instituer son donataire dans une portion virile par la clause de
préciput : une telle pensée n'a jamais été celle du disposant.

944. — Une institution contractuelle doit-elle être
transcrite ?

Non, sans doute : la transcription est nécessaire, il
est vrai, par rapport aux donations de biens susceptibles d'hypothèques ; mais par rapport à une donation
des biens qu'on laissera à sa mort, il est impossible de
savoir si elle portera sur des meubles ou sur des
immeubles ; d'où il résulte qu'avant la mort de l'instituant il est impossible de décider si la transcription
est ou n'est pas nécessaire, comme portant sur tels ou
tels biens ; enfin, les biens à venir étant seuls donnés,
et les biens à venir n'ayant pas d'assiette, il est impossible de désigner le lieu où la transcription devrait être
faite.

Qui pourrait, d'ailleurs, opposer le défaut de transcription? le donateur ou instituant?.... il ne le pourrait point, aux termes de l'art. 941 du code; les seconds donataires ou les héritiers du donateur?... ils sont également irrecevables à opposer le défaut de transcription : M. *Jaubert* le dit textuellement, pag. 318 de son discours sur les donations, et la cour de cassation l'a ainsi jugé, vid. le recueil de M. *Sirey*, an 1811, pag. 201 : restent seulement les créanciers ou tiers-acquéreurs à titre onéreux;... mais, par rapport à eux, la formalité de la transcription est absolument inutile, puisqu'elle ne peut rien changer à leurs droits, ni à ceux de l'institué.

La transcription n'est donc pas nécessaire; elle serait même sans but, sans utilité; il serait impossible d'en liquider les droits : elle serait sans utilité, puisque l'objet de la transcription est d'annoncer que le donateur s'est dessaisi de tel immeuble; mais par l'institution l'instituant ne s'est dépouillé de rien, la propriété réside toujours sur sa tête, il peut en disposer à titre onéreux; donc la transcription n'est, ni nécessaire, ni ne peut être faite : d'après les anciens principes l'institution contractuelle n'avait pas besoin d'être insinuée. Vid. le répertoire de jurisprudence, *verb.* institution contractuelle, pag. 280, et *Roussille*, donat., n.° 320.

945. — Les institutions contractuelles n'ont pas besoin d'une acceptation expresse de la part de l'institué : cela résulte de la classification des art. 1082 et 1088 du code civil.

946. — Les institutions contractuelles sont-elles révocables pour cause d'ingratitude?

On peut dire, si l'on considère l'institution comme une donation : l'ingratitude est un moyen de révocation (art. 955); si on la considère comme un testament, l'ingratitude est également un moyen de révocation (art. 1046); cependant il faut décider que la révocation n'a pas lieu, parce qu'aux termes de l'art. 959 du code les donations en faveur de mariage ne sont pas révocables pour cause d'ingratitude; et les institutions contractuelles sont tellement faites en faveur de mariage, qu'elles ne sont valables que dans ce contrat, et que les enfans à naître sont censés appelés à l'institution par une substitution vulgaire.

Il est vrai que de cette dernière observation l'on pourrait conclure qu'il n'y aurait pas de préjudice contre les enfans à prononcer la révocation de l'institution, puisqu'alors ils se trouveraient appelés eux-mêmes à la recueillir, et que l'institué serait toujours puni de sa mauvaise conduite; ce qui serait un bien.

Je réponds, que la loi décide, sans distinction, que les donations par contrat de mariage ne sont pas révocables pour cause d'ingratitude; d'ailleurs, le donateur ne devant pas profiter de la révocation de la donation, pourquoi lui donner le droit de dépouiller le père pour enrichir les enfans, et les faire profiter de sa faute! Ce n'est pas tout : si l'instituant mourait dans l'année du délit commis par l'institué, ayant ou non commencé ses poursuites en révocation, voilà les enfans substitués appelés à une lutte scandaleuse contre leur père, et dont le but serait de couvrir l'auteur de leurs jours de honte et d'ignominie, et peut-être d'attirer sur sa tête la vengeance des lois : or, le principe qui conduirait à de pareils résultats doit être incontestablement rejeté; et il faut tenir pour certain, que les institutions contractuelles ne sont pas révocables pour cause d'ingratitude : telle est aussi l'opinion de M. *Merlin*, vid. le répertoire de jurisprudence, *verb.* instit. contractuelle, pag. 293.

Observons néanmoins que les institutions contractuelles entre époux sont révocables, lorsque les faits d'ingratitude ont donné lieu au divorce ou à la séparation de corps. Vid. l'art. 299 du code.

947. — L'institution contractuelle, de même que toute

toute autre donation faite par celui qui n'a pas d'enfans, est révoquée par la survenance d'un enfant légitime né postérieurement à l'institution : telle a été la
jurisprudence de tous les temps ; et l'on sent que si
une donation entre-vifs est révocable, il faut, à plus
forte raison, révoquer une institution contractuelle,
qui lie bien moins l'instituant qu'une donation d'un
objet fixe.

Quant aux institutions contractuelles entre époux,
l'on sait qu'elles ne sont pas révoquées par la survenance d'enfans.

948. — Nous avons dit que le donateur pouvait
charger le futur époux institué d'associer un tiers à
l'institution : supposons que ce tiers meure avant l'instituant, en laissant des enfans ; dans ce cas, la charge
d'association sera-t-elle caduque, et l'institué en profitera-t-il au préjudice des enfans de l'associé ? ou bien
les enfans de l'associé sont-ils appelés à recueillir la
charge par une substitution vulgaire ?

Je pense que la charge est caduque, et que l'entière
succession appartient à l'institué ; car la substitution
vulgaire tacite n'existe, n'est présumée par la loi
qu'en faveur des enfans du futur époux institué ; or,
les faveurs de la loi ne peuvent s'étendre aux enfans
de l'associé : je vais plus loin, je pense même, que si
l'instituant avait appelé nommément les enfans à naître de l'associé pour recueillir la charge, en cas de
prédécès de leur père, cette substitution vulgaire en
faveur de ceux qui ne sont pas encore nés serait
nulle ; or, si la substitution vulgaire expresse se trouve
nulle, il faut bien en dire autant de la substitution
vulgaire tacite, et obscurément présumée : disons
mieux, la substitution tacite ne peut ici se présumer.

949. — L'institution contractuelle ne peut être
faite qu'en faveur des futurs époux, et dans leur contrat de mariage ; mais supposons que l'instituant meure
dans l'intervalle du contrat de mariage à la célébration ;

dans ce cas l'institué profitera-t-il de l'institution ; tout comme si l'instituant n'était décédé que depuis le mariage célébré ?

Il profitera de l'institution, parce que le mariage s'étant accompli, et son accomplissement étant la condition tacite de l'institution, il faut considérer les choses tout comme si le mariage avait été célébré le jour même de l'institution : toute condition qui s'accomplit a un effet rétroactif au jour de la stipulation ; d'ailleurs, après le contrat de mariage, et avant même la célébration, l'instituant était irrévocablement lié ; il ne pouvait révoquer son institution : or, comment sa mort pourrait-elle opérer cet effet ? Si l'instituant était lié par l'institution, comment ses héritiers ne le seraient-ils pas ? comment le futur époux institué pourrait-il souffrir de la mort de son bienfaiteur ? Pour que l'institution fût caduque, il faudrait supposer que l'instituant n'a voulu donner que dans le cas où le mariage serait célébré pendant sa vie ; mais cette supposition ne peut être faite, cette condition tacite ne peut être présumée ; il a simplement donné avec l'intention d'avantager le futur époux à raison du mariage arrêté et convenu : telle a été la seule pensée de l'instituant ; quant à la célébration du mariage à une époque plus ou moins reculée, après ou pendant sa vie, l'instituant n'y a point songé : il ne reste donc que son institution valablement faite sous une condition dont l'accomplissement a nécessairement un effet rétroactif.

Ces principes s'appliquent à toute disposition faite en faveur de mariage.

950. — Les institutions contractuelles, tout comme les autres dispositions faites dans les termes des art. 1082, 1084 et 1086 du code, sont soumises, par rapport à la capacité de donner et de recevoir, aux règles générales relatives à la capacité des donateurs et des donataires dans les donations pures et simples. Nous

avons traité de cette double capacité au commencement de cet ouvrage ; il suffit d'y renvoyer le lecteur : les mêmes règles s'appliquent aux institutions contractuelles et autres donations par contrat de mariage.

Il faut cependant examiner si la femme qui s'est constituée ses biens sous le régime dotal peut valablement, par contrat de mariage, faire une institution dans ses biens dotaux en faveur d'un étranger.

Nous savons que les biens dotaux sont inaliénables (art. 1554 du code) ;

Que la femme peut seulement les donner à ses enfans par contrat de mariage , ou pour leur établissement (art. 1555) ;

Que la femme même séparée de corps et de biens ne peut donner ses biens dotaux à des étrangers. *Dolive*, liv. 3 , chap. 29 ; *Catellan* et *Vedel*, liv. 4 , chap. 4 ; *Roussille*, traité de la dot , n.° 393 : *constante matrimonio dotem penes maritum suum constitutam avia tua tibi donare non potuit.* Leg. 21 , cod. *de donat.*

Mais de ce que la donation entre-vifs des biens dotaux est défendue aux étrangers , faut-il conclure qu'on ne peut les instituer contractuellement dans les biens dotaux ?

La donation pure est une véritable et absolue aliénation ; le donateur se dépouille par cet acte : *donare est perdere.*

Dans l'institution contractuelle la femme ne se dépouille pas , elle demeure maîtresse de sa dot , elle peut l'aliéner à titre onéreux ; les aliénations à titre gratuit lui sont seulement défendues : l'institution contractuelle ne lui cause pas un préjudice réel.

Ainsi , je pense que la femme mariée sous le régime dotal peut valablement faire une institution contractuelle en faveur d'un étranger, et que cette institution vaudra tant pour les biens dotaux , que pour les biens paraphernaux, pourvu qu'elle soit autorisée par son mari.

Les motifs qui ont déterminé les principes relatifs à l'inaliénabilité de la dot ne se rencontrent pas dans l'institution contractuelle : *reipublicæ interest mulieres dotes salvas habere, propter quas nubere possunt ;* or, la femme qui a fait une institution contractuelle ne perd pas sa dot ; elle peut, si elle devient veuve, apporter la dot à son nouvel époux ; son institution contractuelle, en un mot, ne met aucun obstacle à son nouveau mariage : ladite institution doit donc sortir à effet. Vid. *Roussille,* donat., n.º 62.

Sans doute l'institution contractuelle tient de la nature des testamens, sans doute encore la femme peut tester sans l'autorisation de son mari ; mais l'institution contractuelle tient de la nature des dispositions entre-vifs, elle est irrévocable quant au titre ; et, sous ce rapport, l'autorisation du mari, ou du moins celle de la justice, sont absolument nécessaires : telle est aussi l'opinion de M. *Grenier,* n.º 431.

SECTION II.

Des effets de l'institution contractuelle par rapport à l'instituant.

951. — L'institution contractuelle n'est autre chose qu'un *testament irrévocable.*

Ainsi, dans l'institution il faut distinguer deux choses, *le titre* et *l'émolument :*

Le *titre* est irrévocable,

L'émolument est incertain, et dépend de la fortune que l'instituant laissera à sa mort. Vid. le discours de M. *Jaubert* sur les donations, pag. 347.

952. — Du principe qui déclare le *titre* irrévocable il résulte que l'instituant ne peut plus disposer à titre gratuit des objets compris dans l'institution ; l'art.

1083 est ainsi conçu : « la donation dans la forme
» portée dans le précédent article sera *irrévocable*, en
» ce sens seulement que le donateur ne pourra plus
» disposer à titre gratuit des objets compris dans la
» donation, si ce n'est pour *sommes modiques*, à titre
» de *récompense*, ou *autrement* ».

Ainsi, si l'institution est universelle toutes les aliénations à titre gratuit sont nulles, et de nul effet ;

Si l'institution est à titre universel, comme de la
moitié, du tiers des biens de l'instituant, alors les
aliénations à titre gratuit ne vaudront que pour la
moitié ou le tiers ;

Si l'institution ne porte que sur un objet ou une somme
à prendre dans la succession, dans ce cas les aliénations à titre gratuit seront nulles, si l'institué ne trouve
pas dans la succession de quoi se remplir, et elles
seront nulles jusques et à concurrence seulement du
déficit ; car, il ne faut pas le perdre de vue, l'institué
étant le premier en titre, ne doit éprouver aucun
préjudice des donations ou testamens postérieurs :
dans le concours de personnes qui également *certant
de lucro captando*, il faut appliquer la maxime *qui
prior est tempore, potior est jure*.

Nous disons que les aliénations à titre gratuit postérieures à l'institution sont valables pendant la vie de
l'instituant ; ce sera seulement à sa mort que leur
nullité sera prononcée jusques et à concurrence du
préjudice qui en résulterait pour l'institué, et pour
calculer ce préjudice il faudra raisonner comme si
les biens donnés postérieurement se trouvaient encore
dans la succession.

953. — Il résulte de ce que nous venons de dire,
que si l'institution est universelle, l'instituant ne peut
plus rien donner, ni entre-vifs, ni par testament, sauf
quelque somme modique ;

Que si l'institution est à titre universel, comme de
la moitié, du tiers, ou du quart, l'instituant peut dis-

poser; mais l'effet de la disposition demeure incertain jusqu'à sa mort : à cette époque il faudra rapporter fictivement les biens donnés à la masse successive; et si ce qui reste dans la succession ne remplit pas l'institué de la quotité qui lui a été donnée, il faudra réduire les donations postérieures jusques et à concurrence de ce qui manquera à l'institué pour le remplir de l'émolument de son institution, en raisonnant même pour la fixation de cet émolument comme s'il n'y avait pas de donation postérieure.

Par exemple : Pierre institue contractuellement Jacques son héritier dans la moitié de ses biens; il donne ensuite un bien à Joseph valant 6, et puis un autre bien à Antoine valant 8 : il meurt, ne laisse dans sa succession que 13, et des dettes pour 7;

Dans cette espèce l'institué ne trouve que 6 dans la succession, distraction faite des dettes; cependant si les deux donations n'existaient pas, ou si l'on rapportait fictivement à la masse les biens donnés, cette masse s'éleverait à 20; l'institué devra donc avoir 10, et il les aura effectivement : la donation faite à Antoine étant la dernière, éprouvera une réduction de 4.

En un mot, par rapport aux donations ou legs postérieurs, il faut considérer l'institué en une quote quelconque comme un héritier légitime, qui a une réserve égale à cette quote; raisonner en conséquence, et appliquer les dispositions des art. 922 et 923 du code.

Il faut raisonner de même dans le cas d'une institution universelle, et dans le cas d'une institution dans une somme à prendre dans la succession.

Si l'institué en une somme à prendre dans la succession n'y trouve pas de quoi se payer, distraction faite des dettes, il faudra réduire les donations postérieures à l'institution, en commençant toujours par la plus récente.

954. — De ce que l'émolument de l'institution est incertain jusqu'à la mort, et de ce que l'institution contractuelle n'est qu'un *testament irrévocable*, il résulte que l'instituant peut tout vendre et aliéner à titre onéreux ; qu'il n'est pas plus gêné par rapport à ces aliénations onéreuses, que par un testament olographe qu'il aurait fait : ces aliénations sont d'autant plus valables à l'égard de l'institué, que celui-ci, représentant l'instituant, est obligé de garantir les acquéreurs de tout trouble ou éviction : s'il voulait donc lui-même quereller ces ventes, on le repousserait par la maxime, *quem de evictione tenet actio, eundem agentem repellit exceptio;* on lui dirait : vous représentez celui qui nous a vendu, vous êtes donc tenu de ses faits et actions.

955. — Observons cependant que si l'instituant cachait une véritable donation sous la forme d'un contrat onéreux, alors l'institué pourrait demander la nullité de cet acte, parce que la fraude peut toujours être prouvée, et ne doit jamais sortir à effet quand elle est reconnue : *in omnibus excipitur dolus.* Nous sentirons le droit qu'a l'institué de se plaindre de la simulation, si nous ne perdons pas de vue que l'institué ressemble parfaitement à l'héritier légitime, avec une réserve égale à la quotité de l'institution : or, l'héritier avec réserve ne peut se plaindre des ventes sincères faites par le défunt ; mais il peut attaquer tout acte frauduleux qui nuit à sa réserve : l'institué contractuellement a absolument les mêmes droits qu'un héritier avec réserve.

956. — L'instituant peut apposer à l'institution contractuelle toutes les charges ou conditions qu'il trouve convenables ; il peut même faire cette institution sous une condition purement potestative, et dont l'accomplissement dépende de sa pure volonté : tout cela résulte de la maxime, que *donner et retenir vaut dans les donations par contrat de mariage.*

L'instituant, disons-nous, peut imposer à l'institué toute espèce de charges; il peut ainsi le charger de payer tous les legs qu'il pourra faire : dans ce dernier cas l'instituant pourra-t-il épuiser sa donation par des legs? *Serres*, d'après *Catellan* et *Vedel*, observe qu'il ne peut faire des legs que jusques et à concurrence des trois quarts de ses biens; vid. *Serres*, pag. 256 : cela est fondé sur la quarte-falcidie, que l'héritier pouvait retenir sur tous les legs, *Serres*, pag. 343 ; mais comme la quarte-falcidie n'existe plus aujourd'hui, nous devons décider que l'instituant peut tout épuiser par des legs, quand il s'est réservé le droit indéfini de faire des légats.

957. — L'instituant peut modifier à sa fantaisie l'institution contractuelle ; ainsi, il peut se réserver le droit de donner entre-vifs une somme déterminée.

Supposons qu'il ait fait cette réserve, et qu'il soit mort sans en avoir disposé ; dans ce cas la réserve appartiendra-t-elle à l'héritier institué ou à l'héritier légitime? Elle appartiendra incontestablement à l'héritier institué, parce que la chose réservée se trouve dans la succession, et que la succession appartient à l'institué : « l'institution contractuelle, dit *Lebrun*, » faisant un *héritier irrévocable*, tout ce qui tombe » dans la succession *ab intestat* lui appartient de » plein droit ; car un héritier *ab intestat* ne concourt » pas avec un héritier contractuel *in solidum*, et ils » ne concourent jamais ensemble qu'en cas que l'ins- » titution ne soit que pour une certaine quotité de » biens ». Vid. *Furgole*, quest. 38, n.os 9 et suivans.

D'ailleurs, aux termes de l'art. 947 du code, toutes les réserves stipulées dans un contrat de mariage appartiennent au donataire en cas de non disposition ; donc, à plus forte raison, les réserves doivent-elles appartenir à l'héritier contractuel.

958. — Nous voyons que l'instituant peut modifier l'institution au préjudice de l'institué, le peut-il éga-

lement à son préjudice ? par exemple, l'instituant peut-il s'obliger à n'aliéner à titre onéreux qu'une certaine partie de ses biens, à ne contracter des dettes que jusques et à concurrence d'une certaine somme ?

Les dispositions par contrat de mariage, et en faveur des futurs époux, étant susceptibles de toute espèce de clauses, il faut décider que les modifications ci-dessus seraient valables ; observons cependant que la réserve de ne pouvoir aliéner qu'une partie de ses biens à titre onéreux renferme nécessairement une donation *actu* de la partie qui ne peut être aliénée : une disposition dans les termes ci-dessus présenterait une donation entre-vifs par rapport à la partie inaliénable, et une institution contractuelle pour le reste ; ainsi, pour pouvoir opposer une pareille donation à un tiers-acquéreur, ou à un créancier de l'instituant, il faudrait avoir fait transcrire cette donation.

959. — Pierre institue Jacques pour son héritier contractuel, et *réserve l'usufruit de ses biens, ou la faculté de vendre une telle chose ;* cette réserve exproprie-t-elle l'instituant, et convertit-elle l'institution en donation entre-vifs ?

« Non, dit M. *Merlin* : une pareille clause n'est de
» la part de l'instituant qu'une précaution contre l'abus
» que l'institué pourrait faire de son institution ; elle
» n'est ajoutée à l'institution que pour lever dans l'esprit
» de l'instituant des doutes qui ne doivent l'être qu'à
» son ignorance ; elle ne dénature donc pas l'institu-
» tion : *quæ dubitationis tollendæ causá contractibus
» inseruntur jus commune non lædunt,* dit la loi 81,
» ff *de reg. juris;* c'est ce qu'ont jugé plusieurs arrêts,
» notamment celui du 19 décembre 1710 et celui du
» 10 février 1738. Vid. le répertoire de jurisprudence,
» *verb.* institution contractuelle, pag. 290 ».

C'est aussi ce que la cour de cassation a jugé le 19 pluviôse an 11.

Il y a une grande différence entre cette espèce et celle du n.° précédent.

960. — Pierre institue Jacques pour son héritier contractuel, il provient des enfans du mariage en faveur duquel l'institution a été faite ; Pierre pourra-t-il, soit pendant la vie, soit après le décès de Jacques, élire un de cesdits enfans pour recueillir l'institution au préjudice des autres ?

Dolive, liv. 5, chap. 14, et *Furgole*, rapportent des arrêts du parlement de Toulouse qui ont décidé que cette élection était valable.

Mais nous devons tenir pour certain qu'elle serait nulle et de nul effet ; car, 1.° l'instituant ne peut plus disposer à titre gratuit des objets compris dans l'institution ; 2.° tous les petits-fils étant appelés par une substitution vulgaire, il est impossible de les dépouiller de leur droit : *substitutio est secundi hæredis institutio*, leg. 43, § 2, ff *de vulgari et pupill. substitutione* ; 3.° l'institution contractuelle étant un testament irrévocable, ce serait en proclamer évidemment la révocabilité, que de permettre à l'instituant de faire une seconde institution, et de rendre la première sans effet.

961. — L'instituant, disons-nous, ne peut plus disposer à titre gratuit au préjudice de l'institution, si ce n'est pour sommes modiques, *à titre de récompense, ou autrement.*

Ces mots, *ou autrement*, nous prouvent que toute donation entre-vifs ou à cause de mort, faite par l'instituant postérieurement à l'institution, serait valable, quel qu'en soit le motif, *pourvu qu'elle soit modique.*

Cette condition de modicité présente, j'en conviens, un grand vague : quel doit être le rapport entre la fortune de l'instituant et la valeur de la donation, pour que la valeur de cette donation puisse être considérée comme modique ? La question de savoir si la donation est ou n'est pas modique est-elle absolument abandonnée à l'arbitrage du juge, qui reste le maître de se déterminer d'après les circonstances ?

Oui, la question de la *modicité* est abandonnée à la conscience du juge; la loi le veut ainsi, puisqu'elle ne présente aucune base pour déterminer la modicité ou l'excès. Vid. M. *de Malleville* sur l'art. 1083 du code.

Observons que la loi dit pour *sommes*, et non pour *choses* modiques; d'où il semble résulter que toute donation d'un immeuble serait nulle, quelle qu'en fût la valeur : je pense néanmoins qu'une donation d'un immeuble serait valable, si la valeur en était modique, car le mot *sommes* se lie et se rattache au mot *objet* qu'on trouve dans le susdit art. 1083 ; et il en résulte que l'instituant ne pourra disposer des objets donnés que jusques et à concurrence de sommes modiques : telle est la pensée du législateur ; elle résulte de la lecture du susdit art. 1083.

Mais l'instituant ne peut donner postérieurement une quote de ses biens, quelque modique qu'elle fût, comme un centième, un millième, etc., parce que par là il donnerait un cohéritier à l'institué; ce qui ne peut être.

962. — Un père marie son fils aîné, et l'institue contractuellement héritier dans l'universalité de ses biens ; cette institution contractuelle empêchera-t-elle le père de donner à ses autres enfans quelque chose en sus de leur réserve ?

Duperrier a traité cette question, tom. 1.er, pag. 205, où il s'exprime en ces termes : « comme les » autres enfans peuvent révoquer cette donation ou » institution jusqu'à la valeur de leur légitime, le » père peut aussi, par legs ou par donation, faire » office de juge, en donnant aux autres enfans la » même chose que la justice leur adjugerait; et je » crois aussi que quand même ce qu'il leur léguerait

» ou donnerait surpasserait leur droit de légitime ;
» il ne laisserait pas de subsister, pourvu que l'excès
» ne fût pas important ; car puisque, selon les maxi-
» mes du droit et de la raison naturelle, il faut toujours
» interpréter équitablement toutes les dispositions des
» hommes, et les accommoder à leur intention vrai-
» semblable, et notamment celle des pères, il ne
» faut jamais présumer que celui qui, en mariant
» un de ses enfans, l'a fait son héritier, ait entendu
» se priver de la liberté de distribuer à ses autres
» enfans une partie raisonnable de ses biens , pour
» empêcher que sa disposition ne soit pas inofficieuse,
» et qu'ils n'ayent pas sujet de la quereller après sa
» mort ».

J'adopte d'autant plus l'opinion de *Duperrier*, qu'aux
termes de l'art. 1083, l'instituant peut toujours disposer de sommes modiques ; or, puisqu'il a cette
faculté, pourquoi ne pourrait-il pas en user envers
ses autres enfans, frères de l'institué ! !

Je pense également que le père qui a institué un
de ses enfans pour son héritier universel peut ensuite
faire un acte de partage entre tous ses enfans, pourvu
que l'institué soit rempli, et de la quotité disponible,
et de la réserve, moins cette somme modique qui
reste dans la disposition de l'instituant ; car le père
ne fait ici que ce que les experts auraient fait, il
fait une opération absolument nécessaire ; ainsi, le
partage, loin de présenter une révocation de l'institution, n'en présente, au contraire, qu'une exécution juste et raisonnable.

SECTION III.

De l'effet de l'institution contractuelle à l'égard de l'institué.

963. — L'institution contractuelle n'étant qu'un testament irrévocable, et ne portant que sur les biens délaissés par l'instituant, l'on sent que pendant la vie de ce dernier l'institué n'a aucun droit né et actuel ; ainsi, il ne peut faire aucun acte conservatoire, ni s'opposer à aucun acte quelconque de l'instituant ; il n'a qu'une simple expectative, qu'un droit suspendu, et qui ne s'ouvre qu'au décès :

En un mot, jusqu'au décès de l'instituant, ce testament irrévocable est, comme tous les autres, sans force, sans effet et sans vie ;

Mais au décès l'institué contractuellement a absolument les mêmes droits que tout autre héritier testamentaire ; et s'il meurt après l'instituant, il transmet ses droits à ses héritiers naturels et légitimes.

964. Ainsi, si l'instituant laisse des héritiers naturels auxquels une quotité de ses biens soit réservée par la loi, l'institué, soit universel, soit à titre universel, soit à titre particulier, est tenu de demander la délivrance de son legs auxdits héritiers avec réserve.

Si l'instituant ne laisse pas d'héritier avec réserve, alors l'héritier universel sera saisi de plein droit, et ne sera pas obligé de former la demande en délivrance ; mais le légataire à titre universel, ou à titre particulier, est tenu de demander la délivrance aux légataires universels, et, en défaut de ceux-ci, aux héritiers légitimes. Vid. les art. 1004, 1006 et 1011 du code civil.

Il est superflu d'observer que l'institué contractuellement n'est jamais obligé de présenter son contrat de mariage au président du tribunal de première instance ;

cette formalité n'est nécessaire que pour les testamens olographes ou mystiques (art. 1007 du code).

965. — Quand l'institué contractuellement est obligé de demander la délivrance, il a droit à la restitution des fruits depuis le décès, si la demande est formée dans l'année; sinon la restitution ne lui est due que depuis la demande, ou depuis la délivrance volontairement consentie (art. 1005 du code), à moins que l'instituant n'ait expressément déclaré sa volonté à cet égard (art. 1015 du code).

966. — L'héritier contractuel ayant tous les droits et toutes les charges d'un héritier testamentaire, il en résulte qu'il a le droit d'accepter la succession sous bénéfice d'inventaire, et, par voie de suite, celui de délibérer. Les art. 793 et suivans du code civil, relatifs au bénéfice d'inventaire, s'appliquent sans difficulté à l'héritier contractuel, comme à l'héritier testamentaire et légitime. Vid. le répertoire de jurisprudence, *verb.* institution contractuelle, § 12, n.° 4.

Puisque l'héritier contractuel a le droit d'accepter sous bénéfice d'inventaire, à plus forte raison a-t-il le droit de renoncer purement à la succession, nonobstant son acceptation indirecte de la succession par l'accomplissement du mariage; car l'acceptation indirecte d'une succession non ouverte, et absolument inconnue, ne peut jamais lier l'acceptant. Vid. le répertoire de jurisprudence, n.° 5, *eodem.*

967. — L'héritier contractuel qui n'a pas fait d'inventaire est-il obligé de payer sur ses biens personnels toutes les dettes de l'instituant *ultrà vires hæreditatis ?* ou en est-il seulement tenu *pro modo emolumenti ?*

L'héritier contractuel n'étant autre chose qu'un héritier testamentaire, est tenu indéfiniment de toutes les dettes de la succession, s'il a fait acte d'héritier sans faction préalable d'un inventaire; cela résulte des art. 783, 873, 1009 et 1012 du code civil : telle était l'ancienne jurisprudence attestée par *Lebrun*, *Ferrière* et *Furgole* ; vid. le répertoire de jurisprudence, *loco citato*, n.º 2, et *Furgole* sur l'art. 13 de l'ordonnance de 1731.

Comment, en effet, l'héritier contractuel aurait-il plus d'avantage que l'hé itier, soit légitime, soit testamentaire ? ne représente-t-il pas, comme eux, le défunt ? n'est-il pas saisi de l'universalité de ses biens ? n'a-t-il pas, comme eux, la faculté d'accepter la succession sous bénéfice d'inventaire ? or, l'acceptant purement et simplement, n'est-ce pas reconnaître que les forces de la succession sont plus que suffisantes pour payer les dettes ? n'ayant rien fait pour en constater la consistance, comment l'institué pourrait-il dire aux créanciers : j'ai accepté cette succession avec légéreté et imprudence, je vous la rends aujourd'hui ; elle était composée de telle chose et de telle chose, et vous devez m'en croire ! !

Ainsi, l'héritier contractuel qui n'a pas fait d'inventaire est tenu, comme l'héritier légitime, de toutes les dettes de la succession *ultrà vires hœreditatis*.

968. — L'héritier contractuel peut-il diviser son institution, c'est-à-dire, s'en tenir aux biens de l'instituant lors de l'institution, et répudier les biens avenus postérieurement ?

Cette question n'en est pas une : elle est à peine entendue par ceux qui ont une véritable idée de l'institution contractuelle; en effet, si l'institution contractuelle est purement et simplement un testament irrévocable, elle est nécessairement indivisible de sa nature : hé! comment scinder une volonté qui est une, et rapporter son effet à deux époques différentes, quand cette volonté ne se rapporte qu'à une seule époque, celle du décès! comment établir deux successions pour le même individu! en un mot, une institution contractuelle est un legs; or, tout legs est indivisible. Leg. 1 et 2, ff *de acquir. vel omit.*

hæred. ; leg. 20 , cod. *de jure deliberandi* ; leg. 38, ff *de leg.* 1 ; leg. 2 , 4, 5 et 6 , ff *de leg.* 2.

Furgole avait d'abord pensé que , d'après la jurisprudence du parlement de Toulouse , la division pouvait avoir lieu ; mais dans la nouvelle édition de son ouvrage il s'est rétracté , et a décidé que l'institution contractuelle était indivisible. Vid. *Furgole* sur l'art. 13 de l'ordonnance de 1731.

969. — Le droit d'accroissement a-t-il lieu dans les institutions contractuelles ?

Les auteurs , et entr'autres *Dumoulin* , sur l'art. 17 du tit. 14 de la coutume d'Auvergne , examinent cette question dans l'espèce suivante.

Un père a trois enfans; il en marie deux , et dans le même contrat il les institue ses héritiers ; l'un d'eux meurt sans enfans : question de savoir si sa portion accroît au frère institué , ou si elle appartient au troisième frère ?

Dumoulin se décide en faveur du droit d'accroissement.

L'espèce posée par *Dumoulin* ne se présentera peut-être jamais ; mais en voici une qui peut être très-fréquente.

Pierre et Jeanne se marient ; Joseph les institue pour ses héritiers universels : Pierre meurt pendant la vie de Joseph ; la portion de Pierre accroîtra-t-elle à Jeanne ?

Si Pierre laisse des enfans du mariage l'on sent qu'il ne peut y avoir lieu au droit d'accroissement , parce que les enfans étant appelés à l'institution par une substitution vulgaire , ils se trouvent aux droits , lieu et place de leur père , et le représentent du moment de son décès.

Mais si Pierre meurt sans enfans du mariage , et que l'instituant meure ensuite , toute la succession de ce dernier appartiendra à Jeanne par droit d'accroissement , tout comme elle lui appartiendrait si

l'institution

l'institution ci-dessus se trouvait dans un testament ordinaire ; car, il ne faut jamais le perdre de vue, l'institution contractuelle n'est qu'un testament, à cette différence près, qu'elle est irrévocable. Vid. *Ricard*, part. 3, n.º 481, et *Furgole* sur l'art. 13 de l'ordonnance de 1731, et sur l'art 1.er du tit. 2 de l'ordonnance de 1747.

§. IV. *Des donations sous une condition potestative à l'égard du donateur, des donations sous une charge indéfinie et des donations avec réserves.*

970. — Tout donateur peut, par contrat de mariage, donner aux futurs époux, ou à l'un d'eux, ses biens, ou une quote de ses biens, ou un objet particulier, à la charge par le donataire de payer indistinctement toutes les dettes et charges de la succession du donateur ; en un mot, le donateur peut imposer au donataire toutes les conditions et charges quelconques ; il peut se réserver le droit de les grossir à volonté postérieurement à la donation ; il peut, enfin, donner sous une condition potestative par rapport à lui.

L'art. 1086 est ainsi conçu : « la donation par con-
» trat de mariage, en faveur des époux et des enfans à
» naître de leur mariage, pourra encore être faite à
» condition de payer indistinctement toutes les dettes
» et charges de la succession du donateur, ou sous
» d'autres conditions dont l'exécution dépendrait de
» sa volonté, par quelque personne que la dona-
» tion soit faite : le donataire sera tenu d'accom-
» plir ces conditions, s'il n'aime mieux renoncer à
» la donation ; et en cas que le donateur par con-
» trat de mariage se soit réservé la faculté de dis-
» poser d'un effet compris dans la donation de *ses*
» *biens présens*, ou d'une somme fixe à prendre
» sur ces mêmes biens, l'effet ou la somme, s'il meurt
» sans en avoir disposé, seront censés compris dans

Tom. II. 25

» la donation, et appartiendront au donataire ou à
» ses héritiers ».

Ainsi, Pierre peut donner à Jean dans son contrat de mariage tous ses biens, ou tels biens, à la
charge par lui de payer la totalité ou une quote
des dettes et des legs qu'il pourra faire ;

A la charge par lui de satisfaire aux conditions
qu'il pourra lui imposer dans l'espace de dix années ;
à la charge par lui d'élever les monumens dont il
se propose de faire venir les dessins ;

Enfin, Pierre peut dire à Jean : je te donne, si
je ne me marie pas, si je ne vais pas à la campagne
cette année, ou sous toute autre condition potestative
par rapport au donateur.

971. — Par ces donations sous une charge indéfinie, ou sous une condition potestative à l'égard
du donateur, nous voyons que celui-ci donne et
retient, et qu'il est absolument le maître, dans le
cas de la charge indéfinie, d'épuiser la donation,
et dans le cas de la condition potestative, de la faire
évanouir ; ainsi, ces donations tiennent de la nature
des testamens ; et voilà pourquoi elles peuvent être
faites, tant au profit des époux, que des enfans à
naître.

972. — De même que dans l'institution contractuelle, les enfans à naître du mariage peuvent seuls
être appelés dans le cas du prédécès de leur père
donataire ;

Ces enfans à naître n'y sont appelés que par forme
de substitution vulgaire :

La substitution vulgaire tacite y est également
présumée, et produit le même effet que la substitution expresse ; art. 1089).

Les enfans du mariage ont seuls droit à cette
substitution ; ils la recueillent de leur chef, et par
portions égales, n'importe leur inégalité de droits
dans la succession de leur père décédé : les enfans

du mariage empêchent seuls la caducité de la donation ; en un mot, toutes les règles relatives à la substitution vulgaire dans l'institution contractuelle s'appliquent à la substitution vulgaire dans les donations sous une charge indéfinie, ou sous une condition potestative.

973. — Dans la donation sous une charge indéfinie le donataire peut, à moins de stipulation contraire, se mettre en possession de la chose donnée, sauf à lui, à répudier ensuite, quand la charge lui sera onéreuse et connue.

De même, si la condition potestative est purement résolutoire, le donataire pourra jouir des biens donnés jusqu'à l'accomplissement de la condition.

Il faut sur cette matière consulter particulièrement les termes de la donation.

Passons aux réserves stipulées dans une donation de biens présens.

974. — Pour l'intelligence de cette partie importante des donations contractuelles, il faut remarquer qu'une réserve peut être faite de plusieurs manières.

Première espèce. Pierre donne tous ses biens présens, ou une quote de ses biens, ou un objet fixe, et se réserve la faculté de disposer sur la chose donnée, ou d'une somme fixe, ou de telle contenance de terre labourable.

Pierre peut ajouter, qu'en cas de non disposition de la réserve il veut et entend qu'elle soit et demeure comprise dans la donation.

Il peut ne pas ajouter cette clause.

Deuxième espèce. Pierre peut donner la moitié ou les trois quarts de ses biens, et dire qu'il réserve l'autre moitié ou l'autre quart pour en disposer à ses plaisirs, voulant néanmoins qu'en cas de non disposition la réserve appartienne au donataire.

Troisième espèce. Pierre peut dire : je donne tel

domaine, et je me réserve sur ce domaine telle somme, ou telle pièce de terre, ajoutant qu'en cas de non disposition, la réserve appartiendra au donataire.

975. — La première espèce nous présente le caractère d'une véritable réserve proprement dite : le donateur s'y dépouille *actu* de l'intégralité des biens donnés ; il se réserve seulement la faculté de disposer d'une chose ou d'une somme à prendre sur ces mêmes biens : une pareille réserve appartient au donataire en cas de non disposition, lors même qu'on n'y trouverait pas la clause qu'en cas de non disposition la réserve ferait suite à la donation. Vid. le discours de M. *Jaubert*, pag. 346 : « la réserve, dit-il, appartient au donataire, » si le donateur n'en dispose pas, quoique le *contrat* » *ne portât aucune stipulation à cet égard* ».

La raison de cette décision est facile à sentir : en effet, quand le donateur s'est dépouillé *actu* des biens donnés, sous la simple faculté de disposer d'une certaine chose, il y a donation de tout, pure pour une partie, et résoluble pour une autre, en cas de disposition ; or, cette condition, qui doit seule dépouiller le donataire, manquant, celui-ci demeure investi de l'intégralité du don, et la donation se trouve pour le tout pure et irrévocable, attendu l'effet rétroactif des conditions.

976. — Dans la deuxième espèce, c'est-à-dire, quand le donateur donne les trois quarts de ses biens, et se réserve l'autre quart, il n'y a pas de réserve proprement dite ; il y a simplement donation pour les trois quarts, et absence ou défaut de donation pour l'autre quart.

Par rapport à ce quart, le donateur en est le maître absolu, puisqu'il ne l'a pas donné, et le donataire n'y a aucun droit, ni pur, ni conditionnel.

Mais si le donateur a ajouté, qu'à défaut de disposition de ce quart, il veut et entend qu'il appartienne au donataire, quel sera l'effet de cette disposition ultérieure ?

Cette disposition présente une donation particulière du quart, subordonnée à la volonté du donateur ; une donation, en un mot, sous une condition suspensive et potestative par rapport à lui : *suspensive,* puisque le donataire n'a encore aucun droit actuel sur ce quart ; *potestative,* puisque le donateur reste le maître absolu de l'accomplissement de la condition.

Mais comme les donations par contrat de mariage peuvent être faites sous une condition potestative, ou dont l'exécution dépendrait de la volonté du donateur, il faut décider que la réserve conçue dans les termes ci-dessus appartiendrait au donataire en cas de non disposition ; mais seulement en vertu de la stipulation expresse qui l'appelle, dans ce cas, à recueillir, car sans cette stipulation le donataire n'aurait aucun droit au susdit quart.

977. — Dans la troisième espèce, c'est-à-dire, quand le donateur donne un objet, et s'y réserve *actu* une somme, ou une certaine portion, il n'y a pas de donation effective du tout en faveur du donataire, puisque, au moment même de la donation, le donateur en retranche pour lui une partie ; ainsi, une pareille réserve n'appartiendrait pas au donataire en cas de non disposition, parce qu'il n'y avait pas, en vertu de l'acte, ni un droit pur, ni un droit conditionnel.

Mais si le donateur avait ajouté qu'en cas de non disposition la réserve appartiendrait au donataire, dans ce cas celui-ci se trouverait investi d'un droit conditionnel ; et, à défaut de disposition, il profiterait de la réserve, mais seulement en vertu de cette stipulation, et d'après la règle, que les donations sous condition potestative à l'égard du donateur sont permises et valables en faveur des futurs époux.

978. — En résumant ce que nous avons dit, nous

trouverons, 1.° que les réserves des première, deuxième et troisième espèces, ne peuvent appartenir au donataire, et ne sont valables que lorsqu'elles se trouvent insérées dans son contrat de mariage;

2.° Que les réserves de la première espèce appartiennent au donataire, sans stipulation ultérieure, sans disposition *ad hoc,* mais par la seule force du contrat, et par l'effet du non accomplissement de la condition résolutoire qui devait le dépouiller;

3.° Que les réserves des deuxième et troisième espèces n'appartiennent au donataire qu'en vertu de la stipulation ultérieure qui l'appelle à recueillir dans le cas de non disposition; sans cette disposition ultérieure le donataire n'aurait aucun droit aux dernières réserves, même dans le cas où le donateur n'en aurait pas disposé;

4.° Enfin, qu'en cas de non disposition le droit du donataire dans ces trois espèces de réserves est le même par rapport à ses résultats; car, dans la première espèce, il y a donation sous condition résolutoire, et dans les deux autres espèces il y a donation de la réserve sous condition suspensive; mais comme les conditions, tant résolutoires, que suspensives, ont un effet rétroactif, il est vrai de dire que lorsqu'elles se trouvent accomplies les donations sortent à effet, comme si elles avaient été pures et simples dans leur principe.

Cette dernière conséquence serait susceptible de quelque modification, si la législation par rapport à la quotité disponible changeait dans l'intervalle de la donation au décès. Vid. l'arrêt de la cour de cassation dans la cause *Carrié*, rapporté par M. *Merlin*, dans le répertoire de jurisprudence, *verb.* donation.

979. — En réfléchissant sur la nature des réserves, l'on verra qu'il y a une grande différence entre les deux dispositions suivantes.

Pierre donne tel domaine, et se *réserve la faculté*

de disposer d'une portion de ce domaine, ou d'une somme à prendre sur icelui ;

Pierre donne tel domaine, et se *réserve telle portion du domaine*, ou telle somme à prendre sur icelui, pour pouvoir en disposer.

Dans la première disposition tout est donné *actu,* sous la simple faculté de disposer de la réserve : en vertu de cette disposition le donataire jouira de tout, tant que la condition qui doit le dépouiller de la réserve ne sera pas remplie ;

Dans la deuxième disposition, au contraire, le retranchement de la réserve s'est opéré au moment même de la donation ; la réserve n'est pas donnée, elle reste au pouvoir du donateur, lui seul a le droit d'en jouir ; le donataire n'y a rien à voir :

Ainsi, dans le premier cas, le donataire aura la réserve à défaut de disposition ;

Dans le deuxième cas, au contraire, elle appartiendra aux héritiers du donateur. Vid. *Roussille*, donations, n.º 390, et *Duperrier*, liv. 4, décisions, n.º 142, où mal à propos, d'après *Cancerius,* il traite la distinction ci-dessus de vaine subtilité.

980. — Ce que nous venons de dire par rapport aux réserves et à leurs effets s'applique à toutes les donations faites aux conjoints, ou à l'un d'eux, dans leur contrat de mariage, soit que ces donations soient universelles, ou à titre universel, ou simplement d'un objet particulier. Vid. *Furgole* sur l'art. 18 de l'ordonnance de 1731.

981. — Pierre donne tous ses biens présens et à venir à Jacques, futur époux ; il se réserve sur les biens présens la somme de 10,000 fr., pour pouvoir en disposer à ses plaisirs ; la question est de savoir si, en cas de non disposition, la réserve appartiendra au donataire.

Ici le donateur donne, il est vrai, ses biens présens et à venir ; mais il retranche des biens présens la somme de 10,000 fr. : ainsi, le donateur donne, 1.º ses biens présens, moins 10,000 fr. ; 2.º ses biens à venir : or, en cas de non disposition des 10,000 fr. , ces 10,000 fr. se trouveront dans sa succession ; qui pourra les réclamer : les héritiers légitimes, ou le donataire ?

Le donataire peut dire : ma donation est universelle, elle porte, tant sur les biens présens, que sur les biens à venir ; le donateur, il est vrai, s'est réservé une somme déterminée, pour en disposer; mais il n'a pas usé de son droit, et cette somme doit m'appartenir, parce qu'elle fait nécessairement partie, ou des biens présens, ou des biens à venir, qui sont à moi.

Les héritiers peuvent répondre au donataire : oui, vous devez avoir les biens présens donnés, et tous les biens à venir du donateur ; mais il ne vous a pas donné tous ses biens présens, il en a retranché la somme de 10,000 fr. ; ainsi, vous ne pouvez pas réclamer cette somme comme faisant partie des biens présens, puis-qu'elle en est expressément retranchée ; vous ne pouvez pas non plus la réclamer comme faisant partie des biens à venir, car on n'appelle bien à venir que celui auquel le donateur n'avait aucun droit lors de la donation; enfin, en se réservant 10,000 fr. , le donateur a non-seulement stipulé pour lui, mais encore pour nous.

Je pense que dans l'espèce ci-dessus les 10,000 fr. doivent appartenir aux héritiers du donateur, car la volonté de ce dernier est claire, et non équivoque : il donne ses biens présens, moins 10,000 fr.; il donne ensuite ses biens à venir : or, les 10,000 fr. ne font pas partie de ces derniers biens, le donataire n'y a rien à voir sous ce rapport; en vain observerait-il que le retranchement n'est que conditionnel, *pour en disposer;* que la condition n'ayant pas été remplie, cette somme fait partie des biens présens ; on lui répondrait que le retranchement est pur et simple, que ces mots ajoutés, *pour en disposer,* ne constituent pas une cause finale, ou une condition qui doive être nécessairement exécutée ; mais une simple cause impulsive, dont le résultat ne peut influer en rien sur le sort de la réserve. Leg. 25, cod. *de jure dotium,* et leg. 4, cod. *de committendâ et contrahendâ stipulatione;* vid. *Cambolas,* liv. 5, chap. 1.er ; *Furgole,* quest. 38, n.º 6.

On sent que si dans la donation ci-dessus le donateur avait ajouté, qu'en cas de non disposition les 10,000 fr. appartiendraient au donataire, celui-ci profiterait incontestablement de la réserve, en vertu de cette dernière stipulation.

982. — Jean se marie; Pierre lui donne par contrat de mariage tous ses biens présens, et se réserve la faculté de disposer sur iceux de la somme de 10,000 fr. :

Jean, donataire, meurt sans enfans du mariage; que deviennent, et la donation, et la réserve?

Au chapitre de la caducité et du droit de retour nous avons examiné cette question, et nous y avons décidé que la donation n'était caduque que pour les 10,000 fr., et que ces 10,000 fr. seuls demeuraient la propriété du donateur.

En nous expliquant ainsi, nous n'avions pas pesé les expressions de la fin de l'art. 1086, ainsi conçues : « l'effet ou la somme réservés, si le donateur meurt » sans en avoir disposé, seront censés compris dans » la donation, et appartiendront au donataire, ou » à ses héritiers ».

Il faut en convenir, du texte rigoureux de cet article il résulte que la disposition relative à la réserve profite à tous les héritiers, quels qu'ils soient, du donataire, légitimes, testamentaires, descendans ou collatéraux, dans le cas où le donataire prédécéderait le donateur; en sorte que la réserve ne serait jamais caduque, tant que le donataire prédécédé laisserait un parent successible.

Je pense néanmoins que telle n'est pas l'intention de la loi : le mot *héritier*, qu'on trouve à la fin du susdit art. 1086, ne désigne textuellement que les enfans et descendans du mariage, sans cela point d'unité dans la loi, mais, au contraire, contradiction évidente; car la disposition relative à la réserve tient essentiellement de la nature des testamens : donc cette disposition, en cas de prédécès du donataire, devient caduque, et ne peut profiter à ses héritiers collatéraux ; si elle profite aux enfans du mariage, c'est parce que toutes les stipulations les intéressent, et qu'ils sont appelés tacitement à en recueillir l'effet dans le cas de prédécès de leur père.

Si le mot vague *héritier* se trouve dans le susdit art. 1086, c'est parce que ce dernier article est copié sur l'art. 18 de l'ordonnance de 1731.

J'avoue que *Furgole*, sur le susdit art. 18, pense que le mot *héritier* désigne tous les parens quelconques, et qu'ainsi la disposition relative à la réserve ne peut jamais devenir caduque.

Mais nous ne pouvons plus donner cette acception générale au mot *héritier*, parce que l'art. 1089 prononce expressément la caducité de toutes les donations faites dans les termes des art. 1082, 1084 et 1086, c'est-à-dire, de toutes les donations qui participent de la nature des testamens.

Ainsi, je pense que ce que nous avons décidé est conforme à l'esprit de la loi.

983. — Pour priver le donataire de la réserve faut-il une disposition expresse et directe, *in formâ specificâ*; ou bien une disposition universelle de la part du donateur serait-elle suffisante?

Cette question ne peut être résolue d'une manière générale, elle dépend des espèces particulières et des circonstances.

Par exemple, Pierre donne à Jacques un domaine; il se réserve la faculté de disposer du tiers ou du quart de ce domaine, ou d'une somme à prendre sur icelui, avec clause qu'en cas de *non disposition expresse* la réserve appartiendra au donataire; ensuite Pierre nomme et institue Joseph pour son héritier, lui léguant l'universalité de ses biens; sans parler en aucune manière de la réserve :

Dans ce cas la réserve est-elle retranchée de la donation ?

Non, sans doute, car le donateur s'est lui-même imposé la condition de disposer de la réserve d'une manière expresse; n'ayant pas rempli cette condition, le donataire demeure investi, car, comme l'observe *Furgole*, cette condition devait être remplie *in formâ specificâ*, suivant les dispositions de la loi 55, ff *de condit. et demonst.*

984. — Pierre donne tous ses biens présens à Jacques, sous la réserve de pouvoir disposer d'une quotité de ces biens ou d'une somme à prendre sur iceux; il fait ensuite un testament, et lègue ses biens à Joseph, sans parler de la réserve :

La réserve est-elle retranchée de la donation ?

On peut dire : le legs universel porte sur tous les biens que le donateur avait à sa mort; or, à cette époque avait-il la propriété de la réserve ? il l'avait, puisqu'il pouvait en disposer; mais s'il était propriétaire de la réserve, si la réserve faisait partie de sa succession, ayant disposé de sa succession, il a conséquemment disposé de la réserve; donc elle appartient au légataire universel.

Non, elle n'appartient pas plus au légataire universel, qu'elle n'appartiendrait à l'héritier légitime de Pierre : par son institution universelle le donateur n'a fait que substituer un héritier testamentaire à son héritier naturel, voilà tout; mais il n'a pas donné plus de droit au premier qu'au second : or, le second n'aurait certainement rien à voir sur la réserve, puisque la condition de la disposition ne se trouve pas remplie.

Il n'est pas rigoureusement exact de dire que le donateur était propriétaire, car la propriété résidait sur la tête du donataire d'une manière, il est vrai, résoluble ; mais une propriété résoluble n'est pas moins une propriété : ainsi, le donataire possédait, il était propriétaire; il ne pouvait être dépossédé que par une disposition expresse, que par l'accomplissement de la condition : or, le donateur, en substituant à son héritier naturel un héritier testamentaire, n'a fait que disposer de sa succession ; mais pour que la réserve fît partie de cette succession, il aurait fallu que le donataire eût été entièrement dépouillé; il aurait fallu, en un mot, que la réserve fût rentrée dans le patrimoine du donateur ; mais l'institution universelle ne porte que sur la succession telle qu'elle se trouve au moment de son ouverture; elle défère cette succession, mais elle ne l'augmente en aucune manière.

Au moment de son décès quel était encore le droit du donateur? Il pouvait disposer de la réserve : ce droit de disposition était le seul qui existât pour lui relativement aux biens réservés ; mais ce droit a fini avec lui, il n'a pu passer à ses héritiers, ni testamentaires, ni légitimes; donc il n'est pas exact de dire que la réserve faisait partie de sa succession ; donc disposer de la succession n'est pas disposer de la réserve, qui n'en faisait pas partie.

C'est ainsi, d'ailleurs, que la question a été jugée le 7 avril 1729 par le parlement de Toulouse, dans la cause *Tabariés* : par cet arrêt il fut décidé que si le donateur fait une réserve, voulant qu'elle soit comprise dans la donation faute d'en disposer, une disposition générale par l'institution d'héritier ne suffisait pas.

Les motifs de cet arrêt sont, 1.º que la condition

ne pouvait manquer que par une disposition expresse ;
2.º que le droit du donataire était fondé sur une volonté expresse : il n'y avait qu'une volonté contraire
expresse qui pût l'en priver, une disposition vague ne
pouvant détruire une volonté expresse ; 3.º que si le
donateur avait eu l'intention d'ôter la réserve au donataire, il en aurait disposé expressément. Vid. *Furgole,*
quest. 38.

985. — La solution devrait être la même dans le
cas d'une réserve imparfaite : par exemple, Pierre
donne les deux tiers d'un domaine, et se réserve l'autre
tiers pour en disposer, avec clause qu'en cas de non
disposition le tiers réservé appartiendra au donataire ; postérieurement Pierre fait un testament, et
institue Jacques son héritier, sans parler de la réserve.

Dans cette espèce il faut également décider que la
réserve appartient au donataire contractuel, nonobstant le legs universel.

Il est vrai que la propriété de la réserve réside sur
la tête du donateur, le donataire n'y est appelé
que sous une condition suspensive (le défaut de
disposition) ; et de là il semblerait résulter que la
réserve fait partie de la succession du donateur,
et est, par voie de suite, comprise dans l'institution
universelle.

Non, la réserve ne fait pas partie de la succession,
à moins que le donateur n'en ait disposé ; car, à défaut
de disposition au moment même du décès, le droit
du donataire devient absolu et irrévocable ; il faut
donc toujours en venir au fait de savoir s'il y a ou
non disposition de la réserve, et si une institution
universelle renferme implicitement cette disposition ;
or, nous avons fait voir que le testament, en tant
que présentant une institution universelle, ne dispose pas plus de la réserve que la loi du code civil
sur les successions ; car cette loi est le testament pré-

sumé de tous ceux qui n'en font pas : *creditur pater familiâs sponte suâ ab intestato succedentibus relinquere legitimam hæreditatem*, leg. 8, cod *de jur. codicil.;* et de là la conséquence que l'héritier testamentaire n'a pas plus de droit à la réserve que l'héritier légitime.

Dira-t-on que la disposition qui appelle le donataire à la réserve est une simple donation à cause de mort, qui ne prend vie qu'au décès? On répondrait, avec *Furgole*, quest. 38, que l'institution d'héritier, quelque générale qu'elle soit, ne déroge pas à une précédente donation à cause de mort, à moins qu'il n'en soit fait mention, comme l'a remarqué *Maurice Bernard* dans ses observations, liv. 5, chap. 14, d'après *Cavaruvian*; ce qui est fondé sur la loi 68, ff *de legat.* 2.

986. — Il est néanmoins une exception à cette règle générale, qu'une institution universelle ne suffit pas pour dépouiller le donataire de la réserve; et cette exception a lieu toutes les fois que l'institution universelle ne trouve rien dans la succession du donateur où elle puisse s'appliquer.

Ainsi, si le donateur a donné tous ses biens présens et à venir sous une réserve; s'il fait ensuite un testament, le legs universel y contenu portera nécessairement sur la réserve, sans quoi il se trouverait inutile et sans objet : or, il est impossible de supposer que le donateur, en faisant une institution, ait voulu faire une disposition absolument inutile. Vid. *Furgole*, quest. 38; mais la loi 37, § 3, ff *de leg.* 3, par lui citée à l'appui de son opinion, me paraît sans application à la question dont il s'agit.

987. — En serait-il de même dans le cas d'un testament antérieur? Par exemple, Pierre donne aujourd'hui par contrat de mariage tous ses biens présens et à venir, sous une réserve; il avait fait auparavant un testament, et légué l'universalité de ses biens à

Joseph : il meurt sans faire d'autre disposition ; la question est de savoir si la réserve appartiendra au légataire universel, en vertu du testament antérieur à la donation.

On peut dire, contre le légataire universel, que la donation postérieure au testament retranche les biens donnés du patrimoine du donateur ;

Que la donation universelle révoque le testament antérieur, sans qu'il soit besoin d'une révocation spécifique, ni même d'en faire mention : *Alexandre*, en son conseil 25, liv. 3; *Ferrière*, sur la question 127 de *Gui-Pape*, et *Graverol*, sur *Larroche*, liv. 6, tit. 40, arrêt 22 : ce dernier auteur remarque que la donation opère cet effet, nonobstant la fiction qui fait rapporter le testament au temps de la mort du testateur, parce que cette fiction n'empêche pas qu'on ne doive considérer les différentes dates pour connaître lequel des deux renferme une disposition postérieure ;

Que les biens donnés même par une donation révocable à la volonté du donateur ne font pas partie de son patrimoine ; qu'ils sont *extrà causam bonorum*, d'après la loi 68, ff *de leg.* 2;

Qu'ainsi, soit que l'on considère les effets du testament au moment de sa date, soit qu'on les considère lors du décès du testateur, le testament se trouve également étranger aux biens donnés ; car si l'on considère la date du testament, tout se trouve, il est vrai, compris dans ses dispositions ; mais la donation postérieure en retranche tous les biens donnés : si l'on considère la date du décès, il est impossible d'appliquer le testament à des biens qui, à cette époque, étaient distraits du patrimoine du testateur. Vid. *Furgole*, question 30.

Nonobstant ces raisons, il faut décider que le testament antérieur, contenant institution universelle, porte sur la réserve postérieurement stipulée ; car le donateur, lors de sa donation, n'avait pas perdu de vue son testament antérieur, ni les avantages qu'il voulait faire à l'institué : or, en stipulant une réserve, il est censé l'avoir stipulée, et à cause de son testament antérieur, et dans l'intention de moins préjudicier à l'institué; d'ailleurs, chaque jour de survie dans lequel le testateur ne change pas son testament est une approbation nouvelle de ses dispositions; enfin, le testament ne prenant réellement vie qu'au décès, il faut considérer les choses comme si le testament avait été fait ce jour-là même : le testament présente la dernière volonté du testateur; or, cette dernière volonté est précisément celle du décès.

Ainsi, la circonstance de l'antériorité ou de la postériorité du testament ne change rien à la question de savoir si l'institution universelle présente une disposition suffisante pour dépouiller le donataire de la réserve; en un mot, la date du testament est indifférente dans l'examen de cette question : telle est aussi la doctrine de *Furgole* sur l'art. 18 de l'ordonnance de 1731; mais qu'il ne fonde sur aucun motif.

988. — Le donateur qui s'est réservé la faculté de disposer d'un effet ou d'une somme peut-il les exiger lui-même, ou bien faut-il qu'il en dispose en faveur d'un tiers?

Roussille, des donations, n.º 392, pense que la disposition est absolument nécessaire, comme condition indispensable pour dépouiller le donataire.

Je ne puis adopter cette opinion : le donateur s'est réservé le droit de disposer d'un objet fixe, ou d'une somme déterminée; or, c'est principalement pour lui, pour son avantage, que cette réserve a été stipulée : eh! comment le donateur pourrait-il avoir la faculté de transmettre à un autre ce qu'il n'aurait pas lui-même le droit d'exiger? comment pourrait-il faire l'avantage d'un tiers, de son héritier même jusques et à concurrence de la réserve, sans pouvoir
toucher

toucher à la chose réservée pour ses biens personnels? Ce n'est pas tout : le mot *disposer* emporte avec lui l'idée de toute aliénation quelconque, soit à titre gratuit, soit à titre onéreux ; or, je le demande, ne serait-il pas ridicule de prétendre, d'un côté, que le donateur peut vendre la réserve, et en toucher le prix, et, de l'autre, qu'il ne peut pas réclamer lui-même l'objet réservé ? Pourquoi, à quoi bon le forcer à cette vente ?

D'ailleurs, toute stipulation de réserve faite par le donateur a nécessairement un but avantageux et utile pour lui ; ce serait donc aller contre le but essentiel de toute réserve, que de prétendre que le donateur peut en investir un tiers, sans pouvoir là réclamer lui-même ; enfin, je ne puis comprendre que le donateur soit obligé de faire connaître ses plus intimes pensées, ni de rendre compte au donataire de l'emploi qu'il se propose de faire de la réserve : une pareille obligation serait inutile, parce qu'elle serait chaque jour éludée par l'interposition de personnes et par le mensonge, motif qui se joint aux autres pour repousser l'opinion de *Roussille;* car la loi doit proscrire tout ce qui peut donner occasion de faillir et de se familiariser avec la dissimulation.

989. — Un donateur a stipulé une réserve pour en disposer *pendant sa vie :*

Ce donateur pourra-t-il en disposer par testament ? non, dit *Cancerius, variar.*, part. 1.re, chap. 2, *de Trebel.*, n.° 116 ; mais, dit *Duperrier*, quoique *Cancerius* confirme son opinion par plusieurs autorités, je ne suis pas de ce sentiment, parce que c'est disposer d'une chose pendant sa vie, que de disposer par testament, quoiqu'il ne puisse avoir effet qu'après la mort, et que l'intention de celui qui se réserve cette faculté est de pouvoir disposer librement, et comme il lui plaît, de la chose dont il se réserve la disposition, s'il n'y a quelques mots dans l'acte qui résistent à cette

présomption. Vid. *Duperrier*, décisions, liv. 4, n.°
143.

L'opinion de *Duperrier* est, sans difficulté, préférable à celle de *Cancerius*.

990. — Un père donne tous ses biens présens à son fils aîné ; il se réserve une somme d'argent pour en disposer en faveur de ses autres enfans :

La question est de savoir si le père peut engager et aliéner cette somme.

Oui, dit *Duperrier*, il le peut, parce qu'à l'égard des enfans la disposition ci-dessus n'est pas une donation irrévocable, mais une simple destination. *Duperrier*, décisions, liv. 4, n.° 170.

Cette décision de *Duperrier* doit être d'autant plus suivie, que les enfans ne peuvent accepter la réserve, n'étant pas une donation parfaite, et que jusqu'à l'acceptation le donateur peut toujours révoquer (art. 932 du code civil) : si l'on voulait considérer cette destination en faveur des enfans comme une véritable donation, elle serait radicalement nulle, parce qu'elle serait faite sous une condition potestative à l'égard du donateur, qui, en effet, reste le maître, d'après la clause ci-dessus, de dépouiller ou de ne pas dépouiller le donataire, et, par conséquent, de gratifier ou de ne pas gratifier ses autres enfans ; or, l'on sait que les donations sous condition potestative à l'égard du donateur ne peuvent être faites que dans un contrat de mariage, et en faveur des conjoints, ou de l'un d'eux.

§ V. *De l'acceptation expresse dans les donations par contrat de mariage, et de leur caducité faute d'accomplissement du mariage.*

991. — L'article 1087 du code est ainsi conçu : « les donations faites par contrat de mariage ne pourront être attaquées, ni déclarées nulles sous le prétexte de défaut d'acceptation ».

Remarquons, 1.º que cette exception à la règle générale regarde toutes les donations généralement quelconques faites aux époux, ou à l'un d'eux, dans leur contrat de mariage ; ainsi,

Les donations de biens présens,

Les donations de biens présens et à venir,

Les institutions contractuelles,

Les donations faites sous une charge indéfinie, ou sous une condition potestative à l'égard du donateur,

Et toutes autres dispositions contractuelles', sont dispensées de la formalité de l'acceptation expresse ; ces dispositions sont également valables lors même que le contrat de mariage ne ferait aucune mention de l'acceptation de l'époux donataire, et quel que soit le donateur ascendant, collatéral ou étranger ;

2.º Que c'est là une faveur accordée aux donations faites aux futurs époux dans leur contrat de mariage ; car voudrait-on considérer l'accomplissement du mariage comme une acceptation formelle et non équivoque de la donation, je dirais que la présence du donataire à l'acte de donation, sa signature apposée au bas dudit acte, sa mise en possession des biens donnés, présenteraient une acceptation bien plus formelle et plus énergique ; cependant cette dernière acceptation ne saurait valider une donation hors contrat de mariage : la dispense d'une acceptation expresse est donc une faveur due sans doute à l'acte le plus important et le plus solennel ;

3.º Que l'exception se borne aux donations faites aux futurs époux, ou à l'un d'eux, et aux enfans appelés par forme de substitution vulgaire, dans les cas permis par la loi ; car toute donation faite en faveur d'un tiers insérée dans un contrat de mariage, autre que celui du donataire, serait nulle faute d'acceptation expresse ;

4.º Que cette exception se rapporte non-seulement aux donations par contrat de mariage faites aux fu-

turs époux, ou à l'un d'eux, par un ascendant, collatéral ou étranger ; mais encore aux donations que
l'un des époux pourrait faire à l'autre dans leur contrat
de mariage : telle était la disposition textuelle de l'art.
10 de l'ordonnance de 1731, et rien dans le code ne
présente sur cette matière une dérogation aux anciens
principes ; d'ailleurs, l'art. 1092 du code nous dit textuellement que les donations des biens présens entre
époux sont soumises à toutes les règles et formes
prescrites pour les donations faites par contrat de mariage ; or, l'acceptation expresse n'est pas une formalité nécessaire dans les donations contractuelles ; enfin,
l'art. 1093 porte que les donations des biens à venir,
ou des biens présens et à venir, faites entre époux
seront soumises aux règles établies par le chap. 8 à
l'égard des donations pareilles qui leur seraient faites
par un tiers ; or, c'est dans le chap. 8 que se trouve
le susdit art. 1087, qui dispense les donations contractuelles de la formalité de l'acceptation expresse.

992. — Joseph est à même de se marier avec Sophie,
Pierre, instruit de ce projet de mariage, fait une donation audit Joseph, en contemplation de son mariage
avec Sophie ; mais cette donation n'est pas insérée
dans leur contrat de mariage, elle est faite par acte
séparé :

La question est de savoir si cette donation a besoin
d'une acceptation expresse, et si, dans le cas même où
il n'y aurait pas d'acceptation, elle serait néanmoins
valable, attendu le mariage postérieurement célébré
entre Joseph et Sophie.

Je pense que cette donation, suivie du mariage,
serait valable nonobstant le défaut d'acceptation expresse : ce n'est pas le contrat de mariage, mais le
mariage lui-même qui, en fait d'acceptation, a commandé l'exception dont il s'agit ; or, d'une fois qu'il
est constant qu'une donation a pour but le mariage,
qu'elle a été faite pour le faciliter, la même faveur

lui est due, parce que les mêmes motifs de faveur s'y rencontrent : la cause finale de cette donation est le mariage; or, le mariage ayant eu lieu, il serait trop dur de dépouiller les deux familles qui se sont unies sous la foi de cette donation, et de les dépouiller, ainsi que les enfans qui en seraient provenus, pour un simple défaut de formalité. Vid. *Furgole* sur l'art. 10 de l'ordonnance de 1731, et *Roussille*, n.° 282.

993. — *Toute donation*, dit l'art. 1088 du code, faite en faveur du mariage sera caduque si le mariage ne s'ensuit pas.

Telle était l'opinion bien prononcée de *Furgole*, quest. 32, de *Puffendorf*, dans son traité du droit de la nature et des gens, tom. 2, pag. 124, et de *Roussille*, traité des donations, n.°s 12 et 304; *Serres*, pag. 170, était d'une opinion contraire : l'on peut voir *Ricard*, tom. 2, pag. 180; *Lapeyrère*, lettre D, n.° 61; M. *Merlin*, dans ses questions de droit, tom. 3, pag. 89, et les lois 21, 22 et 23, ff *de jure dotium*.

Aujourd'hui point de difficulté, la loi prononce sans exception la nullité de toute donation faite en faveur de mariage, si le mariage ne s'ensuit pas, parce que le mariage est la cause finale, la condition tacite de la donation.

994. — Supposons que les futurs époux révoquent l'acte de fiançailles contenant la donation faite à l'un d'eux, et que néanmoins ils se marient dans la suite; dans ce cas la donation sera-t-elle caduque? oui, parce qu'elle est devenue de nul effet par la révocation de l'acte de fiançailles, et que le mariage postérieur n'a pu lui redonner l'existence : telle est la disposition littérale des lois 21 et 22, ff *de jure dotium;* il est constant, disent ces lois, que la stipulation en matière de dot renferme cette condition tacite : *si nuptiæ fuerint secutæ;* ainsi, par tout acte révocatoire la condition de la stipulation est censée manquer, et

quoique les mêmes parties se marient ensuite, ladite stipulation ne recouvrera pas son effet : *et licèt posteà eidem nupserit non convalescit stipulatio.*

995. — *Brillon,* dans son dictionnaire, *verb.* donation, n.º 189, rapporte un arrêt dans l'espèce suivante.

En 1676 le sieur Foi, chanoine à Beauvais, fait une donation entre-vifs de 3000 fr. à M. Carrette, avocat, son neveu.

A cette époque il était question de marier M. Carrette; en conséquence, le donataire reconnaît, par un écrit sous signature privée, « que la donation ne lui » a été faite qu'en considération de son pourparler » de mariage, lequel ne s'exécutant pas, il promet » de ne s'en pas servir ».

Dix ans après M. Carrette épouse une dame devenue veuve, et laquelle était mariée en 1676; il n'est fait aucune mention de la susdite donation dans le contrat de mariage.

M. Foi, chanoine, meurt; l'on trouve parmi ses papiers la susdite reconnaissance sous signature privée.

Sur le fondement de ce billet, et attendu la persévérance de l'oncle à le garder, les héritiers de celui-ci soutiennent que la donation est révoquée, attendu que le mariage proposé au temps du billet ne s'est pas fait.

M. *de Lamoignon,* avocat-général, conclut, dit *Brillon,* en faveur de M. *Carrette,* et mêla l'intérêt public des femmes et des enfans, qui ont raison de croire véritables des donations revêtues de leurs formalités extérieures : arrêt du 23 avril 1694, qui maintient la donation.

Cet arrêt est juridique.

996. — Supposons que le mariage en contemplation duquel la donation a été faite soit annullé, quel sera le sort de la donation faite aux époux, ou à l'un d'eux ?

L'accomplissement du mariage étant la condition nécessaire de la donation, il faut décider que la donation est nulle, soit lorsque le mariage ne s'accomplit point, soit lorsqu'il se trouve nul et de nul effet; car ce qui est nul et contraire à la loi est censé n'avoir jamais eu d'existence : *quod nullum est, nullum producit effectum* ; or, il serait contre la nature même des choses qu'un acte nul pût être considéré comme l'accomplissement d'une condition.

Denisart, verb. disposition conditionnelle, rapporte un arrêt du 8 mars 1741, qui, en annullant un mariage, a également prononcé la nullité des donations faites en faveur de ce mariage annullé.

Cependant supposons que la nullité soit fondée sur un empêchement dirimant, comme sur une parenté au degré prohibé par le code; dans ce cas l'époux donataire, et dont le mariage serait annullé, ne pourrait-il pas dire : la donation m'a été faite, il est vrai, sous la condition tacite du mariage ; mais ce mariage étant prohibé, la condition imposée se trouve contraire aux lois et aux mœurs; mais les conditions de cette espèce *vitiantur, et non vitiant* ; elles sont réputées non écrites, quand elles sont stipulées dans une donation (art. 900 du code): or, si une condition impossible et expresse ne vicie pas la donation, une condition impossible et tacite ne saurait la vicier ; ainsi, la donation doit conserver son effet, nonobstant la nullité du mariage, parce que ce mariage était une condition impossible à laquelle il ne faut pas faire attention.

Ces raisons du donataire ne sont que spécieuses, et il faut tenir pour certain que toute donation faite en faveur d'un mariage annullé est nulle comme lui car l'accomplissement, l'existence du mariage est la cause finale de cette donation ; voilà pourquoi la loi en prononce la nullité, *faute d'accomplisse-*

ment du mariage, sans distinguer si les futurs époux pouvaient ou ne pouvaient pas l'accomplir; or, si, dans tous les cas, le défaut d'accomplissement, quelle qu'en soit la cause, opère la caducité, il doit en être de même quand le mariage accompli se trouve nul, parce que la nullité le fait considérer comme si réellement il n'avait jamais été célébré. Vid. la loi 18, cod. *ad legem Juliam de adulter.*, et les considérans de l'arrêt de la cour de cassation rapportés par *Sirey*, an 1816, pag. 355.

Mais la donation faite en faveur d'un mariage qui a été annullé doit conserver son effet à l'égard de l'époux donataire qui était de bonne foi, car, par rapport à cet époux et aux enfans, le mariage produit les effets civils; il doit donc valider la donation : d'ailleurs, le donataire de bonne foi conservant la qualité d'époux, le mariage est censé exister par rapport à lui et par rapport au donateur. Vid. *Roussille*, traité de la dot, n.° 71.

997. — La donation par contrat de mariage étant censée faite sous la condition suspensive de son accomplissement, l'on sent que le futur époux donataire ne peut réclamer les biens donnés qu'après l'accomplissement de la condition; jusques-là il n'a aucun droit.

Mais supposons qu'il se soit mis en possession des biens donnés, même du consentement du donateur, avant l'accomplissement du mariage, et que la donation devienne caduque faute d'accomplissement; dans cette hypothèse depuis quelle époque devra-t-il la restitution des fruits?

Il devra la restitution des fruits depuis sa mise en possession, parce que le titre en vertu duquel il a joui n'a jamais reçu son complément d'efficacité, et que, d'ailleurs, il est impossible au donataire d'invoquer la bonne foi, quand il ne peut se dissimuler que la condition tacite et essentielle de la donation ne se trouve pas remplie : telle est aussi la décision implicite de la loi 7, § 1, ff *de jure dotium ;* il résulte de cette loi que les fruits perçus par le mari depuis la stipulation de dot jusqu'au mariage n'appartiennent pas au mari ; mais qu'ils viennent en augmentation de la dot : or, dans l'espèce de cette loi, la femme est considérée jusqu'à un certain point comme donatrice, et l'époux comme donataire.

Je pense également que la restitution des fruits est due depuis la mise en possession dans le cas de la caducité d'une donation par suite de la nullité du mariage, car le donataire connaissait le vice de son mariage, et, par voie de suite, l'inefficacité de sa donation ; or, le possesseur ne fait les fruits siens que quand il jouit en vertu d'un titre dont il ignore les vices.

998. — Quand une donation par contrat de mariage est devenue caduque par défaut d'accomplissement, ou du moment qu'il est prouvé que le mariage ne peut être célébré, les frais d'enregistrement perçus à raison de la donation caduque doivent être restitués : décision de Son Excellence le Ministre des finances, du 7 juin 1808. Vid. le recueil de M. *Sirey,* an 1808, 2.ᵉ partie, pag. 213.

Je pense qu'il doit en être de même dans le cas de la caducité résultant de la nullité du mariage accompli.

999. — La caducité résultant du défaut d'accomplissement du mariage s'applique à toutes les dispositions généralement quelconques faites aux futurs époux, ou à l'un d'eux, quel que soit le donateur, ascendant, collatéral ou étranger, même aux dispositions entre époux.

Faisons-nous là-dessus des idées justes : Pierre se propose d'épouser Sophie ; dans son contrat de mariage je donne à Pierre tel domaine, et je le charge de payer à Joseph telle somme, en faisant don à ce dernier.

Le mariage n'a pas lieu, ainsi la donation faite à Pierre devient caduque; mais que faut-il dire par rapport à la donation faite à Joseph? Sans doute Pierre ne sera pas obligé de satisfaire à la charge, la donation s'étant, par rapport à lui, évanouie; mais Joseph, qui aura déclaré accepter la donation à lui faite, pourra-t-il me demander le payement de la somme donnée?

On peut dire que ma donation en présente réellement deux : l'une en faveur de Pierre, et déterminée par son mariage, et l'autre en faveur de Joseph; et de là l'on pourrait tirer la conséquence, que la caducité de la première ne peut influer sur la seconde, vu que cette seconde donation n'a pas pour cause finale l'accomplissement du mariage.

Je pense néanmoins que Joseph ne peut agir contre moi, car sa donation est la suite et l'accessoire de celle faite à Pierre; celle-ci tombant, l'accessoire doit tomber aussi; mais deux donations étaient indivisibles dans ma pensée, l'exécution de l'une devait être la suite de l'exécution de l'autre; il est impossible, en annullant la donation, de conserver la charge y apposée : je n'ai pas entendu constituer Joseph mon créancier; mais seulement lui donner des droits sur Pierre, dans le cas de l'accomplissement de son mariage : l'intention du donateur ne doit pas être méconnue.

Mais si, par une disposition distincte et séparée, j'avais donné à Joseph dans le contrat de mariage de Pierre, dans ce cas, le défaut d'accomplissement du mariage opérerait la caducité des donations faites à Pierre; mais cette caducité ne porterait aucune atteinte à la donation distincte faite à Joseph : cette donation demeurerait valable nonobstant la caducité de l'autre, pourvu, d'ailleurs, qu'elle fût revêtue des formalités des donations hors contrat de mariage.

1000. — Le non accomplissement du mariage opérant la caducité, l'on pourrait demander si la dissolution du mariage par le divorce ne devrait pas opérer la révocation de la donation.

On sent, au premier coup-d'œil, que la révocation ne peut avoir lieu, ni au préjudice de l'époux qui a obtenu le divorce, ni au préjudice des enfans du mariage; car le premier ne doit pas souffrir de l'inconduite de son conjoint, et les enfans ne doivent pas être punis de la faute de leur père.

Il faut donc examiner la question relativement à l'époux qui a nécessité le divorce par son inconduite.

Sans doute cet époux est coupable, et digne de blâme; mais qui a-t-il offensé? principalement son conjoint, victime de ses égaremens ou de ses fureurs, voilà tout; mais le donateur ne reçoit pas par là d'offense directe : le donataire a contracté le mariage, il a satisfait à la cause finale de la donation; son inconduite postérieure est absolument étrangère au donateur : ce n'est pas dans la vue de dissoudre le mariage que le donataire s'est abandonné à ses passions; ses mauvais penchans l'on entraîné, et il s'est livré à ses égaremens sans but, sans dessein, et par le funeste plaisir que les ames dégradées trouvent dans l'oubli de leurs devoirs.

Par rapport au donateur, du moment que le mariage est accompli et célébré, tout est dit : la condition est remplie, le donateur n'a plus d'inspection sur le mariage, et doit être sans intérêt dans les rapports domestiques des époux; leur conduite lui devient étrangère.

D'ailleurs, est-ce le divorce par lui-même, ou les mauvais traitemens et l'inconduite du donataire qui donneraient action au donateur? L'on ne peut dire que le donateur pourrait se plaindre et agir en révocation sous le prétexte d'une inconduite dont l'autre conjoint ne se plaindrait pas : ainsi, le donateur ne pourrait agir qu'après la dissolution du mariage par le divorce ; mais l'époux victime pouvant garder le silence, et souffrir ; pouvant même choisir la séparation de corps et de biens, que signifierait un droit dépendant absolument de la conduite d'un tiers ?

Ce n'est pas tout, il serait impolitique de présenter le divorce comme un moyen de révocation : l'intérêt ne doit jamais être mis aux prises avec le devoir ; il fallait empêcher que le donateur fût intéressé à aigrir les époux entr'eux, et à engager l'époux qui souffre au moyen extrême et déchirant du divorce : dans les orages de la vie, dans les combats des passions, le donateur doit être entre les époux un consolateur, un ami, un conseil ; il doit donc être sans intérêt.

Enfin, et ceci tranche toutes les difficultés, la loi n'a pas placé la dissolution du mariage par le divorce au nombre des moyens de révocation des donations faites aux futurs époux ; elle ne pouvait même le faire, sans y placer en même temps la séparation de corps et de biens, car, dans l'un et l'autre cas, l'époux est également coupable ; or, il serait ridicule de dire que le même fait pût, selon le choix de l'action en divorce ou en séparation, produire ou ne pas produire la révocation de la donation ; la révocation de la donation, ce surcroît essentiel dans la punition du coupable, ne peut être soumis à l'arbitraire du conjoint offensé.

CHAPITRE II.

Des donations entre époux faites par contrat de mariage.

1001. — Nous avons dit que tout ascendant, collatéral ou étranger, pouvait, par contrat de mariage, donner aux futurs époux, ou à l'un d'eux,

1.º Ses biens présens;

2.º Ses biens présens et à venir;

3.º Les biens qu'il laissera à son décès;

4.º Enfin, tout ou partie desdits biens, sous une charge indéfinie, ou sous une condition potestative à l'égard du donateur.

Les mêmes dispositions sont permises de la part d'un des conjoints en faveur de l'autre : comment, en effet, l'un des conjoints ne pourrait-il pas faire en faveur de l'autre ce que tout autre donateur peut faire?

Ainsi, dans le contrat de mariage l'un des époux peut donner à l'autre,

Ou ses biens, ou une partie de ses biens présens;

Ou ses biens présens et à venir,

Ou l'instituer contractuellement héritier, soit universel, soit à titre universel, soit à titre particulier;

Ou lui donner, enfin, tout ou partie de ses biens présens, sous une charge indéfinie ou sous une condition potestative à l'égard du donateur.

Toutes ces dispositions sont également permises : «les » époux, dit l'art. 1091, pourront, par contrat de » mariage, se faire réciproquement, ou l'un des deux

» à l'autre , *telle donation qu'ils jugeront à propos ;*
» sous les modifications ci-après exprimées ».

§ I.er   *Donations de biens présens entre époux par contrat de mariage.*

1002. — L'art. 1092 du code civil est ainsi conçu :
« toute donation entre-vifs de biens présens, faite entre
» époux par contrat de mariage , *ne sera pas censée*
» *faite sous la condition de survie du donataire,* si cette
» condition n'est formellement exprimée ; et elle sera
» soumise à toutes les règles et formes *ci-dessus pres-*
» *crites pour ces sortes de donations.*

Cet article présente deux dispositions importantes :
par la première , il assujettit les donations des biens
présens entre époux à toutes les règles et formes des
donations entre-vifs ;

Par la seconde , il déclare que ces donations ne sont
pas censées faites sous la condition de survie du donataire.

1003. — De la première proposition résultent les
conséquences suivantes :

1.º Que la donation entre-vifs entre époux, et
portant sur les biens présens , doit être retenue par
un notaire , et qu'il doit en rester minute ;

2.º Que si la donation porte sur des meubles et des
effets mobiliers, il faut l'état estimatif des meubles
donnés, sans quoi la donation serait nulle par rapport aux meubles non compris dans l'état estimatif ;

3.º Que si elle porte sur des objets susceptibles
d'hypothèques , la donation doit être transcrite comme
toute autre.

Mais cette donation n'a pas besoin d'une acceptation expresse , parce qu'elle est faite par contrat de
mariage, et que ces donations ne peuvent, aux termes
de l'art. 1087 , être déclarées nulles sous prétexte de
défaut d'acceptation.

Enfin, la donation des biens présens entre époux

devient caduque, si le mariage ne s'ensuit pas (art. 1088). Les dispositions de cet article qui prononcent la caducité doivent s'appliquer plus particulièrement aux donations que les futurs époux peuvent se faire entr'eux, car ces donations sont essentiellement faites sous la condition tacite de l'accomplissement du mariage.

1004. — La deuxième proposition porte que les donations des biens présens entre époux ne sont pas censées faites sous la condition de survie de l'époux donataire.

D'où il résulte que si l'époux donataire meurt avant l'époux donateur, celui-ci ne reprend point les biens donnés; ces biens font partie de la succession du donataire, et ils sont recueillis par ses héritiers, quels qu'ils soient, ascendans, descendans ou collatéraux, testamentaires ou légitimes.

Telle était la doctrine de *Serres*, dans ses institutes, pag. 183; il la fondait sur ces trois maximes : 1.° que le droit de retour n'a lieu que pour les donations faites en faveur de proches parens; 2.° que dans les contrats il ne faut pas interpréter la volonté des contractans; 3.° qu'une donation faite entre-vifs purement et simplement ne peut être rendue conditionnelle par des conjectures. *Furgole* pensait, au contraire, quest. 49, n.° 28, que la condition de survie était sous-entendue dans toutes les donations entre époux; mais nous venons de voir que la maxime contraire, par rapport aux donations de biens présens, se trouve littéralement écrite dans le susdit art. 1092 du code.

1005. — Observons que, suivant le droit romain, le pacte stipulé dans le contrat de mariage, de ne pas répéter la dot, ou partie de la dot, ou la convention que le mari gagnera la dot en tout ou en partie, étaient nuls et de nul effet, lorsque le mariage venait à être dissous par le prédécès du mari, soit

qu'il y eût, soit qu'il n'y eût pas d'enfans dudit mariage : leg. 12, ff *de pactis dotal.* ; leg. 3, cod. *de*
pact. convent., parce que *reipublicæ interest dotes*
mulieribus salvas fore ; mais cette convention était
bonne au profit du mari, lorsque c'était la femme
qui prédécédait, parce que la même raison ne s'y
rencontrait pas : leg. 12, ff *de pact. dotal.*, et le
mari était, dans ce dernier cas, obligé de conserver
cette dot pour les enfans nés du mariage : *novell.*
98, *cap.* 1.

Toutes ces dispositions de la loi romaine sont aujour-
d'hui abrogées ; ainsi, si la future épouse donne sa
dot au futur époux, et que celui-ci prédécède, la
dot passera à ses héritiers, quels qu'ils soient ; si la
femme, au contraire, meurt avant le mari donataire,
celui-ci demeurera propriétaire incommutable de la
dot, et il pourra en disposer comme du restant de
ses biens, les enfans nés du mariage n'y ayant aucun
droit exclusif ou particulier, sauf toujours la réduction de la donation à la quotité disponible.

1006. — L'époux donateur des biens présens peut, ou
apposer à sa donation la condition de survie de l'époux
donataire, ou stipuler le droit de retour pour le cas
du prédécès du donataire : la première faculté lui est
accordée par l'art. 1092 du code, et la deuxième
par l'art. 951 : dans ces deux cas les droits du donateur sont également conservés, car si la condition de
survie a été apposée, et si cette condition ne s'est pas
accomplie, le donateur n'aura jamais été dépouillé
des objets donnés ; s'il y a eu stipulation du droit
de retour pour le cas de prédécès de l'époux donataire,
le prédécès ayant lieu, le donateur reprendra les biens
donnés libres et affranchis de toutes dettes et aliénations faites par le donataire.

Il est donc très-important à l'époux qui veut donner
à l'autre des biens présens par contrat de mariage
d'apposer à sa donation la condition de survie du
donataire

donataire, ou de stipuler du moins le droit de retour : sans l'une ou l'autre de ces précautions, l'époux donateur perdant son conjoint donataire, se verrait dépouillé des biens par lui donnés, et obligé de délivrer ces biens aux héritiers, quels qu'ils fussent, du donataire.

1007. — Nous avons observé plusieurs fois que les donations entre époux n'étaient pas assujetties à la révocation pour cause de survenance d'enfans. Vid. l'art. 960 du code.

§ II. *Des donations de biens présens et à venir ; des institutions contractuelles entre époux par contrat de mariage, et des donations avec réserve.*

1008. — « La donation des biens à venir, ou des biens
» présens et à venir, faite entre époux par contrat
» de mariage, soit simple, soit réciproque, sera sou-
» mise aux règles établies par le chapitre précédent à
» l'égard des donations pareilles qui leur seront faites
» par un tiers, sauf qu'elle ne sera pas transmis-
» sible aux enfans issus du mariage, en cas de décès
» de l'époux donataire avant l'époux donateur ». Tels
sont les termes de l'art. 1093 du code.

Il en résulte que tout ce que nous avons dit relativement aux donations de biens présens et à venir, et aux institutions contractuelles, s'applique aux dispositions de ce genre faites entre époux : ainsi, il suffit de renvoyer à ce que nous avons dit dans les chapitres précédens.

Mais il ne faut pas perdre de vue la seule exception établie dans le susdit art. 1093.

Pour sentir cette exception, il faut rappeler, 1.º que toute donation de biens présens et à venir, et que toute institution contractuelle peuvent être faites, tant au profit de l'un des époux, qu'au profit des enfans à naître du mariage ; 2.º que ces dispositions sont toujours censées faites au profit des enfans à naître, lors

Tom. II.   27

même qu'il ne serait fait aucune mention desdits enfans ; 3.º enfin, que ces dispositions ne deviennent caduques que dans le cas où le donateur survit à l'époux donataire et aux enfans du mariage.

Telles sont les règles relativement aux donations de biens présens et à venir, et aux institutions contractuelles.

Mais le susdit art. 1093 y déroge par rapport aux dispositions de ce genre faites entre époux : « ces » donations, dit cet article, ne seront pas transmis- » sibles aux enfans issus du mariage, en cas de décès » de l'époux donataire avant l'époux donateur ».

Par exemple, Pierre et Sophie se marient; Pierre donne à Sophie dans le contrat de mariage ses biens présens et à venir, ou l'institue son héritière contractuelle; Sophie meurt, laissant des enfans du mariage :

Dans ce cas la donation faite par Pierre ne profite pas aux enfans du mariage, elle est caduque par le prédécès de Sophie ; les enfans du mariage n'y ont rien à voir.

1009. — Supposons, dans la même hypothèse, que Pierre ait appelé les enfans du mariage à recueillir la donation dans le cas de prédécès de leur mère ; dans ce cas-là ladite donation profitera-t-elle aux enfans ?

Nous avons déjà décidé qu'une telle disposition subsidiaire en faveur des enfans ne pouvait être faite dans une donation entre époux ; que puisque la substitution vulgaire tacite n'était pas admise, il fallait également rejeter la substitution vulgaire expresse.

1010. — Il faut dire, en un mot,

1.º Que les donations de biens présens et à venir, et les institutions contractuelles sont permises entre époux ;

2.º Que ces donations et institutions sont soumises aux règles établies à l'égard des donations et institutions qui leur seraient faites par un tiers ;

3.º Que ces donations et institutions ne peuvent être faites au profit des enfans à naître ;

4.º Qu'elles sont toujours censées faites sous la condition de survie de l'époux donataire.

1011. — L'art. 1093 ne parlant que des donations des biens à venir et des biens présens et à venir, l'on pourrait demander si un des époux peut donner à l'autre dans le contrat de mariage avec une charge indéfinie, ou sous une condition potestative à l'égard du donateur, conformément à l'art. 1086 du code, et quelles seraient les règles d'une pareille disposition.

Je décide, sans difficulté, que les époux peuvent se donner entr'eux dans leur contrat de mariage dans les termes du susdit art. 1086, c'est-à-dire, sous la condition de payer indistinctement toutes les dettes et charges de la succession du donateur, ou sous une condition potestative par rapport à lui.

L'art. 1091 autorise entre époux *telles donations qu'ils jugeront à propos.*

L'art. 945 prononce la nullité de toute donation ; si elle a été faite sous la condition d'acquitter d'autres dettes ou charges que celles qui existaient au moment de la donation ; l'art. 944 précédent prononce également la nullité d'une donation entre-vifs faite sous des conditions dont l'exécution dépend de la seule volonté du donateur.

Mais l'art. 947 porte que les susdits art. 944 et 945 ne s'appliquent pas aux donations dont est mention aux chapitres 8 et 9 du présent titre ; or, c'est dans le chapitre 9 qu'il est question des donations entre époux ; donc ces donations peuvent être faites sous une condition potestative ou sous une charge indéfinie : la conséquence est rigoureuse ; en un mot, les art. 944 et 945 ne s'appliquent pas aux dispositions entre époux : il en résulte que les donations que ces articles proscrivent sont permises entre conjoints.

Cette conséquence devient plus claire que le jour ;
quand on fait attention que les donations des biens
à venir étant permises entre époux , il faut , par
voie de suite , leur permettre les donations avec une
charge indéfinie , ou sous une condition potestative ;
enfin , la maxime *donner et retenir vaut* s'applique ,
tant aux donations faites aux futurs époux , qu'aux
donations qu'ils peuvent se faire entr'eux : pourquoi
l'époux avantageant son épouse serait-il dans le contrat
de mariage plus gêné qu'un étranger ?

Ainsi , les futurs époux peuvent s'avantager dans
leur contrat de mariage dans les termes de l'art. 1086
du code.

1012. — Quelles sont les règles des dispositions
faites dans les termes de cet article ? Ce sont celles
que nous avons déjà développées dans le chapitre des
donations contractuelles , sous cette seule exception ,
que ces dispositions sont censées faites sous la condition de survie de l'époux donataire.

Cette exception a besoin d'un certain développe-
ment.

D'après l'art. 1086 l'un des époux peut donner
à l'autre tout ou partie de ses biens présens , à condition de payer les dettes de sa succession , ou sous
une charge indéfinie ;

Il peut lui donner ses biens présens sous une condition potestative ;

Il peut, enfin , lui donner ses biens présens , et se
réserver le droit de disposer d'une partie de ces biens ,
ou d'une somme à prendre sur iceux.

Dans les deux premiers cas , si l'époux donataire
meurt avant l'époux donateur , laissant ou non des
enfans du mariage , la donation est caduque, et tombe,
conformément aux dispositions de l'art. 1093 , parce
que , dans ces deux cas , la donation étant absolument
révocable pour le tout au gré du donateur , elle participe de la nature des donations à cause de mort,

et doit s'évanouir par le prédécès du donataire : les enfans n'empêchent pas ici la caducité, parce que les donations de cette espèce entre époux ne sont pas transmissibles aux enfans.

1013. S'il est, au contraire, question d'une donation avec une réserve fixe et déterminée ; dans ce cas, si le donateur meurt avant l'autre conjoint donataire, la réserve appartiendra à celui-ci, conformément au susdit art. 1086.

Si, au contraire, le donataire meurt avant l'époux donateur, alors la réserve appartiendra à ce dernier ; mais le surplus de la donation sera recueilli par les héritiers de l'époux donataire, parce que la donation était irrévocable relativement à ce surplus : telle est aussi l'opinion de M. *Grenier*.

1014. — Les donations dans les termes des art. 1082, 1084 et 1086 du code sont permises entre époux, et elles sont également valables, soit qu'elles soient simples, soit qu'elles soient réciproques.

Mais ces donations doivent, pour être valables, être insérées dans le contrat de mariage même ; stipulées dans quelqu'autre acte, et quoiqu'elles fussent expressément faites en contemplation du mariage proposé, elles seraient radicalement nulles.

Il faut, enfin, ne jamais perdre de vue que toutes les donations faites dans les termes ci-dessus deviennent caduques si l'époux donateur survit à son conjoint donataire, lors même que celui-ci laisserait des enfans du mariage.

§ III. *Des règles communes aux donations entre époux.*

1015. — Les règles que nous avons posées relativement à la capacité de donner et de recevoir s'appliquent aux donations entre époux, sauf les exceptions suivantes.

Nous avons vu que le mineur est absolument incapable de faire une donation entre-vifs ; mais cette règle ne s'applique point aux futurs époux : ainsi, le futur époux mineur peut donner à la future épouse dans leur contrat de mariage tout comme s'il était majeur, pourvu qu'il donne avec l'assistance et consentement de ceux dont le consentement est requis pour la validité de son mariage ; la future épouse mineure a la même faculté de donner au futur époux, pourvu qu'elle agisse avec le même consentement.

L'art. 1095 est ainsi conçu : « le mineur ne pourra, » par contrat de mariage, donner à l'autre époux, » soit par donation simple, soit par donation récipro- » que, qu'avec le consentement et l'assistance de ceux » dont le consentement est requis pour la validité de » son mariage, et avec ce consentement il pourra » donner tout ce que la loi permet à un époux majeur » de donner à l'autre conjoint ».

Il résulte de cet article que le mineur est considéré comme majeur, par rapport à la faculté de donner à l'autre conjoint, pourvu qu'il soit autorisé par ceux qui doivent nécessairement consentir à son mariage ; l'assistance et le consentement de ces parens éloignent toute idée de captation et de surprise.

Ainsi, si un futur époux mineur a son père et sa mère, il peut donner à son futur conjoint tout comme un majeur pourrait le faire, pourvu que son père consente à la donation ; ce consentement suffit, celui de la mère n'est pas nécessaire (art. 148 du code);

Si le futur époux mineur n'a que sa mère, il pourra donner avec le consentement de sa mère (art. 148 du code);

Si le mineur a perdu ses père et mère, mais qu'il ait d'autres ascendans, il pourra donner avec le consentement de ces derniers ;

S'il y a des ascendans dans les deux lignes pater- nelle et maternelle, il suffit que le mineur soit autorisé par les ascendans d'une de ces lignes, ou même par l'ascendant mâle d'une de ces lignes (art. 150 du code);

Si le futur époux mineur n'a, ni père, ni mère, ni aïeux, ni aïeules; ou s'ils se trouvent tous dans l'impossibilité de manifester leur volonté, le mineur ne pourra donner qu'avec le consentement du conseil de famille (art. 160).

1016. — Le mineur est donc réputé majeur par rapport aux donations et autres conventions matrimoniales portées dans son contrat de mariage, toutes les fois qu'il se trouve autorisé par ceux dont le consentement est requis pour la validité de son mariage : trois articles du code le décident textuellement, vid. les art. 1095, 1309 et 1398; ce dernier article est ainsi conçu : « le mineur habile à contracter mariage » est habile à consentir toutes les conventions dont ce » contrat est susceptible; et les conventions et dona- » tions qu'il y a faites sont valables, pourvu qu'il ait » été assisté dans le contrat des personnes dont le con- » sentement est requis pour la validité du mariage » : telle était encore l'ancienne jurisprudence attestée par tous les auteurs.

Mais remarquons que les donations faites par le mineur valablement autorisé ne sont valables qu'en faveur de l'autre conjoint; car si le mineur donnait à tout autre, même avec le consentement de son père, la donation serait nulle. Vid. *Roussille*, dans son traité de la dot, n.° 142, et l'art. 1095 du code.

1017. — Le mineur, et pour se marier, et pour pouvoir donner à l'autre conjoint, doit être autorisé par ses père et mère, ou aïeux, et, à défaut, par le conseil de famille; telle est la règle : sur quoi l'on pourrait remarquer que, pour la validité du mariage, il faut le consentement présumé ou tacite desdits parens, et qu'il résulte même de leur silence pendant un an de- puis qu'ils ont eu connaissance du mariage (art. 183

du code); et, d'après cette remarque, l'on pourrait demander si le consentement tacite ou le silence pendant une année pourraient valider une donation faite par le conjoint mineur.

Il faut décider, sans difficulté, que le consentement exprès seul peut valider la donation ; car, par rapport aux époux et aux parens, il y a dans le mariage deux choses distinctes : le contrat de fiancailles, ou conventions de mariage, et l'acte de célébration du mariage lui-même ; ces deux actes sont absolument différens et étrangers : le consentement tacite suffit pour la validité de la célébration, la loi le dit textuellement ; mais le consentement tacite ne suffit pas pour valider les conventions matrimoniales et les donations y insérées ; il faut un consentement littéral et exprès, la loi le dit d'une manière textuelle ; les susdits art. 1095, 1309 et 1398, exigent non-seulement le consentement, mais encore l'assistance des parens ; ce qui exclut toute idée d'un consentement tacite.

D'ailleurs, il n'existe aucune contradiction à dire, d'un côté, que le consentement tacite des parens valide le mariage du mineur, et à soutenir, de l'autre, qu'il faut un consentement exprès de ces mêmes parens pour valider la donation faite par le mineur dans son contrat de mariage ; car, que la donation soit nulle ou valable, le mariage n'en subsistera pas moins.

On sent, enfin, que l'intérêt de la société et celui des enfans provenus de l'union formée exigent que les nullités de mariage se couvrent facilement ; mais les règles de l'équité veulent que le mineur ne puisse porter préjudice à sa fortune, ni aliéner gratuitement ses biens.

Mais, dira-t-on peut-être, le consentement tacite suffit pour valider la disposition que le mineur fait de sa personne, et ce consentement ne suffirait pas pour

valider la disposition de ses biens ! la personne serait-
elle donc moins précieuse que la fortune ! !

On peut répondre que c'est l'intérêt de la société
qui fait valider le mariage par le consentement tacite
des parens ; que ce consentement tacite n'emporte
pas avec lui consentement à la donation , qui en est
distincte ; que le mariage peut subsister sans donation;
qu'enfin , la loi s'est expliquée d'une manière claire
et non équivoque , en exigeant, pour la validité de la
donation faite par le futur époux mineur , le consentement et l'assistance de ses parens ; ce qui doit faire
cesser tous les doutes, et mettre fin à tous les raisonnemens.

CHAPITRE III.

Des donations entre époux pendant le mariage.

———

1018. — Dans les principes de la législation romaine les époux ne pouvaient se rien donner l'un à l'autre, parce que la femme entrant sous la puissance de son mari, il ne pouvait exister d'obligation entre eux. Vid. *Heineccius*, pandect., part. 4, § 214.

Ensuite les donations entre époux furent déclarées valables, si le donateur ne les avait pas révoquées pendant sa vie. *Heineccius,* § 217.

Voici les dispositions du code civil relativement aux donations entre époux :

Art. 1096, « toutes donations faites entre époux » pendant le mariage, quoique qualifiées entre-vifs, » seront toujours révocables ;

» La révocation pourra être faite par la femme, sans » y être autorisée par le mari, ni par justice ;

» Ces donations ne seront pas révoquées par surve- » nance d'enfans » :

Art. 1097, « les époux ne pourront, pendant le ma- » riage, se faire, ni par acte entre-vifs, ni par testa- » ment, aucune donation mutuelle et réciproque par » un seul et même acte ».

1019. — Il résulte de cet art. 1097 du code, que les époux peuvent se faire entr'eux des donations, soit par acte entre-vifs, soit par testament ; car cet article ne proscrit les donations entre époux que lorsqu'elles sont mutuelles, et dans le même acte ; donc par acte séparé elles sont valables.

Cette vérité résulte encore du susdit art. 1096, qui déclare que les donations entre époux sont toujours révocables, lors même qu'elles seraient qualifiées entre-vifs ;

Donc les donations entre-vifs sont permises entre époux.

1020. — Ainsi, l'un des époux peut donner à l'autre ses biens présens dans la forme d'une donation entre-vifs ;

Peut-il de même donner ses biens présens et à venir, ou ses biens à venir ? oui, il le peut sans difficulté ; la chose est rigoureusement prouvée par les art. 943, 944, 945, 946 et 947 du code.

Le premier de ces articles porte que la donation entre-vifs ne pourra comprendre que les biens présens du donateur ; mais le susdit art. 947 porte que les art. 943, 944, 945 et 946, ne s'appliquent pas aux donations dont il est question aux chap. 8 et 9 du présent titre : or, c'est dans le chap. 9 qu'il est question des donations entre époux ; donc les donations entre époux peuvent comprendre les biens à venir : c'est ainsi que la question a été jugée par la cour de cassation le 22 juillet 1807, en cassant un arrêt de la cour d'appel de Rennes, qui avait annullé une donation de biens à venir qu'un époux avait fait à son épouse, sur le fondement qu'elle n'était pas revêtue de la formalité des testamens.

En un mot, les art. 943, 944, 945 et 946, ne s'appliquent pas aux donations entre époux ; donc l'un des époux peut, dans la forme d'une donation entre-vifs, donner à l'autre,

1.º Ses biens présens ;

2.º Ses biens présens et à venir ;

3.º Ses biens à venir ;

4.º Ses biens présens, sous une charge indéfinie, ou sous une condition potestative ;

5.º Enfin, sous telles réserves que le donateur voudra stipuler :

En d'autres termes, les époux peuvent pendant le mariage se donner comme dans le contrat de mariage même, et dans la forme d'une donation entre-vifs ; ils peuvent se donner, enfin, dans les termes des art. 1082, 1084 et 1086 du code. Vid. l'arrêt de la cour de cassation rapporté par M. *Sirey*, an 1818, pag. 50.

1021. — La donation entre époux, soit des biens présens, soit des biens à venir, a-t-elle besoin d'une acceptation expresse ? oui, cette acceptation expresse est nécessaire ; car les époux, ainsi que les autres citoyens, n'ont que deux manières de disposer à titre gratuit, la donation et le testament : ils peuvent choisir entre l'un et l'autre ; mais ayant fait choix, ils doivent suivre ponctuellement les formalités nécessaires à l'acte choisi : or, les donations par contrat de mariage sont seules exceptées de la formalité de l'acceptation expresse ; donc toutes les autres donations y sont assujetties.

La nécessité de l'acceptation paraît consacrée par la loi romaine. Vid. les lois 23 et 33, ff *de donat. inter vir. et uxor.* ; vid. *Furgole.*, sur l'art. 46 de l'ordonnance de 1731, et dans sa question 47.ᶜ

La question est, d'ailleurs, expressément décidée par l'art. 947 du code, qui, en dispensant expressément les donations entre époux de certaines formalités, annonce d'une manière virtuelle que ces donations sont assujetties à toutes les autres.

Enfin, l'art. 1087 ne dispense expressément de la formalité de l'acceptation expresse que les donations faites par contrat de mariage ; donc les donations entre époux y sont soumises, et cette conséquence devient rigoureuse, quand on considère que le susdit art. 1087 se trouve placé immédiatement avant le chapitre où il est question des donations entre époux.

Tenons donc pour certain, que toute donation entre époux, soit de biens présens, soit de biens présens et à venir, soit sous une condition potestative, ou sous une charge indéfinie, doit, à peine de nullité, contenir la mention d'une acceptation expresse, de même que toute autre donation entre-vifs.

1022. — Nous avons vu que toute donation entre époux, même de biens présens, est toujours révocable à la volonté du donateur;

Et que la révocation peut être faite par la femme sans aucune autorisation, ni du mari, ni de la justice.

La donation entre époux est donc un contrat d'une nature mixte, participant des actes entre-vifs et des testamens : comme acte entre-vifs, il doit être revêtu des formalités nécessaires à la validité des actes de cette espèce, il produit son effet du moment même de sa confection; comme participant de la nature des testamens, la donation entre époux peut être révoquée par la volonté ou le caprice du donateur, et avec la même facilité qu'un simple testament olographe : en examinant de pareils résultats l'on s'aperçoit que la donation entre époux n'est pas une vraie donation, puisqu'elle est révocable; et qu'elle n'est pas un testament, puisqu'elle produit son effet avant la mort du donateur.

On peut comparer la donation entre époux à une donation contractuelle faite aux futurs époux, sous la réserve de pouvoir la révoquer à la volonté du donateur : cette comparaison en donne une idée assez juste.

1023. — De ce que la donation entre époux produit son effet au moment même de l'acte, il résulte que si l'un des époux donne à l'autre un immeuble l'époux donataire fera les fruits siens : leg. 17, ff *de donat. inter vir. et uxor.; Serres,* pag. 169;

qu'il pourra prescrire au préjudice du propriétaire de l'immeuble donné. Leg. 25, ff *dicto titulo.*

Nous supposons que l'époux donataire a été volontairement mis en possession de l'objet donné ; car s'il n'a pas été mis en possession, l'on sent qu'il n'a aucune action pour forcer l'époux donateur à faire la délivrance des objets donnés, celui-ci demeurant le maître de révoquer la donation *ad libitum.* Leg. 33, ff *dicto titulo.*

En un mot, la donation entre époux est faite sous cette condition, qu'elle sera révoquée si le donateur manifeste sa volonté à cet égard ; donc si le donateur meurt sans avoir manifesté cette volonté, la condition de révocation ne se trouve pas remplie, et sa donation vaut comme si elle avait été pure et simple dans son principe, attendu la rétroaction des conditions.

1024. — De ce que la donation non révoquée se trouve produire son effet du moment même de l'acte, l'on pourrait demander si la transcription de pareilles donations se trouve nécessaire.

On peut dire que l'insinuation de ces donations était nécessaire quand la valeur des objets donnés excédait 500 écus. Leg. 25, cod. *de donat. inter vir. et uxor., et novel.* 162, chap. 1.er

Je pense néanmoins que les donations entre époux portant sur des immeubles n'ont pas besoin d'être transcrites, car les tiers-acquéreurs et les créanciers peuvent seuls opposer le défaut de transcription ; or, comme la transcription ne changerait rien à leurs droits, le donateur pouvant vendre et hypothéquer à sa fantaisie, il est vrai de dire qu'elle n'est pas nécessaire ; en d'autres termes, le but de la transcription étant d'empêcher le donateur de vendre et d'hypothéquer les biens donnés, cette transcription est nécessaire, quand elle peut remplir son but ; mais ici, que la donation soit, ou ne soit pas transcrite, le donateur peut également vendre et aliéner; la transcription est donc inutile, puisqu'elle ne produirait aucun effet. Vid. *Furgole* sur l'art. 46 de l'ordonnance.

1025. — De ce que la donation produit son effet *actu*, l'on pourrait encore demander si la donation portant sur des meubles présens doit en présenter l'état estimatif.

Je crois cet état absolument nécessaire, parce qu'il faut constater légalement la consistance et la valeur des objets donnés : inutile d'observer que le donateur pouvant révoquer la donation, l'état ne paraît pas utile; son utilité est sensible quand la révocation ne se trouve pas faite au décès du donateur : comment alors reconnaître quels sont les meubles qui ont été donnés?

Je pense également que dans une donation de biens présens et à venir il faut l'état des dettes, pour que le donataire puisse opter pour les biens présens, cette option doit lui être permise, attendu que toute donation de biens présens et à venir est essentiellement divisible, quand l'état des dettes s'y trouve; d'ailleurs, les donations des biens présens et à venir étant permises entre époux sans modification, il faut nécessairement appliquer à ces donations les règles qui leur sont relatives : cette divisibilité de la donation ne blesse en rien le principe de la révocabilité.

1026. — De ce que la donation est essentiellement révocable, il résulte qu'elle devient caduque si l'époux donateur survit à l'époux donataire; en effet, l'époux donateur pouvant révoquer la donation à sa volonté, le donataire ne se trouve investi que d'un droit purement précaire : or, des droits de cette espèce ne passent pas aux héritiers, ils sont personnels et s'éteignent avec la personne; la condition de non révocation ne s'étant pas accomplie pendant la vie du donataire, celui-ci n'a pas transmis à ses héritiers le droit de recueillir la donation ; donc l'époux donateur qui survit à l'époux donataire n'a pas besoin de faire un acte de révocation de la donation, elle me paraît caduque, comme un legs quand le testateur survit au légataire : le silence du donateur ne peut être considéré comme une persévérance dans la donation, car on ne peut continuer de donner à l'époux qui n'est plus ; ses héritiers ne peuvent invoquer l'intention tacite de les avantager et la continuation de la donation en leur faveur, car, outre qu'une pareille donation aurait été nulle à leur égard, il faut reconnaître qu'en comparaison de ceux de l'autre conjoint, ils ont des droits bien faibles à l'affection du donateur : nous ne parlons pas des enfans communs, car ceux-ci retrouvant les biens dans le patrimoine de leur père, ce serait sans motifs qu'on validerait la donation ; enfin, la caducité était prononcée par les lois 13, ff *de donationibus inter vir. et uxor.*; 6 et 18, cod. *eodem ;* et elle l'est virtuellement par l'esprit de l'art. 1093 du code : telle est aussi l'opinion de M. *Grenier,* n.º 454: vid. *Roussille,* donations, n.ᵒˢ 75 et 76, et la loi 32, § 10 et 14, ff *de donat. inter vir. et uxor.;* cette loi prononce textuellement la caducité, et s'occupe du cas où les deux époux auraient péri ensemble dans un incendie, sous des ruines, ou dans un naufrage.

Cette caducité par le prédécès de l'époux donataire peut trouver souvent son application aux diamans, bijoux, bagues et joyaux que le mari a donnés à son épouse prédécédée : ces bijoux reviendront au mari. *Heineccius* pense même que ces objets ont moins été donnés à la femme, que destinés à son usage : *non credendum uxori hæc donata, sed utenda tantùm illi data videri, ut et cultior atque ornatior incederet.* Pandect., part. 4, n.º 224.

1027.

1027. — Supposons qu'un époux ait fait donation à l'autre d'une somme d'argent, que cette somme d'argent ait été reçue et dépensée par l'époux donataire, et qu'ensuite le donateur révoque la donation; l'époux donataire sera-t-il obligé de rendre la somme?

Oui, il sera obligé de la rendre, s'il en est devenu plus riche, et s'il s'en trouve plus riche au moment de la demande : *si locupletior factus sit,* leg. 15, § 18; leg. 6 et 7, ff *de donat. inter vir. et uxor.; Heineccius,* pandect., part. 4, § 220.

Si la femme a dépensé la somme donnée en repas, en parfums, en nourriture pour sa famille, elle ne sera pas considérée comme devenue plus riche : leg. 31, § 9, ff *eodem.*

Il résulte des mêmes principes, que si la chose donnée périt sans la faute du donataire, celui-ci n'en est pas tenu, la perte demeurant au préjudice du donateur : leg. 28, ff *dicto titulo.*

Ainsi, si au moment de la demande l'époux donataire ne se trouve pas enrichi au moyen de la donation, il ne sera pas tenu de rendre la somme donnée, ou ne sera tenu de la restitution que jusques et à concurrence de ce dont il se trouvera être plus riche.

Ces principes s'appliquent également aux donations d'effets mobiliers, et que l'époux donataire pourrait avoir vendus; il faudra toujours voir *si locupletior factus sit : dictâ lege* 7, § 1.er, ff *eodem.*

1028. — Une femme a donné à son mari une somme d'argent, et celui-ci a acquis avec cet argent un effet mobilier, ou un immeuble; la femme révoque la donation, et lors de la révocation le mari est insolvable; mais l'objet par lui acquis se trouve en nature : l'on demande dans ces circonstances si la femme peut répéter la somme donnée à son mari. Le jurisconsulte *Paul* répond que, dans l'espèce, l'on ne peut contester que le mari ne soit devenu plus riche; car il ne faut pas tant considérer le résidu net du mari, que le fait de savoir s'il détient quelque chose provenant de son épouse; en conséquence, il conclut que la femme peut réclamer comme siens les objets acquis de ses deniers : telle est la disposition textuelle de la loi 55; ff *de donat. inter vir. et uxor.*

1029. — Deux époux sont appelés à la même succession testamentaire ou *ab intestat,* l'un d'eux renonce; cette renonciation sera-t-elle considérée comme une donation, et le renonçant pourra-t-il la révoquer? Les jurisconsultes *Julien* et *Ulpien* décident qu'il n'y a pas là une donation proprement dite : leg. 5, § 13, ff *eodem.*

Je pense, au contraire, que cette renonciation est un avantage indirect, et, par conséquent, révocable; car une donation déguisée et indirecte ne peut avoir plus d'effet qu'une donation expresse. Vid. la loi 32, § 23, ff *eodem.*

1030. — Un mari a fait sur les biens de son épouse des embellissemens considérables; il pourra enlever les choses dont il a orné et embelli les fonds de son épouse, pourvu que l'enlèvement ne cause aucun préjudice au fonds, et qu'il remette les choses dans le même état. Vid. les lois 45 et 47, ff *eodem.*

1031. — Les donations entre époux sont révoquées, et deviennent caduques par le divorce, sans considérer si l'époux donateur a nécessité le divorce par sa mauvaise conduite; dans tous les cas, et même à l'égard de l'époux défendeur, sa donation sera révoquée par le divorce, et sans que le donateur soit obligé de faire un acte exprès de révocation. Vid. la loi 62, § 1, ff *eodem.*

1032. — L'inaliénabilité de la dot étant consacrée par plusieurs dispositions du code, et notamment par l'art. 1554, l'on peut demander si la femme peut valablement donner ses biens dotaux à son mari.

Si nous considérons la donation faite au mari comme une simple disposition testamentaire, il faut décider que la donation est valable, parce que le code ne défend pas à la femme de disposer de ses biens dotaux par disposition de dernière volonté. Vid. *Serres*, pag. 194.

Si nous considérons, au contraire, cette donation comme une donation entre-vifs, et irrévocable, il faut décider qu'elle est nulle.

Mais comme la donation entre époux est essentiellement révocable, qu'elle participe de la nature des testamens, et qu'elle devient caduque si l'époux donateur survit à l'époux donataire, il faut décider que cette donation peut valablement porter sur les biens dotaux : les motifs qui ont fait consacrer l'inaliénabilité de la dot ne se rencontrent pas ici par rapport à ses résultats; la donation des biens dotaux faite au mari ne diffère en rien du legs de ces mêmes biens : l'un et l'autre sont donc valables. Vid. *Roussille*, donations, n.º 69.

1033. — Supposons que l'époux ait donné un immeuble à son épouse, avec réserve de pouvoir en disposer jusques et à concurrence du tiers ou du quart : cette réserve ridicule ne changerait rien à la nature de la donation, qui est essentiellement révocable; ainsi, l'époux donateur pourra disposer non-seulement de la portion réservée, mais encore de l'émolument entier de la donation ; il faut décider aussi qu'en cas de non disposition l'immeuble entier, de même que la portion réservée, appartiendront à l'époux donataire.

1034. — Si le mari, dans l'intention de faire une donation à sa femme, reconnaît avoir reçu d'elle une somme, quoiqu'effectivement il n'ait rien reçu, cette reconnaissance sera une donation déguisée, et le mari pourra la révoquer. Vid., par argument, la loi 2, cod. *de dotis causâ*, et *Despeysses*, traité des donations, sect. 1.re, n.º 10, art. 24.

1035. — Si le mari a donné à la femme un terrain, et que celle-ci y ait élevé un bâtiment, le mari pourra toujours révoquer la donation ; mais il ne pourra réclamer le fonds sans lui tenir compte des dépenses qu'elle y aura faites : leg. 31 , § 2, ff *de donat. inter vir. et uxor.* ; je pense que le mari aura le choix , ou de rembourser la valeur des matériaux et du prix de la main-d'œuvre, ou de rembourser une somme égale à celle dont le fonds a augmenté de valeur (art. 555 du code).

1036. — Si l'époux donataire a acheté quelque chose de l'argent qui lui a été donné, le donateur qui révoque la donation ne peut réclamer la chose achetée, mais seulement l'argent donné. Leg. 9, cod. *de donat. inter vir. et uxor.*

1037. — Si le mari a donné à sa femme certaine somme pour rebâtir une maison qui avait été consumée par le feu, cette donation est valable jusques et à concurrence du montant des réparations : leg. 14 , ff *eodem* ; je pense néanmoins qu'une telle donation serait révocable , car il est toujours vrai de dire que le mari a donné à son épouse, et que celle-ci se trouve enrichie, car sans cette donation le bâtiment n'aurait pas été réparé.

1038. — Un mari a donné à son épouse, le mari est ensuite condamné à une peine emportant mort civile ; la donation sera-t-elle valable ?

Si la donation n'était qu'une disposition à cause de mort, et un véritable testament, elle ne produirait aucun effet, attendu la mort civile du donateur. Vid. l'art. 25 du code civil, et *Cujas,* sur la loi 7, ff *de mortis causâ donationibus.*

Mais la donation entre époux participe de la nature des actes entre-vifs, elle saisit le donataire du moment de sa confection ; et, sous ce rapport, il faut décider que la mort civile du donateur n'y porte aucune atteinte : vid. la loi 13, ff *de donat. inter vir. et uxor.* ; si la donation était postérieure à l'accusation du mari , à raison de laquelle il a été privé de ses droits civils, la donation serait nulle, comme faite en fraude Leg. 24, cod. *eodem.*

1039. — Nous disons que la donation entre époux produit son effet du moment de sa confection, et que la non révocation a un effet rétroactif au moment de l'acte ; de là il résulte bien que l'époux donataire n'est pas, comme dans le cas d'un testament, obligé de demander la délivrance.

Mais supposons que le donateur des biens présens en ait gardé la jouissance, le donataire pourra-t-il réclamer les fruits perçus depuis la donation ? Plusieurs auteurs cités par *Despeysses* soutiennent l'affirmative, se fondant sur la loi 25, cod. *de donat. inter vir. et uxor.* ; je pense le contraire : le donateur qui a perçu et consumé les fruits n'est pas tenu de leur représentation, ses héritiers n'en sont pas tenus non plus ; la loi 25 ne parle pas des fruits : le donateur a pu les percevoir de bonne foi sur un bien qui était réellement à lui, puisqu'il pouvait en révoquer la disposition.

§ I.er *De la révocation des donations faites entre époux pendant le mariage.*

1040. — Le code se contente de déclarer en principe, que les donations entre époux, même celles qualifiées entre-vifs, et des biens présens, sont toujours révocables ;

Il ne dit rien sur la forme de cette révocation, ni sur les effets de la révocation tacite ou indirecte.

1041. — Les donations entre époux devant être revêtues des formalités des donations entre-vifs, ou des testamens, l'on sent qu'une révocation revêtue de la formalité d'un de ces actes serait valide et efficace.

Ainsi, une révocation consignée dans un acte retenu par deux notaires, ou par un notaire, en présence de deux témoins, serait valable ; elle serait également valable si elle se trouvait dans un testament public, mystique ou olographe, pourvu que ces actes fussent revêtus des formes légales.

Mais un écrit privé ne présentant pas le caractère d'un testament olographe, une lettre missive, par exemple, ne révoquerait pas efficacement une donation entre époux.

Je dis qu'un acte notarié, valable dans sa forme, présenterait une révocation valide ; et cela est vrai, sans qu'il soit même nécessaire que l'époux donataire y intervienne ; car cette révocation pouvant être faite, et à son insçu, et même malgré lui, sa présence à l'acte n'est d'aucune nécessité ; mais le donateur doit faire notifier sa révocation au donataire, non que cette notification soit nécessaire pour l'efficacité de la révocation, mais pour empêcher le donataire de continuer à percevoir les fruits, et le constituer en mauvaise foi à raison de cette perception.

1042. — Pierre a fait une donation à son épouse de ses biens présens, il fait ensuite un testament dans lequel il déclare d'une manière générale qu'il révoque tous testamens et autres dispositions à cause de mort qu'il pourrait avoir faits ; ce testament révoque-t-il la donation, ou bien faudra-t-il une révocation directe et expresse ?

Le président *Faber* pense qu'une pareille révocation ne serait pas suffisante, lib. 8, tit. 38, def. 20, pag. 1046 : *an hoc solo revocata voluntas videbitur, quod donator, cùm testamento supremo ordinaret, dixerat generaliter alias se præcedentes omnes voluntates mortisque causâ donationes irritas facere ? Minimè*, répond ce grand jurisconsulte, *quia voluntas illa etsi erat revocabilis, tamen in contractu inter vivos fuerat declarata ; proindè speciali revocatione indigebat*; en effet, ajoute le président *Faber*, cette clause révocatoire générale qu'on trouve dans les testamens ne peut s'appliquer, ni aux contrats entre-vifs, ni aux donations à cause de mort ; car quoique

ees donations soient comparées aux legs et aux fidéicommis, elles participent néanmoins des contrats entre-
vifs : *tamen accedunt proximè ad contractus inter
vivos.*

Telle est aussi la doctrine de *Furgole* sur l'art.
18 du tit. 1.er de l'ordonnance sur les substitutions ;
car, dit-il, il faut prendre garde qu'encore que les
donations entre mariés soient révocables, elles ne se
révoquent pas avec la même facilité que les legs, les
fidéicommis et les autres dispositions testamentaires,
à l'égard desquelles une révocation vague et générale
suffit pour les détruire, sans qu'il soit nécessaire d'en
faire mention expresse ; au lieu que pour révoquer
une donation entre mariés il faut qu'il paraisse d'une
volonté claire et évidente de la part du donateur au
sujet de la révocation ; que si la volonté n'est évidente,
et s'il y a quelque obscurité ou ambiguité, la donation
entre mariés doit avoir son effet : *quod si in obscuro
sit, proclivior esse debet judex ad comprobandam
donationem ; Furgole* cite, à l'appui de son opinion,
la loi 68, ff *de legat.* 2, qui décide que quand un
mari a fait donation à sa femme il peut charger *ex
intervallo* cette donation d'une substitution ; mais il
faut qu'elle soit expresse et nommément faite aux biens
donnés, autrement une substitution vague, quelque
générale qu'elle soit, ne comprend et ne s'applique
pas aux biens contenus dans ladite donation entre
mariés.

Cette doctrine de *Furgole* et du président *Faber*
doit être encore suivie, car les donations entre époux
des biens présens produisent leur effet *actu ;* le donataire fait les fruits siens, il prescrit contre un tiers : la
donation, il est vrai, est révocable ; mais le silence du
donateur la confirme, et la confirmation a un effet
rétroactif au jour de la donation : *tunc et silentium donatoris et specialis confirmatio ad illud tempus re-
fertur quò donatio conscripta sit, sicut et alias rati-*

habitiones negotiorum gestorum , ad illa reduci tempora oportet in quibus contracta sunt. Leg. 25 , cod. *de donat.*

Cet effet rétroactif au moment de l'acte met une différence considérable entre les donations entre époux et les testamens, qui ne produisent leur effet qu'à la mort du testateur ; donc la révocation des donations ne doit pas être aussi facilement présumée que celle des legs.

Les mêmes principes s'appliquent également aux donations entre époux faites dans les termes des art. 1082, 1084 et 1086 du code, c'est-à-dire, aux donations de biens à venir, ou faites sous une condition potestative, ou sous une charge indéfinie ; parce que ces donations participent également de la nature des actes entre-vifs, et qu'elles ne sont assujetties qu'aux formalités de ces actes.

Ainsi, les donations entre époux ne peuvent être efficacement révoquées que par une révocation expresse.

1043. — Outre la révocation expresse des donations entre mariés , il existe des révocations tacites également efficaces : si le mari donateur , par exemple , donne ou vend à un autre les objets par lui donnés à son épouse, il y a révocation virtuelle et efficace, leg. 12 , cod. *de donat. inter vir. et uxor. : cùm sit manifestum non solùm hujusmodi obligatione , sed etiam donatione , venditione vel alio quolibet modo rebus alienatis , revocatam esse à viro in mulierem factam donationem ;* il y a , en un mot , révocation par l'effet d'une seconde disposition , quand cette seconde disposition est absolument incompatible avec la première , et que l'une et l'autre ne peuvent être exécutées en même temps.

1044 — Y aurait-il révocation si le mari donateur affectait et hypothéquait spécialement les biens donnés ? L'affirmative semble résulter textuellement de la susdite loi 12 ; c'est aussi ce que décide *Serres*, pag. 169.

Cependant il résulte de la loi 32, § 5, ff *dicto titulo*, que si la femme donataire offre de payer le créancier hypothécaire, la donation sera valable ; il est vrai que le jurisconsulte *Ulpien* ne donne ce droit à la femme que quand elle se trouve en possession des biens donnés : d'un autre coté, la novelle 162, cap. 1.er, décide que si depuis la donation le donateur a hypothéqué les biens donnés, la donation n'est pas pour cela présumée révoquée : *ita ut quamvis posteà vir in hypothecam dederit rem, vel in pignus tradiderit, non tamen præalienasse videri.* Vid. *Ricard*, part. 1.re, chap. 2, n.º 31, et *Furgole* sur l'art. 18, tit. 1.er de l'ordonnance sur les substitutions.

En observant que l'hypothèque générale, légale ou judiciaire consentie par le testateur sur la chose léguée ne révoque pas le legs (art. 1020 du code), et en rappelant que la révocation des donations entre mariés n'est pas aussi facilement présumée que celle des dispositions testamentaires, nous devons tenir pour certain, que l'hypothèque légale ou judiciaire ne révoque pas les dons entre mariés, soit que l'époux donataire ait été ou n'ait pas été mis en possession de la chose donnée.

Mais si le donateur a consenti une hypothèque spéciale sur l'objet donné, il me paraît qu'il y a alors révocation ; et l'époux donataire sera tenu de payer la créance hypothéquée, sans pouvoir exercer aucun recours : si l'hypothèque est légale ou judiciaire l'époux donataire en sera tenu ; mais il aura son recours sur les autres biens : cette différence me paraît résulter de la combinaison et du rapprochement des art. 874 et 1020 du code.

L'art. 874 est ainsi conçu : « le légataire particulier qui a acquitté la dette dont l'immeuble

» légué était grevé demeure subrogé aux droits du
» créancier contre les héritiers et successeurs à titre
» universel ».

L'art. 1020 porte, au contraire, que « si avant
» le testament, ou depuis, la chose léguée a été hypo-
» théquée pour une dette de la succession, ou même
» pour la dette d'un tiers, ou si elle est grevée d'un
» usufruit, celui qui doit acquitter le legs n'est pas
» tenu de la dégager, à moins qu'il n'ait été chargé
» de le faire par une disposition expresse du testateur ».

M. *de Maleville* observe qu'il existe une espèce
d'antinomie entre ces deux articles ; car, selon le
premier, le légataire qui paye a son recours contre
l'héritier ; par le second, il est privé de ce recours,
puisque l'héritier n'est pas tenu de dégager l'immeuble :
M. *de Maleville* essaie de sauver la contradiction,
en disant que l'art. 874 s'applique au cas où le
légataire aurait acquitté la dette dont l'héritier aurait été expressément chargé de libérer la chose
léguée, et que l'art. 1020 s'applique à tous les autres
cas où il n'existerait pas d'obligation de libérer la
chose léguée.

Il me semble qu'il faut concilier autrement les
dispositions des susdits articles : observons, en effet,
qu'une hypothèque *légale* ou *judiciaire* frappant
tous les immeubles de la succession, il serait injuste
de prétendre que le légataire à titre particulier,
qui a acquitté une de ces hypothèques, serait sans
recours contre l'héritier ; et je crois que c'est au cas
où le légataire aurait acquitté ou éteint une hypothèque légale ou judiciaire que s'applique l'art.
874, et que l'art. 1020 s'applique au cas où la
chose léguée se trouverait grevée d'une hypothèque
spéciale ; car l'existence de cette hypothèque prouve
l'intention du testateur de diminuer l'effet de son
legs, s'il l'a consentie depuis le testament, et de ne
le transmettre qu'avec sa charge, si l'hypothèque

existait auparavant. Vid. *Duperrier*, liv. 2, quest.
9, tom. 1.er, pag. 177.

Cette intention du testateur ne peut être présumée
dans le cas d'une hypothèque *légale* ou *judiciaire*;
d'ailleurs, quelle source de fraudes entre les créanciers
et l'héritier! Les créanciers seraient donc les maîtres
de causer du préjudice à celui de l'héritier ou du
légataire qu'ils voudraient choisir! et ils vendraient
à deniers comptans l'avantage d'éloigner leurs poursuites! en un mot, si le légataire était tenu sans
recours du payement des hypothèques légales ou judiciaires, il n'y aurait presque pas de legs valable;
car le plus grand nombre de testateurs laissent leurs
biens soumis à de pareilles hypothèques, et bien
peu auraient l'attention de charger expressément leurs
héritiers de dégager les biens légués des hypothèques générales.

Ainsi, nous croyons pouvoir décider que l'époux
donataire peut exercer son recours quand il a éteint
une hypothèque légale ou judiciaire; mais qu'il
en est autrement quand il a éteint une hypothèque
spéciale, quelle que soit, d'ailleurs, la date de cette
hypothèque.

Cette distinction trouve son fondement dans la
loi romaine : vid. *Ricard*, part. 3, n.º 290; elle est
en parfaite harmonie avec notre système hypothécaire, dont la base principale, la *spécialité*, doit nécessairement influer sur la législation.

Je sais que des jurisconsultes très-profonds con-
cilient d'une autre manière les susdits articles : ils
admettent en règle générale, que le légataire a toujours son recours (art. 874); mais que néanmoins,
et avant l'action du créancier, il ne peut forcer
l'héritier à dégager l'immeuble de l'hypothèque (art.
1020).

Mais cette conciliation n'est-elle pas en opposition
formelle avec le texte et l'esprit du susdit art. 1020 ?

Le législateur est toujours censé se servir des termes dans leur acception ordinaire ; or, que nous disent les anciens auteurs ? Que l'héritier est toujours *tenu de décharger le fonds légué des hypothèques des créanciers, Serres*, pag. 322 : l'héritier, dit *Ricard*, est tenu de toutes les obligations personnelles, et *d'en décharger* les héritages qui y sont hypothéqués dont le testateur à disposé en faveur de légataires particuliers. *Ricard*, part. 3, n.º 290.

Que disent donc ces auteurs ? Ils nous disent que les héritiers sont tenus de *décharger* les biens légués *des hypothèques qui peuvent les grever* : que veulent-ils dire par là ? ils veulent dire, et disent en effet, que le légataire n'est pas tenu personnellement de ces hypothèques, et que s'il les éteint il a son recours.

Or, que dit l'art. 1020, précisément tout le contraire : il dit que les héritiers ne sont pas tenus de décharger les héritages ; donc le légataire qui paye n'a pas de recours.

Mais, dit-on, il n'y a pas de contradiction à accorder le recours, et à défendre au légataire d'agir aux fins de la radiation de l'hypothèque avant les poursuites du créancier : non, il n'y a pas de contradiction réelle, j'en conviens ; mais il faut convenir aussi, que si cette distinction avait été dans la pensée du législateur, il se serait expliqué d'une manière bien peu claire, tandis que la chose était si facile.

Ce n'est pas tout : l'art. 1020 dispense l'héritier de l'obligation de dégager les biens légués non-seulement des hypothèques, mais encore *du droit d'usufruit* dont ils peuvent être grevés ; et, je le demande, que veut dire cette dispense de dégager les biens légués du *droit d'usufruit qui pèse sur eux !* Elle veut dire que la constitution d'usufruit sur l'objet légué est une révocation du legs pour l'usufruit, de manière que le légataire peut tout au plus conserver la nue propriété de la chose léguée ; mais si, aux termes de l'art. 1020, la dispense de dégager les biens légués du droit d'usufruit présente une révocation du legs, comment ne pas reconnaître que la dispense de dégager les biens légués des hypothèques qui les grèvent est également une révocation jusques et à concurrence de la créance hypothéquée! Une même expression ne peut avoir deux sens différens dans le même article; le rapprochement du droit d'hypothèque et du droit d'usufruit nous fait connaître l'esprit de la loi : et ne serait-il pas extraordinaire de prétendre que la même expression, et dans le même article, désigne une *exception péremptoire* par rapport au droit d'*usufruit*, et une exception purement dilatoire par rapport au droit d'hypothèque!!

Je ne me dissimule pas que cette interprétation de l'art. 1020 est en opposition avec les dispositions générales de l'art. 874, qu'elle est même une innovation aux anciens principes, d'après lesquels les héritiers étaient tenus de dégager les biens légués : *res obligatas hæres luere debet, maximè cùm testator conditionem non ignoravit*, leg. 6, cod. *de fidei.*; leg. 57, *de legat.* 1.°; *eam enim ita dare debet hæres, ut habere liceat*, leg. 45, ff *eodem* : cette obligation des héritiers n'était cependant pas générale, et le légataire était tenu des hypothèques quand le testateur les avait ignorées : *dictâ lege* 57.

Mais j'observe que cette innovation ne peut nous surprendre, et qu'elle est la conséquence du nouveau système hypothécaire; qu'il n'y a pas même d'innovation, car la loi 12, cod. *de donat. inter vir. et uxor.*, décide textuellement que l'hypothèque spéciale consentie par le mari révoque la donation faite à son épouse : *propter specialem hypothecam revocatur donatio facta uxori*, dit la glose sur cette loi; quant à l'opposition entre les susdits articles, elle résulte clairement de leurs expressions, et l'on ne peut sauver la contradiction, qu'en forçant le sens des dispositions de l'art. 1020, et en donnant à ces dispositions une signification contraire à celle généralement reçue.

1045. — Nous avons dit qu'une donation entre époux est révoquée par une donation ou vente postérieure de la chose donnée ; nous pouvons invoquer à l'appui de cette décision, et par induction, les lois 11 et 12, ff *de legat.* 3 ; et les lois 18 et 24, ff *de adim. legat.*, et, enfin, l'art. 1038 du code, ainsi conçu : « *toute aliénation*, celle même par vente à » faculté de rachat, ou par échange, que fera le testa- » teur de tout ou de partie de la chose léguée, empor- » tera la révocation du legs pour tout ce qui a été » aliéné, encore que l'aliénation postérieure *soit nulle*, » et que *l'objet soit rentré dans les mains du testa-* « *teur* ».

Les mots *toute aliénation* prouvent qu'il n'est plus permis d'examiner, comme autrefois, si l'aliénation a été faite par nécessité : vid. *Montvallon*, tom. 1.er, pag. 548 de son traité sur les successions ; il suffit que la vente existe, pour que la révocation soit opérée sans autre examen ultérieur.

Ou par *échange :* autrefois l'échange ne révoquait pas les legs ; la chose reçue en contre-échange était due au légataire, *Serres*, pag. 326 : je pense que l'échange étant suffisant aujourd'hui pour révoquer les legs, doit aussi suffire pour révoquer une donation entre époux ; car, par l'effet de l'échange, le donateur a réellement disposé de la chose donnée, et rien ne prouve qu'il ait voulu subroger la chose reçue à celle par lui aliénée : l'aliénation est constante ; la subrogation ne peut être que présumée, et ne doit pas suffire.

L'aliénation postérieure, même *nulle*, suffit pour révoquer le legs ; en est-il de même d'une donation entre époux ? cette donation, par exemple, serait-elle révoquée par une seconde donation nulle ?

Je pense qu'il faut distinguer : ou la donation est

nulle dans la forme, ou elle est nulle, soit par l'incapacité du donataire, soit par quelqu'autre vice :

Si la donation postérieure est nulle dans la forme,
elle n'*existe pas*, elle n'a jamais existé; or, ce qui
n'a pas d'existence aux yeux de la loi ne saurait produire aucun effet : *quod nullum est, nullum producit
effectum;*

Si, au contraire, la donation, valable d'ailleurs
dans la forme, se trouve nulle par le défaut de capacité du donataire, ou par quelqu'autre vice, alors
la volonté de donner, et de dépouiller le premier
donataire étant constante, il y a nécessairement
révocation;

Mais si la seconde donation était l'ouvrage de la
violence ou de la surprise pratiquée envers le donateur, la première donation ne serait pas révoquée,
pourvu que l'on fût encore dans le délai pour faire
rescinder la seconde donation; la prescription de
l'action rescisoire ne courrait même contre le premier
donataire que du moment où il aurait pu agir.

1046. — Supposons que l'époux donateur vende
la chose donnée, et qu'il la rachète ensuite, ou qu'il
en soit remis en possession, soit par donation, soit
par droit de succession testamentaire ou *ab intestat;*
dans tous ces cas la révocation subsistera, tout comme
si la chose donnée n'était pas rentrée dans le patrimoine du donateur; c'est ce qui résulte du susdit
art. 1038 et de la loi 15, ff *de adim. legat.* : il
en serait de même dans le cas où le donateur vendrait la chose donnée, et en emploirait le prix en
acquisition d'autres objets. Leg. 25, ff *eodem.*

On sent qu'il n'y a que les donations d'objets certains qui soient révoquées par l'aliénation postérieure
de ces mêmes objets, car une donation universelle
ou d'une quote des biens subsiste toujours, sauf qu'elle
ne peut s'appliquer aux objets postérieurement aliénés
d'une manière valable et définitive. Vid. l'arrêt de la

cour de cassation qu'on trouve dans le recueil de M. *Sirey*, an 1808, pag. 357.

On sent, enfin, que la révocation n'a lieu, par rapport aux donations d'objets fixes, que jusques et à concurrence de l'aliénation postérieure; qu'il n'y a, en un mot, que la partie aliénée qui se trouve révoquée; le surplus conserve son effet. Susdit art. 1038.

1047. — L'art. 1100 du code décide que la donation faite à l'enfant du premier lit est censée faite à l'époux père de cet enfant.

Supposons que Pierre, qui a des enfans du premier lit, épouse Sophie, qui a aussi des enfans d'un premier mariage, et qu'il donne ensuite aux enfans ou à l'un des enfans du premier mariage de Sophie; cette donation sera-t-elle révocable, comme censée faite à Sophie elle-même?

Je ne la crois pas révocable : comment, en effet, l'époux donateur pourrait-il invoquer la révocabilité? Ce ne pourrait être qu'en disant qu'il a fait une disposition simulée, et que l'enfant donataire n'était qu'une personne interposée entre lui et son conjoint; mais l'on sait que la loi refuse d'entendre celui qui ose découvrir sa propre fraude : *qui fraudem fecisse audet, dicere audiri non debet;* d'ailleurs, il n'y a pas de contradiction à soutenir, d'un côté, que la donation est irrévocable, et à dire, de l'autre, qu'elle peut être réputée faite au conjoint lui-même; de plus, la question de savoir s'il y a ou non simulation ne peut être traitée qu'au moment du décès; jusqu'à cette époque le sort de la donation, en tant que simulée, est en suspens; car les enfans du premier lit de l'époux donateur peuvent mourir avant lui, et alors point de question de simulation, ni d'interposition de personnes : ainsi, la susdite donation est irrévocable, car il est possible que la présomption d'interposition de personnes cesse avant la mort du donateur.

donateur. Les dispositions de la loi 3 , § 2, 3 et suivans me paraissent ici sans application.

§ II. *De quelques règles particulières aux donations entre époux.*

1048. — L'art. 1097 du code présente une disposition importante : « les époux , y est-il dit, ne pour-
» ront pendant le mariage se faire , ni par donation
» entre-vifs, ni par testament, aucune donation mu-
» tuelle et réciproque par *un seul et même acte* ».

Le motif de cette disposition, dit M. le tribun
Jaubert, pag. 348 de son discours sur les donations,
est la crainte « d'introduire entre les époux , qui se
» doivent toute leur affection, des vues d'intérêt et
» de séduction ».

La loi romaine disait : *ne mutuo amore invicem
spoliarentur;*

Neve venalitia essent matrimonia ;

*Neve mulier in paupertatem incideret, deterior di-
tior fieret.* Leg. 1 , 2 et 3 , ff *de donat. inter vir. et
uxor.*

Remarquons cependant que le code ne défend les
donations réciproques que quand elles se trouvent
insérées dans un seul et même acte; ainsi , nul doute
que l'époux qui a reçu de son épouse une donation
de tous ses biens ne puisse ensuite, par un acte séparé,
donner à son tour à son épouse tout ou partie de sa
fortune.

Mais supposons que les deux donations soient faites
le même jour par-devant le même notaire, en présence
des mêmes témoins; ces donations seront-elles valables?

Si les donations mutuelles insérées dans le même
acte étaient défendues par la loi, comme étant à ses yeux
l'ouvrage de l'obsession, de la crainte, de la séduction ou de la surprise, il faudrait également décider

Tom. II. 29

que les deux donations ci-dessus sont sans effet ; car il ne faut pas se dissimuler qu'elles doivent être considérées comme faites dans le même instant, et comme déterminées l'une par l'autre ; mais la crainte de l'obsession et de la surprise n'est pas le seul motif qui ait fait proscrire les donations mutuelles insérées dans le même acte, il s'en trouve un autre bien puissant dans la révocabilité de ces donations, révocabilité qui les fait participer de la nature des dispositions testamentaires ; or, le législateur a cru contraire à tous les principes et à l'essence même du testament, que deux personnes pussent tester réciproquement par un seul et même acte : par la même raison il a dû proscrire les donations entre époux insérées dans le même acte ; mais la défense ne s'étend pas plus loin, et les deux donations faites entre époux dans le même instant, par-devant le même notaire, et en présence des mêmes témoins, sont valables, sauf le droit de révocabilité : c'est aussi ce que la cour de cassation a jugé le 22 juillet 1807, sur le réquisitoire de M. *Merlin*. Vid. le recueil de M. *Sirey*, an 1807, pag. 361.

1049. — Un fiancé donne à sa fiancée, et dans l'intervalle du contrat de fiançailles à la célébration ; le mariage s'ensuivant, cette donation serait-elle considérée comme faite entre époux, et, par voie de suite, comme révocable ?

En rapprochant les lois 5 et 32, § 22 et 27, ff *de donat. inter vir. et uxor.*, je pense qu'il faut décider qu'une pareille donation serait révocable ; mais il faudra plutôt examiner si elle n'est pas radicalement nulle, comme présentant une contre-lettre, aux termes des art. 1395 et 1396 du code : or, la décision de cette dernière question peut dépendre des circonstances du fait et de la position des parties ; mais en général une telle donation me paraît une contre-lettre.

1050. — Nous avons vu que dans le contrat de mariage l'époux mineur peut donner à l'autre, tout comme un majeur pourrait le faire, pourvu qu'il donne avec le consentement et assistance de ceux qui doivent consentir à son mariage : dans une pareille circonstance l'époux mineur est réputé majeur; et l'on en sent la raison, parce qu'il procède sous les yeux de ses parens ; ce qui ôte toute présomption de surprise.

Mais quand le mariage est célébré, et que l'époux mineur donne seul, alors la loi ne voit que l'inexpérience de son âge et la facilité de la surprise; alors, en un mot, le mineur conserve son incapacité naturelle, et ne peut donner entre-vifs (art. 903 du code).

Remarquons cependant que le mineur parvenu à l'âge de seize ans peut faire un testament, et disposer de la moitié des biens dont la loi permet au majeur de disposer (art. 904 du code).

Il résulte de ce dernier article, que l'époux mineur peut donner à l'autre la moitié de sa quotité disponible, s'il dispose par testament.

Mais si nous observons que les donations entre époux participent de la nature des dispositions à cause de mort ; qu'elles sont essentiellement révocables ; qu'aucun préjudice, sous ce rapport, n'est causé à l'époux donateur, nous conclurons que, d'après l'esprit de la loi, la donation entre-vifs est même permise à l'époux mineur en faveur de l'autre, sauf la réduction à la moitié de la quotité disponible : c'est aussi ce que je crois être vrai. En vain dirait-on que les formalités des donations et des testamens sont différentes; que celles-ci exigent plus d'appareil ; que, sous ce rapport, la surprise est plus difficile, et la réflexion du donateur plus grande : ces considérations me touchent peu ; deux témoins de plus ou de moins ne mettent pas une si grande différence dans l'appareil des actes ; d'ailleurs, la donation doit toujours être par acte public, et le testament pourrait être olographe, fait dans l'obscurité et les ténèbres, et être le produit d'une obsession continuelle.

Enfin, il faut toujours remonter aux principes et aux motifs de la loi, pour pouvoir l'appliquer avec justice : or, pourquoi le mineur peut-il tester, et non faire une donation ? parce que par le premier acte il ne se dépouille pas ; qu'il peut le révoquer, s'il n'est pas l'ouvage de sa volonté pleine et entière : la donation est défendue, parce qu'il n'y a pas ici lieu au repentir : *donare est perdere ;* l'acte signé, tout est fini, le dépouillement est absolu et irrévocable.

Ce ne sont donc pas les différences des formes de ces deux actes qui rendent le mineur capable de disposer par testament, et qui constituent son incapacité quand il s'agit de faire une donation ; ce sont les effets, les résultats essentiels de ces deux actes, qui opèrent la capacité ou incapacité du mineur : le nom des actes ne fait rien à la chose, ne dénature pas leur essence ; ainsi, d'après l'esprit de la loi, il faut décider que l'époux mineur peut donner à l'autre conjoint par donation entre-vifs, sauf la réduction à la moitié de la quotité disponible : l'équité ne consiste souvent que dans la juste conciliation de l'esprit de la loi avec ses termes.

Cependant jusqu'à ce que la jurisprudence soit fixée sur cette question, l'époux mineur qui voudra avantager son conjoint fera prudemment de le faire dans la forme d'un testament.

1051. — Nous avons déjà observé plusieurs fois

que les donations entre époux ne sont pas révoquées par la naissance des enfans : telle est la disposition textuelle de l'art. 1096 du code.

Nous devons observer, enfin, que les donations entre époux doivent, comme toutes les autres, être réduites à la quotité disponible lors du décès du donateur. Nous avons parlé au commencement de cet ouvrage de la quotité disponible, il suffit d'y renvoyer.

FIN DU SECOND VOLUME.

ERRATA.

Page 20 , *ligne* 22 , dernière , *lisez* dite.
Page 53 , *ligne* 28 , or , *lisez* ou.
Page 76 , *ligne* 4 , condition , *lisez* donation.
Page 82 , ligne 3 , *æstimationem,* lisez *existimationem;* ligne
    4 , *bonas,* lisez *bonos;* ligne 6 , *leg.* 20 , ff *de cond. et*
    demonst., lisez *leg.* 15 , ff *de condit. instit. ;* ligne 9 ,
    uno, lisez *meo;* ligne 11 , *impingatur,* lisez *infringitur.*
Page 93 , *ligne* 26 , de malversation , *lisez* de la malversation.
Page 104 , *ligne* 26 , existés , *lisez* existé.
Page 165 , *ligne* 21 , de la , *lisez* de.
Page 167 , *ligne* 5 , auquel , *lisez* auxquels.
Page 223 , ligne 26 , *audet , dicere ,* lisez *audet dicere.*
Page 276 , *ligne* 27 , qu'elle , *lisez* qu'elles.
Page 317 , *ligne* 7 , Decormin , *lisez* Decormis.
Page 338 , *ligne* 6 , nommées , *lisez* connues.
Page 340 , *ligne* dernière , fiction , *lisez* scission.
Page 341 , *ligne* 19 , du père du donataire , *lisez* du père
    donataire.

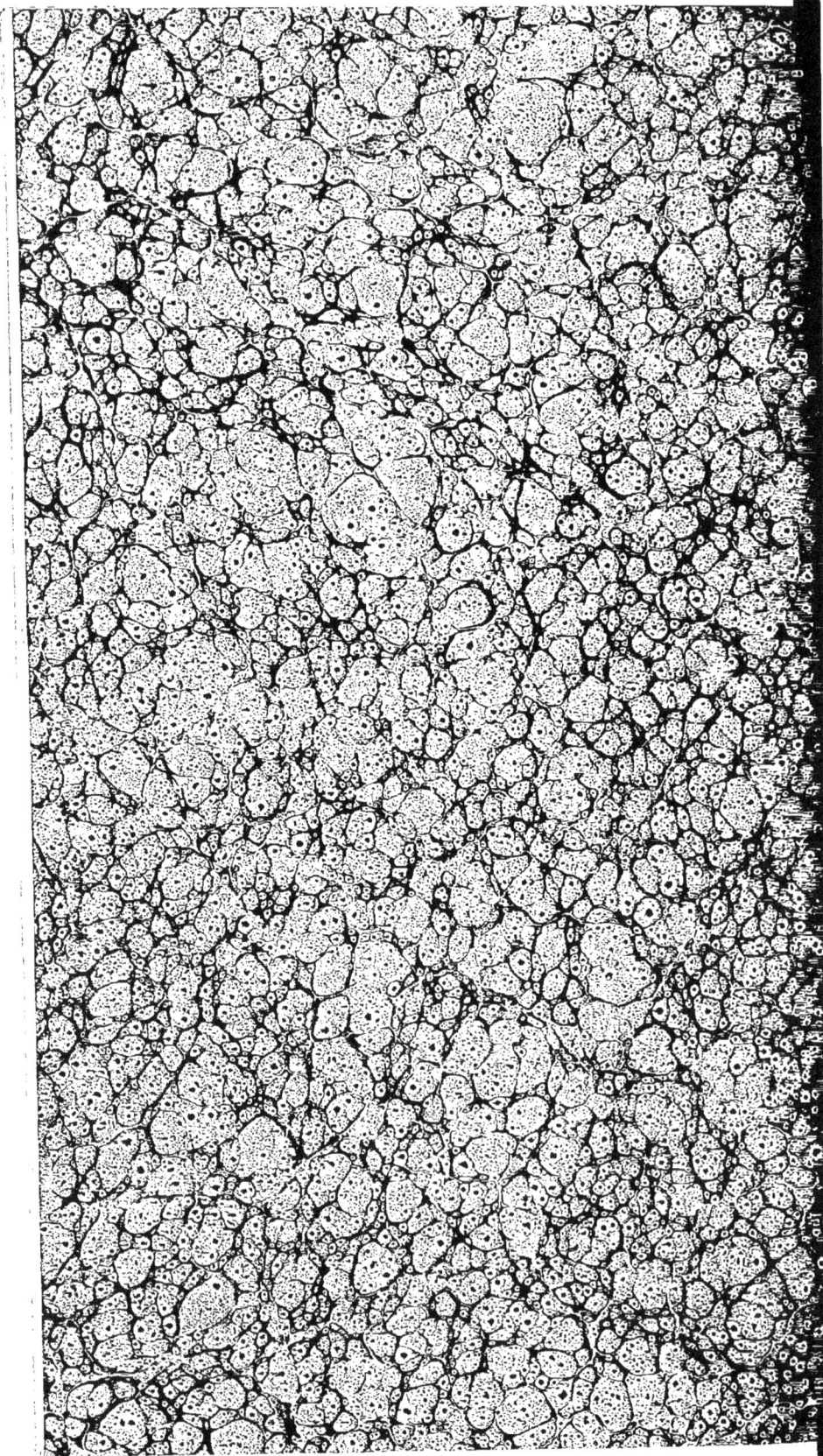

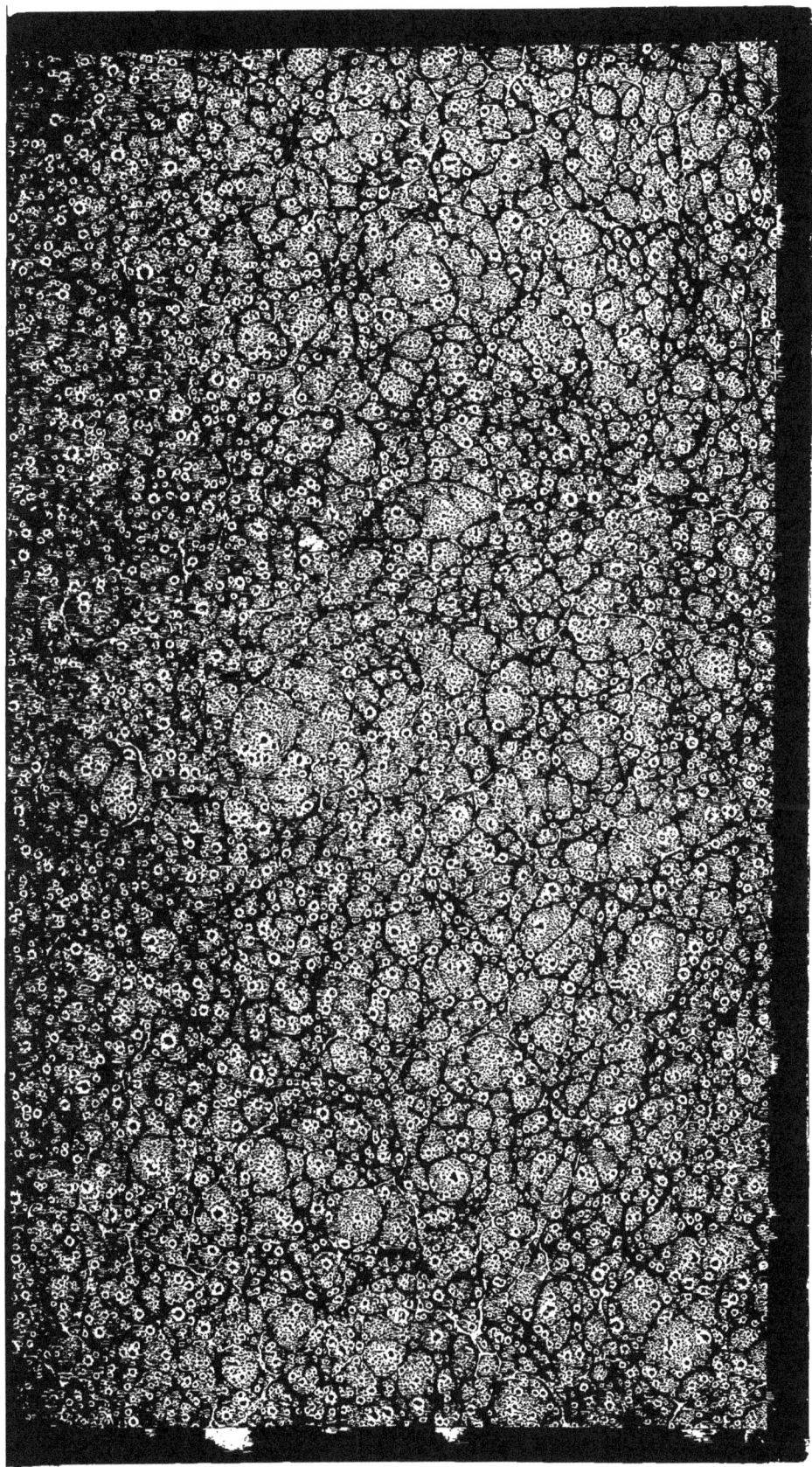